L'INTERPRÈTE ORIENTAL
DES SONGES

RECUEIL COMPLET

DE TOUTES LES TRADITIONS ORIENTALES SUR LES SONGES
DEPUIS ADAM JUSQU'À NOS JOURS

Précédé d'un Abrégé historique

DE LA SCIENCE DES SONGES

[texte illisible]

ALIL EL MASRI

[texte arabe illisible]

PARIS

E. DENTU, ÉDITEUR
LIBRAIRE DE LA SOCIÉTÉ DES GENS DE LETTRES
PALAIS ROYAL, 17-19, GALERIE D'ORLÉANS

L'INTERPRÈTE ORIENTAL

DES SONGES

L'INTERPRÈTE ORIENTAL
DES SONGES

RECUEIL COMPLET

DE TOUTES LES TRADITIONS ORIENTALES SUR LES SONGES
DEPUIS ADAM JUSQU'A NOS JOURS

Précédé d'un Abrégé historique

DE LA SCIENCE DES SONGES

DE NOTES DE TOUS GENRES
ET DE TERMES ARABES A L'USAGE DES ORIENTAUX

COMPILÉ EN FORME ALPHABÉTIQUE

PAR

HALIL EL MASRI

اقل رؤيا رؤيا آدم عليه السلام فانه رأى حوّاء
في منامه كما خلقت فلما انتبه من نومه رآها
جالسة عند رأسه كما أريها قال جميع المعبرين
كتاب محمد بن سيرين المقالة السادسة

(Le premier rêve fut le rêve d'Adam, que Dieu tient en
sa béatitude, qui vit Eve telle qu'elle a été créée et qu'en
se réveillant, il la trouva assise séante près de sa tête
telle qu'il l'avait vue) disent tous les interprètes.
MOHAMED-BEN-SIREM, sixième discours.

PARIS

E. DENTU, ÉDITEUR
LIBRAIRE DE LA SOCIÉTÉ DES GENS DE LETTRES
PALAIS ROYAL, 15-17-19, GALERIE D'ORLÉANS

1878

Tous droits réservés.

بسم الله الرحمن الرحيم

(Au nom du Dieu de la miséricorde, miséricordieux.)

AUX LECTEURS PARISIENS.

Permettez à un Égyptien de vieille souche de vous présenter un ouvrage compilé à votre intention.

Ce livre est précédé d'une introduction, un peu longue peut-être, mais que je vous engage à lire, parce que c'est un abrégé historique de cette Science, chez nos ancêtres, dont vous admirez en ce moment les merveilles dans cette Exposition, qu'avec l'aide de l'Être-Suprême, le Tout-Puissant, la France vient d'inaugurer.

Ce livre diffère beaucoup de tous ceux qui ont été jusqu'ici présentés au public.

Un Oriental ose pour la première fois affronter la critique du peuple le plus spirituel du monde, et pour lequel nous avons, nous autres Égyptiens, particulièrement un faible très-prononcé.

L'auteur vous prie d'être indulgents, s'il se sert d'un langage peu correct, et de ne vous arrêter qu'au fond de son ouvrage, fruit de longues et pénibles veilles.

De quelque sexe que l'on soit, à quelque condition sociale

que l'on appartienne, magistrat, industriel ou militaire, artiste, docteur, homme de science ou religieux, cet ouvrage peut être consulté par tous, sans distinction.

Et, afin de faciliter les recherches, outre ce qui est dit dans l'introduction, j'ajoute ici quelques renseignements.

D'abord, le rêve ou songe peut se référer très-bien à un tiers, sans que le songeur y ait absolument rien à faire.

Ensuite, il ne suffit pas de chercher le seul mot de la chose que vous avez rêvée, mais aussi tout ce qui peut y avoir relation. Par exemple, pour qui rêve de *feu*, il ne suffit pas de chercher *feu*, mais aussi l'endroit ou l'objet dans lequel il se trouvait, *fourneau* ou autre; à quoi servait ce feu et ce qui advint ensuite. C'est de tout l'ensemble de ces explications qu'on peut extraire le pronostic; à moins que, dans l'interprétation première, vous trouviez tout spécifié.

De même, en cherchant la signification d'un rêve, lorsqu'on n'en trouve pas l'interprétation au terme particulier, il faut recourir au terme général, ou bien du terme général aller aux divers termes particuliers, si on ne trouve pas ce que l'on cherche. Exemple : vous rêvez de chevaucher avec dignité, etc. Si vous ne trouvez pas l'interprétation au nom de la bête que vous montiez, allez de ce mot particulier au mot général qui est *monture*. Vous rêvez d'être sur un cheval, un mulet, et d'aller d'un bazar à un autre, que cherchez-vous? *Cheval, mulet, âne*? — Ici vous trouverez peut-être ce que signifie de monter ces bêtes, mais non ce que signifie d'aller sur ces bêtes d'un bazar à l'autre. Dans ce cas donc, vous cherchez *Bazar*, où vous trouverez probablement la signification que vous voulez.

Pour celui qui rêve de tomber, il ne suffit pas de chercher *chute*; il ne doit pas se contenter de l'explication générale qu'il trouve à ce mot, mais il faut qu'il cherche à *clocher*, si par exemple il a rêvé de tomber d'un clocher, ou bien à *toit, terrasse, montagne*, etc.

— III —

Ainsi en rêvant de *marcher*, il ne faut pas se contenter de ce qu'il est dit à *marcher*, mais voir si l'on marchait en l'air, sur *mer*, sur un *lac*, dans une *rue*, etc.

Lorsqu'enfin on ne trouve nulle part l'explication du cas particulier, il faut se tenir à l'interprétation générale de l'action, de la chose rêvée.

Nous avons fait notre possible pour faciliter les recherches au lecteur; mais il voudra bien convenir avec nous qu'il n'était pas possible de prévenir tous les cas variés et les manières différentes dont le rêve se présente.

Le rêve, c'est-à-dire son explication, doit être pris encore dans le sens figuré et doit très-souvent se référer à la position du songeur, aux circonstances de sa vie, etc. (1)

Quoique nous ayons adopté presque toujours dans le cours du livre le genre masculin, cependant partout où il ne ressort pas nécessairement de notre explication que la chose se réfère plutôt aux hommes qu'aux femmes, *et vice versâ*, elle doit être appliquée aux deux sexes.

Dans les parties du livre imprimées en caractères plus petits ont été recueillis :

1° Les opinions contradictoires qui diffèrent ou s'opposent à celles du corps du livre ;

2° Les opinions sur des points que les écrivains et les interprètes les plus renommés n'ont point touché, ce qui nous a empêché de les mettre dans le corps du livre; nous croyons bien faire, pour ne pas en priver le lecteur, de les recueillir dans cette partie;

3° Les points sur lesquels les opinions sont partagées sans

---

(1) Bien des songes qui se réfèrent au Paradis, ne sont que des suppositions plus ou moins fondées d'après les traditions de ce que de pareils rêves ont assez souvent été faits par des prophètes et autres saints hommes, qu'il est naturel de supposer au Paradis; et de même ceux qui se réfèrent à l'Enfer, se basent sur d'autres traditions que de pareils songes ont été faits par des impies, des pervers, qu'on ne peut présumer autre part qu'aux enfers.

que rien ne nous pousse à croire plutôt aux unes qu'aux autres.

Le lecteur pourra faire usage de ces annotations, pourvu qu'elles ne soient pas en opposition avec le corps du livre (elles n'ont été citées que pour rendre notre ouvrage plus complet), mais il faudra accueillir ces opinions avec circonspection.

En dernier lieu, il ne nous a pas semblé superflu d'ajouter quelques notes, autant pour rappeler certaines traditions orientales, qui ont quelques relations avec les articles au bas desquels elles se trouvent, que pour donner la juste signification des mots qui, n'ayant pas de traduction exacte en français, n'en désignent pas moins soit des objets d'usage, soit des métiers et des professions que nous ne pouvions passer sous silence. Et pour que rien ne manquât à notre ouvrage, nous avons intercalé çà et là, en arabe, mais avec la prononciation française, ces mots et quelques autres, afin que le lecteur oriental, dans les mains duquel notre livre pourrait retomber, pût s'y retrouver aisément.

Il ne nous reste maintenant qu'à prendre congé du public, en lui redemandant, pour notre livre, toute cette indulgence que peuvent nous mériter nos longs et pénibles travaux.

Ou Allah houa el Kader oaahdou.

بسم الله الرحمن الرحيم

(Au nom du Dieu de la miséricorde, miséricordieux.)

INTRODUCTION

> Quand le corps dort, l'esprit veille.
> HIPPOCRATE.

I

La science des songes, son origine et ses progrès en Occident et en Orient.

En nous reportant à travers le cours des siècles, aux religions les plus anciennes, à celles du moins qui acquirent une grande renommée et une grande stabilité depuis la religion Égyptienne jusqu'à celle de Brahma et celle de Confucius, nous sommes obligé de reconnaître que l'idée de l'Être-Suprême s'y trouve modifiée et transformée d'après les conditions physiques et morales des peuples qui les adoptèrent, d'après le climat, la position géographique, les traditions, le caractère et les penchants de ces peuples. Cependant, il est un fait que nous retrouvons partout dans des conditions identiques, constant, immuable : c'est le songe, et la foi qui y fut ajoutée, en le considérant plus particulièrement comme un moyen dont Dieu se serait servi pour se révéler à ses créatures privilégiées. En poursuivant nos recherches sur les religions qui surgirent dans la suite : le Chaldaïsme, le Judaïsme, le Paganisme, la religion chrétienne et la religion mahométane, nous retrouvons ce culte des songes et nous sommes obligé de reconnaître que les siècles ne l'ont ni changé, ni affaibli ; nous le retrouvons toujours ferme, entier, invariable, semblable à ces statues de granit de l'ancienne Thèbes qui voient, impassibles sur leurs socles, des siècles succéder aux siècles, de nouvelles générations succéder aux générations éteintes.

Voilà pourquoi, dans les pages de la Bible, de l'Évangile, du Coran, de tous les livres sacrés de toutes les religions, nous trouvons abondamment répandues ces inspirations de la volonté divine, ces révélations d'événements positifs prévus pendant le sommeil, et réalisés ensuite dans la vie. Or, il advint ce qui devait nécessairement arriver : la confirmation de ces avertissements à nous donnés pendant le sommeil par notre esprit vigilant, poussa des hommes éminents par leur savoir, leur érudition, leur science, à diriger de ce côté leurs observations et leurs études ; c'est pourquoi l'interprétation des songes, basée sur d'innombrables expériences et d'anciennes traditions, se poursuit depuis des siècles, au point d'avoir formé une science toute spéciale, sur la valeur de laquelle nous ne nous prononcerons pas encore.

Au moyen âge, cette science s'allie avec l'astrologie, avec la cabale, avec les opérations mystérieuses des nécromanciens, et mille autres folies. Abandonnant les prudentes spéculations fondées sur l'expérience des faits, et s'élançant à corps perdu dans les voies incertaines de la prédiction et du présage, elle fait fausse route, s'entourant d'un vain apparat, se formant un cortége plus ou moins imposant de graves astrologues, de devins mystérieux, de sorciers redoutés, de démons de toutes catégories : elle perd peu à peu de sa réputation ; au fur et à mesure que la superstition diminue, que les connaissances humaines progressent, la lumière se fait, les croyances aveugles cèdent au doute, et l'on sait combien est court le trait qui sépare le doute de l'incrédulité ; ce qui fit qu'apparaissant (telle qu'elle était en ce moment-là) ridicule aux yeux du monde devenu plus civilisé et surtout plus positif, elle devint un sujet continuel de raillerie ; enfin, un jour, elle disparut de la scène au milieu du vaste éclat de rire de l'Occident tout entier : le ridicule l'avait tuée !

Mais en Orient où elle a eu son berceau, et où elle se contint dans les limites qui lui étaient assignées, quoique les magiciens, les astrologues, les devins, les sorciers et autres charlatans de même espèce s'y trouvassent en grand nombre, cette science s'y maintient toujours intacte, poursuivant sa marche lente, à la vérité, mais ascendante, se perfectionnant de plus en plus, et s'enrichissant sans cesse de quelque nouveau fait positif, contrôlé par une longue expérience. Or, c'est dans cet Orient que nous venons la chercher aujourd'hui, non parfaite, il s'en faut encore de beaucoup, mais ferme, saine, pleine de séve, semblable au palmier qui, du sein d'une paisible et riante oasis, perdu dans les plaines immenses du désert, droit sur sa tige souple et légère, élève vers les cieux sa verdoyante couronne de feuilles que rien ne fait pâlir, ni les baisers ardents du Simoun, ni les changements de saison.

II

Des hommes qui s'occupèrent de cette science

Des hommes de mérite, versés dans toutes les branches de la science et renommés dans l'histoire des peuples, lui consacrèrent de longues veilles et de longs travaux, et, aidés par l'observation, remontant des faits accomplis aux présages basés sur des expériences répétées et contrôlées mille fois, ils réussirent (il ne nous appartient pas de faire en ce lieu l'historique de ces études et de ceux qui les entreprirent) à recueillir un certain nombre d'indices d'une valeur certaine et incontestable. Sans nous perdre à citer les prophètes dont il est fait souvent mention dans les Saintes Écritures, ni les Grecs ni les Romains les plus fameux dont l'histoire parle pour nous, sans nous arrêter, dans des époques plus rapprochées de nous, aux plus grands hommes d'Occident qui s'occupèrent assidûment de cette science avec conviction, car il nous faudrait alors, au lieu d'une courte introduction, écrire un gros volume; sans faire donc mention de tous ces hommes, nous nous bornerons à nommer les principaux écrivains et interprètes orientaux, parce que ce sont leurs ouvrages que nous avons plus particulièrement consultés dans la compilation du livre que nous présentons aux lecteurs.

Le nombre de ceux qui, avec plus ou moins de mérite, s'occupèrent en Orient de cette matière est si grand que l'on compte jusqu'à *sept mille cinq cents* interprètes et écrivains. Hassan-el-Houssein, dans son œuvre *Tabacat-el-Moabberim*, en a cité *six cents*.

Le plus renommé parmi les écrivains orientaux dans cette branche est, sans contredit, Mohammed-ben-Sérin-el-Basri (de la ville de Basra), de la famille du khalife Abu-Bakr, et qui vivait il y a environ onze cents ans. Homme doué de connaissances très-étendues et très-variées, il fut appelé à remplir les fonctions de *Cadi* (grand juge), charge qu'il exerça jusqu'à sa mort, survenue l'an 110 de l'hégire. Il acquit, dans ces fonctions, la réputation de juge impartial et équitable, dénué de tout fanatisme, quoiqu'il vécût au milieu de la plus grande ferveur de l'Islamisme. Il écrivit un grand nombre d'ouvrages traitant divers sujets qui lui valurent une renommée à jamais glorieuse dans la postérité, et particulièrement son ouvrage : *Kitab montahhab el Kalam fi tafsir el ahlam*, lui assigna la première place parmi les savants qui s'occupèrent de la science des songes.

Abdelgani-el-Nabulsi, quoiqu'il vécût bien longtemps après (dans le xiv° siècle de notre ère), vient ensuite. Il écrivit avec tant d'ampleur et de profondeur, sur cette matière, qu'il mérita le surnom de *uali* qui lui fut donné par ses contemporains et qui lui est resté.

Nous ferons encore mention de Ibrahim-ebn-Abdalla-el-Kermani, d'Abdalla-ebn-Mouslim-el-Khatibi, d'Abou-Ahmed-Halaf-ebn-Ahmed, de Mohammed-ebn-Hammad-el-Razi-el-Khabbaz, de Hassan-ebn-el-Nosri-Hala, d'Entamid-Uars-el-Jounani qui, par leurs ouvrages, occupent les premières places parmi les écrivains spécialistes qui s'adonnèrent à cette science.

Nous n'oublierons pas, non plus, Hérésius Artemidore, du deuxième siècle après Jésus-Christ, médecin et philologue d'un très-grand talent, mis par Suida au rang des grands philosophes, qui exerça, lui aussi, avec succès, une science aussi ardue que celle des songes. Ceci nous poussa à consulter les travaux de ce savant sur cette matière, et nous n'eûmes certes pas lieu de nous en repentir.

Dans tous leurs ouvrages, ces écrivains citent sans cesse le noms des plus fameux interprètes, ainsi que de quelques auteurs plus anciens; nous nous abstenons de les mentionner dans ce livre, de même que les écrivains ci-dessus, car cette répétition, qui ne serait d'aucun avantage pour le lecteur, grossirait beaucoup trop un volume déjà assez volumineux par lui-même (1).

---

(1) Pour ceux qui désireraient connaître les noms des plus fameux traducteurs des songes, nous reproduisons le choix qu'a fait, parmi les plus célèbres, Mohammed ben Sirin (*Quinzième Discours*) :

Première catégorie. — Parmi les prophètes, les plus grands furent : Ibrahim, Jaacoub-Jouseph, Zoulkarnén, Mohammed.

Seconde catégorie. — Parmi les amis de Mohammed (*Mahomet*) Aboubakr (neveu et gendre du Prophète, surnommé le Juste, *la Justice* en arabe), khalife pendant deux ans et demi mort l'an 13 de l'Hégire, à l'âge de 63 ans. — *Osman*, succéd^t dans le khalifat à Abou-Bakr, embrassa l'Islamisme l'an 6 de

III.

En quoi consiste véritablement le songe.

Nous n'entendons pas, comme on pourrait le supposer d'après ce qui précède, pénétrer par le songe dans l'obscurité de l'avenir, faculté qui n'est réservée qu'à Dieu seul ; nous nous opposons au contraire de toutes

---

l'Hégire, mort à 60 ans après avoir régné 10 ans. — *Osman*, successeur d'Omar, mort l'an 25 de l'Hégire à l'âge de 82 ans, après en avoir régné 12. — Aly, fils du neveu de Mohammed, mort à l'âge de 63 ans, après avoir régné 4 ans 9 mois et un jour. — Abdalla-ebn-Abbas. — Ab-dalla-ebn-Omar. — Abdalla-ebn-Omar-el-Aas. — Abdalla-ebn-Salame. — Abazar-ebn-Guefari. — Tamim-abu-Dari. — Anas-abu-Malek. — Salman-el-Farsi. — Hoséife-ebn-Jamam.

Troisième catégorie. — Les partisans des amis du Prophète : Said-ebn-Elmosaïb. — Hassan-el-Basri. — Ataa-ebn-Abi-Rabah. — Elchoobi. — El Nakhai. — El Zohri. — Omar-ebn-Abdelaziz. — Saïd-ebn-Goubert. — Mouzahed. — Sabet-el-Beuani-Taous.

Quatrième catégorie. — Parmi le Fokaa (prêtres) : El A'ouzaï. — Abousour. — Sophian el Saouri Mohammed-ebn-Edris. — Abou-Jouseph-el-Kadi. — Ebn-Abi-Laïla — Abou-Abdellah-Ahmed-ebn-Mohammed-ebn-Hambel. — Maasour-ebn-el Mootemer. — Abdellah-ebn-el Moubarek.

Cinquième catégorie. — Des Zohada (insouciants pour tout ce qui est mondain) : Mohammed-ebn-Ouasa. — Chakib-ebn-el Balki. — Malek-Dinar. — Soliman-el-Taïmi. — Mausurd-ebn-Ammar. — Mohammed-ebn Sammal. — Iahia-ebn-Navars-Ahmed-ebn-Harb.

Sixième catégorie. — Les philosophes : Platon. — Mohraris. — Artémidore. — Batlaimous. — Jacoub-ebn-Eshak el Kéudi — Abouzed-el-Bélhi.

nos forces à une telle prétention, parce qu'elle est contraire à tout principe humain, et nous nions formellement cette soi-disant seconde vue que certains veulent à tout prix attribuer à des hommes qui, quoique dignes d'estime et de respect par leur grand savoir, n'en restent pas moins toujours des hommes.

Mais il est une chose que nous affirmons et soutenons pourtant : c'est l'existence dans l'homme d'une âme ou esprit unique et essentiellement détaché et indépendant, doué d'une activité incessante, qui dirige, quoique empêché et contrarié par la matière, notre corps lorsque nous sommes éveillés, et qui, ne cessant de le servir pendant le sommeil, établit une relation intime entre les faits que nous entrevoyons dans cet état et les événements de notre vie ; et voilà en quoi consiste véritablement le songe. A vrai dire nous ne croyons pas que l'Être-Suprême soit tout à fait étranger à de telles combinaisons ; il nous semble au contraire qu'il y contribue souvent en grande partie toutes les fois que le songeur se trouve en état (ainsi que nous le dirons plus loin) de mériter cette bienveillante prédilection.

Quant à l'indépendance de l'âme pendant le sommeil, nous croyons tout à fait inutile de dépenser un grand nombre de phrases pour en convaincre nos lecteurs ; il suffira de leur rappeler que si, de même que tous les autres animaux, l'homme a besoin de repos, ses membres seuls, c'est-à-dire la partie matérielle, jouissent de ce repos, et non pas l'âme ; car s'il n'en était pas ainsi, le songe n'existerait aucunement, parce que l'âme, se reposant aussi, n'aurait plus le moyen d'exercer son activité. Mais cela n'est point : le songe est un fait que l'on ne peut nier ; et dans ces moments-là l'âme, qui est retenue dans le corps par des liens mystérieux, s'en délivre pour quelques instants, et relativement libre, errant, pour ainsi dire, partout où il lui plaît, elle reconquiert la possibilité de développer toute sa puissance et toute sa perfection.

Afin de convaincre d'un seul coup nos lecteurs de cette vérité nous croyons qu'il suffira de leur rappeler tout ce qu'ils ont fait en songe pendant le sommeil, pendant cette résurrection (qu'on nous permette de l'appeler ainsi) de l'âme, de cet enchaînement des sens (nécessaire pourtant à la réparation des forces usées pendant la veille) : le bègue a rêvé qu'il parlait couramment, avec la langue déliée ; celui qui connaissait tout au plus la sienne, s'est trouvé tout surpris d'avoir parlé plusieurs langues ; le faible, le malade se sont vus pleins de force, de puissance, de santé, etc., etc.

Or, à quelle cause voudrons-nous attribuer un aussi étrange phénomène, si ce n'est à la puissance de l'âme, laquelle se trouve en état de déployer toutes ses facultés, toute son activité, toutes ses forces, pour peu qu'il lui soit permis de se délivrer des empêchements matériels qui l'étreignent de toutes parts, lorsqu'elle s'enferme dans le corps humain, cette machine qui, aux yeux d'un observateur vulgaire, apparaît si parfaite, mais qui l'est en réalité si peu, puisqu'elle n'est qu'un obstacle et un empêchement au libre essor de l'âme, sa maîtresse ? (1)

---

(1) Nous lisons dans Ben-Serim (*Troisième Discours*), et nous ne le reproduisons qu'à seul titre de curiosité, que « le pro-

IV.

Conditions requises pour que le songe ne soit pas sans valeur.

Celui qui croirait que tous les songes peuvent s'interpréter se tromperait du tout au tout, car il est des dispositions physiques et morales dont l'influence est très-grande, et sans le concours desquelles rien de certain et de positif ne pourra jamais se déduire des songes.

Tout le monde ne peut pas être en état de faire des songes explicables, car aux qualités morales il faut ajouter certaines conditions physiques. Nous dirons, en passant, quelques mots sur ces conditions afin de les faire connaître aux lecteurs, pour qu'ils sachent à quoi s'en tenir sous ce rapport.

« phète Daniel disait que pendant que l'homme est plongé
« dans le sommeil, son âme s'élève au Ciel et se transporte
« devant Dieu, lequel lui ordonne de se prosterner; et que si
« l'âme est pure, elle se prosterne près de lui, et alors, le songe
« est bon; si elle ne l'est pas, elle se prosterne le plus loin
« possible : dans ce cas, le songe n'est pas favorable. »

Dans un autre passage du même auteur (*Cinquième Discours*) il est écrit que le songe représente les paroles, qu'en dormant, l'homme adresse à Dieu.

De son côté, Hippocrate, surnommé le *Père de la médecine*, affirme que pendant que le corps dort, l'esprit veille et se transporte partout où le corps pourrait se transporter, qu'il connaît, touche et fait tout ce que l'homme pourrait connaître, voir, toucher et faire dans la veille, qu'il accomplit enfin toutes les opérations qu'il pourrait accomplir.

Nous dirons d'abord que pour celui qui s'est fait une habitude du mensonge, l'esprit qui le sert pendant la veille et le sommeil étant toujours le même, il est probable que ses rêves seront trompeurs, et cela parce que son esprit ne sait pas se dépouiller de son habitude de mensonge.

Pourtant, lorsque le songeur a ce défaut et qu'il le blâme et ne peut le souffrir chez les autres, il y a une plus grande probabilité que le rêve soit sincère ; de même pour les médisants et les calomniateurs ou diffamateurs.

D'un autre côté la fièvre, la maladie, la névralgie, la surexcitation altèrent la plupart du temps l'état de l'esprit qui se ressent de ces secousses ; déjà infirme et faible par contre-coup pendant la veille, il n'accomplit pas non plus régulièrement son office dans le sommeil, se trouvant toujours sous l'influence de ces perturbations momentanées. La digestion enfin a une influence indiscutable sur le songe, car lorsqu'elle est difficile et pénible, la perturbation qu'elle fait naître excite des cauchemars qui n'ont certes aucune valeur (1).

Enfin les saisons ne sont pas tout à fait étrangères à la nature des songes que l'on fait ; et, selon l'opinion des anciens auteurs, les mois où tout fleurit, suivant eux, depuis *Estefendar* jusqu'à *Jarma* (ou mois cophtes, de *Barmouda* à *Tout*, soit du mois d'avril au mois d'octobre) sont les plus propres aux songes,

---

(1) Il existe, en Égypte, un poisson vulgairement appelé *Hallam ou abou Manam* (qui fait songer, ou Père des songes), nourriture lourde et dont la digestion est si fatigante qu'elle fait naître toute sorte de mauvais rêves.

parce que l'air est délivré de tout ce qui rend l'hiver triste (1).

Quelqu'un affirme en outre que la position du dor-

---

(1) Il est un certain nombre d'auteurs et d'interprètes qui attribuent une influence plus ou moins propice aux mois composant l'année lunaire, et nous avons cru bien faire de rapporter leur appréciation à cet égard. Selon eux :

1° Le mois de Moharrem (du 5 janvier au 3 février) est propice aux interprétations.

2° Celui de Seffer (du 3 février au 4 mars) ne l'est pas et on ne doit pas expliquer les songes, à moins que le songeur ne soit dans la peine et les douleurs; dans ce cas, l'influence du mois de Seffer n'est pas mauvaise, mais pour un malade elle est, au contraire, d'un bon augure.

3° En-Rabi-Aouel (du 5 mars au 2 avril) les conséquences des songes sont toujours bonnes.

4° En-Rabi-Akher (du 3 avril au 2 mai) les songes propices tardent à se réaliser, tandis que les mauvais se réalisent de suite.

5° Le Gamad-Aouel (du 3 au 31 mai) est propice, excepté pour les affaires d'achat et de vente.

6° En-Gamad-Akher (du 1er au 30 juin), lenteur dans la vérification des bons rêves.

7° Au mois de Regheb (du 1er au 29 juillet) ouverture des portes du bien, et les mauvais rêves se modifient, s'atténuent ou se changent en bien.

8° Au mois de Chaaban (du 30 juillet au 28 août) les songes néfastes s'effectuent lentement et les bons rapidement.

9° Le mois de Ramazan (du 29 août au 27 septembre) étant celui pendant lequel s'ouvrent toutes les portes de la Providence, les mauvais songes sont nuls et les bons se réalisent immédiatement.

10° En Chavual (du 28 septembre au 26 octobre) se réalisent vite les rêves qui pronostiquent deuils et mort.

11° Le mois de Zelkede (du 27 octobre au 24 novembre) n'est pas propice aux voyages, et les songes qui y sont relatifs ne

meur a une certaine influence sur le rêve, considérant comme nul le songe fait lorsqu'on dort sur le côté droit ; tandis que celui que l'on fait en dormant sur le dos ou sur le côté gauche serait bon ; quant à celui que l'on fait lorsque l'on dort sur le ventre, il est mauvais et doit être tenu caché, le silence étant le seul moyen d'en éviter la réalisation, ou tout au moins d'en amoindrir les mauvais effets. A moins cependant que le songeur ne dorme habituellement que dans une de ces positions; l'influence perd alors toute sa valeur.

---

doivent pas être écoutés ; en outre, le songeur doit user de prudence, surtout si ses rêves annoncent des douleurs.

12° Le mois de Zilhedgé (du 25 novembre au 24 décembre) est un mois béni, et si le rêve annonce un voyage, qu'on le fasse sans perdre de temps, parce qu'on en tirera toutes sortes de biens.

Comme on s'en apercevra facilement, entre les mois du calendrier arabe et ceux du calendrier Grégorien, il y a onze jours de différence en moins par chaque année. Ceux qui voudraient apprécier cette annotation pourront facilement se régler là-dessus.

Les mêmes auteurs prétendent encore que les jours de la semaine ont aussi leur influence; et ils considèrent comme favorables aux rêves, les lundis, jeudis, vendredis, samedis; les rêves faits le dimanche se réalisent, selon eux, très-tôt (aussi vite que le sabre coupe) ; tout mauvais songe fait le mardi ou le mercredi, est d'une actualité indubitable, et si le mardi on rêve de commettre un homicide ou de tuer en général, que le songeur s'éloigne, s'il ne veut qu'il lui arrive du mal de ceux qui le commandent. Il est entendu que toutes ces influences sont toujours relatives aux conditions physiques et morales dont il a été déjà fait mention.

V.

Des songes vrais et des songes faux.

Mais tout ne se limite point là. Dès que l'on commença à écrire sur cette science on pressentait vaguement que tous les songes ne pouvaient avoir une même valeur, et cette idée timidement énoncée par les plus anciens écrivains gagna peu à peu du terrain; on la vit dans la suite des temps définitivement s'affirmer et prendre une certaine base jusqu'à ce qu'après de longs débats et des expériences sans cesse renouvelées, elle se trouva définie avec une certaine clarté. Dans la suite, moyennant quelques modifications apportées aux conjectures des écrivains précédents, El-Kermani, Ben-Sirin, et quelques siècles, plus tard El-Naboulsi en la confirmant, viennent donner à cette opinion la consistance et la forme nécessaires, l'établissent à l'état de règle générale, et définissent deux sortes de songes. Il est vrai que sous ce rapport, pas plus que sous d'autres, on n'a encore touché à la perfection, et qu'une telle définition laisse encore un peu à désirer, ainsi qu'on le verra tout à l'heure; mais, laissant à l'avenir le soin de corriger ces imperfections, nous nous bornons à présenter à nos lecteurs le fait tel qu'il est, d'autant plus que l'opinion des meilleurs écrivains, même des plus récents, est unanime sur ce sujet.

Nous dirons donc avec Mohammed-ben-Sérim, avec Ibrahim-ben-Abdalla, El-Kermani, avec Abd-el-Gani, El-Naboulsi et quelques autres auteurs auxquels se rallient les écrivains secondaires, qu'il y a deux différentes catégories de songes, les vrais et les faux, chacune spécifiée comme il suit :

SONGES VRAIS. — Les songes vrais se subdivisent en cinq espèces :

1° Les songes réels, manifestes, évidents, qui se réalisent tels qu'on les a vus ; à cette catégorie appartiennent principalement ceux que firent les prophètes.

2° Les songes inspirés par Dieu.

3° Ceux qui proviennent de l'ange Sadikoun (1).

4° Les songes qui s'interprètent moyennant un petit signe ou indice de comparaison ou d'assimilation. Pour mieux faire comprendre au lecteur cette espèce de songes nous en donnons un exemple. Le roi *Eutamendouros* (2) rêva qu'un ange lui disait que sa femme l'empoisonnait par la main de son ami le plus intime. L'interprète expliqua que par poison on ne devait point entendre seulement le poison matériel, mais bien aussi le poison moral, et que l'empoisonnement étant un acte occulte et secret, qu'il

---

(1) L'ange Sadikoun est l'ange des songes; et d'après une tradition orientale, son corps est d'une grandeur si démesurée qu'il faut 700 années pour le parcourir dans sa largeur et le triple ne suffit pas pour la longueur.

(2) Il est très-probable que ce nom a été défiguré par les écrivains arabes, mais comme il ne nous a pas été possible de nous assurer si nos soupçons étaient fondés, et n'ayant trouvé aucun roi de ce nom, nous nous bornons à en faire l'observation, laissant le soin des recherches à d'autres plus heureux et plus perspicaces que nous. Du reste, comme exemple de la façon dont les écrivains arabes défigurent les noms étrangers, nous dirons qu'ils ont travesti Platon (Πλατων) en Aplaton et Artemidores (Αρτεμιδορος) en Erstamandours.

fit bien attention, car sa femme le trompait avec son ami ; et il se trouva que c'était la vérité. Voici donc les points de contact du rêve avec la réalité : le secret de l'empoisonnement et le secret de l'adultère, qui n'est autre chose qu'un poison moral.

5° Les songes faits alors que le corps est libre de tout ce qui peut avoir une influence sur l'âme. Souvent les songes faits dans de telles conditions se traduisent au rebours ; c'est-à-dire le mal rêvé, en bien réel, *et vice versâ*.

Rêvent mieux pourtant que tous les autres ceux qui ne mangent qu'une fois par jour.

On a constaté en outre que les personnes dont la machine corporelle se trouve en état de parfait équilibre rêvent en général très-peu, et lorsque cela arrive leurs songes sont presque toujours riants.

SONGES FAUX. — Les songes faux se subdivisent en six espèces :

1° Les songes sur des choses dont on est fortement préoccupé.

2° Ceux dans lesquels, en rêvant d'avoir commerce avec une autre personne de l'autre sexe, on passe de la fiction à la réalité, ce qui rend le songe nul.

3° Ceux qui peuvent être effets de magie, de sorcellerie ou de maléfices.

4° Ceux dans lesquels on ressent des effrois excessifs, qui peuvent être l'œuvre de quelque mauvais génie.

5° Ceux qui peuvent avoir été causés par de granles épouvantes ressenties avant de s'endormir, telles que d'effrayantes visions, etc., etc.

6° Enfin les songes faits pendant que le corps n'est pas dans son état normal, soit à cause de la digestion ou pour toute autre cause.

On a observé à ce propos, que ceux qui sont indisposés pour avoir ressenti de l'humidité, rêvent ordinairement de choses fraîches, telles que l'ombre, l'herbe fraîche, l'eau et toute chose qui contient de l'humidité ; que ceux dont l'indisposition provient de la bile, rêvent de choses qui en ont la couleur ; que ceux qui sont indisposés par le froid, ne rêvent que de choses qui y ont quelque relation, et ainsi de suite ; que ceux qui prennent des choses refroidies, rêvent qu'ils passent de la glace dans le feu, de la fraîcheur à la chaleur, *et vice versâ*.

VI

Réalisation des songes.

En outre de ce qu'il a été dit plus haut sur les dispositions physiques et morales requises pour la validité des songes et sur les deux catégories différentes dans lesquelles ils se divisent, il nous reste encore à parler de leur réalisation et des époques assignées pour cela par les savants. Il ne nous semble pas hors de propos de rapporter en ce lieu l'opinion la plus généralement reçue. Ainsi, on affirme que le songe fait à jeun ou lorsque l'estomac n'est pas surchargé par la nourriture, au coucher du soleil, ou quelques moments après, ou à la tombée de la nuit, se réalise dans l'espace de 10 à 30 jours, pourvu, naturellement, qu'il soit fait dans les conditions requises ;

Que le songe fait à peine endormi, si c'est pendant la digestion, est nul ;

Que le songe fait dans le premier tiers de la nuit reste souvent sans réalisation ayant été fait dans le moment où le sommeil est le plus lourd ;

Que le songe fait au milieu de la nuit, s'il a lieu après la digestion, c'est-à-dire trois ou quatre heures après que l'on a mangé, sera d'une réalisation très-lente ; l'on dit qu'elle peut se prolonger au delà de 50 années ;

Que le songe fait dans le dernier tiers de la nuit se réalise entre un mois et un an ;

Que celui fait un peu avant l'aube se réalise dans l'espace d'une semaine à un mois ;

Que le songe fait au point du jour se réalise entre un jour et une semaine ;

Que le songe fait après le lever du soleil se réalise dans le courant de la journée.

Que celui que l'on fait pendant la journée se réalise une heure après, et que celui qui a lieu à midi se réalise souvent immédiatement.

Nous ferons pourtant observer qu'en ce qui concerne les songes faits après le lever du soleil, dans le courant de la journée ou à midi, les moments assignés pour leur réalisation ne sont que de simples hypothèses déduites des observations particulières d'un écrivain qui ne compte pas parmi les plus autorisés. En outre, l'heure la plus favorable aux songes est douteuse, car les uns disent que les songes les plus vrais se font à l'aube, tandis que d'autres affirment, au contraire, que midi est l'heure la plus favorable. Du reste, ni Ben-Sérim, ni El-Kermani n'ont d'opinion arrêtée à ce sujet.

Les Orientaux, et particulièrement les Mahométans, font un grand cas de tous les détails que nous avons rapportés et sont très-minutieux dans la traduction de leurs songes.

Ils suivent en général les traditions des peuples qui habitèrent l'Égypte; mais lorsque par cette influence religieuse, toute-puissante en Orient, ils s'en éloignent, nous autres, au contraire, nous nous conformons à celles qui nous ont été jusqu'à ce jour conservées par ce petit nombre de descendants des anciens Égyptiens, qu'on appelle les Cophtes, quoique appartenant à la religion chrétienne.

VII

De l'interprète des songes et du songeur.

Outre les considérations qui précèdent, il nous en reste à faire encore d'autres concernant l'interprète du songe et le songeur.

De même qu'il n'est pas dans les moyens de tout le monde de faire des songes qui valent la peine d'être interprétés; de même tous n'ont pas la faculté de les interpréter, car l'interprète des songes doit avoir des qualités qui ne se trouvent pas dans le commun des hommes. Elles consistent dans la bonté, l'affabilité, la religion, la modestie, la gravité, une grande sobriété de paroles et de plaisanteries, le mépris de la renommée ; il doit être auditeur patient, se taire sur toute chose qu'il ne connaît pas, ne pas être prompt à faire connaître son opinion propre alors qu'il interprète.

On pourrait croire que toutes ces qualités, assez difficiles déjà à trouver dans le vulgaire, doivent suffire à former un bon interprète ; il n'en est pourtant pas ainsi, et une des plus grandes difficultés qu'on rencontre dans la science des songes est précisément à propos des interprètes.

Il est en effet un nombre infini de petits incidents qui, invisibles aux yeux du vulgaire, concourent à rendre difficile l'interprétation d'un songe et suffisent la plupart du temps à en changer complétement le sens, et auxquels ne peuvent suppléer les textes qui ne sont autre chose que la règle générale, la théorie ; et tout le monde sait quelle différence il y a entre la théorie et la pratique, entre la règle générale et l'application des cas spéciaux. Une grande pratique, des études continuelles, peuvent certainement aider à combler une partie de ce vide ; mais avant tout, selon l'opinion des écrivains les plus autorisés et la nôtre, il est besoin d'une aptitude spéciale, d'une certaine disposition naturelle moyennant laquelle le traducteur saisit au vol les circonstances qui, dans un songe, s'opposent à l'application littérale des textes. Et, sous ce rapport, les peuples de l'Orient, il faut leur rendre cette justice, sont de beaucoup supérieurs aux Occidentaux, et jouissent d'une intuition d'observation et d'interprétation pour ainsi dire très-aiguë, qui leur permet de voir clairement les choses là où d'autres se tromperaient étrangement ou ne verraient rien (1).

Quant au songeur nous résumerons très-brièvement ce que disent à ce propos les écrivains de l'Orient. Ils lui conseillent d'y regarder à deux fois avant de confier son rêve à quelqu'un, car il doit se bien garder de le faire connaître à un ennemi ou à un ignorant, à moins qu'il ne préfère que son rêve courre la chance de rester nul et qu'il ne lui arrive quelque chose

---

(1) Toujours à titre de curiosité, nous reproduisons, en ce lieu, les conseils tant soit peu fantaisistes donnés par des écrivains de deuxième ou de troisième ordre aux traducteurs de songes, dans le cas où ils se trouveraient en présence d'une interprétation difficile; ce passage servira, au moins, à donner une idée du caractère et des penchants de ces peuples. Le voici: « Lorsque le songe ne peut s'interpréter suivant « les règles ordinaires, le traducteur doit se servir du nom du « songeur, ou de celui de la première personne qui lui « adresse la parole, ou, comme assure le prophète Daniel, du « premier mot qu'il entend prononcer par un « passant (EL « FAL) qui parle à un tiers. L'interprète peut encore regarder « autour de lui et appliquer, à la traduction du rêve, le nom « de la chose qui l'a frappée au premier abord. Dans ce cas, « lorsque le regard s'est arrêté sur une femme : le songe sera « signe de prospérité ; sur un homme d'un âge mur : de force « et de puissance ; sur un vieillard : de diminution de bien-être; « sur un âne ou un mulet : de voyage. Lorsque le nom de la « chose qu'il a vue est laid : signe de douleur; s'il est beau ou « pieux: de providence. Le bon interprète, toujours dans le cas « où il rencontrerait des difficultés dans la traduction du songe, « pourra comprendre la nature du rêve par la première parole « qui lui aura été adressée par le songeur, ou toute autre « personne qui lui en demande l'interprétation, et par la façon « dont il s'est présenté à lui, c'est-à-dire, s'il était joyeux, sou- « riant, ou triste, ou chagrin. »

de désagréable. Il doit choisir ses confidents parmi les personnes qui sont bien disposées à son égard, parmi les amis, parmi ceux qui sont doués d'une certaine capacité, qu'elle soit apparente ou cachée, peu importe, pourvu qu'elle existe. Un dernier conseil est donné : celui de ne pas se faire expliquer ses songes dans les heures appelées de l'*incertitude*, qui sont, midi, le lever et le coucher du soleil, à moins qu'il veuille subir leur influence.

VIII.

Quelle conséquence on doit tirer de tout ce qui précède.

Après avoir esquissé d'un trait rapide l'histoire de la science des songes, après avoir parlé des songes et des règles auxquelles ils sont soumis, nous voici arrivés au moment de résumer nos idées dans une conclusion. La voici : Nous ne prétendons en aucune façon que l'on doive croire aveuglément au premier songe venu; celui qui ferait cela dépenserait une moitié de sa vie à faire des songes et l'autre moitié à les interpréter, et ceci sans aucun profit, puisque tous les songes ne méritent pas d'être interprétés. Il y a en effet des songes qui laissent dans l'âme de celui qui les fait une si profonde impression qu'on se les rappelle dans tous leurs moindres détails, tandis que d'autres nous apparaissent confus et comme à travers un brouillard épais. Les premiers méritent qu'on en recherche la signification, car, disent tous les auteurs et interprètes des songes : « Les qualités principales d'un songe de quelque valeur sont : 1° que les faits apparaissent clairs et nets ; 2° que le songe frappe le rêveur », pourvu toutefois qu'il ait lieu dans les conditions dont nous avons parlé plus haut. Il ne faudra donc tenir aucun compte des songes troubles, voilés et confus.

D'un autre côté, nous ne voudrions pas non plus que celui qui ne retrouve pas les événements correspondant à l'interprétation qui lui sera faite d'un songe, nous ne voudrions pas, disons-nous, qu'il condamne pour cela une telle science et qu'il hausse les épaules, oubliant combien il est facile de commettre une erreur, par exemple d'interprétation. De tels jugements ne doivent pas être prononcés aussi légèrement que cela, surtout si l'on réfléchit que les plus grands hommes de tous les temps ne trouvèrent pas cette science indigne de leur attention, lui consacrèrent leur temps, leurs soins et leurs fatigues, sans se rebuter devant les obstacles de toutes sortes, et malgré de nombreuses désillusions, continuèrent d'y croire. La science des songes, abandonnée depuis trop longtemps en Europe, est bien loin d'avoir atteint la perfection ; il y a maints points fondamentaux vers lesquels on va encore à tâtons, et sur lesquels le temps et de longs travaux pourront seuls jeter quelque lumière. Si donc, comme quelques-uns osent l'affirmer, cette science devait être mise au même rang que le charlatanisme des devins, des magiciens, des astrologues et autres personnages de même espèce, pourquoi, demanderons-nous, les pages de l'histoire de tous les peuples sont-elles pleines de songes qui se sont réalisés ? Et si ceux-ci sont restés à cause de l'influence qu'ils eurent sur la destinée d'illustres personnages, quel nombre de songes ne nous est-il pas permis de supposer qui se réalisèrent, mais dont aucun souvenir ne nous est resté parce qu'ils arrivèrent à d'obscurs personnages dont le nom s'est éteint en même temps qu'eux?

Or, si l'on ne doit pas croire aveuglément à l'interprétation parce que cette science n'est point parfaite et n'a pas encore obtenu le développement qui lui convient, il n'est pas juste non plus de la rejeter et de la repousser comme une insipide niaiserie, justement à cause des difficultés qu'on y rencontre ; mais, en maintenant un juste milieu, nous devrons dire de la science des songes ce qui a été dit du spiritisme, par un grand savant de notre époque :

« IL Y A QUELQUE CHOSE. »

بسم الله الرحمن الرحيم

(Au nom du Dieu de la miséricorde, miséricordieux).

A

AARON. — Ce songe a le même sens que celui de *Moïse*. Voyez ce mot.

ABANDON. — Abandonner volontairement son royaume : annonce à un souverain qu'il fera quelque chose dont il aura à se repentir ; mais s'il rêve de le faire après avoir été destitué, il sera tyrannisé ou bien il lui arrivera une chose injuste ou imméritée.

Abandonner sa maison : gains, profits ; son mari ou sa femme : joie ; son état : pertes causées par la mauvaise foi. Etre abandonné par ses amis : malheur ; par son amant ou sa maîtresse : on obtiendra ce que l'on désire ; par ses supérieurs : heureux présage.

ABATTEMENT. — Voyez *Chagrin*.

ABATTOIR. — Vide : malheur, deuil, douleur à cause d'une mort. Y voir tuer une bête : bon présage.

ABEILLE. — Profits et bénéfices. Qui en rêve ; aura un commandement utile. Des abeilles sur soi : douleurs. En être piqué : grande perte ; en prendre : réussite. Si elles entrent dans votre maison : il arrivera du mal à vos ennemis. Abeilles sur des fleurs vous annoncent que vous réussirez dans votre entreprise et que vous aurez de gros bénéfices. Les voir qui entrent dans leur ruche : héritage prochain. En tuer : ruine prochaine ; en donner : mariage avantageux ; en recueillir un essaim : fortune assurée. En avoir une grande quantité veut dire qu'on fera vite fortune et sans aucune peine. Un souverain qui rêve de prendre une ruche d'abeilles : s'emparera d'une grande ville ; s'il en lève le miel : il y tyrannisera et confisquera les biens des habitants ; mais lorsqu'il rêve que les abeilles fondent sur lui et le piquent : révolte dans cette ville qui lui donnera du mal.

ABIME. — Peurs, effrois, dangers, mais qui n'auront pas de suites fâcheuses. Être suspendu au-dessus : maladie ; y tomber : désastres dans vos affaires, souvent ruine totale.

ABLUTION. — Voyez *Lavage*.

ABONDANCE. — Songe trompeur.

ABRAHAM. — Celui qui rêve d'Abraham ira en pèlerinage. Cela peut aussi annoncer une lutte avec son propre souverain, ou ses ennemis, dont on sortira vainqueur ; ce rêve présage encore une immense fortune et une excellente épouse.

Pour quelques auteurs, rêver d'Abraham est signe de révolte contre ses propres mouvements.

Lorsqu'un aveugle rêve qu'Abraham lui ordonne de se baigner dans les eaux du Jourdain, il recouvrera certainement la vue.

ABRI. — En chercher un contre la pluie : souffrances cachées. Être à l'abri pendant qu'il pleut : entraves à un voyage, à vos affaires, ou emprisonnement qui durera un temps analogue à celui que l'on est resté à l'abri ; chercher où trouver un abri contre ses ennemis : très-mauvais signe.

ABRICOT. — Maladie. En manger de verts : on échappera à une maladie, ou l'on donnera de l'argent ou une caution. En manger de mûrs : monnaie dépensée pour maladie. En manger sur l'arbre : amitié d'un riche hérétique ou infidèle. En voir manger : santé; si la personne qui les mange sur l'arbre vous en offre : misère. Cueillir simplement des abricots sur un arbre est signe de mariage avec une personne qui sera riche par héritage.

Selon quelques interprètes, manger des abricots indiquerait la santé, les plaisirs et le contentement.

ABRICOTIER. — Homme très-malade ou toujours colère avec les siens et enjoué hors de chez lui. Si l'abricotier est couvert de fruits mûrs, il indique un homme chargé de monnaie d'or; si les fruits sont verts : un homme chargé de monnaie d'argent. Voir un abricotier couvert de fruits : bonheur constant et facile; surchargé de fruits verts : grandes difficultés qu'on aura à surmonter; dépouillé de ses fruits : revers de fortune, pertes.

ABSINTHE. — *Herbe ou en fusion.* Douleurs. En boire : chagrins suivis de joie, triomphe sur ses ennemis. En acheter : on tombera amoureux.

ABSTINENCE. — Voyez *Jeûne*.

ACACIA. — Personnage aux goûts simples et modestes.

ACCOUCHEMENT. — Accoucher d'un garçon : grands chagrins; pour une femme enceinte, signe qu'elle accouchera d'une fille; tandis qu'elle accouchera d'un garçon, lorsqu'elle rêve fille. Même interprétation lorsqu'un homme rêve que sa femme accouche. Rêver qu'on accouche d'une esclave : biens, fortune immédiate, naissance d'un fils qui deviendra le chef de la famille. Femme enceinte qui rêve d'accoucher d'un poisson : mettra au monde un fils qui aura la vie longue. Accoucher d'un œuf : naissance d'un fils irréligieux ou hérétique. Accoucher d'un garçon est pour un homme signe de grandes douleurs; d'une fille : prospérité.

ACCOUCHEUSE. — Bon présage.

ACCUSATION. — Etre accusé : volupté, délices, joies.

L'être à cause d'une femme ou par elle : bonnes nouvelles. Accuser quelqu'un : souffrances secrètes, tourments, inquiétudes.

ACCUSÉ. — En voir un : mauvais présage.

ACHAT. — Acheter un objet convoité annonce qu'on trouvera le moyen de se tirer d'une position très-critique ; mais si l'objet que l'on achète ne plaît pas, la combinaison méditée n'aboutira point et sera cause de douleurs et de deuil.

Pour un petit nombre, faire des achats est signe de prospérité.

Acheter un petit garçon : douleurs ; une petite fille : bonheur et fortune.

ACIER. — Bénéfices dans les achats et les ventes.

ACTEUR, RICE. — En voir : heureux événement, grande satisfaction ; l'être : mobilité de caractère, heureux changement de position, si l'on n'est pas déguisé avec les habits de l'autre sexe.

ADAM. — Voir Adam sous l'aspect gigantesque qu'on lui suppose annonce un trône pour qui peut y aspirer, et une grande fortune pour tout autre. Lui parler : accroissement de science et d'érudition chez le songeur.

D'aucuns disent que rêver Adam, signifie que l'on rencontrera un ennemi dont on écoutera les conseils, qui produiront des pertes suivies de grands bénéfices.

Voir, dans le rêve, Adam, sous un aspect que l'on ne peut présumer avoir été le sien, c'est signe de changements continuels d'un pays à l'autre, pour ne revenir que très-longtemps après dans sa patrie.

ADIEUX. — Adieux faits ou reçus, pour un motif quelconque, est signe de séparation réelle, soit pour cause d'exil, de mort, de divorce, etc. Faire des adieux à un associé : séparation ou cessation de société ; à un gouverneur : il sera destitué ; à un négociant, il subira des pertes dans son commerce ou tombera malade ; à sa femme : séparation de corps, et ainsi de suite. Mais si l'on fait ses adieux à un gouverneur destitué : il occupera de nouveau sa place ; à un associé dont on était séparé : réunion à cet associé ; à un négociant malade ou qui a subi des pertes : bénéfices ou guérison pour lui ; à sa femme dont on est séparé : réconciliation avec elle.

ADOPTION. — Adopter une petite fille : bonheur et fortune ; un petit garçon : douleurs, chagrins.

Selon quelques auteurs, ce songe est en général signe de chagrins, d'obstacles, de contrariétés, d'empêchements.

ADORATION. — Adorer une idole : travailler sur de fausses bases ; si l'idole est en or, vous approcherez une personne mal vue de Dieu, dont vous n'obtiendrez que des choses haïssables et odieuses, ou bien : perte de vos biens et affaiblissement de vos croyances religieuses, ou : association avec une femme pour corrompre, trahir, etc., son prochain. Voyez encore *Idole*. Adorer une étoile, un arbre : incertitudes en religion, et vous servirez un grand homme qui néglige sa religion. Adorer le feu : vous abandonnerez Dieu pour Satan, et désirerez la guerre ; si ce feu ne fait point de flammes : vous délaisserez la religion au profit des choses de ce monde.

ADULTÈRE. — Adultère de votre épouse avec un jeune homme : on sera servi par un ennemi ; avec un homme d'un âge mûr : gros bénéfices. Le commerce avec la femme d'une personne que l'on connaît : on est envieux de ses biens et on cherche à les avoir. Pour le reste, voyez *Coucher*.

On dit que commettre un adultère est signe de projets qui ne réussiront pas ; en être la victime : signe de bénéfices ; y assister : mauvais présage ; quelqu'un dit : joies et prospérités.

AFFICHES. — En coller : infamie ; en lire : déshonneur ; les déchirer : grande douleur.

D'aucuns ajoutent que lire des affiches veut dire que l'on fait un travail qui ne rapportera rien.

AFFLICTION. — Voyez *Douleur*.

AFFRONT. — Voyez *Injure*, *Insulte*.

AGATE. — Chose heureuse, louable. Cacheter avec une

bague d'agate : acquisition d'une chose heureuse, providence.

AGE. — Rêver qu'on a changé d'âge. Voyez au mot qui le représente, c'est-à-dire *Jeunesse, Maturité, Vieillesse*, etc.

AGONIE. — Rêver qu'on est à l'agonie et qu'on meurt ensuite : mort dans l'hérésie, surtout si vous rêvez que votre femme s'est remariée.

Rêver qu'on se trouve à l'agonie est, pour quelques écrivains, signe de richesse qu'on acquerra bientôt.

AGRESSION. — Être assailli en chemin et dévalisé : grand malheur pour un ami intime.

AGRICULTEUR. — Voyez *Laboureur*.

AIEUX. — Rêver vivants ses aïeux déjà morts : est signe d'un accroissement ou renouvellement d'activité et de richesses, pour les petits-neveux, et particulièrement pour le songeur.

Certains écrivains sont d'avis que ce songe est présage d'union, d'estime, d'héritage prochain.

AIGLE commun ou Aigle noir. — Homme fort et puissant, qui aime les luttes et les guerres, et auquel personne n'ose se fier. L'Aigle que l'on voit sur le toit, ou dans la cour de sa maison, est l'Ange de la Mort. S'il se pose sur votre tête : signe de mort. Aigle qui s'abat lourdement sur le songeur : grands malheurs. Voir un aigle qui vole : bon présage, grandeur, ambition, élévation, honneurs, dignités ; s'il vole sans bruit et lentement, ces biens arriveront avec lenteur. Lorsqu'un aigle vous remet quelque chose, s'il vous parle, et que vous compreniez son langage : la prospérité et la richesse entreront dans votre maison. Prendre un aigle qui s'apprivoise et vous obéit : désobéissance et opposition que l'on fera à un souverain.

Quelques interprètes affirment que prendre un aigle annonce le succès ; s'il vous échappe : insuccès très-sûr.

Une femme qui rêve d'enfanter un aigle noir aura un fils de grandes qualités. Etre ou se mettre à cheval sur un aigle est signe de prospérité et richesse pour un pauvre, de ruine et abaissement pour un souverain, un gouverneur, un grand personnage. Etre blessé par les serres d'un aigle : adversité, gêne ; s'il vous saute au visage : mort violente. Voir un aigle mort ou tué : prospérité, fortune, pour un pauvre ; ruine, revers, souffrances pour un riche ; mort pour un grand personnage.

Tuer un aigle : désirs satisfaits, n'être pas accessible à la crainte.

AIGLE ROYAL. — En être poursuivi : courroux d'un souverain qui vous humiliera devant un homme injuste. Un aigle royal tombe sur vous : mauvais signe, douleurs, ruine et quelquefois même mort. En prendre un qui vous obéit : autorité souveraine, grandeurs, haute position, mais on sera tyran et méchant. Lui prendre des plumes ou des os : grands bienfaits de la part d'un souverain. Etre pris par un aigle royal qui vous transporte horizontalement dans les airs : lointain voyage au milieu de la grandeur et des honneurs ; s'il entre dans les cieux : on mourra pendant le voyage ; lorsque son vol est vertical : désastres ou mort. S'élever perpendiculairement dans les airs en compagnie d'un aigle : mort ; redescendre : on échappera à la mort après avoir été à l'agonie pour cause d'une très grave maladie. Etre changé en aigle royal : longévité. Chairs de l'aigle royal : biens et commandement ; en manger : pertes, douleurs atroces, mort.

AIGLONS. — Hommes vaillants et intrépides, amis du souverain. Prendre un aiglon dans son nid : naissance d'un fils, si le rêve est fait pendant la nuit ; maladie, s'il est fait dans le courant de la journée ; lorsque l'aiglon vous égratigne : longue maladie.

AIGUILLE. — Femme ou esclave. Une aiguille seule : est l'image d'un homme pacificateur, qui s'occupe à réconcilier son prochain ; l'aiguille sans trou annonce un mâle, tandis que celle qui l'a présage une fille. Ce songe avertit encore que l'on ait à préparer quelque chose dont on aura besoin.

Quelques auteurs prétendent que l'aiguille présage un rétablissement prochain de votre position perdue, ou des chagrins d'amour ou de courte durée.

Enfiler une aiguille : mariage, ou consommation du mariage; l'enfiler d'autre chose que de fil : avertissement à un fiancé qu'il ne se marie pas. Une aiguille enfilée et dont on se sert est toujours d'un meilleur présage que si elle ne l'était pas. En coudre ses vêtements : richesses pour le pauvre, réunion de ses biens épars pour qui en possède, réussite d'affaires ; si l'aiguille se casse, se brûle ou si on vous la prend : dispersion d'une partie de vos biens; si vous la perdez ou si elle vous est volée : vos richesses courront le risque d'être éparpillées, mais ne le seront pourtant pas. Coudre ensemble des petits morceaux d'étoffe ou de chiffon : amendement, repentir. Lorsqu'on raccommode : on cessera de médire, si le raccommodage est bien fait; dans le cas contraire : vous ne trouverez que de fausses excuses. Voir de nombreuses aiguilles enfilées : prompt rétablissement de votre position. Être piqué par une aiguille : est signe de grossesse. En piquer quelqu'un : médisance qui retombera sur vous. Rêver que l'on avale une aiguille : veut dire que l'on confiera ses secrets à quelqu'un qui vous nuira.

AIGUILLE à tricoter ou autre du même genre : vous avertit de vous tenir sur vos gardes, car vous serez victime de quelque médisance ou calomnie.

AIL. — Propos piquants, impertinents, ou bien mal acquis douleurs et deuil. En sentir : découverte de secrets ; en manger : maladie dangereuse, dilapider des biens mal acquis; en manger du cuit : amendement, repentir.

AILES. — En avoir : c'est signe que l'on aura deux enfants. Se voir avec des ailes : autorité, commandement, prospérité. Voler avec des ailes : voyage plein d'opulence et de grandeur.
D'autres auteurs disent que les ailes annoncent de l'ambition.

AIR. — Air noir, obscur, de façon que l'on ne puisse voir le ciel : mésintelligences et discordes avec son supérieur. S'il s'éclaircit après l'obscurité : on évitera une humiliation, on échappera à une sédition, à un tumulte, insurrection, révolte, à des ennemis, aux suites d'une délation; cela indique : cessation de famine, de sécheresse, amendement et repentir pour un impie ou un hérétique, richesses pour un pauvre, mariage pour un célibataire, couches heureuses pour une femme enceinte. Air rouge : calamités publiques, troubles dans le pays, révolte, disette, ennuis.

Air doux et pur : prospérité, réussite dans les entreprises; air parfumé : sérénité, relations avec des personnes honorées et honorables, bonne solution d'affaires; air froid : perte d'un ami sincère; air agité : maladie, danger très-proche; air brumeux : avertissement à être prudent.

Se voir dans l'air, assis, droit ou marchant : agissements capricieux, quelquefois irréligieux, perte de ses biens. S'y voir pendant que l'on est sur la mer : danger de naufrage; en voyageant d'une autre façon : on aura des motifs de crainte; en étant malade : on est bien près de la mort. Tomber pendant que l'on est dans les airs : retards dans l'accomplissement de ses désirs; rêver que l'on meurt en tombant : on mourra de mort naturelle ou tué. Voler dans les airs : voyage, insuccès; avec des ailes : voyage prompt et heureux. Voler horizontalement : voyage lointain, ou honneurs et dignités. S'élever perpendiculairement dans les airs en compagnie ou non d'un aigle royal : mort; redescendre : on échappera à la mort après avoir été à l'agonie à cause d'une maladie très-grave. Bâtir dans l'air, ou s'y élever avec sa monture : est signe de la mort d'un malade de la famille ou du songeur lui-même s'il l'est, d'une grande humiliation pour un souverain ou un gouverneur et dont il pourrait mourir, d'un mariage malheureux pour un fiancé, de naufrage, de captivité, de mort prochaine ou de ruine pour qui fait le rêve pendant qu'il voyage sur mer.

AIRE. — Pleine de blé ou autres produits : mariage, héritage, commerce avantageux; vide : honte et misère. En flammes : fortune considérable.

AISSELLES. — Y avoir de longs poils : réussite dans ce que l'on a en vue, piété, charité; s'ils sont nombreux et touffus : indifférence en fait de religion et n'avoir de pensées que pour les choses d'ici-bas.

ALIMENT. — Aliment que l'on trouve bon : vie heureuse et honnête. Aliment qui a un goût exquis : contentement et providence ; s'il est amer : on demandera une chose qui sera cause d'ennuis et de souffrances. Aliment qui a un goût extrêmement fort : maladie qui vous empêchera de manger. Aliment puant : injures que recevra la personne qui en mange ; de même si la saveur de l'aliment est forte. Manger des aliments jaunes ou jaunâtres : maladie ; des aliments blancs : joie et contentement, excepté le lait fermenté (*mahid*) et le lait aigre qui présagent de gros chagrins. Aliment doux : voyez *Douceurs*. Aliment inconnu et qui vous dégoûte : mort ; s'il ne vous plaît pas, mais ne vous inspire pourtant pas de dégoût : craintes et pauvreté. Boire des aliments comme si c'était de l'eau : longévité, on gagnera facilement sa vie. Avaler des aliments chauds : vie agitée. Avoir la bouche pleine d'aliments, et qu'il y reste un peu de place pour d'autres : existence agitée dont est passée une partie proportionnée à ce qu'on a dans la bouche. S'en délivrer en les avalant ou en les crachant : on évitera les tracas, les troubles qui vous étaient présagés ; si on les garde longuement : signe de mort. Vomir des aliments : préjudices et dommages dont on sera cause.

ALLAF. — Voyez *Marchand de comestibles*.

ALLAITEMENT. — Allaitement entre parents : gêne, peines, captivité ou empêchements. S'allaiter soi-même, c'est-à-dire têter à ses propres mamelles, veut dire que l'on est un traître. Femme qui allaite un homme : obstacles à surmonter, captivité ou emprisonnement. Lorsque c'est une femme enceinte qui allaite : elle fera heureusement ses couches. Une femme sans lait, qui rêve d'allaiter un homme, un jeune homme, ou une autre femme : grandes prospérités pour elle et pour ceux auxquels elle aura donné de son lait. De même lorsqu'un homme rêve d'allaiter une femme.

ALLONGÉ. — Rêver que l'on se tient allongé sur son ventre : perte de biens, de forces, ignorance de certaines choses.

ALMANACH. — Chose louable et mesurée.

D'autres disent : constance et succès en amour.

ALOÈS. — Grand personnage, riche, puissant, honoré et généreux, qui n'oublie ni les injures ni les bienfaits ; et tout ce qu'on verra en songe à propos de cet arbre devra s'interpréter sur lui. Lorsque l'arbre sera un aloès des Indes, d'Arabie, etc. : ce personnage sera un étranger, à moins que vous n'habitiez ces contrées.

ALOUETTE. — Homme bienfaisant et qui mange beaucoup.

D'aucuns sont d'avis que les alouettes soient signe de richesse et d'élévation ; les entendre chanter : joie, prospérité ; les voir voler : grand succès, dignités, fortune rapide. En voir ou en manger de rôties : gros chagrins, ou évènement singulier dans votre maison.

AMADOU. — Danger d'indigence et de pauvreté.

AMANDES. — Biens, richesses.

D'autres ajoutent : calme et tranquillité. Cependant un certain nombre est d'avis que ce songe présage des obstacles, des empêchements dans les affaires, mélancolie, le doute, l'instabilité.

En cueillir sur l'arbre : biens que l'on obtiendra d'un avare.

En manger : bien acquis par des procès et des litiges. Lorsqu'en mangeant des amandes on voit l'arbre : richesse et bonheur. Amandes douces : douceur de la religion ; amères : vérité, ami sûr et fidèle ; vertes : prodigalité. Amande à cosse dure : peines, difficultés, et, même, deuil. Jeter des cosses d'amande sur quelqu'un : vous recevrez un habillement complet.

AMANDIER. — L'amandier représente un étranger, et annonce que vos affaires sont bien acheminées.

Autres interprétations. Voir un amandier fleuri, mais sans feuilles : chagrins, angoisses ; avec les feuilles et les fruits : bonheur, prospérité, on obtiendra tout ce que l'on désire. Cependant quelques écrivains expliquent au rebours.

AMANT, E. — Bonheur, vous filerez des jours d'or et de soie avec la personne de votre choix, si vous faites ce rêve, lorsqu'en réalité vous n'avez pas d'amant ou de maîtresse. Mais si on en a : inquiétudes, chagrins, tromperie, disputes, insomnie, quelquefois maladie de poitrine ; ces présages redoublent de force pour les personnes mariées ; et pour ceux qui font souvent ce songe : danger de mort s'ils ne changent bientôt de pays. Voir son amant ou sa maîtresse dans une joie folle : infidélité ; pâle, défait : infidélité. En recevoir les caresses : infidélité réciproque.

AMARANTE. — Tristes souvenirs ; chagrins, fatigues, angoisses.

AMAZONE, *femme guerrière.* — Ce songe n'est pas d'un bon présage pour les hommes. Rêver qu'elle vous tend la main, vous fait quelque démonstration d'amitié : mariage avec une femme qui vous dominera entièrement.

AMBASSADEUR. — Rêver qu'on est l'envoyé, l'ambassadeur d'un peuple : changement de position en mieux.

On prétend que ce songe est d'un mauvais augure, ou qu'il annonce un voyage pénible dans de lointains pays.

AMBRE. — Bonheur sans richesses, doux souvenirs.

AME. — Voir son âme montant aux cieux : excellent présage. Rêver qu'un ange vous l'emporte : avertissement à mettre ordre à votre conduite et à vos affaires.

AMENDE. — Gains et profits lorsqu'on la paye ; faillite, ruine complète pour ceux qui la voient payer.

AMI. — Revers à un ami : on obtiendra quelque chose de lui ; s'il vous donne un objet de valeur : vous aurez de lui, ou par son moyen vous obtiendrez ce que vous désirez. Lorsque l'ami à qui on rêve occupe une haute position et qu'en songe on en reçoive une chemise neuve : il obtiendra pour vous un emploi ; mais s'il vous donne au contraire une vétille, une bagatelle : on n'obtiendra pas ce que l'on demande et on s'en fera un ennemi. Rêver d'un ami avec le dos voûté : on s'en éloignera et on l'abandonnera. Voir des amis qui sortent d'un lieu quelconque, contents et en habits de fête : bon présage pour eux et leurs enfants ; s'ils sont tristes et mal vêtus : mauvais signe, indigence, maladie.

D'autres disent qu'un ami est signe de séparation conjugale, de querelles suivies de réconciliation ; s'il est déjà mort : héritage ; si c'est votre meilleur ami : un grand danger vous menace, confiez-vous à lui. Voir ses amis réunis : funérailles, mariage ou fête.

AMODIATEUR. — Voyez *Fermier*.

AMPUTATION. — Rêver qu'on subit une telle opération : perte devant Dieu du fruit de toutes vos bonnes œuvres, ou médisance, calomnies injustes à votre charge. Lorsque l'amputation produit une douleur excessive : biens, richesses qui vous resteront ; si l'on rêve de prier en cet état : on oubliera tout enseignement et précepte religieux.

ANCRE. — Haute position ; lettre de pays lointains.

ANDOUILLE. — Voyez *Saucisson*.

ANE. — Dispute, querelle, altercation avec ses amis ; il se réfère encore à un domestique. Ane sans maître : inconnu. Ane aveugle : on a des biens, mais on ignore où ils se trouvent. Bel âne : beauté du maître. Ane gris : infidélité conjugale ; blanc : pureté de religion ; noirâtre : querelle acharnée, bonheur. Ane faible : pauvreté ; gras : richesses ; haut : grandeur, position élevée. Ane qui a une étoile au front : naissance d'un fils, prospérité et abondance ; qui a la queue longue : prospérité pour les descendants du songeur. Entendre braire un âne : déshonneur, médisance, calomnie, blâme d'un ennemi insolent. S'il brait près d'un temple : il appelle un hérétique ou un infidèle à la foi. S'il parle : signe de mort. En voir les oreilles : énorme scandale. Le tuer : perte. Voir un âne chargé : gain, bonne réussite. Acheter un âne : joies en famille. Le payer au comptant : réussite par sa propre éloquence ou par sa faconde. Ane qui marche vite :

bons résultats dans vos entreprises ; qui ne marche qu'à force de coups : mauvais signe ; qui court : espoir évanoui, malheur. Monter un âne bon marcheur : être sur le droit chemin et en voie de bonne réussite. En tomber : pauvreté. Entendre marcher des ânes sans les voir est signe de pluie. S'emporter et vider sa rage contre un âne : mort d'un parent. Porter un âne sur ses épaules : accroissement de force, grands honneurs. Mort d'un âne : mort ou ruine du maître, ou mort de son père, de son aïeul, de son domestique ou de son esclave. Si un souverain rêve qu'il s'empare d'un âne et le fait entrer dans son palais : Dieu lui rendra toutes sortes de biens et le rendra exempt de toute douleur. Rêver des ânes est pour un voyageur l'annonce d'une fortune qui cependant sera lente à venir. Ane qui devient sauvage : très-mauvais signe.

Voyez *Ane sauvage*.

ANESSE. — Femme, domestique, commerce. Anesse enceinte : votre femme est grosse. Monter à cheval sur une ânesse enceinte : avoir sa femme grosse de son propre fait. Anesse qui met bas : grandes prospérités ; si elle n'accouche pas d'un animal de son espèce : le fils de votre femme ne vous appartient pas.

ANE SAUVAGE. — Aversion, inimitié entre le songeur et un inconnu. Si vous le montez : vous serez un grand pécheur ; si vous vous en servez pour aller en pèlerinage : vous aurez en outre des douleurs, des craintes et de grandes épouvantes. Si un âne sauvage entre dans votre maison : vous vous lierez avec un impie, qui vous fera perdre toute religion. Lorsqu'on rêve de chasser un âne sauvage pour se nourrir de sa chair : prospérité et richesses pour soi et les siens. Ane sauvage qui s'apprivoise et devient domestique : très-bon signe.

ANGE. — Rêver des anges contents : très-bon signe pour le songeur, il sera puissant, aura une bonne nouvelle dont il se réjouira grandement et triomphera de ses ennemis ; lorsque le songeur est un malade : signe de guérison relativement immédiate ; s'il a des craintes pour un objet quelconque : il se rassurera ; s'il est affligé : il se consolera. Les anges contents indiquent aussi un prochain pèlerinage. Rêver des anges tristes et affligés : ruine complète. Si un ange vous annonce que vous aurez un fils : il sera fort et vigoureux, puissant et plein de talent. Voir des anges qui ont dans les mains des fruits du Paradis, signifie que vous mourrez en accomplissant tous les devoirs de votre religion. Si vous rêvez qu'un ange entre dans votre maison : gardez-vous d'un intime qui vous volera ; s'il s'empare de vos armes : craignez pour votre santé, ou vos biens, quelquefois pour votre épouse que vous pourriez perdre par la mort ou le divorce. Ange qui vole au-dessus de votre maison, ou simplement en voir un : prospérité, bonnes nouvelles, consolation pour les affligés, bon espoir pour les amoureux, réussite pour ceux qui entreprennent quelque chose. Voir des anges et en avoir peur c'est signe de délations qui produiront de grands maux dans le lieu où vous les aurez vus, et peut-être une guerre.

Les voir quand on est à la guerre : annonce qu'on triomphera des ennemis. Etre salué par des anges : érudition profonde, vous mourrez pieusement. Les anges qui se prosternent devant vous : annoncent que vos désirs seront satisfaits. Badiner ou lutter avec un ange : douleurs, gêne, tribulations. Si un malade rêve que deux anges badinent près de lui, sa mort est proche. Voir des anges descendre du Ciel sur la Terre, dénote qu'il sera fait bonne justice pour les bons et pour les méchants. Voler avec des anges jusqu'aux cieux et ne pas redescendre : grands honneurs suivis d'une mort pieuse.

Ange qui vous soulève sur ses ailes : honneurs, gloire, richesse.

Regarder des anges est signe de grands malheurs. Rêver qu'étant affligé on les entend sonner de la trompette aux confins du monde, et croire qu'on est le seul à les entendre : mort prochaine. Mais lorsque le son est entendu par les habitants de la localité : grande épidémie et mortalité en ce lieu. Ce même songe peut encore indiquer qu'il sera exercé en cet endroit une tyrannie insupportable, qui cessera pourtant en donnant lieu à une vie paisible et tranquille. Voir dix anges au milieu d'une ville dénote qu'il y mourra beaucoup de monde, ou qu'il y sera tué un innocent, ou qu'une maison s'y écroulera sur ses habitants. Ange qui vous donne un livre en vous disant de le lire : on tombera dans l'irréligion, si on n'y est pas déjà tombé. Rêver qu'un ange exerce votre profession ou votre métier : vous enrichirez vite par votre métier ou votre profession, moyennant de grandes améliorations que vous y aurez introduites. Etre consolé par un ange : cessation de chagrins. Ange à cheval annonce la mort d'un homme arrogant dans le pays où l'ange a été vu. Un ange sous la forme d'un vieillard annonce au songeur qu'il a vécu la plus grande partie de sa vie ; sous celle d'un jeune homme, qu'il lui reste, au contraire, à vivre encore plus qu'il n'a vécu ; sous celle d'un enfant, que sa fin est proche. Qui voit des anges en forme de femme est menteur, hypocrite et imposteur. Rêver qu'on a la forme d'un ange est signe de mort pour un malade, de richesse pour un pauvre, de délivrance pour un esclave ou un prisonnier.

Ange qui emporte votre âme : avertissement du ciel de changer de conduite et de mettre ordre à ses affaires.

ANGE DE LA MORT. — Le rêver content : mort pieuse ; triste et affligé : mort dans l'impénitence finale. Lutter avec lui sans en être vaincu : annonce une maladie très-grave qui vous mènera à l'agonie, mais dont vous guérirez ; en être vaincu : mort prochaine. S'il se présente à vous avec la main droite ouverte : c'est que l'on ne doit point scruter l'avenir, car il y a cinq choses qui ne sont connues que de Dieu : la fin du monde, l'avenir, quand il pleuvra, le jour et le lieu de la mort, ce dont accouchera une femme (1). Voir l'Ange de la

---

(1) Ce fut le fameux Haroun-al-Raschid, le plus grand des califes, qui fit ce rêve singulier. Ayant vu se présenter à lui l'Ange de la

Mort tranquille et dans son état naturel : est signe de longévité.

ANGUILLE. — Dans l'eau : richesse ; hors de l'eau : trahison de la personne qu'on aime le plus ; si elle vous échappe : bon présage pour les amoureux. Anguille morte : grands chagrins, vengeance satisfaite.

ANIER. — Homme résolu et persévérant, qui finit les choses commencées.

Anier qui transporte les marchandises à dos d'âne : toujours signe d'opulence et d'élévation.

ANIMAL. — Voyez *Quadrupède*.

ANIS. — Présent, cadeau insignifiant.

ANNEAU. — Un simple anneau est signe de religion. Voyez ci-dessous, ainsi qu'à *Bague*.

ANNEAU A FROUFROU. — *Douldoul* (1). Inimitié, haine, antipathie, mauvaises paroles. En donner un : perte d'une partie de ses biens.

ANNEAU. — *Kholkhal* (2). S'il est en argent : naissance d'une fille ; en or : maladie, péché mortel. Pour les femmes mariées c'est un signe de sûreté ; pour les filles et les veuves, de mariage avec un homme de cœur, magnanime et charitable.

Mort, il le questionna sur le temps qui lui restait encore à vivre. Celui-ci ne lui répondit qu'en montrant sa main droite tout ouverte, et disparut. Le calife se réveilla en sursaut, épouvanté par ce signe qui pouvait aussi bien lui présager cinq jours que cinq lustres de vie, et envoya chercher sur le champ son *hadjian* (ventousier, celui qui applique les ventouses), le meilleur interprète de Bagdad, lequel lui expliqua que l'Ange de la Mort avait voulu lui faire connaître l'indiscrétion de sa demande, y ayant cinq choses qui ne peuvent être connues que de Dieu : la fin du monde, l'avenir, quand il pleuvra, le jour et le lieu de la mort, ce dont accouchera une femme.

(1) *Douldoul*, bagues ou anneaux ornés de petits pendants, dont les seconds se passent en Orient aux jambes des enfants ; ils ont la même interprétation.

(2) *Kholkhal*, anneau en métal que les femmes orientales se passent autour de la cheville des pieds.

ANON. — Prendre dans ses bras un ânon doux et tranquille : profits et bénéfices ; s'il est turbulent : votre fils vous causera des chagrins et des tracas. Pour le reste, voyez *Âne*.

ANTIPATHIE. — Rêver que l'on a de l'antipathie pour un jeune homme que l'on ne connaît pas : ennemi qui sera antipathique à tout le monde.

APOTHICAIRE. — Homme pieux, bienfaisant, qui travaille pour le bien d'autrui.

APPARTEMENT. — L'appartement ou quartier d'une maison représente les femmes ou les domestiques de la maison ; les corridors en sont les hommes ; les ornements du toit, les créneaux en sont les chefs ou les hauts personnages qui y logent. L'appartement d'un homme lui représente sa femme ; la porte, sa nature. Le garde-manger est la mère du propriétaire ; le privé (lieux d'aisances), un domestique chargé de nettoyer, ou bien la femme du maître. Tout ce qu'on verra de bien ou de mal, de beau ou de laid, de bon ou de mauvais dans l'appartement, devra s'interpréter en l'adaptant à la personne à laquelle le lieu vu se réfère. Chambre ou appartement sans plafond, et y voir se lever le soleil ou la lune : mariage en cet endroit. Appartement clair : bonté, beauté et prospérité d'une femme ; noir, obscur : femme méchante ou colère, ou homme qui aura ces prérogatives lorsque c'est une femme qui fait le rêve. Appartement mouillé par terre : douleurs causées par une femme, proportionnées à la quantité d'eau répandue et au temps qu'elle mettra à sécher. Voir dans la maison un quartier ou une chambre qu'on n'y connaissait pas : venue d'une femme pieuse ; mais si on comprend que cet appartement ou cette chambre a été faite en matériaux cuits, ou blanchie à la chaux, cette femme sera une hypocrite venue pour exciter les uns contre les autres les habitants de la maison. Voir un appartement plus grand qu'il n'est réellement : prospérité, richesses provenant d'une femme.

Se trouver dans un appartement ou une chambre inconnue, blanchie à la chaux, éloignée de toute habitation : celle-là est votre tombe ; et si vous avez eu des visites : il vous arrivera malheur. Se trouver emprisonné ou garrotté dans un appartement situé en un lieu habité : force, puissance, prospérité. Sortir d'un petit appartement : fin de vos douleurs. Porter sur ses épaules tout un appartement : dépenses qu'on aura à supporter à cause d'une femme. Bâtir un appartement ou une chambre : guérison de malades, s'il y en a dans la maison ; mais lorsque dans le lieu où l'on bâtit sont ensevelis des morts, cela veut dire qu'on prépare la tombe à ces malades ; s'il n'est rien de cela : mariage du songeur, s'il est célibataire, ou d'une fille logeant dans la maison et qui continuera d'y vivre avec son mari. Objet qui du dehors tombe dans votre appartement : mort pour les malades, s'il y en a; ou retour d'un absent, ou bien fiançailles.

APPEL, APPELER. — Appeler quelqu'un : perte d'amis ou de parents ; lorsque la voix vous manque pour appeler : encore plus mauvais signe. Être appelé : mauvais présage ; s'entendre appeler d'un endroit lointain et inconnu : la mort est proche.

Être appelé avec un beau nom : prospérité, élévation, honneurs ; avec un vilain nom : maladie, obscénité de notoriété publique. Être appelé par un mort : mort pour un malade ; si on n'est pas malade, cet appel signifie que l'on a manqué envers une personne morte, laquelle vous en avertit. Rêver qu'un mort vous appelle par votre nom et que vous ne le voyez qu'ensuite et ne pouvez vous en délivrer : on mourra de la même façon que lui. S'entendre appeler par Dieu avec son propre nom, ou un autre : grande amélioration dans votre position, honneurs, dignités, triomphe sur vos ennemis.

Appeler à la prière. — Trône, souveraineté pour qui peut y aspirer ; bénéfices de commerce pour le négociant; biens, profit, prospérité pour les autres ; cela est encore signe d'excitation au pèlerinage. Appeler à la prière du haut de la terrasse d'une maison : malheur pour vos parents ; si la terrasse est celle de votre voisin : vous en séduirez la femme. Lorsqu'on appelle à la prière dans un endroit chaud : fièvre ; en pleine campagne : on deviendra chef de voleurs ou de brigands ; dans une prison : liberté ; sur un lit : mort. Appeler à la prière pour badiner : on deviendra fou.

ARAIGNÉE. — Homme rancunier mais faible, ou femme maudite et perfide, qui tient rigueur à son mari.

D'autres ajoutent : procès que l'on perdra, trahison, querelle avec ses voisins, tromperie, pertes ; aggravation lorsqu'on voit l'araignée dans sa toile.

Tuer une araignée : aplanissement de grandes et nombreuses difficultés, bénéfices, profits, joie. En manger : tromperie, sophismes, volupté. Voir des toiles d'araignée : signifie que l'on aura une femme irréligieuse.

ARBRE. — L'arbre représente un homme, une femme, la boutique, des esclaves, des domestiques ; il se rapporte aussi aux montures, à la religion, aux travaux du songeur. Les feuilles en indiquent les qualités, la beauté et les vêtements ; les branches : l'origine, ses frères, parents ou amis ; la moelle : ses secrets ; l'écorce : l'extérieur, l'apparence, la peau ; le suc : la foi, la piété, la vie. Pour faire comprendre cette interprétation, donnons-en un exemple : rêver un arbre fendu et dont on voit la moelle : découverte de ses secrets, etc.; branches rompues, rabougries, malades : basse origine, mauvais frères ou amis, maladie, mort d'une de ces personnes ; écorce d'une vilaine apparence, avec des signes de maladie : maladies de peau, etc.

D'autres auteurs donnent une interprétation qui, quoique différente à l'apparence, dans le fond se rallie, ou à peu de chose près, à la méthode que nous venons d'exposer. Voici ce qu'ils disent : Un arbre vert est signe d'espoir, bonne santé ; vert mais sans fleurs : affaires menées à bonne fin ; touffu : on aura des enfants ; jauni : maladie prochaine ; sans feuilles : obstacles et difficultés dans la vie ; sec : douleurs ; droit : vous êtes sur le chemin de la fortune ; abattu : intérêts menacés ; cassé : tempête, dispute chez soi ; rompu, brûlé par la foudre : abus de confiance, dommages, pertes. Arbre séculaire : bon présage pour les malades et ceux qui sont à la veille d'un jugement.

L'arbre représente la mère, la tante, l'épouse ou le fils d'un souverain. Arbre fendu : accroissement de famille. Arbre sans fruits : personne au cœur dur, grossière et inutile; qui fleurit, odorant : personne plus ou moins généreuse selon le degré de floraison et de parfum; épineux : personne d'humeur difficile. Voir des arbres entourés de plantes odorantes : personnes qui se réuniront en ce lieu pour cause de deuil, de douleur, de malheur. Arbre inconnu dans un marché ou une maison, indique qu'il y aura une querelle, un incendie, ou qu'on y allumera un grand feu; s'il est dans la maison du songeur : révolte et soulèvement du peuple, guerre entre deux nations, incendie dans la maison, querelles. Rêver des arbres fruitiers dans une maison : on s'y réunira pour se réjouir ou pleurer; manger de leurs fruits, s'ils sont bons : signe de joie; s'ils sont mauvais : douleur. Lorsque le fruit que l'on mange est inconnu : il annonce le bonheur, quand le rêve a été fait au temps où tout fleurit ; le malheur si on l'a fait à la tombée des feuilles. D'aucuns disent que les arbres fruitiers, lorsqu'ils ont les feuilles et les fruits, présagent le bonheur, et qu'on obtiendra ce que l'on désire ; s'ils n'ont que les fleurs : chagrins, angoisse. Recueillir les fruits d'un arbre séculier : héritage.

Arbre qui tombe, se rompt, se brûle, ou est battu par le vent : mort naturelle ou meurtre de quelque habitant de l'endroit; si l'arbre est dans votre maison : mort d'un malade quant il y en a, ou d'un membre de la famille, ou d'un absent; s'il est dans un temple : mort d'un grand personnage indiqué par la hauteur de l'arbre; un dattier indique la mère ou l'épouse d'un souverain ou grand chef; un olivier indique un prêtre, une personne pieuse, un médecin ou un gouverneur. Voir sur un arbre une personne déjà morte : si l'arbre est grand et beau, elle sera au paradis; s'il est laid, épineux, rabougri ou pourri, elle sera aux enfers. Lorsque la personne qui est sur l'arbre est malade : signe de mort; et selon que sera l'arbre elle ira au ciel ou à l'enfer. Quand la personne qui se trouve sur l'arbre est vivante et saine : elle épousera quelqu'un qui se trouvera dans des conditions analogues à celle de l'arbre.

Mais si le songeur, pendant que son mari ou son épouse est malade, rêve d'être lui-même sur l'arbre : le malade guérira si le songe est fait au temps de la floraison; il mourra au contraire s'il a été fait à la chute des feuilles. Voir un arbre dans sa boutique, son magasin, son atelier, son étude, dans tout endroit où l'on travaille à gagner sa vie : prospérités et richesses ou perte et indigence selon l'époque du songe. Pareillement si l'arbre est dans un temple, cela indiquera croyance et piété, ou impiété et profanation. Se rêver propriétaire d'un grand nombre d'arbres : empire et commandement, selon le rang qu'on occupe dans le monde. Grimper sur un arbre : prospérité, dignités, élévation; pour un malade : guérison. En tomber : malheurs proportionnés à la hauteur de l'arbre; si le songeur est un souverain : il perdra son trône ou le pouvoir; s'il est simple particulier, il sera banni par ceux qu'il chérit le plus, ou perdra ses biens. Si on tombe sur un reptile, une bête féroce, des ordures ou des immondices : mauvaises actions; sur un lieu saint, gens qui prient, dans un jardin : amendement, repentir. Planter un arbre qui prend bien : honneurs et amitié d'un personnage qui aura des goûts analogues aux conditions et aux qualités de l'arbre; s'il ne prend pas ou prend mal : signe de douleurs. Planter des arbres dans un jardin : naissance d'un fils qui aura les qualités ou les défauts de l'arbre planté.

Un certain nombre d'écrivains prétendent que planter un arbre dans quelque endroit que ce soit signifie que les affaires du songeur sont prospères, qu'il amasse du bien pour ses enfants; l'interprétation redouble de force lorsqu'on rêve de planter l'arbre dans sa maison.

Extraire le suc d'un arbre : veut dire que vous savez tirer partie d'une personne qui lui ressemble. Casser une branche à un arbre veut dire que l'on refusera quelque chose à quelqu'un ou qu'on négligera ses prières et ses jeûnes. Couper sur l'arbre d'autrui une branche chargée de fruits pour s'en faire un bâton : est signe de contentement et de fêtes pour le propriétaire. Tailler des arbres : maladie ou perte d'un parent ; en abattre : vol ; en déraciner : grand danger, mort. Grand arbre que l'on voit couper : mort d'un membre principal de la famille ou d'un grand. Arbre qui croît sur quelqu'un : grandes prospérités et bonheur pour lui. Adorer un arbre : incertitudes religieuses, on servira un grand homme qui négligera sa religion.

ARC. — Catastrophe, femme qui sera très-féconde, fils, frère, voyage, bonne œuvre. Arc du pays : voyage prospère avec un homme honoré ; arc étranger : voyage avec des étrangers. L'arc dans son étui est l'image d'un enfant dans les entrailles de sa mère ; s'il est avec d'autres armes : grandeur, puissance et prospérité. Arc dur à manier : voyage pénible, pertes pour le négociant, révolte de sa femme ou de son fils pour ceux qui en ont : si l'arc se manie facilement, ce sera tout le contraire. Donner un arc à sa femme : naissance d'un fils ; si c'est elle qui vous le donne : naissance d'une fille. Tirer de l'arc : se méfier de quelque ami ; en tirer au milieu de la campagne : richesses et biens honnêtement acquis ; dans une ville ou village : mensonges et calomnies. Tirer d'un arc sans flèches : voyage lointain suivi d'un retour heureux et dans une belle position ; en tirer avec des flèches et toucher au but : succès ; si en tirant, l'arc rend un son ou la flèche siffle : on sera élevé à de hautes dignités. Manquer le but : honte, désagréments. Rompre la corde d'un arc : empêchements pour un voyage ou séparation d'avec sa femme. Arc qui se rompt : mort de votre femme, de votre fils, de votre associé ou d'un de vos parents. Faire des arcs : mariage et grossesse immédiate de votre femme.

ARC-EN-CIEL. — Le voir au Levant : bon présage pour les pauvres et les malades ; au Couchant : pour les riches ; au-dessus de la tête : changement en pire.

ARGENT. — Biens amassés. Argent vierge des mines : épouser une belle femme ou acquérir une belle esclave blanche. En trouver : prospérités. En manger : pertes et dommages. En extraire un morceau d'une mine : vous tromperez une belle femme ; en extraire une grande quantité : vous découvrirez un trésor. En fondre : vous aurez pour ennemie une femme qui vous fera sa dupe. L'argent est toujours d'un bon présage pour les femmes. Voyez *Monnaie*.

ARGENTERIE. — Voyez *Vaisselle*.

ARGILE. — *Tafle* (1). Elle s'interprète de même que la *Terre*, mais avec beaucoup plus de force. En posséder : richesse ; en manger : actions illicites ; s'en emplâtrer au point d'en être tout couvert : signe de mort.

ARMÉE. — Marcher devant une armée : prospérité.

L'armée est signe de sûreté, de protection. Armée victorieuse : bon présage, selon les uns ; ruine, selon les autres. Armée vaincue : peines qui dureront peu, grand danger. Armée rangée en bataille : le songeur aura ses biens et sa fortune dissipés par ses parents et ses amis.

ARMES. — Honneurs, grandeurs. Avoir toutes ses armes : impuissance de vos ennemis, succès. Se voir armé au milieu de gens désarmés : est signe de direction, de commandement ou de gouvernement d'un peuple ; si ce sont des personnes d'un âge mûr : vous êtes parmi des amis ; si elles sont jeunes, des ennemis ; enfin, si le songeur est malade : signe de mort.

Armes à feu :

Gains, profits apparents, embarras, colère, plaisir, joie suivie de douleur. En recevoir un coup, si on a les vêtements brûlés : mauvais présage ; si les habits ne se brûlent pas : bien inattendu.

ARMOIRE. — Même sens que *Coffre*.

ARMURE. — Sûreté, tranquillité. La revêtir : toute-puissance et grandeur, autorité souveraine, royauté, propriétés et biens. Revêtir une armure entière : impuissance de ses enne-

---

(1) *Tafle*, terre argileuse blanche et jaunâtre dont les Orientaux se servent comme savon de cuisine.

mis ; en forger une : fondation d'une ville entourée de murailles, si on est souverain ; si on ne l'est pas : construction d'un enclos, accumulation d'argent, réunion, achat de chevaux dans un but de lucre en de mauvais moments.

ARPENTEUR. — Homme qui cherche à connaître les affaires des autres. S'il mesure des terrains cultivés : il se mêle des affaires des honnêtes gens. S'il arpente un jardin : il se mêle des affaires de votre femme ; une forêt : il se mêle des affaires des personnes pieuses ; si c'est un chemin, une rue : vous voyagerez autant qu'il aura mesuré, et, lorsque le songe est fait au temps de pèlerinage, vous en ferez un. S'il arpente un terrain inculte : chagrins évités ; si c'est un endroit où il y ait un peu d'herbe : amitié avec des personnes pieuses et religieuses.

ARROGANCE. — Corruption religieuse.

ARROSEMENT. — Arroser et ensemencer : grossesse de votre épouse, ou bien vous obtiendrez les faveurs d'une femme.

Arroser le jardin avec l'eau du puits : possession d'une femme dont on aura des biens ; si l'eau fait pousser quelque chose : cette femme vous fera père d'un fils.

Certains interprètes prétendent, de leur côté, qu'arroser présage de bonnes récoltes ; arroser des fleurs : profits et bénéfices ; des légumes à graines tels que es pois, les fèves, les haricots : danger pour les biens de la personne qui arrose.

ARSENIC. — Même interprétation qu'*Empoisonnement*.

ARTICHAUT. — Douleur secrète. En cueillir ou en manger : trahison, piéges d'un ami.

ASCHAR. — Voyez *Collecteur*.

ASPERGES. — Heureux présage. En manger : guérison d'un malade, délivrance d'un prisonnier.

ASSASSIN. — Élévation rapide, perte d'un héritage. En être assailli par chemin et volé : malheur pour un ami intime.

ASSIETTE. — Ami de l'homme; mieux encore si elle contient des mets doux.

ASSOCIATION. — S'associer à une personne d'un âge mûr: tous ceux qui, pendant le courant de l'année, auront affaire au songeur, agiront droitement et régulièrement. S'associer avec un jeune homme: on trouvera l'équité et la justice chez ses ennemis, mais en étant toujours tourmenté par des craintes.

ASSOCIÉ. — L'associé est digne d'équité et de justice. Rêver d'avoir un associé: dans les rapports que vous aurez avec cette personne, il sera agi avec équité et justice. Rêver mort un associé: dissolution de société.

ASTRES. — Soleil, lune et étoiles rayonnants et dont il vous semble être le possesseur; très-haute position; si ces astres n'ont pas de rayons: mauvais présage. Soleil, lune, étoiles, noirs, obscurs: cessation ou changement de prospérité dans le monde. Lune qui se change en soleil: toutes sortes de biens pour qui la voit, avec le concours de sa femme et de sa mère. Soleil et lune resplendissants sont signe de la bienveillance et de l'amour de vos parents envers vous; s'ils sont sans clarté: tout le contraire. Rêver d'avoir le soleil et la lune sur les flancs devant ou derrière: crainte, douleurs, maladie, deuil.

Lune qui va au-devant du soleil : hostilités, menaces d'une guerre. Rêver que la lune et le soleil se battent ; guerre entre vrais croyants et infidèles ; lorsque le soleil gagne : victoire pour les vrais croyants ; lorsque c'est la lune : victoire pour les infidèles.

Rêver que la lune et les étoiles tournent autour du soleil pendant qu'il fait nuit: injustice d'un ministre ou intrigue d'un souverain.

ASTROLOGUE. — Le consulter : succès, réussite en amour et dans tout ce qu'on entreprend. Le voir occupé à ses opérations: caquets, médisances, calomnies de femmes bavardes.

Quelques interprètes prétendent que rêver d'un astrologue est signe de peine, de souffrance, injuste condamnation.

ASTRONOMIE. — Commandement, bons résultats.

ATHAMANTE. — Prêt qui ne vous sera jamais rendu.

ATTAR. — Voyez *Droguiste*.

AUBE. — Bonheur, cessation de chagrin, commencement de ce que le songeur veut entreprendre. Rêver que l'on retrouve à l'aube une chose qu'en songe on avait perdue, veut dire qu'avec l'appui de témoins on peut prouver à son adversaire une chose qu'il nie.

AUBÉPINE. — Amour sincère et pur, dévouement. Elle est encore l'image d'une jeune femme ou esclave belle, bonne, aimante et qui vous rendra heureux.

AUBERGINE. — Hors de saison : mauvais présage ; pendant la saison : biens, richesses péniblement acquises.

On considère cette plante comme signe de douleurs et d'amertumes.

AUGE. — Y boire avec un porc veut dire qu'on prêtera complaisamment sa femme aux autres.

AUMONE. — La demander dénote que l'on fait tous ses efforts pour acquérir du savoir, de l'érudition ; si on vous la fait : vous acquerrez ces choses et obtiendrez de grands honneurs. Faire l'aumône en donnant à manger à un pauvre : calme et paix de l'âme et grande fortune. La faire sous forme de payement de dîme : signe de biens et de grande providence.

Faire l'aumône, sous quelque aspect qu'on la fasse, est, pour certains auteurs, signe de fortune et de richesse ; la recevoir : on sera privé de ses biens ou l'on fera un héritage onéreux.

AUTEL. — Mauvais présage. Autel abattu : triomphe, élévation, richesses, prospérité. En élever : malheur pour le pays, désastre, perte d'enfants. Ces interprétations s'appliquent aux autels qui ne sont pas du culte du songeur ; dans ce cas il faut interpréter au rebours.

AUTRUCHE. — Ce songe a la même signification que celui du *Chameau*.

L'Autruche femelle se réfère aussi à la surdité, à la Providence, à l'eunuque. En acheter, en prendre une : mort d'un malade de sa famille ; en prendre et en monter une : femme belle et riche. Rêver que depuis un certain temps on a une autruche chez soi : longévité et providence. Les œufs de l'autruche ou ses petits indiquent des fillettes. Le cri de l'autruche en général, veut dire que l'on aura un serviteur fort et courageux.

D'autres auteurs disent que l'autruche est en général signe d'honneur, d'estime, de lointains voyages, quelquefois d'ambition frustrée.

AVALER. — Avaler quelque chose sans mâcher : colère proportionnée à la chose avalée. Avaler une médecine : bon signe. Avaler un aliment ; voyez ce mot, ainsi que toute chose qu'on aura avalée.

AVARICE. — Rêver que l'on est avare : c'est être médisant, calomniateur, détracteur.

AVERSE. — Voyez *Pluie*.

AVEUGLE, AVEUGLEMENT. — Cécité religieuse, ignorance ; ne pas voir la réalité : biens qui vous viendront de proches parents, richesses pour un pauvre, empoisonnement. Rêver d'être aveugle est signe que l'on est près de commettre un crime ; pour un hérétique : c'est un présage de peines et de douleurs. Aveugle enveloppé dans beaucoup de vêtements : sa mort est proche. Voir plusieurs aveugles : perte de parents. Rêver qu'on vous aveugle : celui qui le fait vous fera sortir du droit chemin. Rêver qu'on a la cataracte ou qu'elle vous vient, est signe de vie courte. Guider un aveugle : on montre le droit chemin à un pervers, ou bien on indiquera son chemin à quelqu'un qui vous le demandera. Rêver qu'on est aveugle pendant qu'on voyage : prolongement indéfini de ce voyage, et quelquefois mort.

B

BACCAL (1). — Homme porteur de chagrins et de deuil.

BAGUE. — Mariage prochain. La bague est l'image du frère, de l'épouse, des femmes de la maison, de la maison elle-même ; elle est signe aussi de commandement, d'acquisition d'esclaves ou de domestiques, de montures, de biens. La bague annonce au célibataire qu'il se mariera. Bagues qui pleuvent du ciel : pronostiquent qu'il ne naîtra que des enfants mâles dans le courant de l'année. Voir vendre des bagues sur un marché, une place publique, à la foire : vente de biens appartenant à des gens haut placés. Bague brisée : divorce.

En briser une : infidélité; en porter une au doigt : bonheur domestique. Se mettre une bague à l'auriculaire, puis la changer de doigt : on fera la cour à une femme que l'on servira complaisamment ensuite. Si on a l'habitude de la porter à l'auriculaire, et qu'en songe on la voie à un autre doigt : infidélité conjugale. Donner une bague : pertes. Si une femme rêve qu'un homme lui donne une bague : elle se mariera ou accouchera. Lorsqu'on vous donne, on vous vend ou on vous apporte une bague : souveraineté pour les uns; pour les autres, biens ; maison dont la pierre de la bague représente la porte : femme à épouser; dont la pierre est la figure : qui aura des qualités analogues à celles de la bague. Si un souverain vous donne une bague : souveraineté pour vous et vos descendants.

Trouver une bague : trahison, tromperie, biens de pays

---

(1) Le *Baccal* cumule, en Orient, les fonctions de l'épicier, du droguiste, du charcutier, etc., et vend des farines, des pâtes, des vins et mille autres choses.

lointains, naissance d'un fils, mariage. Porter la bague d'un souverain est signe de gouvernement ou de grand commandement pour qui peut y aspirer. Vente d'une bague : séparation d'avec sa femme ; si vous la vendez au comptant ou l'échangez pour de la farine : la séparation sera amicale. Lorsqu'on songe on vous prend la bague : vous serez destitué, étant gouverneur ou ayant un commandement quelconque ; vous perdrez une province ou le royaume, si vous êtes souverain ; vous ferez divorce, étant simple particulier ; votre mari ou un de vos plus proches parents mourra si vous êtes une femme. Perdre ou briser une bague dont on conserve la pierre : perte de sa position, tout en maintenant un nom sans tache, et en laissant une bonne renommée. Se faire prêter une bague : biens de courte durée. Bague étroite : tranquillité ; bague à deux pierres : souverain à deux faces. La pierre d'une bague est aussi l'image d'un enfant ; lorsqu'elle est entourée de petits diamants, de perles ou de rubis ; elle indique un grand monarque, riche, honoré et renommé. Bague avec une topaze : est l'image d'un roi vaillant ou d'un enfant charitable ; quand la pierre est fausse : elle représente un faible souverain ; si elle est verte : vous aurez un fils pieux et savant. Avoir une bague avec un rubis : peut vouloir signifier que l'on est aimé par une femme au cœur dur. Cacheter, sceller avec une bague dont la pierre est une agate : acquisition d'une chose heureuse et providentielle. Se passer au doigt une bague en verroterie : possession illégale. La pierre d'une bague en verroterie indique la face de ce qui est représenté par une pierre de bague. Prendre une bague en verroterie pendant que l'on est en prières, ou dans un temple, et qu'en même temps on voit une chose qui, en songe, se réfère à des richesses : vous en acquerrez honnêtement et qui vous rendront plus pieux et religieux ; dans tout autre cas, on aura la chose représentée, par ce qu'on a vu. Posséder ou porter une bague ciselée : possession d'une chose qu'on n'aura jamais eue. Bague en bois : femme hypocrite ou richesses acquises par l'hypocrisie. La bague en os ou en corne : est d'un bon présage pour une femme. Bague d'or, rien de bon pour un homme : irréligion, trahison, tyrannie, injustice. Rêver que l'on porte des bagues en or : est encore signe de mariage avec une personne qui n'est pas de votre rang, ou d'héritage. En porter deux : il vous arrivera quelque chose de très-désagréable. Bague d'argent : bon rêve. Si Dieu lui-même vous donne une bague d'argent : votre place au ciel est assurée ; si vous la recevez des mains d'un prophète ou d'un savant : signe de doctrine et d'érudition. Bague en fer : souverain courageux, négociant prudent et prévoyant, prospérité après des souffrances. Bague en plomb : monarque faible et embarrassé.

D'aucuns veulent que les bagues d'argent, fer, cuivre ou plomb, soient, ainsi que celles en or, d'un mauvais présage.

BAIGNEUR. — *Baigneur, garçon de bains* : voyez *Étuviste*.

BAIL. — Voyez *Loyer*.

BAILLEMENT. — Mettre de l'empressement à accuser.

BAILLON. — Voyez *Liens*, à l'interprétation desquels il ajoute de la force lorsqu'on rêve de l'avoir.

BAIN. — Prendre un bain : mariage ; en pleine eau : projets avortés, longévité ; dans un canal : fortune ; dans un marais : malheur. Le prendre dans une baignoire, très-chaud et suffoquant : rupture, maladie ; s'il est froid : prospérités ; glacé : chagrins, malheur.

BAINS. — Un établissement de bains : représente une femme, une administration du Gouvernement, un ministère, l'enfer ; et il est signe aussi d'astuce ou de maladie. Voir des bains : peut être pour un célibataire signe de mariage. Bâtir un établissement de bains : succès dans vos entreprises.

On sait que les bains orientaux ont une température graduellement plus forte à mesure que l'on s'y interne ; c'est pourquoi il est nécessaire de faire une distinction entre la chaleur du bain et celle de l'eau qui s'interprète tout différemment. Or, plus on s'avance vers l'intérieur de l'établissement, plus mauvais est en général le présage. Mais si c'est un malade qui rêve d'être dans un de ces bains, la signification de la chaleur change selon les causes de la maladie. Lorsque celle-ci est la suite d'échauffement et que le malade rêve de se diriger vers la partie fraîche, c'est signe que son état s'améliore; s'il sort de l'établissement : guérison; s'il reste entre la fraîcheur et la chaleur : il est arrivé à la moitié de sa maladie; s'il se dirige vers l'intérieur : accroissement de son mal et peut-être mort. Pour celui qui a des procès : il les perdra ou gagnera, les jugements lui seront plus ou moins défavorables, selon qu'il se sera plus ou moins interné dans le bain, c'est-à-dire qu'il aura senti plus ou moins de chaleur. Pour une femme : elle assistera à des scènes de chagrin et de douleur plus ou moins fortes, selon la chaleur ressentie; elles seront diminuées d'autant qu'elle s'approchera de la sortie, en entier, si elle en sort. Entrer dans un bain : est signe de prière; si l'on est triste ou accablé : on sera bientôt consolé. Lorsqu'on y trouve une température tiède : cela est signe que vos parents se laisseront toucher et viendront à votre aide; si elle est froide : qu'ils ne pensent pas à vous et n'y devez point compter. Glisser, tomber, ou se faire du mal dans un bain : maladie. Se voir nu dans un bain : chagrins domestiques. Y voir une personne déjà morte : elle est aux enfers. Voir de l'eau chaude qui court vers la partie fraîche de l'établissement : on sera poussé par quelqu'un à se fâcher avec sa femme. Se sentir dans l'eau froide : faibles bénéfices; dans l'eau tiède, et s'y trouver bien : régularité dans ses affaires avec de gros bénéfices et beaucoup d'enfants; dans l'eau très-chaude : profits au milieu d'affaires très en désordre, et peu de considération dans le monde. Se laver plus qu'à l'ordinaire avec de l'eau chaude, ou en recevoir, ou en boire au bain : douleurs, chagrins, maladie et excitements proportionnés à la chaleur de l'eau. Qui est à la veille d'un voyage doit différer son départ, s'il rêve de se laver avec de l'eau chaude; pourtant, s'il fait usage d'épilatoire, les mauvais effets seront nuls; mais, si pendant qu'il se lave on lui demande aide et protection, il n'obtiendra rien de ce qu'il désire. Boire de l'eau tiède au bain : fièvre; froide : mauvaise maladie. Rêver que l'on se trouve à l'improviste dans la chambre la plus chaude du bain : on prend des peines inutiles pour éviter d'être trahi par sa femme. Suer au bain : peines, douleurs, maladies. S'y trouver pour traiter une affaire ou pour quelque autre motif dans ce genre (1) : honte publique pour le commerce qu'on a eu avec une femme. S'alléger dans un bain est signe de la colère de Dieu et des saints, et que l'on sera grandement déshonoré en perdant une bonne partie de ses biens.

BAISER. — Voyez *Embrassement*.

BAL. — Voyez *Danse*.

BALAI. — Le balai représente un domestique, et l'interprétation devra se reporter à celui-ci. Voyez *Balayer*.

BALANCE. — Rêver des balances : on n'aura rien à démêler avec la justice, et si l'arrangeur y est, c'est le défenseur qui vous en libérera. La balance se réfère aussi à tous ceux qui préoccupent le plus l'opinion publique tels que le souverain, le gouverneur, le juge, le magistrat, le savant, etc. et aux livres qui vous enseignent la religion. Elle est encore l'image de la langue de celui auquel elle appartient, et selon qu'en songe la balance apparaîtra plus ou moins juste, de même sera la langue.

Quand la balance se réfère au gouverneur ou au juge, le joug en indiquera la personne; l'aiguille, la langue; les plats,

---

(1) Que le lecteur n'oublie pas que presque tous les livres dont nous nous sommes servis ne datent pas d'hier, et, que s'il n'en est plus de même aujourd'hui, ou à peu près, à cette époque les bains étaient, en Orient, à peu près ce qu'ils furent pour les Romains, c'est-à-dire le rendez-vous des désœuvrés et des galants, des savants, des poëtes, des hommes d'Etat, etc., etc., et on y causait affaires aussi bien qu'en tout autre lieu.

les oreilles; l'action de peser, sa justice; les poids les discours des adversaires; les cordes ou ficelles, ses conseillers; et l'explication sera analogue aux défauts ou aux qualités qu'on aura trouvés dans ces diverses parties.

La balance représente encore l'équité du gouverneur ou du juge, les poids en sont les aides et les conseillers. Lorsque la languette pend à droite : il est favorable au demandeur; à gauche : au convoqué. L'équilibre des poids est son équité; si la balance est altérée : il est corrompu. L'égalité d'une balance est aussi l'image de l'impartialité du gouverneur ou du juge; il est partial, lorsqu'elle penche d'un côté; il accepte de faux témoignages si on rêve qu'elle pèse de la monnaie de cuivre. Voyez en outre *Peson*.

BALANÇOIRE. — Se balancer dans une balançoire suspendue: se moquer de sa religion.

BALAYER. — Balayer, s'il y a de la terre ou de la paille: bénéfices qu'on tirera des prairies ou de ses foins lorsqu'on en a, sinon on deviendra collecteur, et si on est pauvre on demandera l'aumône. Balayer sa propre maison : douleurs, mort inattendue, mort de malade s'il y en a, pertes d'une partie de ses biens pour un propriétaire, mort pour le propriétaire de la maison ou démolition de celle-ci, quelquefois enfin cela annonce qu'on s'éloignera, ou qu'on balaye les chagrins. Il appartient au songeur à choisir l'interprétation qui lui convient le plus selon sa position et les conditions dans lesquelles il se trouve.

BALDAQUIN. — Voyez *Dais*.

BALEINE. — Grand monarque étranger glorieux, honoré, bienfaisant et juste, et qui inspire la crainte et le respect aux autres souverains. En voir une dans un fleuve : événement incroyable et inattendue, qui jettera le monde dans la stupeur.

D'autres disent qu'une baleine annonce : un secours inattendu et vital dans une position désespérée.

BALLE. — Voyez *Boule*.

BANANES. — Pour ceux qui n'aiment et ne pensent qu'aux jouissances mondaines : prospérité; pour ceux qui ne s'occupent au contraire que de religion : accroissement de piété et de science religieuse. Par exception à la presque totalité des fruits, ni la couleur, ni l'âpreté, ni l'immaturité, ni les rêves hors de saison ne s'opposent pour ce fruit à l'interprétation favorable du rêve, comme il arrive très-souvent pour les autres.

BANANIER. — Homme riche, dévot, d'un bon naturel. Bananier qui naît dans une maison : il y naîtra un garçon.

BANC. — Sûreté. Banc de fer : maître ou supérieur sévère; de bois : supérieur faux et hypocrite.

BANNIÈRE. — Voyez *Drapeau*.

BAPTÊME. — Même interprétation que *Circoncision*. Voyez ce mot :

BAQUET. — Héritage d'une personne hypocrite.

BARATTE. — Homme pur, sans malice, juge honnête et impartial.

BARBE. — Barbe rougeâtre tendant au blond ; droiture; y voir des poils jaunâtres : indigence ; y voir du vert : orgueil; arrogance et tyrannie née d'une fortune de parvenu.

Barbe noire : bonne réussite d'une affaire; d'autres disent : mauvais présage; barbe rouge : affront, dépit, chagrins domestiques; blanche : honneur, respect; d'une couleur indécise : malheur.

Avoir la barbe claire ou clair-semée; richesses; se raser : perte de biens, de dignités, de force; de même lorsqu'on rêve de se la faire tomber avec un épilatoire. Lorsque c'est un autre qui vous fait la barbe : perte de biens pour un riche, fortune, prospérité pour un pauvre.

Quelques écrivains prétendent que se raser la barbe présage que l'on sera soulagé de ses peines et soucis; tandis que d'autres affirment que cela indique une entreprise malheureuse.

Se laver la barbe : anxiété. Se prendre la barbe dans la main et se couper tout ce qui en sort au-dessous : on payera le tribut des pauvres.

Barbe longue : mauvais projet, heureuse vieillesse.

Avoir la barbe plus longue qu'on ne la porte réellement : chagrins, dettes; plus courte : payement de dettes. L'avoir d'une longueur qui vous plaît : prospérité et bonne vie; si elle descend jusqu'au nombril et qu'on se la regarde attentivement : on se mêlera des affaires du voisin. Barbe longue des côtés et courte dans le milieu : biens dont d'autres jouiront et profiteront; longue jusqu'à terre : mort. Être traîné par la barbe : tirer ses créanciers en longueur. Quant les poils d'une barbe vous restent dans les mains sans que vous les jetiez : vous vous referez de vos pertes; mais si vous les jetez : vous ne vous referez jamais. Un riche qui s'arrache les poils de la barbe : dépenses exorbitantes qui le ruineront; si c'est un pauvre : il aura des ennuis et des désagréments pour de l'argent qu'il se sera fait prêter et prêtera à un autre. Arracher la barbe de son oncle : on en sera l'héritier. Se salir la barbe avec du plâtras ou du terreau indique que vous cherchez à obtenir des choses impossibles. Se teindre la barbe est signe de droiture; si la teinture ne prend pas : perte de la moitié de ses biens. Se teindre la barbe avec du henné : actions cachées, dissimuler sa pauvreté, couvrir avec d'honnêtes dehors sa malhonnêteté; si le henné ne prend pas : on sera découvert et méprisé. Avoir la barbe et les cheveux rasés pendant que l'on entend une conversation qui vous plaît : vos chagrins cesseront et vous payerez vos dettes; pareillement pour qui se voit tomber la barbe sans en être défiguré ou ressentir la moindre douleur.

Cela signifie quelquefois arrangement de ses affaires.

La barbe, chez une femme, est signe de stérilité et de maladie; si c'est une femme mariée : elle n'aura plus d'enfants, mais ceux qu'elle a deviendront de grands et honorés personnages; cela peut aussi signifier : accroissement de patrimoine du mari ou du fils, absence du premier ou honneurs pour le second; ou bien encore : soumission aveugle du mari. Si une veuve a la barbe : signe de malheur; si c'est une femme enceinte de peu de mois : fausses couches; mais lorsque la grossesse est avancée, elle accouchera d'un fils qui fera bonne réussite. Pour une fille, la barbe est en général d'un mauvais présage; quelquefois, pourtant, elle est signe de mariage.

BARBICHE. — L'avoir à demi-rasée ou coupée : indigence perte de dignité ; l'avoir blanche et rêver que la teinture ne prend pas : perte inévitable de la moitié de ses biens.

Pour d'autres la barbiche est signe de libertinage et de débauche.

BARBIER. — Homme influent auprès du souverain ou gouverneur, et qui se prête à intervenir pour les autres auprès de lui.

BARDAQUE. — Femme élevée, qui dirige, très-complaisante. Bardaque au cou étroit, et à laquelle on rêve de boire : vous tenterez avec un succès douteux d'obtenir les faveurs d'une femme.

BARQUE. — Voyez *Bateau*.

BARRIÈRE. — Voyez *Palissade*.

BARRIQUE. — Voyez *Tonneau*.

BAS. — Chagrin, gêne, lorsqu'on rêve de les porter sans chaussure. Voir des bas en fil ou en coton : on ne s'élèvera jamais au-dessus de la médiocrité aussi bien dans les richesses que dans toute autre chose; quelquefois cela annonce un héritage. En voir en soie : abondance, grandes richesses. Oter ses bas : mauvais signe pour les riches, richesse pour les pauvres. Bas troués, promesses trompeuses et mensongères.

BASCULE. — Voyez *Balançoire* ou *Cabestan*.

BASILIC. — On le considère comme signe de Providence. Basilic qui pousse : image du fils, et ce qu'on y verra devra s'interpréter dans ce sens. Le basilic dans un bouquet se réfère à une femme. Basilic sans odeur, ou coupé et jeté à terre : disgrâce, malheurs. Le voir qui s'élève vers le ciel : mort d'un grand homme.

Certains écrivains sont d'avis que le basilic dénote l'amertume. Le recevoir : demande en mariage, si vous n'êtes pas marié; pour un

4.

membre de votre famille, si vous l'êtes ; lorsque c'est vous qui donnez du basilic : la demande sera faite par vous ; si le basilic est sec : les choses iront lentement.

BASTION. — Homme circonspect et prudent contre lequel on ne peut rien. Construire un bastion : être à l'abri des tentations de la chair, sûreté de la personne et des biens. Si l'on voit démoli le bastion qu'on a élevé : irréligion, perte de vos biens, mort de votre épouse. Être sur un bastion : vie pieuse et pleine de renommée.

BASSIN. — Voyez *Réservoir*.

BAS-VENTRE. — Il représente les forces du corps. Si on a le bas-ventre en bon état, le corps est dans de bonnes conditions : cela dénote encore des richesses. Rêver qu'on a le bas-ventre malade : mauvais signe pour le corps, ou appauvrissement.

BATEAU. — Bateau quelconque. Il se réfère à tout ce qui peut préserver un homme du mal, à la croyance du mal, à la croyance dans la vraie religion, à l'épouse, aux parents, au chemin de l'autre monde, à l'emprisonnement, aux douleurs. En posséder un : vous éviterez chagrins, douleurs et maladies ; pour un gouverneur destitué : cela dénote qu'il sera revêtu d'un nouveau gouvernement proportionné à la grandeur de la mer, du lac, etc., dans laquelle se trouve le bateau. Bateau qui s'éloigne de terre : signifie qu'on échappera à des humiliations. Pour qui a perdu la souveraineté, ses partisans, ses richesses, son commerce, etc., le bateau dénote qu'il recouvrera ce qu'il a perdu. Se rêver dans un bateau au milieu de la mer : vous entrerez en rapport avec le souverain ; cela indique aussi : amendement pour le pécheur ou l'hérétique ; richesse pour le pauvre, guérison pour le malade, pourvu que, dans le bateau, il n'y ait pas de morts, car alors ce serait signe de mort ; science et érudition pour ceux qui s'efforcent d'en acquérir, et commerce (moral) avec des savants ; quittance de ses dettes pour le débiteur ; consolation pour les affligés ; mariage pour le célibataire ;

délivrance pour le prisonnier, même quand c'est un autre qui rêve de le voir dans un bateau. Mort dans un bateau : il sort du purgatoire pour entrer au paradis. Si une personne qui voyage dans un bateau rêve de traverser la route qui mène à l'autre monde : il échappera à un naufrage. Entrer dans un bateau peut être signe de voyage, accompagné de souffrances, et les probabilités s'en feront d'autant plus grandes qu'on s'éloigne de terre ; mais en sortir veut dire qu'on évitera ces maux pour tomber dans le péché. Se rêver en bateau entre deux eaux : on tombera dans les mains de personnes que l'on craint. Échouement d'un bateau qui se fend : signe de salut et heureux voyage pour les voyageurs qui rêvent de s'y trouver, pourvu qu'ils ne descendent pas à terre, ce qui serait d'un mauvais présage. Fissure dans un bateau : accroissement de famille. Bateau à terre : contrariété dans tout ce que l'on entreprend, prolongement d'emprisonnement pour le captif, de misère pour le pauvre, de maladie pour le malade, obstacles à un départ, à un mariage, et quelquefois emprisonnement. Naviguer en bateau sur la terre : abandon du droit chemin pour se donner à l'imposture et à l'hypocrisie. Naviguer en l'air, sans toucher l'eau : ruine de tout ce à quoi le bateau se réfère ; cela indique encore : son cercueil au malade, lorsqu'il est souverain, dominateur, gouverneur, grand-prêtre ou directeur. Rendre les rames d'un bateau : acquisition de science et de richesses ; en prendre les cordages : accroissement de piété et connaissance de gens pieux ; les cordages d'un bateau se réfèrent à des gens pieux et religieux. Bateau qui se brise pendant que vous êtes dedans : mort de votre fils. Naufrage, rupture et éparpillement des débris d'un bateau : malheur pour le songeur dans ce qu'il chérit le plus. Pour le reste, voyez *Naufrage.*

BATEAU A VAPEUR. — Mauvais présage pour les négociants ; pour les jeunes filles, mariage malheureux. Se rêver sur un bateau à vapeur : mort d'un parent très-cher ; voir le bateau sur lequel elle se trouve : dénote un grand danger pour une personne qui voyage sur mer; en voir un qui coule à fond : faillite, malheur, ruine.

BATIR. — Élévation, mariage, réunion de famille, le plus souvent pour des réjouissances. Bâtir avec de la terre ou des briques non cuites : humeur pacifique et vie honnête; avec des briques cuites ou tous matériaux ayant subi l'action du feu : mauvais présage. Remettre à neuf un vieux bâtiment, lorsque c'est un savant qui rêve de le faire, ou que vous rêviez de le lui voir faire : rehaussement, renouvellement de sa renommée oubliée ou amoindrie; lorsque c'est un tyran qui la construit : renouvellement de tyrannie. La reconstruction d'un bâtiment ruiné se réfère à la prospérité de son propriétaire. Bâtir, démolir, rebâtir et compléter la bâtisse : acquisition de ce que l'on désire, art, science, érudition, honneurs, empire, etc., selon la position sociale de la personne qui le fait. Bâtir dans les airs : mort d'un malade lorsqu'il y en a dans la famille, ou du songeur lui-même s'il l'est; pour un souverain ou un gouverneur : grande humiliation dont il pourrait mourir; mariage malheureux pour un fiancé; naufrage, captivité, mort prochaine, ruine pour qui fait ce songe pendant qu'il voyage sur mer. Bâtir une chambre, etc., sur un tombeau : mort pour un malade. Pour le reste, voir à la chose bâtie.

BATON. — Homme honoré dont le rang est indiqué par la qualité, beauté, dureté du bâton, mais d'un caractère inébranlable, ou bien l'homme calculateur, difficile et hypocrite; mais ordinairement il est signe d'appui. S'appuyer sur un bâton est signe que l'on se sert de l'appui de quelqu'un dans un but quelconque; si on le tient à la main : succès, réussite, triomphe sur ses ennemis, accroissement de richesses. Lorsque le bâton est troué au centre : perte que l'on tiendra cachée; s'il se casse : pertes plus fortes et visibles ; pour un personnage haut placé : destitution. Frapper du bâton sur une terre qui vous est contestée : vous en aurez la possession. En frapper quelqu'un : amitié sincère ; en être frappé : promesse qu'on ne maintiendra pas. Si c'est un souverain qui vous frappe : il vous fera présent de riches habits ; s'il vous frappe sur le dos : il payera vos dettes ; sur le derrière : il vous mariera ou vous épousera lui-même si vous êtes une femme.

Quelques auteurs disent que : recevoir des coups de bâton pronostique qu'il vous arrivera toujours le contraire de ce que vous désirez ; d'aucuns : que cela est signe de changement dans votre position ; d'autres : que ce sont des conseils ; d'autres enfin, ajoutent : que les coups de bâton doivent s'expliquer par la partie du corps qui a été frappée.

Attacher une corde à un bâton : inconduite ou magie. Être changé en bâton : mort immédiate.

BATTANT d'une porte, fenêtre, etc. ; mauvaise réputation.

BAUDET. — Voyez *Ane*.

BAUME. — Douces paroles.

BAZAR. — Bazar connu, même sens que *Maison*. Bazar inconnu : départ. Il se réfère aussi à la marche des choses de ce monde, et l'interprétation devra se faire selon l'aspect sous lequel on le verra, et ce qu'on y aura vu. Entrer dans un bazar inconnu : mort, pour un malade ; voyage ou déplacement d'un endroit à l'autre, pour qui ne l'est pas. Être sur une monture et aller d'un bazar à l'autre : mort de malade ; pour celui qui est en voyage : affaires nouvelles et nouveau voyage.

BAZZAR. — Voyez *Marchand d'ail, de fenouil, de cumin*, etc.

BEC. — Rêver qu'on a un bec : signe de force. — Membre, bouche, esclave ou serviteur du songeur.

BÉCASSINE. — Personnage qui aime la solitude.

BÉGAIEMENT. — Indiscrétion qui aura des suites fâcheuses ; pour une femme enceinte : naissance d'un enfant idiot.

BELETTE. — Personne insolente, injuste et au cœur dur.

La voir entrer dans votre maison : une personne rusée s'y introduira.

BÉLIER. — Il est l'image du fils, d'un homme excellent, d'un souverain, d'un gouverneur, d'un généralissime. Son bêlement est signe de joie, d'abondance et de fertilité. Bélier gras : abondance pour son maître ou pour qui en possède la laine. Porter un bélier sur ses épaules : on se mettra en frais pour un homme honoré et renommé. Bélier qui vient au-devant de vous : chagrins causés par un ennemi ; le combattre : contrecarrer, contrarier un homme excellent ou se faire son ennemi. Le vaincre : victoire sur la personne représentée par le bélier ; en être vaincu : elle triomphera de vous. Se mettre à cheval sur un bélier : acquisition de grandes richesses.

Et tomber : mauvais présage, revers ; pour les célibataires : conseil de laisser s'écouler un certain temps avant de penser au mariage.

Bélier mort ou tué : mort d'un grand personnage ; lorsqu'on se partage les chairs du bélier : on s'en partagera les biens. Voir un grand nombre de béliers morts : meurtres qui seront commis dans la localité où on les a vus. Vendre un bélier : un grand personnage aura besoin de vous. Rêver de tirer un bélier pendant que l'on est à la guerre : victoire sur les ennemis ; le tuer pour se nourir et selon l'usage du pays : triomphe, acquisition d'un bon témoignage ; le tuer d'une autre façon : qui l'a tué commettra un crime de sang ou sacrifiera un innocent. Le tuer pour en distribuer la viande aux pauvres : amendement, cessation de commettre des mauvaises actions pour un pervers, facilité de payer ses dettes pour un débiteur, ou acquiescement de craintes inspirées par un ennemi, guérison pour un malade, liberté pour qui est en prison. En manger la viande crue : jalousie, médisance, calomnie ; cuite : acquisition de grandes richesses. Lever la peau à un bélier : vous serez cause qu'une personne haut placée et digne d'estime perdra ses biens et ses propriétés ou s'en éloignera. En prendre la laine : bienfaits d'un grand personnage ou richesses acquises par son moyen ; en prendre la queue : commandement et autorité sur des gens honorés ou élevés, ou mariage avec une jeune fille ; en prendre les intestins : vous dispenserez des trésors d'un grand seigneur. Voir un bélier qui monte sur un arbre élevé : commandement, direction, réputation acquise par le moyen d'un grand personnage.

BÉQUILLES. — En voir : bon présage pour tous ceux qui ont besoin d'un secours ou d'une aide quelconque. Marcher avec des béquilles : impuissance, protection ; si on vous les enlève : très-mauvais présage.

BERCEAU. — Fortune, prospérité, droiture.

Rêver que l'on est dans un berceau : dénote que l'on est près de tomber en enfance ; en donner un à quelqu'un ou le mettre dedans : si cette personne n'est point mariée : vous ferez son mariage ; si elle l'est, elle cherche à séduire votre époux ou épouse, et vous-même si vous êtes célibataire.

BERGER, ÈRE. — Personne qui commande, qui domine, ou maître ou maîtresse d'école, ou personne qui transmet les ordres du souverain ou du gouverneur. Voir un berger qui fait paître des moutons : étude d'un livre saint qu'on n'apprendra pas.

BERZON. — Voy. *Cheval*.

BESACE. — Même sens que *Sacoche*.

BÊTE. — Toute bête nuisible est ordinairement un ennemi. Pour le reste, voy. *Quadrupède*.

BETTERAVE. — Prospérité, richesses, heureux commerce.

BEURRE. — Fertilité, gain, profits, science, facile acquisition de ce que l'on désire, fortune instantanée et utile, accroissement de richesses. Battre du beurre : naissance d'un fils ; héritage d'un vieux parent ; en manger : très-grande et agréable surprise.

BEURRE FONDU. — De même que le beurre il pronostique la fertilité, le gain, les profits, la science, l'acquisition facile de ce que l'on désire, une fortune instantanée et utile, l'accroissement des richesses; mais tout cela avec plus de force. Il est signe de santé pour un malade qui rêve d'en manger.

BEURRIER. — Le beurrier, ainsi que le marchand de beurre fondu, est un homme qui a du bien; et ceux qui l'entourent ou l'approchent vivent à son ombre.

BICHE. — Comme *Cerf.*

BIENFAITS. — En faire : joies, prospérités; avec de l'argent : abondance.

BIÈRE. — *Cercueil* : voyez ce mot; *boisson* : fatigue sans projets.

BIJOUX. — En donner : infélicité. En lever de dedans un coffret, une cassette : réponse favorable à des demandes faites à un savant : ou mariage avec une personne dont on aura de bons enfants.

BILLET. — Voy. *Lettre.*

BITUME. — Remède contre un mal, un danger, un préjudice que l'on craint.

BLAME. — Blâmer quelqu'un : on sera blâmé; se blâmer soi-même : affaires embrouillées et qui sont dignes de blâme.

BLANC. — Cette couleur indique la beauté, la grâce, la gentillesse, la pureté, la candeur.

BLANCHIMENT de casseroles, etc. : Richesses inespérées.

BLANCHISSAGE. — Bonheur.

BLANCHISSEUR de toiles. — Homme qui met son prochain sur le droit chemin, le pousse au repentir, à l'amendement, par le moyen duquel on fait des aumônes, des bonnes œuvres; ou homme charitable, bienveillant, qui tire le monde d'embarras.

BLASPHÈME. — Blasphémer Dieu, veut dire que l'on est ou que l'on deviendra bientôt athée. Voyez *Imprécation*.

BLATTE. — Sale ennemi.

BLÉ. — Biens que l'on acquerra honnêtement, à la sueur de son front. Le blé se réfère encore au Livre des livres. Blé dans votre lit : grossesse prochaine de votre femme. Rêver d'avoir et de voir du blé dont on n'a pas besoin et dont on ne s'approche pas : opulence et grandeur. Avoir besoin de blé, se donner de la peine pour s'en procurer, ou en toucher, ou en porter : séparation d'avec vos parents, destitution pour un haut fonctionnaire ou gouverneur. Acheter du blé sans le payer : ennui du monde ; si vous le payez, vous demanderez un emploi ou un gouvernement, selon votre position sociale. Donner du blé à quelqu'un : bon présage, récolte abondante. Rêver d'en semer : agir selon la volonté de Dieu.

Ce rêve est encore signe de sûreté, de gros bénéfices, de richesse, de joie et de plaisir.

Semer du blé et voir sortir de l'orge : apparences meilleures que le fond ; semer de l'orge et voir germer du blé : tout le contraire. Semer du blé et voir sortir du sang : usure. Brûler du blé : pertes.

Voir brûler du blé : famine, quelquefois mort. Lorsqu'en brûlant il ne cesse de rester intact, c'est-à-dire, qu'il ne se consume pas : abondance.

En faire la récolte hors de saison : guerre ou mortalités en ce lieu. Manger du blé vert : droiture religieuse ; s'il est sec : il vous arrivera quelque chose de désagréable. S'en mettre beaucoup dans la bouche : il vous reste à vivre un temps proportionné à l'espace resté vide dans la bouche.

Blé en tas, accumulé : abondance et gros bénéfices ; en petite quantité : misère, indigence. En porter d'un endroit à un autre : maladie.

BLESSURES. — Honneur, élévation. Toute blessure qui fait du sang est signe de dissipation, de faiblesse, de préjudice. Blesser quelqu'un : soupçons injustes ; mais si vous blessez un hérétique et si sa blessure fait du sang : triomphe sur vos ennemis et fortune honnête proportionnée à la quantité du sang. Être blessé : bon présage, réussite sur ce qu'on entreprend ; s'il ne sort pas de sang : caractère droit et sérieux. Se voir blessé : richesses ; à la main droite : elles vous viendront de parents ; à la main gauche : de parentes ; au pied : d'un cultivateur ; au talon : de vos enfants ; à la tête, s'il n'en sort pas de sang : vous vous enrichirez vite ; s'il en sort : vous dissiperez les richesses acquises. Blessure au pouce de la main droite : vous ferez des dettes. Souverain ou gouverneur blessé à la tête au point de voir les os : longévité ; si l'os est brisé : son armée sera entourée. Si l'un ou l'autre est blessé à la main droite : accroissement de son armée ; à la gauche : accroissement du royaume ; au ventre : de richesses ; à la cuisse : du peuple ou de famille ; aux jambes : droiture et équité dans son administration. Se salir avec du sang sortant des blessures : on aura des biens illicitement acquis.

BLEU. — Bon présage, amour, mariage d'inclination.

BÉSICLES. — Voyez *Lunettes*.

BŒUF. — Profit. Bœuf à cornes : associé, négociant commissionnaire utile et puissant, biens, armes ; sans cornes : indigence, manque de considération, enfant, mariage. Bœuf blanc : très-bon présage ; noir : danger, discours futiles ; gras : richesse, fortune, prospérité ; maigre : disette, revers, inquiétudes. Bœuf doux et tranquille : mauvais présage ; qui boit : on vous enlèvera une partie de vos biens ; qui donne des coups de corne : colère divine ou fils charitable. Bœufs qui dorment mauvais temps ; qui nagent vers la terre : mort ; qui se battent entre eux : amitié. Bœuf qui saute sur vous : mort ; qui vous mord ou vous blesse : malheur. Pour un souverain, un bœuf ou un taureau qui l'oblige à s'éloigner de l'endroit où il se trouve : abdication, détournement, dégringolade ; pour un haut personnage : il s'éloignera du royaume. Parler à un bœuf, inimitié ; en conduire un : grande joie ; le faire approcher du feu :

maladie; en tuer : douleurs; en manger : commandement, richesses, bonheur.

Rêver qu'il possède un bœuf est signe de règne pour un souverain; d'un commerce qui durera un an, pour le négociant; d'obéissance passive de la part du mari et de mariage de ses filles, pour une femme mariée; de mariage pour qui n'est pas marié. En posséder un grand nombre : obéissance des inférieurs ou des correspondants. En acheter : pronostique un hiver rigoureux ou bien que l'on oblige le monde par la douceur de son langage et ses bonnes œuvres. Monter un bœuf : accroissement de pouvoir; bœuf chargé, s'il est rouge: maladie; s'il ne l'est pas : accroissement de pouvoir. En égorger un : haine contre quelqu'un dont on triomphera; pour un souverain, ce rêve signifie qu'il fera tuer un de ses gouverneurs ou grands du pays. Le tuer par derrière : trahison que l'on commettra. Bœuf qui se change en loup : honnête homme qui se pervertit.

BISTOURI. — Voyez *Lancette*.

BOIS. — Voyez *Forêt*.

BOIS. — Bois sec, hypocrisie mondaine et religieuse; bois vert et mou qui cède; il se réfère aux fils qui s'élèvent facilement; s'il est dur et ne cède pas : fils indomptables, qu'on ne peut élever convenablement ou bien avec une grande difficulté, ou qui ne cèdent en rien. Pour un voyageur, rêver d'être vêtu de bois, est signe de lenteur dans son voyage. Bois d'une bâtisse : hypocrite intrigant qui se mêle des affaires d'autrui. S'il se rompt une poutre, une planche, etc. d'une construction ou d'une bâtisse : mort d'un hypocrite qui se mêle des affaires de son prochain.

Voir du bois accumulé devant votre maison : une maladie menace une des personnes qui y logent. En porter sur ses épaules : nouvelle désagréable et fatigue inutile. Bois préparé pour brûler : accroissement de richesses et de biens.

BOISSEAU. — L'interprétation se fait d'après la chose mesurée.

BOISSON. — Toute boisson de couleur jaune : maladie ; d'un goût désagréable : maladie légère. S'enivrer de boissons douces : honneurs et richesses qui viendront d'un grand personnage. Toute boisson fermentée que l'on boit en songe, et que l'on rend sans qu'elle vous ait fait de mal : restitution de biens mal acquis ; mais si cette boisson vous a enivré avant de la rendre : avarice tellement sordide qu'on ne pourvoit même pas aux besoins des siens. Voyez encore *Liqueur*, ou au nom de la boisson qu'on a rêvée.

BOITE. — Elle représente un palais, un savant, des bijoux.

Quelqu'un dit qu'elle dénote cessation de peines, de chagrins, de fatigue, recouvrement d'une chose perdue. Boîte pleine : abondance ; vide : indigence, misère.

En voir une avec des perles : on aura un palais avec de nombreux domestiques. Tirer des bijoux d'une boîte : réponse favorable à des demandes faites à un savant, ou mariage avec une personne dont on aura de bons enfants.

BOITEMENT, BOITEUX. — Rêver d'être boiteux : obstacles, empêchements, impuissance de réussir dans une chose que l'on désire ou que l'on demande.

D'autres disent qu'être boiteux est, pour un pauvre : présage de déshonneur ; pour un riche : revers, pertes de ses biens par un incendie ou une faillite ; pour les criminels : châtiment. Voir un boiteux : l'interprétation devra lui être appliquée.

Rêver boiteuse une personne de l'autre sexe : on fera une chose incomplète. Rêver que le souverain est boiteux : sa mort ou sa ruine est proche.

BONNET. — Pour ceux qui ont amassé une certaine fortune dans les affaires, pour un savant qui s'est acquis une certaine réputation, ce songe est un conseil de se reposer sur ses lauriers, à moins qu'on ne préfère perdre le fruit de ses veilles et de ses travaux. Pour les autres le bonnet annonce une supercherie de la part d'un ami ou est signe d'infidélité conjugale.

On dit que le bonnet de coton est, en général : présage de malheur; celui de soie : bonne réussite. Jeter son bonnet : découverte désagréable.

BONNET A POILS. — Signe de tyrannie et d'injustice, lorsque le songeur est un grand personnage, un dominateur, un gouverneur, etc.; malignité, lorsque c'est un savant; malignité religieuse, si c'est un chef de religion ; malignité commerciale, si c'est un négociant.

BORGNE. — Etre borgne signifie pour une personne honnête : qu'elle est à même de faire une déposition selon la vérité; pour une personne immorale, débauchée, perverse : perte de la moitié de ses biens, ou gros chagrins, malheur, maladie, ou bien elle commettra une autre chose prohibée.

BOSSE. — Dérision de ses amis, pour un fait inconcevable ; chagrins et soucis.

BOTTES, BOTTINES. — Voyez *Chaussure*.

BOUC. — Même sens que *Bélier*.

BOUCHE. — La bouche est la clé de l'âme; l'interprétation devra donc être faite selon l'aspect sous lequel on la verra.

Autres interprétations. La bouche est signe de débauche, calomnie, médisance injuste contre la personne que l'on aime. Grande bouche : amitié, petites amours, richesses qui s'accumuleront en proportion de la grandeur de la bouche. Petite bouche : pertes, revers. Bouche sale et vilaine : désespoir ; animée : plaisirs, joie.

L'avoir fermée ou bouchée : hérésie. S'il en sort des fils qui ne cassent pas en les tirant : prolongation de litiges avec des supérieurs; s'il en sort du feu : on aimera beaucoup trop les femmes. Si vous avez la bouche pleine d'eau de façon qu'il n'y puisse entrer plus rien : votre dernière heure est sonnée. L'avoir pleine de nourriture, mais de façon qu'il y reste encore de la place pour quelque autre chose : existence agitée dont on a passé une partie proportionnée à la quantité d'aliments contenus dans la bouche ; les y garder longuement : mort; les avaler ou les cracher : existence paisible.

BOUCHER. — Ange de la Mort. Prendre un couteau à un boucher : maladie dont on guérira, accroissement de santé.

BOUCLE. — *Boucle de cheveux :* naissance d'un fils qui vous fera aimer et estimer.

Selon quelques écrivains ce songe est présage de succès et de bonheur.

Boucle de souliers, sans le soulier : mauvais présage. *Boucles d'oreilles :* voyez *Pendants d'oreilles.*

BOUCLIER. — Homme charitable; si on le rêve avec d'autres armes : impuissance de vos ennemis. Pour un orfèvre et un négociant rêver d'avoir un bouclier parmi ses marchandises : est signe qu'il ne fait son commerce qu'à force de fausses promesses et de faux juremens. Ce songe annonce à qui a un fils qu'il sera maintenu par lui.

Avoir un bouclier de grande valeur : mariage avec une femme belle et riche; si le bouclier est sans valeur aucune : on épousera une femme laide et pauvre.

BOUDIN. — Même interprétation que *Saucisson.*

Quelqu'un prétend pourtant qu'il est signe d'amitié. En manger : querelle; le jeter par la fenêtre : révolte; on faire cuire : bon présage.

BOUE. — Mauvais présage, douleurs, emprisonnement. Pour un malade : prolongement de sa maladie; mais s'il marche dedans et en sort : guérison prochaine suivie d'un rétablissement parfait. Pour qui n'est pas malade, y marcher et s'y crotter : querelles, douleurs, emprisonnement; si on en sort et que le corps ni les vêtements ne soient crottés : on échappera à tous ces maux.

Pour quelqu'un, s'embourber est, au contraire, présage d'honneurs et de richesses.

Chanter en marchant dans la boue : grande prospérité pour les marchands d'objets ou instruments musicaux. Tomber dans la boue : inexécution d'une chose qui devait se faire. Pétrir, corroyer de la boue ou en faire des moellons : douleurs.

BOUFFON. — Faire le bouffon à la porte du souverain : grand commandement ou gouvernement, lorsqu'on y peut aspirer; sinon cela signifie que l'on est un imposteur.

BOUILLON. — Bouillon dans une marmite avec de la viande : prospérités honnêtes.

BOULANGER. — Il représente un souverain juste et équitable ; quelquefois un bavard et un contradicteur. Le boulanger est toujours signe de profits, d'abondante récolte et de bénéfices qui seront bien plus gros encore lorsque l'on rêve qu'il entre chez vous. Rêver de l'être : providence, richesse, vie facile. Boulanger qui fait le pain et le vend à des gens qui le lui payent avec de la fausse monnaie : dénote que l'on mettra la zizanie chez son prochain.

BOULE. — Elle se réfère à la fortune du songeur. L'interprétation devra être faite en ce sens, selon l'aspect sous lequel le songe se sera présenté.

BOULEAU. — Étranger ; personnage d'un grand savoir et d'une grande piété. Il représente encore le Livre des Livres. Bouleau fendu et dont on voit la moelle ; on approfondira les Saints Livres d'autant qu'était grande la fente pratiquée dans l'arbre.

BOULEVERSEMENT. — Bouleversement dans le pays : mort du souverain.

BOUQUET. — Un bouquet de fleurs : est l'image de la vie, de l'existence qui vous est réservée, et qui sera analogue au bouquet, et aux présages des fleurs dont il se compose, et qui vous ont le plus frappé.

On prétend qu'un bouquet est signe d'inconstance.

BOURREAU. — Ange de la Mort. Voir un bourreau qui accomplit son office dans une localité : grande mortalité, épidémie en ce lieu ; ou bien : il sera fait justice et pour les bons et pour les méchants. Rêver qu'au moment d'être exécuté par le bourreau, on lutte avec lui, on en triomphe et on s'en délivre : grave maladie à laquelle on échappe, pour un malade ; pour les autres : triomphe sur vos ennemis ; en général : mort d'un fils, frère, parent ou ami.

BOURRIQUE. — Voyez *Anesse*.

BOURRIQUET. — Voyez *Anon*.

BOURSE. — Bourse fermée et pleine de monnaie : secret; lorsque les monnaies sont en or : secret détestable, effrayant; lorsqu'elles sont d'argent : secret que l'on garde dans un but honnête. Mais si on ouvre la bourse : divulgation du secret.

On dit, d'un autre côté, que la bourse dénote de grands bienfaits, l'aide et la protection d'un grand; ou bien, selon d'autres interprètes, des richesses de peu de durée. Bourse bleue : bonheur; noire : espoir ; pleine : négligence, avarice ; vide : succès. En trouver une : désastre ; en perdre une : héritage.

BOUTEILLE. — La bouteille est l'image d'une servante; la bouteille à vinaigre, d'une excellente femme ou esclave. Des bouteilles brisées peuvent être signe de biens et de richesses. Un grand nombre de bouteilles dans la maison : réunion de personnes pour des motifs de réjouissances ou de douleurs.

On prétend que les bouteilles pleines sont signe de joie, de plaisirs, d'inconduite ; et les vides de maladie.

BOUTIQUE. — La boutique se réfère à tout ce qui peut être utile à un homme : ses terres, ses plantes, ses récoltes, son jardin, son commerce, ses livres, sa femme, ses parents, etc. Être dans une boutique au milieu de marchandises, faire, défaire, donner des ordres : on se fera une haute position dans le commerce, ou l'on deviendra chef des négociants dans la même branche que soi. Boutique qui tombe en ruine : vous perdrez votre père ou votre mère s'ils sont malades, votre femme si elle est enceinte ou stérile; ou bien, vous manquerez du nécessaire. Abattre la porte d'une boutique : dénote qu'on changera de boutique. Portes de boutique fermées : embarras et empêchements en commerce; lorsque les portes en sont ouvertes : ressources commerciales. Boutiques murées : mort de ceux qui s'y établiront. Voir du feu dans une boutique : gains et prospérité obtenue par des moyens illicites.

BOUTIQUIER. — Souverain respecté et écouté par les

autres, négociant qui s'élève et devient chef des autres négociants, ouvrier qui devient chef d'ouvriers. Acheter du grain chez un boutiquier : demande d'un gouvernement qu'on fera au souverain; s'il vous le vend sans en percevoir le prix : vous fuirez les vanités de ce monde.

BOUTON. — Bouton de rose fermé : réussite, souvent avec peine; ouvert : il se réfère à un célibataire. Cueillir des boutons de rose : avortement.

BOUTON. — Boutons d'habit, etc. : succès inattendu.

BOUTON D'ARGENT. — Femme ou esclave blanche, aimée et recherchée. En cueillir : baiser qu'on donnera à cette femme. Ce songe est encore signe de droiture et de loyauté pour ceux qui ont en songe de ces fleurs.

BOUTON D'OR. — Maladie, trahison, inimitié d'une femme qui vous fera sa dupe. En avoir un bouquet est signe de mort; en planter : guérison pour un malade, trahison évitée, domination et possession d'une femme qu'on plie à toutes ses volontés.

BOUTONS. — Avoir des boutons par le corps : nombreux péchés.

BOUVREUIL. — Femme qui vous séduira et dominera, en vous charmant par sa beauté et la douceur de son chant.

BRACELETS. — Mauvais présage. Vie agitée et difficile pour les hommes, mais triomphe sur ses ennemis lorsqu'on en a. Porter des bracelets : héritage douloureux, ou mariage avec une personne qui n'est pas de votre rang. Rêver que l'on a des bracelets d'or : on vous mettra les menottes. Rêver qu'un souverain met des bracelets à ses sujets : est signe de son équité et de prospérité pour le royaume.

Bracelets *demling* (1) pour les femmes : ornements, beauté, renommée de leur famille; pour les hommes, s'ils sont en

---

(1) Bracelets larges.

argent : fermeté, intrépidité, constance. Rêver qu'on les a aux bras : coups.

Bracelets *maadad* (1). En avoir d'argent : mariage entre cousins ; en verroterie : chagrins causés par des frères.

BRAS. — Amitié, fraternité. Bras velus : dettes que l'on a ou que l'on contractera. Sentir une grande force dans les bras : force et acquisition de ce que l'on désire. Bras plié : chagrins. Rêver qu'on a les bras plus longs qu'en réalité : arrangement des affaires de votre père ou de votre fils aîné ; s'ils sont plus courts : l'un ou l'autre sera frappé d'un malheur ; s'ils sont coupés à la partie supérieure : mort de frères ou amoindrissement de vos biens. Celui qui se voit une partie du bras plus courte que l'autre est un voleur, un traître, un tyran ; s'il l'a plus longue, c'est une personne charitable et courageuse. Lorsque les bras sont pliés en arrière : avertissement de ne pas commettre les mauvaises actions ou le crime que l'on prépare, si l'on ne veut pas être châtié par Dieu. Avoir un bras plus court que l'autre, au point de ne pouvoir s'en servir comme l'on voudrait, l'avoir endurci ou engourdi : on n'obtiendra pas ce que l'on désire et on se fâchera avec les personnes avec lesquelles on travaille. Le bras endurci ou affaibli ou pourri est encore signe pour ceux qui ont le plus coutume et besoin de se servir de leurs bras, qu'ils perdent leur aptitude et leur vertu première.

Certains écrivains disent que le bras droit représente l'homme ; le gauche, la femme. Perte du bras droit : grand malheur pour le père, le frère, le fils, un ami intime ou un serviteur fidèle du songeur ; perte du gauche : malheur pour la mère, l'épouse, la sœur ou une domestique fidèle. Bras sales : misère ; maigres : maladie. Bras brisés, pour ceux qui sont dans les affaires : perte de leur position ; pour les autres : maladie de parents, chagrins, embarras, indigence ; pour une femme mariée : divorce ou veuvage. Bras gras : plaisirs et richesses ; avoir les bras gros et robustes : maladie évitée, grande prospérité et bénéfices de la part d'un très-proche parent ; pour une femme mariée : ce songe lui annonce que son mari

---

(1) Le mot arabe *Maadad* signifie compteur. Il a donné le nom à une espèce de bracelet de deuil que portaient les veuves en Orient ; et d'après le nombre de bracelets on connaissait le nombre de maris qu'elles avaient eus.

sera richissime ; si elle n'est pas mariée et qu'elle n'est pas vieille: elle épousera un homme beau et riche. Avoir les bras gonflés : richesses pour ses parents ; velus : accroissements de richesses.

Avoir le bras d'un prophète, d'un saint ou d'un grand homme: il vous arrivera ce qui lui est arrivé. Cette interprétation n'a de valeur que pour les honnêtes gens. Bras de femme : événement analogue aux qualités et défauts des bras et de la femme. Bras qui combattent : danger dont on est menacé par ses ennemis.

BREBIS. — Femme riche, honorée et bien élevée. Brebis noire : femme du pays ; blanche : étrangère. Rêver qu'une brebis vient au-devant de vous : votre femme vous cache la vérité ; si elle entre dans la maison : récolte abondante. Brebis qui met bas : fertilité, tranquillité. L'attacher et se la mettre sur les épaules : acquisition de biens. En traire, ou en prendre le lainage : biens acquis par le commerce de ces animaux. En tuer : mariage ; la manger : vous dissiperez les richesses de votre femme après sa mort ; si on ne la tue pas pour la manger : mort d'un fils ou de parents.

BRIDES. — Bonne organisation, accroissement de biens, supériorité et commandement sur d'autres desquels on sera obéi et secondé. Rêver d'être bridé : piété, éloignement du mal. Perdre des brides : perte de votre position et bouleversement dans votre état ; perdre des brides signifie aussi que l'on induira sa femme à pécher. Monter une bête sans brides : mauvais présage.

BRIQUES. — Marcher sur des briques fraîchement faites : bénéfices provenant de constructions, ou bien difficultés, deuil. Briques séchées au soleil et recueillies : fortune faite qu'on recueille ; en voir : argent. Briques cuites : actions malhonnêtes ; non cuites : honnêtes.

BRIQUET. — Si on le bat : mariage pour le célibataire. Le battre entre époux ou associés : mauvais présage, les étincelles qui en sortent sont de mauvaises paroles et de méchants propos. Si les étincelles brûlent les vêtements de quelqu'un :

signe de fortune et d'honneurs ; si elles brûlent les chairs : on engraissera ; quand elles touchent aux saints livres : impiété, irréligion.

BRIQUETIER. — Qui vend des briques crues : amasseur de biens ; des cuites : distributeur ; maître d'hypocrisie.

BROCANTEUR. — Personnage qui est à même de connaître bien des secrets et ne se fait pas défaut de les divulguer quelquefois, surtout s'il peut en tirer profit.

BROCHET. — Voyez *Poisson*.

BRODEQUIN. — Voyez *Chaussure*.

BRODERIES. — Bon présage.

BRONZE. — Fausseté, hypocrisie, perversité sous de brillants dehors.

BROSSE. — Songe très-mauvais que les interprètes conseillent de ne pas chercher à approfondir.

Quelques-uns cependant prétendent qu'il est d'un bon augure, étant signe de cessation de chagrins pour les personnes de la famille auxquelles elle se réfère.

Se brosser les cheveux : éparpillement de biens, dont la possession était une humiliation. S'en brosser les vêtements : troubles, bouleversements en famille.

BROUILLARD. — Tracas, soucis, discordes, trahison ou ses conséquences, tromperie, séditions, troubles, émeutes, insurrections, révoltes.

BROUILLERIE. — Voyez *Dépit*.

BROUSSAILLES. — Voyez *Épine*.

BRUISSEMENT, BRUIT. — Funeste présage lorsque c'est celui qui précède le tremblement de terre, ou tout autre bruit souterrain : ruine et mort.

BRULURE. — En avoir par le corps : toutes sortes de biens provenant du commerce de balayures ou ordures ; sur une veine : mariage ou naissance d'un fils ; deux brûlures sur la poitrine : grand commandement pour l'espace de deux années.

Brûlures fraîches, ou qui brûlent : discours funestes, injures dont on sera brûlé. N'en voir que la trace : félicités mondaines provenant de trésors, si l'on en fait un bon usage : salut de l'âme ; mauvais : perdition.

On dit encore que les brûlures sont signe de querelle. Se faire des brûlures, lorsqu'on n'en ressent pas de douleur : il vous arrivera quelque chose dont vous ne ressentirez aucun mal ; si l'on sent de la douleur : affliction pour un malheur irréparable.

BUCHER. — Bûcher allumé est pour un homme pieux signe que le nombre de ses ennemis s'accroîtra, mais qu'il en triomphera ; et le triomphe sera encore plus grand s'il rêve qu'on l'a jeté dedans ; pour un pervers : actions qui le feraient digne d'être brûlé, surtout si ce sont des amis qui le préparent.

BUFFLE. — Même sens que *Bœuf*.

BUFFLONNE. — Même interprétation qu'à *Vache*, excepté dans ce qui suit. Lorsqu'une femme rêve d'avoir des cornes comme une bufflonne : elle aura un commandement ou gouvernement et même une autorité souveraine ; ou bien elle épousera un souverain si elle est d'une famille à y pouvoir aspirer, sinon son mari le sera.

BUIS. — Homme ferme, résolu, inébranlable.

BUREAU DE SANTÉ. — Sûreté, bon présage.

BUTOR. — Fanfaron : porte malheur. En tuer un : bon présage ; en manger : intrigues amoureuses, maladie incurable.

C

CABAS. — Signe d'esclavage, de soumission ou d'obéissance passive. Voyez *Panier*.

CABESTAN. — Mensonge. Qui lance des hérétiques : personnes qui prient pour le bien du prochain. Se servir de cabestan pour jeter des pierres veut dire que l'on aura le gouvernement d'un pays, d'une province, etc., et qu'on y tyrannisera. Y éprouver ses forces signifie que l'on aura à combattre un vaillant ennemi ; s'en servir pour soulever des pierres, que l'on sera vainqueur ; ne pas avoir la force de les soulever, on sera vaincu. Lorsqu'une pierre lancée par un cabestan tombe dans votre maison : vous aurez des fils au cœur dur ; si la pierre vous entre dans l'oreille et que vous l'enleviez : méchants propos que vous n'écouterez point.

CABLES d'un bateau. — Gens pieux et religieux.

CABRI. — Enfant.

CACHEMIRE. — Chagrins, angoisses causées par un luxe effréné.

CACHER. — Rêver qu'on se cache : naissance d'une fille. Être caché dans la maison : signe de fuite.

CACHET. — Voyez *Sceau*.

CACHOT. — Voyez *Prison*.

CADEAU. — Voyez *Présent*.

CADENAS. — Ce songe vous avertit de préparer quelque chose qui vous sera nécessaire.

CADI. — Voyez *Juge*.

CAFÉ. — Science, érudition, savoir, doctrine, piété. En

boire : grande renommée dans la branche qu'ils professent pour les gens studieux, et, en général, pour les femmes : stérilité ; pour les hommes : impuissance.

CAFIER ou **CAFÉIER**. — Homme d'une érudition profonde. Le voir couvert de ses fruits : il enseignera, divulguera sa science parmi le monde ; lorsque le songe est fait hors de saison : ses enseignements seront nuisibles à la religion et au bien de l'humanité ; pendant la saison : au contraire.

CAILLE. — Voleur. Pour les marins, ce songe est signe de trahison ; pour les amoureux : une personne qui leur enlèvera leur amant ou leur maîtresse.

CAILLOUX. — Le caillou se réfère à l'homme, à la femme, à la jeune fille, aux monnaies d'argent, à la garde, au pèlerinage, au malheur. Trouver plus de cailloux qu'on ne croit pouvoir en porter ; si c'est dans un lieu saint, ou appartenant à des savants : on acquerra du savoir ou de la piété ; lorsque c'est dans la campagne, sur le chemin ou au pied des arbres : bénéfices ou richesses amassées provenant de fruits, de récoltes ou du commerce, du courtage, de pétitions ou de sa propre droiture.

Si on les trouve ou on les ramasse sur le rivage d'un fleuve ou de la mer : présents du souverain, lorsqu'on le sert ; ou : bénéfices de commerce par eau lorsqu'on est dans les affaires ; ou : acquisition de savoir, si tel est le désir du songeur ; ou : don de la part d'une riche épouse lorsqu'on en a. Jeter des cailloux à la mer : pertes de biens en mer ; dans un puits : biens qui sortent à cause d'un mariage ou des serviteurs ; en jeter dans le garde-manger : on mettra dans le commerce une quantité d'argent proportionnée aux cailloux qu'on y a jetés, et on fera le commerce des articles sur lesquels sont tombés les cailloux ; en jeter sur des quadrupèdes : pèlerinage, si c'en est l'époque ; les jeter à des oiseaux : vœu que l'on fera. Voyez encore *Pierre*.

CAISSE. — Voyez *Coffre*.

CALANDRE. — Deux associés qui tirent leurs bénéfices du luxe des gens.

CALENDRIER. — Voyez *Almanach*.

CALIFOURCHON. — Se mettre à califourchon sur le cou, les épaules de quelqu'un : grandes difficultés, mais plus souvent signe de mort.

CALME. — Rêver qu'on est calme et tranquile : on aura des ennuis.

CALOMNIE. — Fautes découvertes, homicide.

CAMÉLÉON. — Mauvais signe pour un souverain ; personnage qui change d'opinion et de parti, selon les circonstances.

CAMOMILLE. — La prendre dans le désert : belle femme de la part du souverain, ou proche parent de votre femme. En cueillir : grande amitié, aveugle fidélité.

CAMPAGNE. — Rêver d'être dans une vaste campagne : bon accueil, fortune, joie et bonheur proportionné à l'étendue de la campagne. Pour le reste, voyez *Terrain*.

CAMPHRE. — Étranger hypocrite, malicieux, qui sous des dehors humbles et religieux, s'introduit dans les familles ; ange du mal.

CANAL. — Personnage dont le rang est indiqué par la grandeur du canal.

CANAPÉ. — Voyez *Lit*.

CANARD. — Biens, femme ou esclave. En manger : biens provenant d'une femme ou d'une esclave, ou mariage avec une femme riche. Canard qui vous parle : honneurs et élévation dus à une femme.

CANARI. — Femme étrangère d'une grande beauté, ou homme qui ne pense qu'aux joies de ce monde.

CANIF. — Fils généreux, mais sujet au mauvais œil, à la

« jettatura ». Il représente aussi la langue de l'homme et tout ce qu'on y verra en bien ou en mal, en beau ou laid, etc. devra se reporter à la personne qui, dans le rêve, possédait le canif. Le canif est encore, ainsi que tout instrument tranchant: signe de rapprochement avec des femmes dont on était séparé.

Selon d'autres interprètes le canif dénote : l'inconstance, l'infidélité conjugale, l'inimitié, la volubilité ou le divorce.

CANNE A SUCRE. — Douce réponse à une douce demande. En sucer: événement qui fera beaucoup parler le monde. L'exprimer: fertilité et récolte abondante sur vos terres, pourvu qu'en même temps on n'ait pas vu de feu et qu'à l'action d'exprimer la canne on n'unisse pas celle de la sucer ou de la jeter.

CANTIQUES. — Faim, misère, discorde. En composer: dégoût de la vie, veille. En chanter : maladie, mort. Voyez *Chant*.

CAPE. — En porter une rouge: pour une femme honnête cela signifie qu'on médira d'elle.

CAPRES. — Mauvais présage.

CAPUCINE. — Longs tracas et soucis couronnés surtout par une grande renommée.

CARDE. — Femme endiablée, méchante, ou homme hypocrite.

CAROTTES. — Douleurs et deuil pour qui en possède ou en mange.

Un petit nombre d'auteurs prétendent que manger des carottes est signe de bénéfices et de prospérité.

Avoir une ou des carottes à la main dénote de très-grandes difficultés qu'on surmontera facilement. Sentir des carottes, lorsqu'elles ont une odeur très-forte: révélation d'une chose restée occulte.

CAROTIDES. — Les rêver dans leur état naturel : amélioration de caractère et augmentation de courage. Les rêver enflées jusqu'au point d'éclater, sans qu'il en sorte du sang : signe de mort.

CAROUBE, CAROUGE. — Destruction, chose détestée.

CARPE. — Voyez *Poisson*.

CARRIER. — Homme religieux, qui approche des personnages haut placés.

CARVI. — Biens qui se réunissent à d'autres biens.

CASQUE. — Prospérité, honneurs et sûreté pour vos biens.

CASSETTE. — Voyez *Boîte*.

CASTOR. — Implorer, faire des démarches pour quelque chose qu'on n'obtiendra pas.

CATACLYSME. — Rêver que les édifices, les maisons s'écroulent, que les arbres tombent, que tout ce qui est semé et planté est détruit, et se voir sain et sauf au milieu de tant de ruines : veut dire que l'on est sur la voie du mal et de l'irréligion, ou bien qu'il y aura de grandes mortalités en ce lieu, plus spécialement lorsque vous rêvez que cela arrive dans votre pays. Mais rêver un véritable cataclysme, un bouleversement général de la nature est signe que la justice et l'équité se manifesteront en cet endroit par la punition des méchants, le triomphe et la gloire des bons.

CATARACTE, *maladie d'yeux*. — Rêver qu'on l'a ou qu'elle vous vient : signe de vie courte.

CATARRHE. — Biens amassés qui ne s'accroissent pas. Lorsqu'un malade rêve qu'il crache du catarrhe : guérison; s'il en crache mêlé avec des fils et des poils : il aura la vie longue.

CAVALE. — Voyez *Jument*.

CAVALIERS. — En voir qui courent autour de votre maison : danger.

Cavalier qui descend de cheval : pertes; cavalier abattu : mauvais présage; cavalier qui vous prend en croupe : protection d'un grand personnage, élévation, force, puissance.

CAVE. — Homme rusé. S'il y a de la terre : astuce religieuse, fréquentation de mauvaises sociétés.

Cave pleine : gloire de courte durée ; vide : prospérité et sûreté qui dureront longtemps.

CAVERNE. — Entrer dans une excavation pratiquée dans l'intérieur d'une caverne : on trompera un souverain ou un homme difficile. Pour le reste, voyez *Trou*, *Grotte*, *Souterrain*.

CÉCITÉ. — Voyez *Aveuglement*.

CÉDRAT, *l'arbre*. — Homme pieux et renommé ; femme étrangère, belle, honorée et de grande naissance. Couronne de cédrat : pour ceux qui ne sont pas mariés, signe de mariage avec une personne ayant les qualités susdites.

Le fruit. — Héritage qui vient de loin. Un seul cédrat : naissance d'un fils ; un grand nombre ; louanges, honneurs.

Ce fruit est pour certains auteurs signe d'hypocrisie.

Cédrats doux : biens amassés ; aigres : légères maladies, un fils qui cause des chagrins. Cédrat vert ; année fertile. En cueillir de verts : bonne santé pour qui les cueille ; de jaunes : année fertile, mais avec des maladies. Lorsqu'une femme rêve d'en couper un ou deux : elle aura un garçon et une fille qui seront maladifs ; si elle a des cédrats dans son giron : elle accouchera d'un fils heureux. Une femme qui donne un cédrat à son mari, lui donnera un fils. Rêver que l'on jette un cédrat à quelqu'un : demande de mariage à cette personne.

CEINTURE. — Elle représente le père, le frère, le fils, l'oncle et aussi le chef ou le supérieur. Ceinture en or : injustice, tyrannie du souverain ; en fer : force de son armée ; de plomb : faiblesse de cette armée. Ceinture inconnue se réfère au dos de l'homme ; lorsqu'elle est ornée ou embellie : on aura des biens et un fils.

Pour quelques-uns : la ceinture est signe de mariage ; pour une personne mariée : d'infidélité conjugale ; ceinture bleue : félicité ; verte : bon présage ; d'or ou dorée : calomnie ; d'argent ou argentée : bon signe pour ceux qui la voient seulement; ennuis, si on rêve qu'on la porte. Délier la ceinture d'une femme : mariage d'amour, on en obtiendra les faveurs ; de même lorsqu'une femme rêve de donner sa ceinture à un homme : dans tout autre cas, on se délivre de soucis.

Avoir une ceinture dans la main gauche et un bâton dans la droite : commandement, autorité ou gouvernement. Avoir deux ceintures et n'en pas pouvoir supporter le poids : longévité jusqu'à en tomber en enfance. Porter une ceinture sans luxe : veut dire qu'on s'appuie à un personnage haut placé par qui on arrivera à la prospérité et à la richesse ; pour un riche : cela est signe de force et de sûreté dans ses œuvres ; acquerra honnêtement de nouvelles richesses, et il a le cœur meilleur que la langue (ou il a plus de cœur qu'il ne paraît). Voir sa ceinture cassée : indique accroissement de pouvoir pour un souverain. Prendre en main deux ceintures qui vous sont données par quelqu'un et ne pas s'en ceindre : on fera deux voyages dans la grandeur et l'opulence. En recevoir une du souverain ou du gouverneur : prospérité. Se mettre une ceinture : on a vécu la moitié de ses jours. S'attacher en guise de ceinture une ficelle autour de la taille, si elle se casse : on est arrivé à la moitié de sa vie ; si elle ne casse pas : on se mettra une ceinture pleine de monnaies.

CEINTURE DE PRÊTRE. — Sur des vêtements neufs : elle indique un fils ; lorsqu'elle se brise : mort du fils ; sous les vêtements : hypocrisie religieuse. Si elle est avec des habillements vieux ou mauvais : corruption religieuse et perte des choses mondaines.

CEINTURON. — Voyez d'abord *Ceinture*. En porter un sans épée : on recevra un dépôt. Rêver que le ceinturon qui soutient votre épée se brise : destitution de votre gouvernement, commandement, ou de la charge que vous occupez ; si cela arrive pour deux ou trois épées que l'on ceint : divorce.

CENDRE. — Vains discours, irréligion, biens acquis illicitement, bienfaits d'un souverain, ou fatigues et peines supportées dans un travail fait pour le souverain. Les cendres représentent encore une science inutile.

CERCUEIL. — Voir un cercueil dans un marché, une foire : tous ceux que vous y aurez vus sont des hypocrites. En voir un au milieu d'un cortège funèbre, s'acheminant vers le cimetière, ou dont on connaît la destination : on encaissera des créances. En voir un grand nombre dans un endroit : signe de corruption et de dépravation en ce lieu. Cercueil qui marche seul : voyage par eau. En voir un dans les airs, et qui va tout seul : mort mystérieuse à l'étranger, d'un grand personnage ou d'un grand homme de votre pays. Voir, dans une bière, une femme qui n'est pas morte : prochain mariage pour elle, si elle est fille ou veuve ; elle deviendra impie et irréligieuse, si elle est mariée. Etre soulevé dans un cercueil est toujours signe d'honneurs et d'élévation. Rêver qu'étant vivant et tout vêtu, on se trouve dans un cercueil : présage une fin prochaine ; si on a les pieds et la tête découverts : corruption religieuse. Rêver que l'on est dans un cercueil sans qu'on songe à vous enlever : emprisonnement ; si on vous enlève et si on vous met dans un corbillard : peut être signe de puissance et de grandeur pour les uns, de souveraineté par les autres. Prier dans un cercueil : mauvaise administration du souverain ou du gouverneur ; ou bien : vous serez nommé à un gouvernement. Voyez aussi *Corbillard, Funérailles.*

CERF. — Honneurs, élévations, gros bénéfices, surtout lorsqu'on rêve qu'on est monté dessus, ou si on le voit qui fuit. En tuer un dont on prend le bois et la peau : héritage provenant d'un avare, triomphe sur ses ennemis. Courir après un cerf ou le chasser, et l'attraper : fortune inattendue.

CERISES. — Très-bon présage si on les rêve pendant la saison ; espérance mal fondée, si c'est hors de saison.

CERVEAU. — Le cerveau de tous les animaux indique des

biens que l'on convoite; en manger : vous dissiperez vos biens et ceux des autres.

Corveau sain et entier : est pour certains écrivains présage de succès en affaires de cœur; s'il est malade : honte publique.

CERVELAS. — Même sens que *Saucisson*.

CHAGRIN. — Voyez *Douleur*.

CHAHINI. — Voyez *Jean-le-Blanc*.

CHAINE. — Péché, grief, malheurs. Chaîne au cou : mariage avec une femme de mauvais caractère. Porter des chaînes être enchaîné; deuil. Rompre une chaîne : travail pénible. Voyez *Liens*.

CHAIR. — Chair humaine. Chair de personnes mondaines; elle indique leurs biens; de personnes pieuses et dévotes: leurs bonnes actions et leur piété. Le plus ou le moins qu'on en voit s'explique par plus ou moins de biens ou de religion, chez la personne dont on a vu la chair. Manger les chairs de quelqu'un lorsqu'elles sont crues : calomnie; cuites : dilapider les biens d'autrui. Manger de la chair humaine rôtie sur un feu allumé par soi-même : deuils et peu de fortune. Manger de la chair de malade : richesses mal acquises; de la chair de pendu : même interprétation; ou : biens, bénéfices de la part d'un supérieur.

Certains auteurs sont d'avis que manger de la chair humaine : est d'un bon présage; pourvu que ce ne soit pas celle d'un fils ou d'un parent, car ce rêve annonce un grand malheur, peut-être même la mort, à celui qui l'a mangée.

Manger ses chairs : veut dire que l'on dissipera son patrimoine, pour un homme ; pour une femme : elle vit ou vivra de prostitution. Voyez *Viande*.

On dit que manger ses chairs : est signe de richesse ou de grandeur; et s'il en reste la marque : on mangera ses biens et ceux des autres. Quelques interprètes assurent que ce rêve dénote qu'on sera cause de tout le mal qui vous arrivera.

CHAISE. — Voyez *Siège*.

CHALE. — En porter un aux couleurs voyantes : signifie pour une femme honnête, qu'on médira d'elle.

CHALUMEAU. — Malheur.

CHAMBRE. — Voyez *Appartement*. Chambre d'un étage supérieur : élévation, acquiescement de craintes, quelquefois même de richesses. Monter dans une chambre haute et que l'on ne connaît pas : pour un malade cela veut dire qu'il ira au Paradis ; pour ceux qui ont des craintes : elles cesseront. Si, pendant que vous montez, du monde vous suit : vous deviendrez le chef de ces personnes en grandeur et en savoir, ou bien : maître de chapelle. Le célibataire qui rêve d'être dans une chambre haute épousera une femme belle, vertueuse, pieuse, qui occupe une belle position. Avoir plusieurs chambres hautes : acquiescement de craintes. Elever une chambre sur sa maison et recevoir pour cela des reproches de sa femme : on la délaissera pour d'autres ; lorsqu'elle est contente et rit : accroissement de prospérité, élévation, honneurs. Écroulement d'une chambre d'un étage supérieur sur une autre, sans qu'elle lui cause de dommage : arrivée d'un absent de lointains pays ; et lorsque, en s'écroulant, il se soulève de la poussière : l'absent apportera des richesses.

On prétend d'autre part, qu'entrer dans une chambre : est signe de gains ; lorsqu'elle est obscure : perte d'argent ; si elle est nue et qu'on y est seul : abandon, privation, douleurs.

CHAMEAU. — Un seul chameau se réfère à un homme de la nation à laquelle appartient le chameau, ou bien il représente un homme puissant, ou un homme patient, ou le diable, ou un bateau, ou il est signe de deuil et de mort, d'ignorance et d'hypocrisie, de pluies, de voyages. Pour une femme non mariée : le chameau est signe de mariage ; lorsqu'elle l'est et que son mari est absent : il sera bientôt de retour. Le cri du chameau annonce un voyage excellent avec de gros bénéfices. Chameau qui mange de la viande : pronostique famine. Un chameau inconnu qui pénètre dans une localité quelconque : y est porteur de pluies torrentielles. Voir des chameaux nus (ni harnachés, ni chargés) entrer dans la ville, ou les voir marcher dans un chemin qui n'est pas le leur, ou qui n'est pas adapté à leur conformation : pluies. Voir un chameau dans une ville, au milieu de la foule : mort d'un grand; si on l'égorge, le personnage est innocent. Chameau qui entre dans un vase quelconque de votre maison, ou qui vous entre dans la bouche : le diable aura sa part dans vos affaires. Deux chameaux qui se battent ou se mordent : guerre ou lutte entre deux souverains, ou deux grands personnages. Chameau qui fait fuir le monde : le souverain, les ennemis ou des pluies torrentielles causeront de grands dégâts dans la localité. S'il mord ou blesse quelqu'un : malheur pour le mordu ou le blessé; s'il court derrière vous : maladie; lorsque c'est pour vous mordre : luttes et inimitiés entre vous et une autre personne. Voir un chameau égorgé dans une maison : mort du maître, s'il est malade, ou de son supérieur ou de son fils. Si le chameau a été tué pour être mangé, et qu'il n'y avait point de malades dans la maison : gros bénéfices provenant d'un grand commerce qui sera ouvert au songeur. Manger de la viande de chameau : maladie ; si elle est cuite : biens honnêtement acquis. En manger la tête : accusations ou calomnies contre un personnage. En prendre la chair sans la manger : on se procurera du bien en faisant du commerce au détail. En prendre la laine et les poils : acquisition de biens qui resteront. Peau de chameau : héritage. Conduire un chameau dans un lieu inconnu : remettre sur le droit chemin quelqu'un qui n'y est pas, ou bien être secondé par ses chefs ou ses supérieurs. Faire paître des chameaux : empire, commandement sur des gens de la nation des propriétaires des chameaux. Rêver que l'on monte un chameau pour partir : mort pour le malade, prochain voyage pour qui ne l'est pas. Lorsqu'en le montant il vous échappe : luttes occasionnées par un ennemi puissant. Après l'avoir monté, s'il ne peut plus marcher : vie accidentée. Tomber de chameau : indigence. Se promener sur un chameau : voyage.

CHAMELIER. — Homme recherché pour sa facilité à accommoder les choses : richesse et grandeur.

CHAMELLE. — La chamelle représente une femme, un arbre, un dattier, un bateau, l'année courante. Traire une chamelle : profits que l'on tire d'une femme pieuse et religieuse; et lorsqu'on en prend le lait cela indique : acquisition de biens par des moyens illicites. Monter à cheval sur une chamelle : mariage pour le célibataire, voyage pour qui le désire, propriété d'une maison et d'un terrain pour les autres. Chamelle inconnue dont le lait tombe ou coule sur un terrain cultivé : abondante récolte dans le pays.

CHAMELON. — Voir un chamelon égorgé : mort d'un personnage; si on s'en partage les chairs : on s'en partagera les biens. Voyez *Chameau*.

CHAMP. — Marcher dans un champ où l'on vient de faucher la moisson : pronostique que l'on marchera au milieu de files de soldats. Pour le reste voyez *Terrain*.

On dit qu'un champ d'épis est signe d'abondance; s'il est semé de légumes à graines tels que, fèves, pois, haricots, etc ; chagrins et soucis.

CHANDELIER. — Le chandelier ou tout autre trou dans lequel on place la chandelle, est signe de richesse que l'on acquerra honnêtement mais avec peine.

CHANDELLE. — La chandelle représente un souverain, un homme généreux, un homme intrépide, un fils qui s'élèvera à une haute position. S'en servir : on se servira d'une personne qui sera dans les conditions sus-énoncées. Chandelle éteinte, si elle est entre les mains d'un souverain ou d'un gouverneur : chute ou destitution; d'un négociant : perte de biens; pour tout autre : insuccès, revers, maladie, veuvage.

Chandelle blanche : événement casuel, succès douteux; rouge : bonnes nouvelles de vos amis, réussite en amour; noire, jaune ou verte : mort d'un parent aimé. Vendre ou fabriquer des chandelles : joie, plaisirs, surtout pour les pauvres ; chandelle allumée : richesses, joie, fortune, bonheur, guérison pour les malades, délivrance pour les prisonniers, mariage pour les célibataires, triomphe sur ses ennemis; le tout d'une façon analogue à la clarté répandue par la chandelle.

Allumer une chandelle dans le temple de Jérusalem : mort d'un fils.

CHANGEUR. — Savant dont la science et l'érudition ne servent qu'aux intérêts mondains. Changer de l'or pour de la petite monnaie : réduction de vos droits lorsque vous êtes en procès ou en litige avec quelqu'un ; diminution de sa valeur si l'on doit vendre un objet ; vente et sortie de votre propriété si vous en avez, ou bien d'une partie ; malheur, si vous n'êtes dans aucun des cas qui précèdent. Lorsque l'on a donné de l'argent et pris de l'or : haine et éloignement.

CHANT, CHANTER. — Tristesse, mensonge, désespoir, malheur. Le chant, lorsqu'il est bon, est signe de commerce avantageux ; s'il ne l'est pas : de commerce ruineux. Chanter une chanson avec une belle voix : grande prospérité pour le chanteur ; si la voix est mauvaise, pauvreté. Chanter par les rues, les marchés, les foires, les places : déshonneur pour le riche, aliénation mentale pour le pauvre. Chanter en marchant dans la boue : grande prospérité pour un vendeur d'objets ou instruments de musique. Rêver qu'on s'imagine qu'on chante dans un endroit quelconque ; il y sera dit des mensonges qui feront naître la discorde entre amis. Enfants qui chantent en travaillant : mensonges et malheurs. Femmes qui chantent et qui dansent en s'accompagnant d'instruments : grands malheurs.

Le chant des oiseaux est signe d'infidélité conjugale.

CHANTRE. — Personnage menteur, insupportable et qui donne le mauvais œil.

CHAPEAU. — Vie dépendante. Pour ceux qui portent habituellement le chapeau, rêver d'en avoir un blanc : signe de puissance ; pour les autres : mauvais présage. S'enrouler un linge autour du chapeau pronostique un voyage.

Chapeau neuf : plaisirs, joie, bénéfices inattendus ; vieux, usé, fané : pauvreté, embarras ; sale, crasseux et déchiré : honte, mépris, préjudice. Si une jeune fille rêve de porter un chapeau d'homme : elle se mariera bientôt. Mettre un chapeau sur la tête d'une jeune personne ; lui faire des offres de mariage ; si le chapeau vous appartient : ce sera vous qui l'épouserez ; un grand nombre de chapeaux : soucis et nombreuse famille.

CHAPELET. — Chapelet quelconque. Recevoir un chapelet et surtout le recevoir d'une jeune fille ; réussite dans ce que vous désirez ; mais si quelqu'un autre le prend pendant qu'on vous le donne : insuccès.

CHAPELIER. — Chef, commandant, directeur.

CHARBON. — Le charbon se réfère à toute chose dans la composition de laquelle il puisse entrer. Charbon amassé dans la rue au milieu d'un certain nombre de personnes : elles seront appauvries par leur souverain ; lorsque le charbonnier n'y est pas : il leur sera rendu ce qu'on leur a enlevé.

CHARBON DE BOIS. — Homme dangereux ou qui ne craint point de dangers, biens acquis par des moyens illicites, ou bienfaits d'un souverain. S'il est mauvais et qu'on ne peut s'en servir : paroles vides de sens.

Le charbon ; selon certains écrivains, annonce au songeur la nécessité de se repentir. Charbons ardents : offense à la réputation ; les toucher et se brûler : piéges d'un ennemi ; ne pas se brûler : impuissance de ses ennemis ; charbons éteints : jalousie mal fondée, mort d'un proche parent ; manger du charbon : chagrins secrets vous serez trompé.

CHARBONNIER. — Souverain injuste, et qui appauvrit ses sujets.

CHARDONS. — Mauvais présage.

CHARDONNERET. — Femme aux manières et au langage pleins de douceur et de gentillesse. Lorsque le songeur est un souverain, ce rêve dénote que son premier ministre le sert bien.

CHARCUTIER. — Voyez *Baccal*.

CHARPIE. — Bon présage pour les malheureux, mauvais pour les gens heureux.

CHARIOT. — Voyez *Constellations*.

CHARRUE. — Bon espoir de réussite. Au célibataire : elle annonce qu'il se mariera; au négociant : qu'il fera de bonnes affaires.

CHASSE. — Y aller : accusations, chagrins, mort d'amis ou de parents, persécutions; en revenir : bonne santé qui durera longtemps, bénéfices certains. Chasse au piége et autres de même genre : perte de religion et de piété.

CHASSE-MOUCHES. — Personne aimée, ou personne qui défend de la calomnie.

CHASSEUR. — Homme aimant le beau sexe et qui sait lui plaire. Chasseur de lions : grand et puissant souverain, qui met en déroute les troupes ennemies et qui hait les souverains injustes et tyranniques. Chasseur de chevaux sauvages : souverain rusé, fourbe et raffiné. Chasseur d'autres quadrupèdes sauvages : trompeur, imposteur; d'oiseaux : négociant fourbe, et qui met en doute l'honorabilité d'autrui.

CHASSIE. — Secret religieux, méchants propos, tourments.

CHAT. — Trahison, vol. Le miaulement du chat : calomnies d'un domestique voleur. Chat qui se moque de vous ou qui vous égratigne : tromperie d'un amant ou maîtresse, infidélité conjugale. Chat qui vous fait des caresses : votre amant, votre maîtresse, votre mari ou votre femme vous fera beaucoup de caresses pour en venir à ses fins. Chat furieux : disputes; enragé : agression de voleurs. De même, lorsqu'on se bat avec un chat, et, lorsqu'il vous égratigne : vos ennemis réussiront à vous nuire. Tuer un chat : danger évité. Manger du chat : chagrins, rivalité d'amour; en prendre la peau : on s'emparera des biens d'un voleur.

CHAT-HUANT. — Comme *Hibou*.

CHATIMENT. — Voyez *Punition*.

CHATON. — Pierre de Bague. Voyez *Bague*.

CHAT SAUVAGE. — Serviteur vigilant ou voleur domestique. Être mordu par un chat sauvage : maladie, trahison domestique. Voir tranquille un chat sauvage : année paisible ; s'en voir un sur le ventre, en train de manger : on vous volera quelque chose.

CHATTE. — Chatte qui met bas : fausses couches ou couches pénibles. Voyez *Chat* pour le reste.

CHATTE SAUVAGE. — Méchante femme. Le reste comme à *Chat sauvage*.

CHAUDRON. — Il se réfère à une femme esclave ou à une domestique. Se servir d'un chaudron : on prendra un domestique; s'il est en argent, ou en or : il se réfère à une belle femme qui vous fera dépenser plus que vos moyens ne vous le permettent. Le chaudron représente encore une femme dévouée à son mari, qui s'occupe de son ménage et de bonnes œuvres.

CHASSÉE. — Voyez *Digue*.

CHAUSSONS-HOFF (1). — Signe de richesse. Se mettre ou avoir des chaussons : voyage par eau; s'ils sont vieux : grandes douleurs; s'ils sont neufs : on prendra à des hérétiques leurs biens; s'ils sont neufs et que l'on soit armé : on ira au paradis ou l'on conservera ses richesses. Chaussons en hiver : prospérité; en été : douleurs. Chaussons jaunes : mariage avec une jeune fille; s'ils sont troués on épousera une femme. Chaussons vieux avec d'autres vêtements : accroissement d'honneurs, vie aisée. Voir des chaussons et ne pas les mettre : biens provenant d'étrangers. Les perdre; abondance et quittance de vos dettes. Si vous les perdez en marchant : séparation d'avec votre femme. Si un loup les mange : infidélité conjugale ; y voir un rat : on épousera une femme qui a un fils. Si on vous les vole tous les deux : vous aurez deux chagrins.

---

(1) Les *Hoff* sont des chaussons en peau, que les Orientaux se mettent entre le bas et la chaussure, et qui souvent tiennent lieu de bas.

CHAUSSURES. — Chaussure d'argent : femme belle et honnête; lorsque c'est une femme qui fait le rêve : honneurs et grandeurs. Chaussure de plomb : femme faible; de fer : femme insolente, impertinente. Chaussure en bois : femme traîtresse; en peau de vache : femme étrangère; en peau de cheval ou de chameau : femme du pays; en peau de lion ou d'autre bête fauve : femme appartenant à une famille régnante. Chaussure pour eau : épouse. Chaussure de voyage : signe de départ lorsqu'on la chausse et qu'on marche avec; si on ne marche pas avec : départ incertain. Avoir des chaussures : possession d'une femme. Chaussure de pacotille, de confection : on gagnera sa vie; lorsqu'on marche avec dans une ville : mariage avec une jeune fille, si elles sont neuves; avec une femme, si elles ne le sont pas. Avoir aux pieds des chaussures : voyage si on marche avec; quand elles sont noires elles représentent une femme riche ou annoncent que l'on voyagera à la recherche de la fortune et des honneurs; quand elles sont rouges : on voyagera pour son plaisir; quand elles sont vertes, pour ses affaires; quand elles sont jaunes : pour cause de maladie ou de chagrins; lorsqu'elles sont de couleurs différentes, elles annoncent une vie agitée. Voyager avec des chaussures qui ne vous vont pas : voyage qu'on ne terminera pas. Perdre une de ses chaussures ou rêver qu'elle vous tombe du pied : séparation d'avec un associé, ou un frère ou des parents en voyage; ou bien : maladie de votre épouse; si vous la retrouvez : guérison de celle-ci, réunion avec l'associé, le frère ou les parents. Rêver qu'on vous vole les chaussures et qu'on vous les rend après les avoir mises : même chose qui vous arrivera à propos de votre femme. Lorsqu'on vous les arrache des mains ou qu'on vous les brûle : mort de votre femme ou de la personne qui en tient lieu près de vous. Casser les tirants ou les lacets de ses chaussures ou les enlever : empêchements à un voyage. Mauvais tirants : mauvais voyage; les tirants peuvent encore se référer aux qualités de votre épouse. Chaussures qui se déchirent ou se rompent : il vous arrivera quelque chose qui vous empêchera de vous mettre en voyage. Chaussure qui se découd entre la semelle et l'empeigne : naissance d'une fille qui vivra longtemps; si la semelle se déchire ou se détache : mort de cette enfant. Chaussure brisée, déchirée : vie difficile ou divorce, mort de votre épouse, lorsqu'elle est malade; les arranger : réconciliation avec elle, ou guérison. Rapiécer et raccommoder les semelles de ses propres chaussures : signifie qu'on ne prêtera pas l'oreille aux calomnies éditées contre sa femme avec laquelle on continuera de vivre en paix; mais si c'est un autre qui vous les raccommode : vous découvrirez les dérèglements de votre épouse. Donner ses chaussures à arranger au cordonnier : on poussera et on guidera sa femme dans la mauvaise voie.

CHAUVE, CALVITIE. — Malechance. Rêver que l'on est chauve : veut dire que l'on s'appropriera des biens de ses supérieurs sans en tirer profit. Femme chauve : année de famine. Voir un chauve : honte publique, perte de créances.

CHAUVE-SOURIS. — Homme qui agit bien et avec droiture. Elle se réfère encore à une femme qui fait de la magie ou des sortilèges : sorcière. En prendre une : mauvaises nouvelles; pour un célibataire : il épousera une femme fausse et perfide.
Un petit nombre d'auteurs assurent qu'une chauve-souris annonce la découverte de biens cachés; quelqu'un dit que, quand elle est blanche : elle présage des obstacles; et quand elle noire : des chagrins.

CHAUX. — Voir de la chaux accumulée en un lieu quelconque : foyer d'hypocrisie, de fausseté et de toute sorte de maux.

CHEMIN. — Ignorer son chemin : bâtir sur du sable, travailler sans fondement, mauvais résultat. Le reconnaître : capacité et prospérité. Pour le reste, voyez *Rue*.

CHEMISE. — La chemise d'homme se réfère aux gains qu'il peut faire, à sa vie, à sa piété, ou bien elle lui pronostique une heureuse nouvelle de mariage; pareillement pour une femme, si elle rêve une chemise d'homme. Avoir un grand nombre de chemises : veut dire qu'on est charitable et qu'on fera une bonne fin. Chemise blanche : piété et prospérité; si une femme en met une : bonheur pour elle dans tous les sens. Porter des chemises en toile : vie honorée et richesses acquises honnêtement. Se mettre une chemise sans manches : bonheur religieux, mais peu de biens en ce monde, ou une amélioration de votre position, sans pourtant acquérir de richesses.

Se mettre une chemise propre : bonheur, fortune; mais si on l'ôte : tout espoir est perdu; la mettre à quelqu'un : le bonheur et la fortune lui souriront; avoir la chemise sale : embarras, incertitude sur ce que l'on a à faire; en changer : cessation de tout tracas et souci.

Déchirer sa chemise : animosité contre les siens, et tranquillité perdue. Chemise déchirée : séparation conjugale; déchirée dans sa longueur : joie et contentement; dans sa largeur : déshonneur. Se mettre une vieille chemise, ou s'envelopper dans deux vieux morceaux de chemise : mort. Chemise vieille et courte : déshonneur pour une femme. Homme qui se met l'une sur l'autre plusieurs chemises vieilles et déchirées : misère pour lui et ses enfants. Voir du sang sur sa chemise sans savoir pourquoi ni comment : mensonge à votre préjudice. Ecrire sur sa chemise : suivre les préceptes des Saints Livres; y écrire des choses religieuses : dévotion, science religieuse. Un grand personnage qui rêve qu'on lui a ôté sa chemise : sera destitué.

CHÊNE. — Homme riche. Monter sur un chêne : malheur pour un parent.

CHENILLE. — Personne honnête qui cache de grandes qualités sous des dehors simples et modestes.

CHERUOULE. — Voyez *Pantalon*.

CHEVAL. — Grandeur, puissance.

Cheval blanc : bonne nouvelle, joie, votre femme accouchera d'un bel enfant; noir : mortification, inquiétudes, ennuis, on épousera, si on ne l'a pas déjà épousée une personne méchante et d'un mauvais caractère; cheval bai : élévation, dignités; gris-pommelé : obstacles qui retarderont le succès de votre entreprise; de même pour un cheval boiteux.

Le hennissement du cheval signifie que l'on inspire du respect à un supérieur honoré et occupant une haute position. Le cheval qui parle est en général signe de mort; si c'est à vous qu'il parle, il arrivera, point par point, ce qu'il vous aura dit. Cheval qui court : plein succès. Chevaux qui courent : signe de pluie, surtout lorsqu'ils courent dans une ville. Chevaux sellés sans cavaliers : rassemblement de femmes pour fêter une noce ou pleurer un mort. Cheval rétif, récalcitrant : travail dur et obstiné; blessé : mauvais présage. Chevaux volant dans les airs : émeutes, insurrections dans la localité où on les a vus en songe. Monter à cheval : bonne réussite; si on le fait courir et qu'il soulève des nuages de poussière : grande élévation; on deviendra un intrigant. Monter sur un cheval sans frein, même lorsqu'il est bien équipé : mauvais présage.

D'aucuns ajoutent que, monter un cheval ardent, fougueux et bien équipé : dénote une épouse belle et riche, pour un célibataire; pour un homme marié : est signe de richesses et d'élévation qu'il obtient par la coopération d'une femme; monter un cheval qui a la queue très-longue : on peut compter sur ses amis : parcourir les rues à cheval au milieu des acclamations du peuple : on deviendra le chef d'un grand parti; course vertigineuse à cheval par monts et par vaux, en franchissant fleuves, torrents, précipices, etc. : gloire et honneurs.

Perdre son cheval : perte d'amis. Vendre un cheval : menace de dommages, pertes. En tuer un : discordes et douleurs. Châtier des chevaux : fausses accusations. Cheval mort : danger.

CHEVAL BERZON (1). — Grand-père ou femme de songeur. S'il est noir : biens; gris : grandeur. S'il vous parle : vous aurez de grands biens de la part de votre femme; s'il vous mord : infidélité de votre épouse. S'il se roule par terre : accroissement de richesses et honneurs pour votre grand-père.

---

(1) Le Berzon est un cheval de race croisée, aux formes grosses et disgracieuses, au corps lourd, à l'allure lente et pesante qu'on emploie comme bête de somme.

Entrée d'un de ces chevaux dans le pays : entrée d'étrangers. Monter un cheval *berzon* : voyage ; abaissement ou séparation avec sa femme, lorsque l'on est habitué à monter à cheval ; accroissement de considération et de bénéfices pour qui est habitué d'aller à âne. S'élever dans les airs sur le dos d'un *berzon* : voyage en compagnie de votre femme, et honneurs. Rêver qu'il vous échappe et que vous ne puissiez le rattraper : insubordination de votre femme par la langue ; si vous l'avez perdu : mauvaise action de votre femme ; si on vous l'a volé : divorce. Si un chien s'élance sur votre *berzon* : un ennemi tentera votre épouse.

CHEVEUX. — Boucle de cheveux : naissance d'un fils qui vous fera aimer et estimer.

Certain écrivain prétend qu'elle est signe de bonheur.

Avoir les cheveux noirs : veut dire qu'on est aimé de son mari ou de sa femme. Cheveux blancs : naissance d'un fils ; pour les personnes jeunes : heureux retour d'un absent. Pour une femme mariée, rêver qu'elle a tous les cheveux blancs : infidélité de son mari ; s'il est fidèle : il sera séduit par une belle femme. S'arracher les cheveux blancs : abandon du droit chemin.

On prétend, d'autre part, que les cheveux noirs : sont signe de douleurs, santé et richesses ; les blonds : d'amitié ou de chagrin ; les gris : de séparation conjugale ; les blancs : de dignité ; les longs et épais : de faiblesse, mollesse, tromperie pour un homme, pour une femme : longévité, biens inattendus ; les courts : de disputes, batailles ; les frisés : d'amour ardent.

Cheveux lisses et propres : honneurs et richesses ; ébouriffés en désordre : éparpillement des biens d'un supérieur. Cheveux oints et parfumés signifient que l'on compte beaucoup sur sa beauté.

D'aucuns sont d'avis, qu'avoir les cheveux mal peignés, ébouriffés, etc. : est un présage d'ennuis, de douleurs, d'outrages, de revers.

Rêver qu'il vous tombe des cheveux : maladie, perte de biens ; s'ils tombent tous : on perdra en plus sa réputation. Rêver qu'elle montre ses cheveux est pour une femme mariée signe d'absence de son mari ; si elle dure longtemps à les montrer ; l'absence sera indéterminé ; ce rêve annonce à ceux qui ne sont pas mariés qu'ils ne se marieront peut-être jamais. Montrer publiquement une grande quantité de cheveux : déshonneur. Si une femme rêve qu'on l'appelle pour lui couper les cheveux : cela veut dire que la personne qui l'appelle est après son mari afin qu'il la délaisse pour une autre femme ; ce qui sera suivi de brouille et d'inimitié entre cette personne et le mari de la songeuse.

On ajoute, que se voir en songe, couper par force les cheveux : annonce un grand danger au rêveur, pour ses biens, soit pour sa vie ; et que se les couper soi-même : est signe de deuil ou de malheurs pour une femme, tandis que, pour un homme, cela indique la cessation de tous soucis.

Cheveux rasés : vengeance satisfaite ; cheveux qui croissent : accroissement de fortune. Tresser des cheveux : bon présage pour les femmes, mauvais pour les hommes, excepté pour ceux qui les portent longs et bouclés.

CHEVILLE. — La cheville représente souvent un grand personnage, mais imposteur. Planter une cheville en terre ou dans un mur : mariage pour qui n'est pas marié ; si le songeur l'est et qu'il soit un homme : grossesse de sa femme.

Mettre une cheville dans un mur est encore : signe d'amour pour un grand personnage. La mettre dans les fondements d'une maison : amour pour une femme ; lorsque les fondements sont en bois : amitié pour un jeune hypocrite. Lever une cheville : réussite d'une affaire avec un savant ou bien : course, promenade sur une montagne. Voir planter une cheville dans la terre ou dans un arbre : on prendra un local pour y mettre des marchandises ou autres choses.

CHÈVRE. — La chèvre, ainsi que le mouton, représente les personnes les plus nobles et les plus estimées. Chèvre grasse : femme riche ; maigre ou malade : femme pauvre.

Chèvre blanche : prospérité ; noire : maladie, procès dont l'issue est incertaine.

Chèvre qui parle : biens, fertilité ; grand nombre de chèvres : abondance, richesses. Marcher derrière une chèvre sans pouvoir la rejoindre : obstacles, dont vous êtes cause, et qui vous empêchent d'arriver à votre but.

CHEVREAU. — Couches, joie.

CHEVRETTES. — Comme *Ecrevisses*.

CHICORÉE. — Même sens qu'*Epinards*.

CHIEN. — Esclave ou pauvre, garde fidèle, fidélité, courage, affection, irréligion. Aboiement d'un chien : repentir d'une injustice, querelles, peur.

Chien blanc : bonheur; noir : ami qui vous calomnie et vous trahit; chien de chasse : espoir, sûreté; chien enragé : perte d'une personne aimée.

Avoir un chien : compagnie, domestiques fidèles, ami fidèle, sincère. Chien qui court : contrariétés. S'appuyer sur un chien : affection d'un chien. Chien qui vous déchire les vêtements : votre réputation sera attaquée par un homme du peuple; si le chien vous mord : vous seconderez un impie; ou : insultes et haine d'un ennemi ou d'un adversaire; ou : trahison d'un esclave, d'un domestique, d'un gardien. Manger du chien : victoire sur un ennemi, dont une partie des biens vous reviendra. Habiller de laine un chien : les biens d'un honnête homme seront dévorés par un coquin.

Chien à plusieurs têtes : on aura affaire à un huissier; grand nombre de chiens réunis : événement désagréable.

Petit Chien. — Fils aimé; s'il est noir : richesse du fils; blanc : sa piété.

CHIENDENT. — Ami inutile ou nuisible.

CHIENNE. — Femme de basse origine. En être mordue : haine d'une femme; en traire le lait : épouvante.

Selon bon nombre d'auteurs, la chienne est encore l'image d'une femme déréglée, sans mœurs, d'une Messaline effrontée; elle est signe de libertinage, de licence et de sensualité.

CHIFFON. — Vieux chiffons : mauvais présage; chiffons neufs : biens, richesses éparpillées; coudre ensemble des petits morceaux d'étoffe ou de chiffons : amendement, repentir. Voyez *Aiguille*.

CHIFFONNIER. — Personnage plein de droiture, dépositaire d'un grand nombre de secrets qu'il ne révèle pas.

CHOU. — Paysan, homme ordinaire et grossier. En avoir un dans les mains : être à la recherche de quelque chose que l'on ne trouve pas.

D'autres disent que le chou est signe de santé, longévité, mariage ; on manger de cuits : ennuis.

CHOUETTE. — Souverain, grand, renommé et affable. Avoir une chouette qui chasse : trône pour qui y peut aspirer, biens et richesses pour les autres. Prendre une chouette non apprivoisée, qui ne chasse ni ne vous obéit et la tenir dans les mains : on aura un fils qui sera souverain avant sa majorité ; mais si la chouette vous échappe des mains : l'enfant viendra au monde mort ou vivra peu. Les petits de la chouette représentent des enfants ; un seul petit : femme perfide et traîtresse.

CHOU-FLEUR. — Parvenu, qui, malgré tous ses efforts, ne parvient pas à faire disparaître les traces de sa tache originelle.

CHUTE. — Faire une chute : disgrâce, honte, désespoir ; nécessité pour qui l'a faite d'être prudent, ou de changer de vie et de se faire honnête homme, ou de ne pas trop s'enorgueillir de son talent, si on ne veut pas que malheur s'ensuive. Tomber dans l'eau : danger, même de mort ; dans la boue : inexécution d'une chose qui devait se faire. Tomber d'un toit, d'un mur, d'une montagne : est signe de la colère céleste ; tomber d'un clocher dans un puits : perte d'enfants, mariage avec une femme perverse, après en avoir eu une bonne : Voyez au nom de la chose d'où vous êtes tombé. La chute d'une chose qui est élevée du sol, comme, par exemple, un arbre, une maison, une colline : est signe de la ruine de la chose ou personne représentée par l'objet tombé.

CIDRE. — Voyez *Boisson*.

CIEL. — Le ciel représente un souverain. Le voir vert : récolte abondante pour l'année ; jaune : maladie ; s'il vous semble de fer : sécheresse ; ciel couvert, nuageux : chagrins, douleurs.

<small>Ciel pur et serein : conduite honorée, fortune, bonheur ; ciel clair : prochain mariage, accroissement de fortune ; étoilé : nombreuse progéniture ; fleuri : découverte d'une vérité, vérité apparente ; brumeux : affaires en mauvais état ; le voir couleur de feu : accroissement de biens ; rouge, ou en feu : offenses d'ennemis, danger, maladie, indigence ; y voir des signes extraordinaires ou une très-grande clarté : bonheur, joie, succès.</small>

Regarder le ciel du côté du Levant : voyage et acquisition d'une grande puissance. Voir le ciel qui tombe sur la terre : mort du souverain, s'il est malade ; retour prochain, s'il est en voyage. Fouler le ciel aux pieds : reconnaissance des bienfaits de Dieu ; enlever tout ce qui peut être cause de fertilité ou de richesse : pluie abondante et qui sera très-utile. Ciel qui tombe sur vous et vos parents : signe de mort pour les malades ; pour les autres : le toit de la maison leur tombera dessus. S'appuyer sur le ciel : commandement, triomphe sur tous ceux qui vous sont contraires. Rêver qu'on le prend avec les dents : grand malheur pour le songeur, perte d'une partie de ses biens. Voir le ciel tout près : signe de droiture, cela veut dire aussi que l'on est agréable à Dieu. Tout ce qu'on voit dans le ciel ou qui en vient sera envoyé par Dieu. Voir des portes ouvertes dans le ciel : grandes pluies durant l'année. Voir ouvertes des portes dans le ciel et voir sortir des mouches, des abeilles ou des oiseaux : est signe d'usure ; mais quand le songe est fait dans un époque de famine et de sécheresse : abondance, pluies bienfaisantes et utiles ; s'il en sort de la terre sans faire de poussière : pluies abondantes qui produiront des résultats encore meilleurs. Lorsqu'il en sort des flèches que l'on voit lancer : pertes, graves maladies ; quand elles blessent le monde et qu'il sort du sang des blessures : dureté du souverain envers ses sujets ; mais si ceux qui tirent les flèches les lancent sans but : grands maux pour toutes les personnes qui les voient tirer; et lorsqu'en tombant sur le monde elles ne font aucun mal, et qu'on les ramasse : richesses inattendues. Voir le ciel qui s'ouvre et en voir sortir un homme d'âge mûr : disette suivie d'abondance; s'il en sort un jeune homme : ennemi qui tyrannisera sur ses terres; une brebis : richesses; un chameau : pluies abondantes et bienfaisantes; un lion : tyrannie souveraine.

Beau fantôme vêtu de blanc qui descend du ciel : bonheur, succès; s'il est laid : tromperie et perfidie.

Voir s'ouvrir le ciel et en sortir du feu qui tombe sur des villes ou autres lieux habités : maladies et mortalités en ces endroits; s'il tombe sur des marchés : cherté des vivres; sur des champs, terres cultivées ou des aires : souffrances, froids, gelées, sécheresse ou invasion de sauterelles qui nuiront grandement à la culture; s'il en tombe de l'eau : abondance et prospérité, pluies bienfaisantes et telles qu'on les aura vues en songe.

Un grand feu qui tombe du ciel est, d'après certains interprètes : présage d'offenses, d'ennemis, d'indigence et de misère; lorsque le feu tombe en zigzag : ces maux seront encore plus grands; s'il en tombe des tisons ardents, des bois et des torches enflammés : guerre et disputes.

Se voir dans le ciel : empire et commandement, ordre et réussite dans vos affaires. Si on comprend de se trouver dans le premier ciel, ou ciel de la Lune : on sera le premier personnage du pays après le souverain; dans le deuxième, ou ciel de Mercure : intelligence, science, érudition, direction, commandement; dans le troisième, ou ciel de Vénus : providence, contentement et grandes richesses; dans le quatrième, ou ciel du Soleil : prospérités, honneurs, et on se mêlera des affaires du souverain; dans le cinquième, ou ciel de Mars : grand commandement sur les troupes en guerre, et empire pour le courant de l'année; dans le sixième ciel, ou ciel de Jupiter : prospérité et abondance provenant du commerce; dans le septième, ou ciel de Saturne : propriétés, terres et agriculture. Mais lorsque le songeur n'est pas en état d'atteindre à de telles positions ou obtenir de semblables résultats, le pronostic se réalisera pour la personne dont il dépend, pour ses enfants ou pour quelqu'un autre qui puisse avoir ou une certaine relation avec le songe. Rêver qu'on se trouve au-dessus du septième ciel : très-haute position suivie d'une mort d'autant plus proche qu'on se sera vu élevé, c'est-à-dire dans le huitième, ciel des étoiles fixes ou étoilé; dans le neuvième, ciel cristallin ou premier mobile, ou enfin dans le dixième, empyrée, firmament, ciel immobile.

Arriver au ciel d'un bond, d'un élan : voyage; entre le ciel et la terre : mort et transport dans son cercueil. Monter au ciel avec une échelle ou autre engin : élévation par son souverain. Y monter sans échelle ou autre machine : alarmes causées par le souverain. Y monter et entrer dans le paradis : mort en odeur de sainteté ou grand mérite reconnu et honoré. Descendre du ciel après y être monté : humiliation, abaissement après la grandeur et l'opulence.

D'aucuns disent au contraire : prospérité, piété.

Malade qui rêve de monter au ciel et n'en redescend pas : il mourra de sa maladie; s'il revient sur la terre : il guérira après avoir été à l'agonie; mais lorsqu'en redescendant il tombe dans un puits ou un trou : signe de mort. Entrer dans le ciel avec l'intention d'épier ce que disent les anges ou les saints : on épiera son souverain et on sera cause de vols qui seront commis à son préjudice; lorsqu'on parvient à son but et qu'on redescend sur la terre : on échappera à de grands maux; mais si, en descendant, on venait à tomber : souffrances, douleurs. Entrer au ciel et n'en pas sortir : mort prochaine. Se promener dans les cieux et redescendre en sûreté : dénote que vous serez un grand astronome.

CIGALE. — Fanfaron, bavard, musicien ennuyeux, poète sans mérite, mais prétentieux, qui lit ses vers à tout venant et se fâche lorsqu'on ne le porte pas aux nues. Mauvais pronostic pour les malades.

CIGARE. — Voyez *Tabac*.

CIGOGNES. — Personnes qui aiment la société. En rêver

un grand nombre réunies pendant l'hiver est signe de voleurs et d'assasins, ou d'ennemis qui porteront la guerre dans votre pays, ou grands froids. En voir disséminées çà et là: heureux présage pour ceux qui veulent voyager ou se marier.

CILS. — Avoir des cils beaux et épais est signe de piété. Rêver qu'ils sont devenus blancs: prochaine maladie de tête, d'oreilles ou de dents. Avoir les cils si longs qu'ils vous couvrent de leur ombre: grande piété, érudition, science ou doctrine. Rêver que l'on est sans cils: perte de foi dans sa religion. Rêver qu'on vous les arrache: un ennemi vous remettra sur la voie de la piété; les arracher à quelqu'un: on le poussera dans l'irréligion ou l'impiété.

CIMETIÈRE. — Entrer dans un cimetière: danger d'emprisonnement; le visiter: on rendra une visite à des prisonniers; y voir les tombes s'ouvrir et en sortir les morts: signe que l'équité et la justice apparaîtront dans le monde. Pour le reste, voyez d'abord *Fosse*, ensuite *Tombeau*.

On dit encore qu'un cimetière pronostique: la mort d'un proche parent, un enterrement ou un départ pour un long voyage.

CIRCONCISION. — Rêver que l'on vous circoncit: vos péchés vous seront pardonnés, vos chagrins, vos peines cesseront; et si vous n'avez pas de chagrins ou de peines: existence paisible. Lorsqu'on rêve de n'être pas circoncis: accroissement de fortune, mais indifférence religieuse pour avoir négligé sa religion afin de ne s'occuper que des biens de ce monde. Ces interprétations ne sont que pour ceux dont la religion porte comme dogme la circoncision; pour les autres elles devront se faire au rebours.

CISEAUX. — Homme qui distribue, qui apaise les querelles qui met le monde d'accord. Les ciseaux sont quelquefois, mais rarement, signe de la naissance d'un fils ou d'un frère dans la famille du songeur.

On prétend, d'un autre côté, qu'ils pronostiquent des querelles entre amants ou époux, des discours désagréables, la médisance et la calomnie, quelquefois un larcin.

En avoir dans les mains: questions de famille qui seront portées devant les tribunaux. Voir tomber des ciseaux du ciel : est présage de mort pour un malade. S'en servir pour tondre : richesses gagnées par votre éloquence, votre parole, votre beauté, en mendiant ou en se servant de la faux ou de tout autre instrument tranchant. S'en servir pour couper la barbe ou les habits aux gens : trahison, calomnies de la personne qui rêve de s'en servir.

CITADELLE. — Voyez *Forteresse*.

CITRON, CITRONNIER. — Voyez *Cédrat*.

CITROUILLE. — Voyez *Courge*.

CLEF. — Monarque, biens, mariage, science, érudition, doctrine, capacité, talent, piété, emprisonnement, danger. Ce rêve annonce à ceux qui en sont reçus, qu'ils approcheront du souverain. Clef de fer, homme craint, honoré et respecté. Avoir des clefs : biens et grandeurs proportionnées au nombre de clefs que l'on a. L'action de tourner la clef dans une serrure est signe de prière qui sera plus ou moins fervente ou écoutée selon la difficulté que l'on aura éprouvée. Avoir les clefs des portes du Paradis et les ouvrir : grande supériorité en religion que vous acquerrez sur ceux qui vous entourent ; œuvres méritoires ; découverte de grands trésors, ou richesses honnêtement acquises qui vous viendront d'un héritage. Ouvrir une serrure avec la clef : triomphe ; vos prières et celles de vos enfants seront agréables à Dieu, dont vous obtiendrez ce que vous désirez ; pour qui n'est pas marié : mariage. Ouvrir avec une clef un lieu élevé, tel qu'une chambre sur les toits, une tour, etc : grandes prospérités qui vous viendront des autres.

CLOAQUE. — Voyez *Égout*.

CLOCHE. — Personnage qui tourmente et torture, envoyé par le souverain ou le gouverneur. La sonner : mauvaise nouvelle pour les habitants de la localité ; l'entendre : fausse nouvelle en circulation.

Pour d'autres : la cloche est signe de trahison, d'épouvante, de troubles, d'incendie, de mort ; l'entendre sonner : litiges, effroi, malheur.

CLOCHER. — Il se réfère à un souverain, un gouverneur, un grand personnage, au premier magistrat de la ville, à un supérieur, à un savant, à la renommée, à la doctrine, au savoir et à la dévotion. L'interprétation devra se faire selon ce qu'on y verra, et en ayant égard à la position du songeur.

Quelques interprètes opinent que le clocher : est signe d'élévation, de puissance, de grandeur, succès en mariage ; tandis qu'une autre catégorie affirme qu'il pronostique : des chagrins domestiques, la perte de sa position ou la mort de parents.

En voir un en l'air ou dans un cimetière, au milieu d'un désert ou d'une campagne nue, solitaire : pronostique qu'on aura des honneurs ou qu'on recevra de hauts personnages. Tomber d'un clocher dans un puits : mariage avec une femme perverse, après en avoir eu une bonne.

CLOU. — Le clou représente un souverain, un grand, un homme qui vous est utile dans vos affaires, tel qu'un avocat, un notaire, etc. ; il indique aussi une consultation légale qui établit les termes d'une affaire, d'un litige, d'un procès. Le clou se réfère encore à des objets utiles à l'homme. C'est au songeur qu'il appartient de voir, selon ses besoins et la position ou les conditions dans lesquelles il se trouve, l'application qu'il doit faire de son rêve.

Le clou pour d'autres interprètes : indique une atteinte à votre réputation, une maladie, des chagrins, lorsqu'il est en fer : la dépravation, des plaisirs défendus, s'il est en bois.

Avaler un clou : est signe d'envie, de rancune proportionnée à la difficulté que l'on a éprouvée en l'avalant ; si on lui trouve bon goût : vie aisée et paisible ; mais s'il a le goût de raisin noir ou de figues noires : deuil, mauvaises affaires. Lorsqu'un homme d'âge mûr vous plante un clou en fer au milieu des épaules : il vous naîtra un fils qui deviendra souverain, ou sera un des soutiens de l'Etat ; mais si c'est un jeune homme qui vous le plante : vous aurez un fils hypocrite et qui sera votre ennemi.

Planter un clou : on court le danger d'attraper une mauvaise maladie ; s'asseoir sur des clous, ou rêver qu'on vous en donne : embarras et inquiétudes.

CLOU. — Eruption de la peau. Voyez *Furoncle*.

CLYSTÉRE. — Voyez *Lavement*.

COCHON. — Voyez *Porc*.

COCONS. — Trésor enfouis, voyages, élévation.

CŒUR. — Le cœur est le souverain du corps ; les interprétations devront se faire selon l'état de grosseur, petitesse, perfection ou imperfection dans lequel on l'aura rêvé, applicables au physique et au moral de l'homme. Voir le cœur qui sort de la poitrine : piété ; le sentir battre : querelles, procès, injures, mariage. Sentir des douleurs au cœur : on vous traitera d'impie. Rêver que l'on a le cœur brisé : guérison pour le malade, malheurs pour qui ne l'est pas. L'expansion du cœur est signe d'avarice, d'esprit obtus ; la restriction, constriction du cœur : talent, savoir, érudition, générosité. Le cœur se défère aussi à l'épouse du songeur, laquelle se trouvera dans des conditions analogues à celle de cet organe. Le cœur se réfère en outre au père, chef, patron, supérieur, et dans certains cas aux enfants du songeur.

Cœur sain et grand : longévité, succès ; malade : désespoir d'amour. Y ressentir de la douleur : mauvais signe pour votre époux ou votre épouse ; si c'est une jeune fille qui a fait le songe : présage malheureux pour son père ou son amant ; si c'est une autre personne : mauvais signe pour elle ; cœur blessé : séparation conjugale ; l'avoir perdu : mort, triomphe de vos ennemis ; n'en avoir point : déshonneur.

COFFRE. — Femme ou esclave. Le coffre se réfère en outre, à votre maison, à votre épouse, à votre boutique ou magasin, ou à vous-même. Voir dans un coffre une maison ou une chambre : butin qui entrera chez vous ; votre femme accouchera d'un garçon si elle est enceinte, vous perdrez sur vos marchandises, si vous en avez, ou vous vous repentirez de les avoir acquises.

En faire un : mort ; rêver qu'on est dedans sans pouvoir en sortir : grands chagrins, angoisses ; si on parvient à sortir du coffre on en sera délivré.

Coffre long, tabout (1). Richesses, biens, propriétés. Rêver d'être dedans : souveraineté pour les uns, triomphe sur un adversaire, gain de procès pour les autres. Voir un *tabout* annonce encore le retour d'un absent.

COFFRET. — Voyez *Boîte*.

COGNASSIER. — Homme intelligent, mais dont on ne se sert pas ou dans l'intelligence duquel on n'a pas foi, soit à cause de sa mine, soit à cause de sa pauvreté et autres motifs semblables.

COGNÉE. — Voyez *Hache*.

COIFFEUR. — Personnage qui éloigne les chagrins des gens.

COING. — Voir en songe ce fruit vert, hors de saison, est présage de souffrances, peines, difficultés ; jaune : de maladie.

Le coing, quelque aspect qu'il ait, à quelque époque qu'on le rêve, est pour un certain nombre d'écrivains : signe de maladie ; pour d'autres : de voyage ; pour d'autres encore : de voyage malheureux. Quelqu'un prétend qu'il est d'un bon augure et pronostique : des bénéfices à un négociant ; l'accroissement de sa puissance à un gouverneur.

Exprimer un coing : voyage de commerce qui donnera de gros bénéfices.

COLIQUE. — Rêver qu'on a les coliques : faire des économies en famille.

COLLE. — Union, liens d'amitié.

COLLECTEUR. — Ange du martyre. Fuir devant le collecteur qui vous attrape, mais vous laisse bientôt libre : pour les personnes pieuses ce rêve leur annonce qu'elles manqueront à la prière du soir.

---

(1) Mohammed-Ebn-Sérim dit que le *tabout* est un meuble de maison, qui a la forme d'un coffre long (chap. 40) ; d'autres sont d'avis que c'est un cercueil, et d'autres encore autre chose.

COLLIER. — S'il est orné de pierreries : heureux amour pour une femme ; nomination à quelque gouvernement pour un homme. En général tout ornement est signe pour une femme qu'elle devra se parer pour quelque fête.

Collier d'ambre : réussite, surtout en amours ; en corail : mariage prochain et heureux ; en perles : réconciliation après de longues querelles ; en diamants : ennemis puissants qui seront cause de votre ruine ; en coquillage : désunion.

Collier toc (1). Pour un souverain : signe de victoire ; s'il est très-large : richesse du mari ; force, fermeté, s'il est en fer.

Collier Kholie (2). Pour une femme, il signifie qu'elle aura des enfants mâles, s'il est en or ; des filles, s'il est en argent.

Collier mahnaka (3). Pour les hommes il est présage de colère, de litiges ; pour une femme : d'ornements, d'un fils qui lui naîtra d'un joaillier ; lorsque ce collier est jaune : elle aura un fils d'un mari étranger ; s'il est en verroterie : d'un mari de basse origine ; s'il est en perles ou pierreries : elle épousera un haut personnage qui la rendra heureuse et dont elle aura deux filles.

Collier kélada (4) ; *Collier okd* (5). Pour les femmes : ils sont signe de beauté et annoncent qu'elles se pareront pour quelque occasion. Le *okd* indique plus particulièrement la facilité de se mettre sur le droit chemin et de la piété par l'étude des Saints Livres ; et le *kélada* est quelquefois signe de biens qui leur sont confiés par leur mari. Pour les hommes : le *kélada* orné de grosses pierres précieuses est signe de pou-

---

(1) Anneau, cercle d'or, d'argent, que les femmes orientales se passent au cou en guise de collier.

(2) Ancien collier de femme, très-grand, qui descendait jusqu'au milieu de la poitrine ; il fut aussi porté par les hommes.

(3) Le *mahnaka* est un collier très-étroit.

(4) Large collier de monnaies qui descend jusqu'au dessous de la poitrine.

(5) Le *okd* est un petit collier fait ordinairement de perles fines ou de pierreries et correspondant plus particulièrement à ce que les Italiens appellent *vezzo*.

voir, puissance, gouvernement, ou biens qu'ils ont en dépôt, ou mariage avec une belle femme ; lorsqu'il est en fer : gouvernement, administration ferme ; s'il est en verroterie : faible gouvernement. Le *okd* est pour les hommes ; signe de science; pour un célibataire : de mariage avec une femme savante ; pour celui qui a sa femme enceinte : couches heureuses et naissance d'un garçon. Rêver qu'un collier *okd* a perdu sa forme primitive : perte de savoir.

COLLINE. — Colline ou coteau : signe de renommée qui vous vient d'une haute naissance; réputation, science, biens ou grandeur. En voir une : venue d'une personne ayant toutes ou partie des qualités susdites ; et tout ce qu'on a vu en bien ou en mal, en beau ou en laid dans la colline se retrouvera, par analogie, dans cette personne. Colline dans une plaine : est signe de biens mondains proportionnés à l'étendue de la plaine qui entoure la colline. La colline pour un malade qui rêve d'être sur son sommet : représente son cercueil, surtout s'il voit du monde au pied du coteau. Qui n'est pas malade et désire se marier verra ses vœux comblés en épousant une femme de haute origine ou d'une grande réputation, ou fort riche, lorsqu'il rêve de se trouver sur une colline. Être assis sur une colline ou s'y trouver suspendu : on s'attachera à une personne qui aura des qualités, les défauts analogues à l'état dans lequel on a vu la colline, et on vivra à son ombre. Parler, haranguer, prêcher du haut d'une colline : autorité souveraine, ou grand commandement pour qui peut y aspirer; élévation à la dignité de grand juge pour ceux qui suivent cette carrière; biens, renommée, honneurs pour les autres. Monter avec facilité une colline : réussite dans ses désirs; marcher sur une colline : douleurs évitées; en tomber : désirs qui ne seront pas satisfaits. La colline représente aussi un gros bateau ou un navire, tous les changements de position qui élèvent un homme; enfin, toute chose élevée de terre, comme une tour, une maison, un mur, etc. Éboulement d'une colline : ruine de la chose qu'elle représente.

COLLYRE SEC. — Biens, richesses : amélioration de la vue pour ceux qui l'ont faible.

Le metteur de collyre sec. Homme qui implore pour le bien d'autrui.

Vase à collyre sec. Femme pieuse qui cherche la paix. S'en servir : mariage pour le célibataire; bénéfices pour le pauvre; savoir, érudition pour l'ignorant. Lorsqu'on y met une autre poudre que le collyre sec : bénéfices malhonnêtes.

COLOMBE. — Belle femme surprise de sa beauté.
Affaires en bon chemin, succès, joie.

COLONNE. — La colonne se réfère à tous ceux qui servent d'appui, de soutien aux autres, tels que le souverain, le savant, le gouverneur, le propriétaire d'une localité ou d'une maison, le père de famille, le mari, le tuteur, l'épouse, enfin les biens et les richesses. Colonne d'un grand temple qui va tomber : hypocrisie et subterfuges mis en œuvre par un grand personnage pour se soustraire à l'autorité de son souverain, ou savant qui fait usage de son savoir dans un but non équitable; lorsque c'est la colonne d'un petit temple : il sera fait de même par un de ses prêtres envers son supérieur. Lorsqu'un domestique rêve qu'une colonne de la maison dans laquelle il sert est sur le point de tomber : cela lui annonce un changement en pire du maître à son égard ; si c'est le maître de la maison, ou un autre individu quelconque qui fait ce songe : la colonne représente son père; si c'est la maîtresse ou une autre femme étrangère à la maison, la colonne représente le mari. Colonne qui tombe : désastre, maladie pour celui auquel elle se réfère; mort : s'il est malade. Pareillement, lorsqu'on rêve qu'une colonne s'élève dans les airs et s'y maintient longtemps avant de redescendre, ou ne redescend pas du tout, ou tombe dans un puits, ou un trou.

Certains auteurs considèrent les colonnes : comme un présage d'élévation de victoire, de puissance; se trouver sur le sommet d'une colonne : honneur, renommée, estime et respect publics ; on tomber : une grave maladie vous menace ainsi qu'un de vos parents ou amis; colonne qui tombe : mort d'un grand personnage, au préjudice d'un grand nombre de personnes.

COLOQUINTE. — *La plante* : homme sans religion.
Le fruit : Douleurs et deuil.

COLYBES (1). — Larmes, douleurs. Rêver qu'on les prépare pour vous, vous ferez pleurer ceux qui vous aiment.

COMBAT. — Se préparer au combat : inimitiés ou disputes; avec des armes : on épousera une femme riche. Combattre avec le sabre ou le bâton militaire : honneurs. Ajuster un coup et ne pas le donner ou le manquer : on se propose de dire quelque chose qu'on ne dira point.
Combat entre deux filles : deux rangées de personnes dont l'une réussit à blesser l'autre ; la première a raison et tort a la seconde.

COMÈTE. — Épidémies, disette, famine, sécheresse, guerres, querelles, discordes, séditions, disputes.

COMMERÇANT. — Voyez *Négociant*.

COMMISSIONNAIRE. — Voyez *Portefaix*.

COMPTE, COMPTER. — Compter des monnaies d'argent sur lesquelles est écrit le nom de Dieu : dévotion et prières; d'or : science et direction ; d'autres espèces : travail avec des personnes mondaines. Compter des perles : étude des Saints Livres; des pierres précieuses, des diamants, etc. : on apprendra et on enseignera les sciences religieuses. Compter des bijoux en verroterie : vous vous mêlez de ce qui ne vous regarde pas. Compter des vaches grasses : années fertiles ; des chameaux chargés : gains qui vous parviendront de vos ennemis, abondance pour le cultivateur, bénéfices pour le négociant.

---

(1) En grec : Κολιβος, offrande de froment et de légumes cuits, dans l'Eglise grecque. Quarante jours après la mort d'un membre de la famille, les parents du défunt font une grande quantité de ce mets qu'ils distribuent en aumônes aux pauvres, comme suffrage pour l'âme du mort. On en envoie aussi au clergé, aux amis et aux connaissances.

CONCIERGE. — Voyez *Portier*.

CONCOMBRES. — En voir pendant la saison : prospérité ; hors de saison : maladie. En manger : entreprendre une chose qui ne réussira pas ; si votre femme est enceinte : elle accouchera d'une fille. En couper avec un instrument ou une arme tranchante : santé pour les malades qui rêvent d'en faire.

CONDAMNATION. — Rêver que l'on est condamné à mort et qu'on échappe à la peine : maux qu'on évite, sinon événement désagréable.

CONDOLÉANCES. — Les faire à une personne frappée de malheur : foi et tranquillité ; en recevoir : heureux présage.

CONDUIT. — Conduit pour l'eau : personnage réglé et administrateur des choses de l'État. Si l'eau y court : gouvernement ; si l'eau n'y court pas : destitution du gouvernement ou dominateur.

On prétend que ce rêve est signe de dommages ou de perte de sa fortune ; d'autres disent au contraire, qu'il représente une grosse fortune.

CONFISEUR. — Homme aux belles et douces paroles, et digne d'éloges dans ce qu'il fait.

CONFITURES. — Les confitures indiquent de belles femmes, et sont signe de plaisirs et de joie.

CONSEIL DE MINISTRES, CONSEIL DU SOUVERAIN. — Rêver qu'il est tout-puissant : signe de redoublement de puissance du souverain ; lorsque c'est le contraire, interprétation inverse.

CONSTELLATIONS. — Les *Pléiades* : représentent un homme prudent, avisé, qui connaît l'avenir ; les voir tomber : mortalité dans les maisons, perte de fruits et de plantes, quelquefois mort.

Prendre une étoile de la constellation du *Taureau* : grandeur, puissance, honneurs.

Le *Chariot* se réfère à un homme savant, honoré, plein de

réputation ; s'il en tombe une étoile : mort du souverain ; lorsque le firmament tourne avec lui : signe de voyage et de changement de position.

Sirius, confident, gardien des secrets.

CONSTRUCTION. — En terre ou en moellons crus : personne honnête, pacifique, conciliateur. Construction à voûtes ; si elle est en briques non cuites : accroissement de biens ; si elle est en briques cuites : femme hypocrite, richesses mal acquises. Bois d'une construction : hypocrite, intrigant, qui se mêle des affaires d'autrui. S'il se rompt une poutre, une planche, etc. d'une construction : mort d'un hypocrite qui se mêle des affaires de son prochain.

CONVOI. — Voyez *Funérailles*.

COQ. — Homme affable, descendant d'un guerrier, homme intrépide en guerre, mais d'un mauvais caractère, qui fait de beaux discours qui ne sont d'aucune utilité.

On prétend que voir un coq : est signe de fierté et de puissance ; coqs qui se battent : bêtise, inertie.

Coq qui chante : bon signe ; être becqueté par un coq : on sera tué par un descendant de guerriers. Rêver d'être métamorphosé en coq : on mourra garrotté. Mettre sous un coq un œuf dont il sort un poussin : arrivée d'un instituteur dans la localité.

Petit coq. Descendant de guerriers.

COQ DE BRUYÈRE. — Homme savant, irréligieux. Le prendre : bonnes nouvelles.

COQUELICOT. — Biens qu'on possède sans savoir où ils se trouvent ou sans les connaître.

COR. — Honte publique. En jouer : perte d'un procès.

D'autres ajoutent : déception d'amour ; en entendre jouer : on sera aimé pour soi-même.

CORAIL. — Richesses, belle femme ou esclave.

CORBEAU. — Il représente un homme à la démarche prétentieuse, orgueilleux, avare, menteur ou immoral.

Autres interprétations : sinistre présage, insuccès, maladie, malheur, douleurs, deuil ; pour les personnes mariées : infidélité conjugale, et si on les entend croasser : le doute n'est plus possible.

Corbeau qui vous parle : cessation de vos douleurs. Rêver que l'on a un corbeau dans la maison : on séduira votre femme ou on vous fera une saisie. Avoir un corbeau chasseur : butin ou richesses subites acquises par la fraude. Attraper un corbeau : bien acquis illicitement ; être égratigné par un corbeau : on mourra de froid, ennuis causés par des méchants ; ce rêve peut être signe de longévité lorsque ni le froid, ni les ennuis sont possibles ni probables. Manger la chair d'un corbeau : biens qui vous proviendront de voleurs. Voir un corbeau sur la porte du roi : on commettra une mauvaise action ou on tuera son frère. Si un monarque rêve qu'un corbeau le becquète sur la tête ou sur le couvre-chef : un de ses parents lui dispute le trône ; et si son couvre-chef tombe : il perdra son royaume, qu'il recouvrera, s'il remet son couvre-chef.

Corbeaux en troupe : froid rigide, désastre ; qui volent : douleurs, deuil, mortalité ; qui croassent : ennuis, tristesses.

CORBEILLE. — Voyez *Panier*.

CORBILLARD. — Rêver que l'on est sur le corbillard et qu'on vous transporte : amis fidèles et frères, vrais croyants en Dieu ; si on ne vous transporte pas : emprisonnement. Être pris et mis dans un corbillard : peut être signe de grandeur, de puissance pour les uns, de souveraineté pour les autres. Entendre des pleurs derrière son corbillard, ou des louanges pendant qu'on vous accompagne : vous mourrez en odeur de sainteté. Voyez pour le reste *Funérailles*.

CORDAGES, CORDES. — Cause qui vous poussera à faire quelque chose.

Quelqu'un prétend que cela est signe de longévité ou d'insulte grave.

Entortiller de la corde sur du bois ou sur une personne, en tordre ou en mesurer : voyage. Corde qui pend du ciel : piété ; la prendre ; droiture ; si elle vous soulève : mort pieuse ; si elle vous échappe des mains ou se brise : vous vous éloignerez des choses ou des personnes qui vous sont chères. S'il vous reste dans les mains un morceau de corde ; perte de grandeur, mais tout en conservant votre dignité et droiture ; si elle vous revient toute entre les mains : retour de grandeur ; mais si après qu'elle vous est revenue vous rêvez d'être soulevé une seconde fois : tromperie, mais mort pieuse. Lorsque la corde pendant du ciel vous bat sur le cou, les épaules, les reins ou la taille : vous serez obligé de répondre ou de payer pour un autre ; mariage forcé ou dont on fera les frais. Attacher une corde à un bâton : mauvaise conduite ou magie. Rêver que l'on est suspendu à une corde qui pend du plafond : honnêteté. Si la corde pend du ciel ; souveraineté, grandeur proportionnée à la distance qui passe entre le songeur et la terre, et lorsque la corde se casse ; on perdra, après l'avoir obtenue, cette souveraineté ou cette grandeur. Faire un nœud à une corde : religion ; mais si ce nœud ne réussit pas ; on se trouvera dans les mêmes conditions qu'auparavant.

CORDIER. — En voir un, ou rêver qu'on l'est soi-même : voyage ou départ.

CORDON DE COULISSE. — En général, comme pantalon ; de même s'il est neuf. Se l'attacher ou se le mettre sous la tête : haine contre votre fils ; s'il est cassé : tyrannie sur les membres de votre famille auxquels vous ne laisserez pas la paix. Si le cordon de coulisse est un serpent : inimitié avec votre beau-père ; s'il vous semble de sang : vous commettrez un meurtre, à cause d'une femme.

CORDONNIER. — Tuteur juste, équitable, distributeur d'héritages avec certitude.

On dit que ce songe est signe de misère, disgrâce, mauvaise fortune, et que faire le cordonnier présage un travail assidu, sans grande fortune, mais qui vous assurera la tranquillité pour vos vieux jours.

CORIANDRE. — Homme utile pour les mondains et le religieux. Les sces : biens qui acquièrent de la valeur lorsqu'ils sont unis à d'autres.

CORNEILLE. — La prendre : souveraineté pour qui peut y aspirer, pour les autres : ils diront la vérité et ne seront pas crus. Rêver qu'il vous en tombe une sur vous : prix pour la prise de bandits, ou prise de ceux-ci.

CORNES. — En avoir sur la tête : affront, inconduite, infidélité de votre femme, vous êtes un grand pêcheur. Cornes de bœuf : orgueil, jactance.

CORPULENCE. — Voyez *Obésité*.

CORPS. — Le corps et ses parties ont plusieurs interprétations. En général : le ventre se réfère à la boutique ou magasin de l'homme ; le foie à son fils ; le cœur à son père, patron, chef, supérieur, et, dans certains cas, même aux enfants ; les poumons aux domestiques et aux filles ; les intestins au coffre-fort, à la bourse, et quelquefois encore à la boutique ; le palais à l'existence ; les veines aux parents. Lorsque le corps se réfère à un bateau ou à un navire ; le cœur en représente le capitaine ; les intestins en sont les matelots ; les poumons, les voiles ; le palais, le mât ; les côtes en sont la carcasse ; la chair, les planches ; la peau, l'étoupe et le calfatage. Lorsqu'il se réfère à une boutique ou magasin ; les intestins sont le coffre-fort ou la bourse ; leur contenu, les marchandises ou l'argent que l'on tient enfermé. Si le corps se réfère à la maison : les côtes en représentent les pierres, et quelquefois les bestiaux et les montures qu'on a à l'écurie ; la chair, le mortier ou la malte ; le sang, l'eau pour le corroyage ; les os, les poutres ; la peau, la partie extérieure, le dehors. Le dos se réfère quelquefois à la femme. Selon la position sociale du songeur, l'état de ses affaires, ou de ce qu'il peut avoir en cours, ses désirs, ses espérances, etc.; ce qu'on verra en mieux ou en pire, ce qui pourra arriver dans les différentes parties du corps, devra s'interpréter en l'appropriant aux choses et aux personnes auxquelles cela se réfère. Lorsqu'on est capitaine de vaisseau, par exemple, un rêve de ce genre ne pourra pas s'appliquer à une maison, *et vice versâ* si l'on est propriétaire ou que l'on bâtit une maison, à moins de circonstances qu'il appartient au rêveur de considérer.

Le corps est signe d'empire. Rêver qu'on a le corps sale : chagrins causés par l'argent. Rêver qu'on l'a ou en pierre ou en fer : mort prochaine ; qu'il est enflé : élévation, relèvement de votre position, accroissement d'érudition, de savoir et de sagesse, emprisonnement ou tyrannie du souverain. Rêver qu'il y a de la diminution dans quelque partie de votre corps : diminution de biens et de fortune. Rêver que son corps est partagé en deux dans deux endroits différents : mariage avec deux femmes qui vous causeront de grands tracas et soucis, qu'on ne pourra maintenir, ou bien séparation d'avec vos biens. Se couper le corps en deux : on se séparera de ses biens ou de son chef.

CORRIDOR. — Il se réfère à un homme de la maison. Voyez *Maison*.

CORYSA. — Voyez *Enchifrènement*.

COSSES. — Jeter des cosses d'amande sur quelqu'un : on recevra un habillement neuf.

COTEAU. — Voyez *Colline*.

COTES. — La côte est l'image de l'épouse (1) ; et l'interprétation sera favorable ou défavorable à celle-ci, d'après l'état dans lequel on a rêvé sa côte et ce qu'on y aura vu. Les côtes se réfèrent aux pierres et aux femmes de la maison.

Côtes grosses et fortes : plaisirs, amusements entre époux ; les avoir rompues : querelle publique ; si ce sont les côtes supérieures : chagrins, disputes entre époux ; les inférieures : pièges tendus par parents.

COTON. — Richesses. Cueillir du coton : on cessera de

---

(1) Traditionnel.

pêcher. Filer du coton est pour les femmes : signe d'infidélité; pour les hommes : qu'ils s'humilieront pour une chose qui n'est pas de leur dignité.

Marchand de coton. Homme riche et laborieux.

COU. — Gros cou est pour un souverain : accroissement de puissance par son équité et ses victoires sur les ennemis. Avoir mal au cou : on sera cause de rupture entre amis au point qu'ils en viendront à des accusations et des injures réciproques; ou bien : on trahit un secret ou on se refuse de rendre un dépôt. Avoir un serpent entortillé autour du cou : veut dire qu'on ne fait jamais l'aumône. Couper, rêver qu'on vous coupe le cou, etc., voyez *Tête.*

On dit encore que rêver que l'on a le cou gros et beau : est signe d'honneurs, d'élévation, de richesses, d'un grand héritage, d'enfants et d'époux ou épouse tels qu'on les désire, le tout selon la grandeur, la beauté du cou; l'avoir maigre et faible : le contraire; l'avoir enflé : richesses, disent les uns : adulation, disent les autres; tordu : vengeance dont on sera victime; avoir le cou serré de façon à ne pas pouvoir crier : triomphe d'un ennemi, chagrins en famille à cause de votre rudesse.

COUCHER. — En général ce songe signifie qu'on arrivera à son but; quelquefois il est signe de trahison.

COUDRE. — Coudre pour soi-même : amélioration en fait de religion. Coudre mal : tentatives inutiles pour réunir des biens épars. Coudre les robes de sa femme : malheur. Coudre ensemble des petits morceaux d'étoffe ou de chiffons : amendement, repentir. Coudre ses vêtements : richesses pour le pauvre; réunion de ses biens épars pour qui en possède; réussite d'affaires.

On dit que coudre des vêtements : est signe de tromperie de la part d'une personne de qui on ne s'y attendait pas.

COUDRIER. — Voyez *Noisetier.*

COULEUVRE. — Voyez *Serpent.*

COUPOLE. — Voyez *Dôme.*

COUPS. — S'en donner : douleur cachée; à un ami : joie; à son amante : bonheur, succès; à un inconnu : mauvais présage. Donner des coups : veut aussi dire paix entre époux; lorsque c'est un célibataire qui en donne : il tombera amoureux. Donner sur la tête à quelqu'un des coups qui y laissent la trace : celui qui les donne désire la perte de son chef; s'il frappe sur le crâne : il obtiendra de son supérieur tout ce qu'il désire; sur les oreilles : il péchera contre sa religion; mais si des oreilles il sort du sang : il épousera la fille de son supérieur. Donner des coups à un homme lié, garrotté, ou lui dire des injures pendant qu'on le frappe : est signe de prière. Recevoir des coups : on recevra de beaux habits; en recevoir sans savoir pourquoi : prospérité et cadeau d'habits. Recevoir des coups, sans savoir d'où ils viennent : on aura de grands biens dans ce monde ou dans l'autre. Être battu par quelqu'un : prospérités qui vous viendront par son moyen; l'être par un mort : il vous demandera l'exécution de vos promesses. Donner des coups de bâton : amitié sincère; en recevoir : promesse qu'on ne maintiendra pas. Lorsqu'un souverain vous donne des coups de bâton : il vous fera cadeau de beaux habits; s'il vous frappe sur le dos : il payera vos dettes; sur le derrière : il vous mariera, ou vous épousera si vous êtes une femme.

Recevoir des coups de bâton présage, pour certains auteurs : qu'il vous arrivera tout le contraire de ce que vous désirez; quelques autres disent : qu'ils annoncent des changements de position; d'autres prétendent : que ce sont des conseils; enfin, une certaine catégorie est d'avis que les coups de bâton doivent s'interpréter dans le sens de la partie du corps qui a été frappée.

COUPS DE PIED. — Celui qui en songe reçoit un coup de pied sera traité de misérable, de va-nu-pieds par la personne qui le donne, laquelle vantera ses richesses.

COUR D'HONNEUR. — En sortir pour entrer dans un endroit obscur, sale, dont la terre est noire et couverte de reptiles, dans un terrain inculte : abandon du bien pour se donner au mal. Y manger quelque chose de bon : heureux présage; pour l'hérétique, amendement et dévotion à la vraie religion. Si on y voit une personne déjà morte, signe que celle-ci est en enfer.

COURGE. — *Plante.* La plante de la courge se réfère à un savant ; souvent à un médecin utile, qui est en contact avec le monde, qui porte fortune ; elle est encore l'image d'un homme pauvre. Être à l'ombre des feuilles d'une de ces plantes : réjouissance pour avoir évité un événement malheureux, tranquillité future, et renvoi de ceux qui viennent pour disputer.

Le Fruit. — La courge est signe de guérison pour le malade. En cueillir : fortune, succès dans les disputes, guérison de maladie par le fait de médecines et de prières. Se voir à l'ombre de courges : civilisation précédée de sauvagerie, ou réconciliation après des litiges et des disputes. Manger des courges crues : on s'opposera à quelqu'un, ou l'on disputera, ou bien on sera épouvanté. Courges cuites : toujours bon présage ; en manger : recouvrement d'une chose perdue, on réunira des biens épars, rapprochement d'un vieil ami dont on s'était séparé, ou retour à une science, art, doctrine, etc., qu'on avait abandonnée.

COURIR. — Voyez *Course*.

COURONNE. — Avoir sur la tête une couronne de roses : mariage avec une personne qu'on abandonnera bientôt. En avoir une de narcisses : mariage avec une belle personne ; et, si vous êtes marié : mort de votre mari ou de votre femme qui vous permettra de convoler en secondes noces. Cette interprétation n'est pas pour les hommes à qui leur religion permet la polygamie, car ils pourront se marier de nouveau sans qu'il soit nécessaire que leur femme meure pour cela. Couronne de cédrat : on épousera un homme pieux et renommé, ou une femme étrangère, belle, honnête et de grande naissance.

Couronne de fleurs : plaisir, espoir, succès ; de laurier : même interprétation ; de lierre : constance, amitié sincère ; de pampres et de raisins à l'instar de celle de Bacchus : popularité ; d'olivier : douceur de caractère, amour de la paix ; de myrte : amour vrai, profond ; de mariée : mauvais présage ; d'épines : persécutions qui ne feront que donner plus d'éclat à votre renommée. Couronne de fer : amertume, tourments.

Couronne d'or : protection d'un grand personnage, amertume, tourments, malheurs ; lorsqu'elle est ornée de pierreries : elle est toujours d'un meilleur présage que s'il n'y en avait pas. Si un souverain rêve qu'on lui met une couronne sur la tête : humiliation ; couronne de diamants, de pierreries : concorde, amitié.

Couronne Eclil (1). Biens qui s'accroissent, science, fils. Pour une femme : elle annonce un époux étranger ; pour les hommes : ils obtiendront, mais reperdront ce qu'ils eussent conservé, si c'eût été une couronne *tag*.

Couronne tag (2). Rêver qu'on a sur la tête une de ces couronnes : pour une femme cela indique qu'elle accouchera d'un fils, si elle est enceinte, ou bien épousera un homme riche et puissant ; pour un homme : grandeur ou souveraineté à l'étranger, ou mariage avec une femme riche, haut placée ; si c'est un prisonnier : liberté.

COURSE. — Faire la course : le vaincu triomphera du vainqueur. Si vous courez avec un individu d'une autre espèce que la vôtre, comme par exemple un animal : triomphe du vainqueur sur le vaincu. Dans l'animal on doit voir la personne ou la chose qu'il représente.

Vouloir courir et ne pas pouvoir : maladie, obstacles, difficultés ; courir : fortune prospère, bonheur ; pour un malade : danger ; courir avec rapidité, impétueusement : bien inattendu ; avec crainte : sûreté ; d'autres disent : exil ou fuite du songeur ; courir après un ennemi : triomphe, profits, vengeance satisfaite ; après une gazelle : gros bénéfices ; après un gibier : pertes ; courir tout nu : folie, tromperie de parents. Voir une femme qui court : ruine, déshonneur pour elle ; voir des hommes qui courent ensemble : disputes, querelles ; s'ils sont armés de bâtons : émeute, insurrection, guerre.

COURTIER. — Personne qui met l'inimitié entre les gens, pécheur endurci.

COURTISANE. — Rêver que l'on est avec une courtisane : sûreté, profits, honneurs. Si elle vous peigne : délivrance de tous soucis et réussite en affaires.

---

(1) Couronne ouverte.
(2) Couronne fermée, couronne royale.

COUSIN. — Voyez *Moustiques*.

COUSSIN. — Serviteurs, quelquefois fils; ce qui se verra dans les coussins devra leur être référé. Les coussins des canapés et sur lesquels on s'appuie sont des savants.

COUTEAU. — Avoir ou trouver un couteau : mariage pour le célibataire; naissance d'un fils robuste lorsqu'on a sa femme enceinte; et lorsqu'elle ne l'est pas, acquisition d'un bon témoignage; si le couteau coupe bien, le témoignage sera apprécié; s'il ne coupe pas : le témoin sera calomnié; si on le met dans la gaîne : faux témoignage qui restera caché ou sera repoussé.

Si vous ne vous trouvez dans aucun de ces cas : signe de richesse, d'amitié avec votre frère, de garantie à propos d'une chose quelconque qui sera faite pour vous par une personne respectable, ou de service qui vous sera rendu. Recevoir un couteau sans avoir d'autres armes : grandeur, opulence; voir un couteau de table et ne pas s'en servir : annonce la naissance d'un fils généreux; s'en servir : insuccès d'une entreprise ou désordre dans vos affaires. Le couteau, ainsi que tout autre instrument tranchant, est encore signe de rapprochement d'une personne dont on était séparé.

COUTELIER. — Homme qui enseigne le mal.

COUVERTURE. — Sûreté, tranquillité, hospitalité; elle se réfère encore à une femme. Couverture de lit. Voyez ce mot.

COUVREUR. — Personnage élevé, savant, qui travaille pour le bien du prochain; souverain juste, équitable, aimé de ses sujets.

COUZ. — Voyez *Pot-à-eau*.

CRABE. — Homme méchant et arrogant. En voir plus d'un : acquisition de grandes richesses par des moyens malhonnêtes. En manger : nouvelles ou biens provenant de lointains pays.

CRACHAT, CRACHER. — Crachat: biens, puissance de l'homme. Cracher signifie encore que l'on dira des choses extraordinaires, ou que l'on mortifiera quelqu'un. Crachat chaud: longévité; froid: vie courte; très-froid: mort. Cracher sur quelqu'un: on mortifiera ou on calomniera cette personne. Cracher sur un mur: on dépensera ses richesses en guerre, pour la guerre, ou bien on l'emploiera dans le commerce; cracher par terre: on emploiera son argent en terrains; sur un arbre: on bâtira une maison qu'on avait décidé fermement de ne pas bâtir. Pour le reste, voyez *Salive*, ainsi que la chose crachée.

CRANE. — Il se réfère aux biens du songeur, s'il est riche; à sa vie, s'il est pauvre; et tout ce qu'on y verra en bien ou en mal devra être interprété en le référant aux uns et à l'autre. Le crâne indique aussi la piété et est signe de secret.

CRAPAUD. — Personnage méchant, haïssable, qui fuit le monde et ne sait que lui faire du mal; mauvais présage.

CRASSE. — Voyez *Saleté*.

CRAVACHE. — Grandeur. Cravache qui tombe du ciel sur la foule: envoi d'un souverain, tyran; cravache qui se casse en s'en servant pour frapper; perte de grandeur, si elle se fend; diminution de grandeur ou d'autorité lorsque le songeur est un souverain. En frapper sa monture: on implore quelque chose de Dieu; en frapper un âne: prière à Dieu pour le prolongement de votre vie; si c'est une jument sur laquelle on est monté: prière pour une chose très-difficile. En frapper un homme: avertissement et conseils qu'on lui donne pour lui montrer le vrai chemin dans une chose quelconque; s'il en sent de la douleur: il accueillera bien vos conseils, vos avertissements, sinon il ne vous écoutera pas. Ces conseils seront justes lorsqu'en le frappant il ne lui sort point de sang; mais s'il en sort: vos avertissements et vos conseils sont faux et injustes: et si ce sang jaillit sur vous, vous obtiendrez de cette personne des biens illicitement acquis. Cravache qui se tord pendant qu'on frappe: vos affaires prennent un mauvais tour; ou bien : colère contre vous de quelqu'un qui tire profit de la personne que vous rêvez de frapper. Lorsqu'en donnant des coups de cravache, vous vous frappez vous-même : un étranger qui a accès près du souverain vous sera utile.

CRAVATE. — Embarras d'autant plus grand qu'elle est longue.

CRÉANCIER. — Le voir : succès momentané; le prier qu'il vous remette votre dette : instances que l'on fait auprès d'un irréligieux pour qu'il ouvre les yeux à la vérité; le prier qu'il en remette seulement la moitié : prospérité.

CRÈCHE. — Voyez *Mangeoire*.

CRÉNEAUX. — Les créneaux d'une maison représentent les chefs de la maison ou des hauts personnages qui y logent.

CRESSON. — Argent et maladie. En trouver un pied : maladie de votre épouse et beaucoup d'argent.

CREUSER. — Astuce, tromperie. Creuser dans la terre dure : biens proportionnés à ce que l'on a creusé; si la terre est molle : on trompera quelqu'un pour obtenir des biens et on aura des peines proportionnées à la mollesse de la terre creusée. Creuser dans un endroit sous lequel se trouve un mort : on est à la recherche d'une science utile aux hommes. Voyez pour le reste la chose creusée.

CRI, CRIER. — Danger. Vouloir et ne pas pouvoir crier : mauvais présage. Cris de désolation à cause d'un mort : mauvaises mesures qui seront prises après des réunions et des conseils tenus en ce lieu et qui seront cause de discordes, de discussions et de séparation des maîtres de l'endroit.

CRIBLE. — Bénéfices honnêtes; homme qui discerne le juste de l'injuste, le vrai du faux. Cela veut encore signifier que l'on ait à préparer une chose dont on aura besoin.

CRIEUR PUBLIC. — L'entendre publier un ban : lointain voyage.

CRISTAL. — Voyez *Verre*.

CROCHETEUR. — Voyez *Portefaix*.

CROCODILE. — Homme traître et voleur et dont personne ne se fie. Le voir et l'éviter ou lui échapper : on échappera à un voleur. S'il vous prend et vous traîne : on sera assailli et volé. Lorsqu'on rêve qu'il vous tue : on vous tuera après vous avoir volé.

CROISÉE. — Voyez *Fenêtre*.

CROUPE. — Porter quelqu'un en croupe : veut dire qu'on aura des enfants.

CRUAUTÉ. — Rêver que l'on en commet une : ruine prochaine.

CRUCHE. — Belle femme gracieuse. En boire l'eau : biens provenant d'elle ; la remplir avec l'eau d'un puits ou d'un fleuve : acquisition de biens que l'on laissera en dépôt chez une femme.

CUILLER. — Grosse cuiller : colère d'un brave homme, utile à la famille du songeur.

CUIRASSE. — Même sens que *Bouclier*.

CUIRE. — Voyez *Buisson*.

CUISINE. — Image de l'épouse, de la femme de la maison. Faire la cuisine est en général signe de ruse. Voyez *Buisson*.

Selon certains auteurs, une cuisine est encore signe d'aisance relative à la moralité du songeur, ou elle annonce l'arrivée d'un ami. Cuisine qui prend feu : mort d'une domestique ou d'une esclave ; préparer le nécessaire pour faire la cuisine : avenir que l'on prépare pour soi et ses enfants ; si c'est une autre personne qui fait ces préparatifs, elle vous sera très-utile ; faire la cuisine : humiliation, calomnie dont on est victime, divorce.

CUISSES. — Amis, parents, clients ou peuple du songeur. Cuisses défectueuses, auxquelles il manque quelque chose :

on a peu de parents ou on en vit éloigné. Rêver que l'on a les cuisses en cuivre : crime, vos amis commettent à l'envi de mauvaises actions. Rêver qu'on ressent des douleurs aux cuisses : tyrannie, dureté envers les siens ; les avoir tremblantes : vie rendue difficile par vos parents. Les rêver rompues et tombées : perte de biens et d'amitié avec ses compatriotes dont on mourra éloigné. Cuisses velues : dettes qui seront payées par un parent de la personne qui les a faites.

Autres interprétation. Avoir les cuisses plus fortes qu'en réalité : élévation, gloire, succès ; pour une femme mariée : ses enfants la rendront heureuse ; pour une jeune fille : elle sera aimée des parents de son futur mari. Les avoir malades ou blessés : on s'éloignera de ses parents, ou bien chagrin ; quelquefois mort pour ceux-ci ; pour une femme mariée : danger de perdre son mari ou ses enfants ; pour une jeune fille : mariage à l'étranger, et il est probable qu'elle tombera mal ; voir les cuisses d'une femme : péché que l'on commettra ; d'une jeune fille : mariage rompu ; d'un homme : prospérité, restitution d'un prêt : voir des cuisses cassées : mauvais signe.

CUISSON, CUIRE. — Faire cuire un aliment : acquisition de biens ; s'ils ne cuit pas : on n'obtiendra rien. Faire cuire quelque chose dans une marmite : grandes richesses qui proviendront d'un souverain étranger. Faire cuire quelque chose sur un feu qu'on a allumé soi-même : calomnie, médisance ; mais lorsque la chose que l'on fait cuire est dans un vase quelconque : on fera une chose dont on tirera profit.

CULOTTE. — Voyez *Pantalon*.

CUMIN. — Biens qu'on réunit à d'autres biens.

CUIVRE. — Biens provenants d'un infidèle. En avoir dans les mains est un avertissement d'avoir à se tenir sur ses gardes contre ses ennemis. En fondre : procès, litiges ou controverses pour des causes mondaines ; paroles funestes. En voir de loin : mensonges à votre préjudice, insultes grossières.

CULTURE. — Voyez *Labour*.

CUVE. — La voir avec du vin ou une autre liqueur quelconque : trésor caché. Rêver que votre cuve est cassée : divorce, séparation conjugale.

On dit encore qu'une cuve pleine de vin est signe d'abondance et de richesse ; d'autres disent de débauche, de péché, de grief ; cuve pleine d'eau : aisance modeste pour quelques-uns, félicité permanente pour d'autres.

CUVETTE. — Femme dévouée à son mari, s'occupant de son ménage et de secourir les pauvres gens.

CYGNE. — Joie, plaisirs, bonheurs, richesses, découverte d'une chose cachée ; pour les malades : convalescence. Cygne noir : querelles. Cygne qui chante : mort en famille. Rêver que l'on est sur le bord d'un lac, étang, etc., rempli de cygnes et qu'ils viennent à votre appel, s'ils sont blancs : domination sur de grands personnages et élévation par leur moyen ; s'ils sont noirs : triomphe sur des ennemis qui seront obligés de vous servir malgré eux.

CYMBALE. — Mauvais présage ; honte pour un membre de la famille.

CYPRÈS. — Homme bon, généreux, mais qui donne le mauvais œil et qui pour cela vit solitaire et retiré. En voir un de loin : bonnes nouvelles d'un absent, malheur évité. Grand nombre de cyprès réunis : on se réunira en ce lieu pour pleurer un mort.

D

DAIM. — Voyez *Cerf*.

DAIS. — Santé, souveraineté, grandeur. Vert ou blanc : on ira en pèlerinage, où l'on mourra en accomplissant tous ses devoirs religieux. Voir un dais au-dessus de sa tête :

triomphe sur ses ennemis ; en voir un mis en place ; acquisition de terres, commandement d'armée.

DALLAL. — Voyez *Enchérisseur* ou *Revendeur*.

DAMES. — Jouer aux dames, échecs, dominos et autres jeux semblables : mauvais signe, pertes, mensonges, inimitié, tyrannie, injustice ; on est sur le chemin du crime.

DANIEL. — Celui qui voit en songe le prophète Daniel aura la vie pleine de bonheur et de joie, acquerra l'art d'interpréter les rêves, et triomphera d'ennemis puissants et arrogants.

DANSE. — Perfidie, douleurs, grands malheurs et quelquefois nécessité de changer de pays. Pour un malade : prolongement de maladie ; pour un pauvre : richesses ; pour une femme : déshonneur ; pour un prisonnier : liberté ; pour un jeune homme : maladie ; pour des jeunes gens qui voyagent sur mer : angoisses. Danser pour un autre : on aura part aux malheurs de celui à la place duquel on a dansé. Danser avec plaisir chez soi et avec sa famille : bon rêve. Danser à une noce : maladie ; être à un bal et ne pas danser : héritage.

DANSEUR, EUSE de profession. — Homme ou femme qui porte malheur.

DARTRES. — Voyez *Éruption cutanée*.

DATTES. Ce rêve est généralement d'un bon présage (1). Cueillir des dattes sur un arbre, pendant la saison : mariage avec une belle et riche femme, biens facilement acquis de personnes honnêtes, on favorisera une science utile à la religion ; hors de saison : vous ne suivrez pas les préceptes religieux qui vous ont été enseignés. Voir des gens qui cueillent des dattes et vous les portent : biens qui vous reviendront de

---

(1) Une ancienne tradition rapporte que, le jour de la naissance du Sauveur, un dattier qui se trouvait à une petite distance de l'étable fut secoué par un pâtre, et il en tomba des dattes mûres et d'une saveur exquise quoique l'on fût au plus gros de l'hiver.

personnes qui sont vos inférieurs; ce songe, excellent lorsqu'il est fait au temps des dattes, est d'une bonté douteuse s'il est fait hors de saison. Ouvrir une datte et en jeter le noyau : naissance d'un fils. Manger des dattes : grandes prospérités et santé ; si elles sont de bonne qualité : on tiendra des discours charitables et utiles. En manger qui ont le goût du goudron : séparation conjugale, divorce, pour un homme; pour une femme : ce songe indique qu'elle héritera de son mari, même alors qu'elle en vit séparée. Enterrer des dattes : on amasse ou l'on reçoit des richesses du trésor public ou de caisses privées. Dattes non mûres : fortune de peu de durée. Les dattes sèches sont signe de pluie; en manger : prospérité, biens acquis honnêtement, santé, providence. Cueillir des dattes sur un dattier sec : le songeur apprendra d'un pervers une chose qui lui sera utile, consolation pour un affligé.

DATTIER. — *Dattier femelle*, qui porte les fruits. Savant, ou fils d'un savant. Rêver qu'on le coupe : mort prochaine.

Dattier mâle, qui ne porte pas de fruits. Nomade de haute naissance, honoré, utile; savant, hospitalier et généreux.

Les racines du dattier se réfèrent à vos parents : les branches supérieures en sont les nombreux enfants; les inférieures sans feuille, les amis. Le dattier peut encore être signe de longévité. Un dattier isolé est aussi l'image d'une femme de haute naissance, riche et honorée. Le dattier sec, lorsqu'il a été abattu par le vent, présage la famine dans cette localité, ou des tourments, souffrances à vous infligés par Dieu ou votre supérieur. L'étamine est signe de biens. Noyau de datte qui devient dattier : enfant qui deviendra savant, homme de basse origine qui deviendra un grand personnage. Manger la grappe du dattier avant qu'elle ne s'ouvre pour se partager en dattes : prospérité pour votre fils. Avoir un grand nombre de dattiers : domination pour le gouverneur; grande affaire pour le négociant; bénéfices pour le marchand, le boutiquier.

DAVID. — Rêver le roi-prophète sous son aspect naturel, sans qu'il se soit fait aucun changement dans son physique : on acquerra la puissance, la fortune et les grandeurs.

DÉ. — *Dé à jouer.* Tromperie, fraude, mauvais présage. *Dé à coudre.* Souffrances morales, revers.

DÉBORDEMENT. — Débordement d'un fleuve etc. Voyez la chose qui déborde.

DÉCOMBRES. — Voyez *Ruines.*

DÉCRET. — En prendre un ouvert des mains du souverain : grande puissance et quelquefois autorité souveraine, lorsque le songeur est un haut personnage ; si c'est un simple particulier : mauvais présage.

DÉCROTTEUR. — Homme honnête, discret qui défend ses semblables contre les calomnies des méchants.

DÉGOUT. — Dégoût inspiré par un mets inconnu : mort.

DEGRÉ. — Voyez *Escalier.*

DÉJEUNER. — Être invité à déjeuner : prochain voyage.
On dit que déjeuner seul : est signe d'indigence, de parcimonie, d'avarice ; avec des amis : contentement, plaisirs, libéralité.

DÉLAI. — Accorder un délai à un débiteur pour un payement échu, ou à quelqu'autre pour un travail à faire : on sera tourmenté par la personne à laquelle on a accordé le délai.

DÉLUGE. — Calomnies, rapports perfides, maladie. Voyez *Cataclysme.*

DEMANDE. — Demander quelque chose à quelqu'un : acquisition de ce que l'on désire. Si on vous demande quelque chose : malheur.
D'autres traduisent au rebours, c'est-à-dire que pour eux demander : est d'un mauvais présage ; tandis que recevoir une demande : est bon signe.

Demander quelqu'un en le nommant : veut dire qu'on désire la perte de cette personne.

DÉMANGEAISON. — Se sentir des démangeaisons par le

corps : or et argent en proportion des démangeaisons ressenties, mais qui vous feront tomber dans toutes sortes de déréglements.

DÉMÊLOIR. — Voyez *Peigne*.

DÉMENCE. Voyez *Folie*.

Demlig. — Voyez *Bracelet*.

DÉMOLISSEUR. — Imposteur.

DÉMOLITION. — S'élancer sur sa maison et la démolir : mort de votre femme. Démolition en partie ou en entier d'une maison : mort de quelqu'un qui y loge. Démolir une maison en terre ou briques non cuites : danger et perte de biens ; en briques cuites ou autres matériaux ayant subi l'action du feu : amendement; démolir une maison neuve : douleurs. Pour le reste voyez au nom de la chose démolie.

DÉMON. — Être possédé du démon : prospérité. Pour le reste, voyez *Diable*.

Voir une personne possédée du démon : joies mêlées d'amertume.

DENTELLE — Voyez *Broderies*.

DENTS. — Les dents représentent la famille du songeur : les molaires en sont les aïeux; les canines, les chefs de famille; les autres, le restant de la famille. Les dents supérieures indiquent les hommes; les inférieures, les femmes. Dent en or : heureux présage pour un savant, mais elle est signe de maladie et d'incendie pour tout autre; en argent : pertes; en bois ou en verre : mort prochaine. Dents belles et blanches, accroissements de force et de pouvoir, appui et fortune pour votre famille. Dents propres : on fera du bien pour adoucir ses peines; sales : honte de famille qui causera du préjudice; puantes : médisance, contre la famille du songeur; gâtées : perte de parents. Avoir les dents d'une juste longueur : force, puissance, appui; en avoir une plus longue que les autres :

court chagrin. Rêver qu'il vous pousse une dent : accroissement de famille; si elle nuit aux autres : le nouveau venu nuira à la famille; s'il arrive le contraire : explication inverse. S'il vous pousse des dents sur le cœur : votre mort est proche. Rêver que l'on a des dents très-grosses et très-longues : disette, querelles en famille. Se nettoyer les dents avec une brosse ou autres objets semblables : on fera du bien à ses parents et des aumônes aux pauvres; lorsque la brosse est sale : l'argent dont on se sert pour ces bienfaits a été mal acquis. Se sentir les dents agacées : malheurs dans la famille. Douleur des dents : calomnies ou infamie aux dépens de votre famille.

Dents qui se gâtent : maladie dans la famille; dents qui tombent : mort ou ruine des membres de la famille qu'elles représentent. Dent qui vous tombe dans les mains : naissance dans la famille. Chute d'une seule dent sans motifs : mort pour un malade, si vous en avez, sinon, perte de biens. La reprendre après qu'elle est tombée : couches heureuses, lorsqu'il y a dans la famille des femmes enceintes; sinon : pacification entre parents. S'il y a du sang sur la dent ramassée : péché pour avoir délaissé ses parents; si vous avez des dettes : vous serez cité pour les payer. Dents qui tombent à terre : signe de mort. S'il vous tombe les dents de devant et qu'elles soient remplacés par d'autres : ce que vous obtiendrez ne compensera pas les pertes que vous aviez souffertes. Dents supérieures qui vous tombent dans les mains : fortune; sur les genoux : naissance d'un fils; par terre : mort prochaine dans la famille. Les ramasser sans les ensevelir : la personne morte sera remplacée. Chute de toutes les dents : mort du songeur; lorsque vous les recevez dans les mains ou sur les genoux : triomphe sur vos ennemis et vie qui durera jusqu'au jour où toutes vos dents seront tombées. Chute et disparition de toutes les dents : tous les membres de votre famille mourront avant vous. Dents qui tombent avec les gencives ou en causant de la douleur ou en faisant du sang : insuccès. Avoir réellement les dents gâtées, noires et vilaines, et rêver qu'elles tombent ou sont tombées : on échappera à toute sorte de douleur et de gêne. Être chagriné par la perte de ses dents : vie qui durera jusqu'à ce qu'elles soient réellement toutes tombées. Dents qui se cassent : payement graduel de vos dettes. Dent qui branle : maladie pour la personne à laquelle se réfère la dent. S'ébranler les dents ou se les laisser ébranler par quelqu'un jusqu'au point de vous les enlever : travail forcé et payement qu'on devra exécuter forcément. S'arracher les dents : on abandonnera sa famille et on gaspillera malgré soi ses biens et ses richesses. Cracher les dents : bouleversement dans la famille causé par des calomnies à votre préjudice.

DÉPENSE. — Revers, indigence. Dépenser le double de ce que l'on possède : fortune, accroissement de biens.

DÉPILATOIRE. — Rêver qu'on s'en met par tout le corps : on mourra tué. Si on en met seulement dans les parties supérieures du corps, et avec succès : prospérité ; si le poil ne tombe pas : on aura beaucoup de dettes et de douleurs.

DÉPILER. — Se dépiler la barbe avec du dépilatoire : perte de biens, de dignités, d'honneur et de santé. Si c'est un autre qui vous dépile : perte de biens pour les riches, richesse pour les pauvres.

DÉPIT. — Chagrin à cause d'un événement prochain. Ressentir du dépit contre quelqu'un pour un motif mondain : bouleversement dans la position du songeur et perte de biens, actions qui ne sont pas d'accord avec les principes religieux. Ressentir du dépit pour un motif religieux : domination, force, puissance. Le dépit est quelquefois signe d'une prochaine guerre tyrannique.

DÉPOT. — Faire un dépôt : veut dire que l'on confiera un secret. On dit encore que celui qui, en songe, fait un dépôt, triomphera ou aura des avantages sur la personne auprès de laquelle il le fait.

Autre interprétation : Faire un dépôt, providence ; le recevoir : malheur pour la personne qui vous le confie.

DESCENTE. — Sans savoir d'où, ni où, ni comment on la fait : mauvais signe, abaissement, désastres, bénéfices malhonnêtes. Lorsqu'on sait d'où, comment et en quel endroit on descend. Voir pour l'interprétation au nom de ces choses.

DÉSESPOIR. — Prospérité, maux qu'on évitera.

DÉSHABILLER. — Se déshabiller : apparition ou découverte d'un ennemi qui cache son intimité sous les faux dehors de l'amitié. Se déshabiller et donner à tenir ses vêtements à un mort : songe nul ; mais quand on lui en fait cadeau : cela pronostique une mort prochaine. Mettre des vêtements et rêver qu'un autre vous déshabille et les emporte : chute du souverain.

Quelques écrivains sont d'avis que se déshabiller aussi bien que déshabiller quelqu'un : est signe de mélancolie, chagrins, de discordes publiques, de déshonneur, de danger, d'emprisonnement, de ruine ; tandis que d'autres font des distinctions en disant que se déshabiller : est signe d'imprudence ; se voir déshabiller : signe de tromperie, de fraude, etc., dont on sera victime ; et déshabiller quelqu'un : annonce que l'on fera une découverte.

DÉSORDRE. — Tout ce qui est en désordre et n'est pas à sa place : mauvais pronostic.

DESSÉCHEMENT. — Mer, fleuve, lac, etc., qui se dessèchent : perte de ce à quoi ils se réfèrent ; si l'eau revient : recouvrement de ces choses.

DESTITUTION. — Obligation, promesses, quelquefois divorce.

DETTES. — Avoir des dettes est signe de culpabilité ; lorsque dans la réalité on n'en a pas : mauvaises actions, péché, grief, maladie prochaine.

On considère ce songe comme l'annonce de gains, profits, bénéfices.

DEUIL. — Voyez *Noir*. Se voir habillé en deuil : prolongement de deuil.

DIABLE. — Ennemi qui vous fait perdre la piété. Parler au diable : trahison d'un ami. S'il rampe auprès de vous et que vous le caressiez : un ennemi séduira votre femme. Rêver que le diable vous seconde : persécutions de la part d'un ennemi; s'il cherche à vous intimider : fausses alarmes, vous êtes sur le chemin de la piété. Diables qui entrent dans votre maison : vous serez volé. Si un diable vous touche pendant que vous êtes en prières : vos ennemis tentent inutilement de vous perdre. Réunir des diables sous ses ordres : on deviendra un grand chef, honoré et vénéré en dépit de ses ennemis. Se battre avec le diable : revers, grand danger qu'on surmontera; l'abattre : triomphe. S'en emparer ou l'obliger à vous servir : puissance, grandeur, souveraineté. Lui garrotter les jambes ou les pieds : triomphe ou victoire. Si le diable vous a volé vos pantalons : détrônement pour un souverain, destitution pour un haut dignitaire, grand malheur pour les simples particuliers. Être emporté par le diable : grands maux à venir, quelquefois grandes félicités. Voyez encore *Démon et Satan*.

D'autres disent que le diable, sous quelque aspect qu'on le voie, et quelque chose qu'il fasse : présage un événement funeste, des offenses, des maux, la perte de ses biens, de très-mauvaises nouvelles à propos de parents ou d'amis absents; aux malades : il annonce presque toujours la mort ou un empirement du mal qui les conduira à l'agonie; le rêver tel qu'on le dépeint ordinairement avec la queue, les griffes, les cornes, la fourche, noir, hideux, etc. : désespoir et souffrances insupportables, persécution de faux amis; le voir transformé en ange : faux amis. Être frappé ou tourmenté par le diable : reproches d'un supérieur ou d'un juge, décadence; être poursuivi par un grand nombre de diables : persécutions de vos créanciers lutter avec le diable et le vaincre : on évitera ces persécutions.

DIADÈME. — Voyez *Couronne*.

DIAMANT. — Voyez *Pierreries*.

DIARRHÉE. — Mauvais présage; voyez *Évacuations*.

DIEU. — Être en la présence de Dieu, s'il vous regarde : calme, tranquillité pour le juste, amendement pour le pervers. Lorsqu'on est prosterné devant lui, la face contre terre : très-bon pronostic pour cette vie et pour l'autre. Lui parler directement, face à face : irréligion; si entre Dieu et vous se trouve un rideau ou une séparation quelconque : signe de peu de piété, mais avec la certitude de vous amender; et lorsque le songeur a chez lui des dépôts qu'on lui avait confiés : il rendra le tout honnêtement. Quand on voit Dieu en colère : cela veut dire que vos parents le sont contre vous. S'il vous appelle par votre nom ou avec un autre : grande amélioration dans votre position, dignités et honneurs, triomphe sur vos ennemis. Se trouver devant Dieu dans un lieu inconnu : veut dire qu'il y a là une bonne administration. Lorsque Dieu vous donne de l'argent ou des biens : bon présage pour votre droiture, vous acquerrez de grandes prospérités après avoir eu des chagrins et des souffrances ; s'il vous donne des vêtements : vous perdrez la santé et mourrez sous peu. Rêver d'en recevoir une bague d'argent : votre place au ciel est déjà assurée. Être jugé par Dieu : on est sur le mauvais chemin ; s'il vous juge avec bonté : fâcherie, brouille conjugale suivie bientôt de paix ; s'il est sévère : pertes ; et si vos bonnes actions surpassent vos péchés : vous devrez vous plier à une obéissance passive et absolue. Lorsqu'il vous fait simplement le compte de vos bonnes et mauvaises actions : équité et droiture des personnes auxquelles vous aurez à faire. Voir Dieu sur son trône au milieu de l'empyrée : abondance, paix en ce monde et dans l'autre.

DIGESTION. — Rêver qu'après avoir mangé on fait la digestion de ce que l'on a mangé : veut dire que l'on a soin de ses affaires, de sa profession, de son métier.

DIGUE. — Homme estimé par le monde qui le recherche pour ses bienfaits. Conseil à celui qui la voit de mettre un frein à ses passions. Rêver que l'on est changé en digue : souveraineté, grandeur, élévation extraordinaire et position telle que tout le monde aura recours à vous.

DIKKA. — Voyez *Cordon de coulisse*.

DIMES. — Rêver que l'on paye ses dîmes : accroissement de biens pour ceux qui en ont ; pour qui a des dettes ou garde un dépôt : il payera les unes et rendra l'autre ; pour un pauvre : cela veut dire qu'il se rasera tout ou une partie du corps ; mais s'il fait ce rêve lorsqu'il est dans un temple, ou en prières : signe d'élévation. Voir un mort payer ses dîmes : il est agréable à Dieu.

DIMEUR. — Homme qui se mêle des affaires d'autrui.

DINDE. — Folie nuisible.

DINDON. — Lâche calomniateur qui vous nuira.

DINER. — Être invité à dîner, et dîner : repos de vos fatigues.

DIOUAN. — Voyez *Ministère*.

DISCUSSION. — Discuter avec un souverain et lui opposer des raisonnements sains et savants : on obtiendra ce que l'on désire. Discuter avec des érudits, des savants, des personnes instruites : triomphe sur vos ennemis ; avec des fous ou des ignorants : mauvais signe.

DISETTE. — Cadeau, présent que l'on recevra, prévoyance. Disette générale pour les hommes et les animaux : les honnêtes gens seront persécutés par le souverain.

DISTILLATEUR. — Personnage subtil, juge méticuleux qui, pour vouloir trop bien juger, finit par rendre de mauvais jugements.

DISPUTE. — Querelles, ennuis, orgueil puni ; vous vous enfuirez de la maison dans laquelle vous vous trouvez. Disputer à la porte de vos ennemis : impuissance.

DIVINATION. — Jeter le sort de quelqu'un qui vient au devant de vous : on obtiendra quelque chose de quelqu'un ; mais si c'est votre propre sort que vous jetez pendant que l'on vient au devant de vous : douleurs, chagrins.

DIVORCE. — Perte de grandeur, de position pour ceux qui font ce rêve n'étant pas mariés ; pour ceux qui le sont : amoindrissement de ces choses.

Quelques interprètes sont d'avis que ce songe annonce des richesses ; d'autres : la perte de leurs propriétés pour les propriétaires ; destitution pour un gouverneur ; abandon de sa profession ou de son métier pour un employé, un artisan et un ouvrier.

DJAM. — Voyez *Valse*.

DOCTEUR. — Docteur en lettres, science, théologie ; droiture religieuse ; *Médecin*, voyez ce mot.

DOCTRINE. — Voyez *Savoir*.

DOIGTS. — Avoir le petit doigt coupé : révolte d'un fils ; l'annulaire : naissance d'un garçon ; le médius : mort du premier magistrat ou d'un savant du pays. Avoir quatre doigts coupés : vous enterrerez quatre maris ou quatre femmes. Couper un doigt à quelqu'un : on sera cause de grandes pertes que subira cette personne.

Autre interprétation. Doigt coupé ou perdu d'une façon quelconque : perte d'un proche parent ; coupé en partie seulement : disputes entre parents ou amis ; avoir tous les doigts coupés : revers, perte d'un grand nombre de parents.

Avoir le pouce endurci : mort de votre père ; l'index : d'une sœur ; le médius : d'un frère ; l'annulaire : d'une fille ; l'auriculaire : de votre fille. Avoir le pouce allumé, enflammé : vous deviendrez aveugle et l'un de vos fils vous servira de guide par les rues. Un doigt qui lance des flammes ou du feu : copiste, écrivain, secrétaire infidèle, injuste et traître.

Doigt brûlé : jalousie, envie ; s'il vous fait mal : maladie d'un ami ou d'un parent.

Rêver qu'il vous sort du lait du pouce et du sang de l'index et que vous les sucez tous les deux : inceste avec votre belle-mère ou belle-sœur ; ou bien avec votre beau-père ou beau-frère. Rêver le souverain avec les doigts plus longs et plus nombreux : son avidité, son arrogance, son injustice, sa tyrannie s'accroîtront encore. Se lécher les doigts en mangeant : fortune proportionnée à la quantité de sauce que vous y aurez trouvée. Mordre les doigts à quelqu'un : on lui donnera une correction, car il n'agit pas honnêtement. Faire claquer ses doigts : médisance entre parents ; les croiser : gêne. Rêver que vos doigts de mains ou de pieds sont montés au ciel : longévité, vous mourrez après tous vos serviteurs. Rêver d'avoir les doigts des mains ou des pieds pas à leur place naturelle, mais d'un côté de la main ou du pied, et qu'en les éloignant du feu ils s'allument tandis qu'en les rapprochant ils s'éteignent : vous êtes un médisant et un calomniateur. Tout ce qui précède en général.

Rêver que l'on a plus de cinq doigts est, disent certains auteurs : signe d'héritage, de nouveaux liens d'amitié, de mariage entre parents.

Les doigts de la main gauche se réfèrent plus particulièrement aux enfants d'un frère ou d'une sœur; s'ils vous font mal : douleurs dont ceux-ci seront cause.

Les doigts de la main droite se réfèrent encore aux cinq prières qu'un homme pieux devrait faire dans le courant de la journée : le pouce représente les prières du matin; l'index, l'angelus de midi; le médius, celle de vêpres; l'annulaire, l'angelus au coucher du soleil; l'auriculaire, une prière pour le repos des morts, dite après la tombée de la nuit. Ainsi rêver qu'il vous manque quelque doigt de la main droite, veut dire qu'on ne fait pas la prière à laquelle le doigt manquant se réfère. Avoir un doigt à la place de l'autre, comme par exemple l'index à la place du médius ou de l'auriculaire, veut dire qu'on prie mal, que l'on confond une prière avec l'autre. Rêver que l'on a tous les cinq doigts plus petits : manque de ferveur; les avoir plus grands : c'est tout le contraire.

DOME. — Attaque d'ennemis mous et ridicules. En bâtir un dans l'air ou sur les nuages : grandeur et puissance acquises par l'affabilité; s'il est de couleur verte : espoir et piété.

DOMESTIQUE. — Fortune, bonne nouvelle. En voir qui portent par la maison des plateaux ou autres vases quelconques : maladie. Domestiques d'un souverain, d'un gouverneur, d'un grand chef, d'un haut dignitaire ou tout autre grand personnage : gens qui sèment la zizanie, ennemis, libertins, gens de mauvaise vie, fauteurs du mal ou pécheurs rebelles et endurcis. Embrasser un ou une domestique : amitié avec son maître ou sa maîtresse. Rêver un domestique avec la petite vérole : il commettra quelque action malhonnête et ne pourra plus servir.

DOMINO. — Voyez *Dames*.

DON. — Voyez *Présent*.

DOS. — Le dos et l'épine dorsale indiquent la force de l'homme ; et l'explication devra se faire selon qu'on les a rêvés.

D'autres disent que ce songe est un pronostic de malheur.

Rêver que l'on a le dos voûté : chagrins et vieillesse précoce, on blanchira avant le temps. Rêver un ami avec le dos voûté : on s'en éloignera et on l'abandonnera ; si c'est un ennemi : ses efforts pour vous nuire seront impuissants ; si c'est un vieillard : perte de bien-être ; si c'est un jeune homme : retard dans le succès de vos entreprises.

Voir son propre dos : malheur dans votre vieillesse.

DORMIR. — Dormir sur un lit dont les draps, les coussins, les couvertures, etc., sont mis à l'envers : on fera quelque chose contre la morale et la religion. Dormir sur le dos : puissance et grandeur pour le songeur, ses descendants et ses partisans dont le nombre sera très-grand.

Quelques écrivains, pourtant, sont d'un avis contraire et disent que : dormir sur le dos dénote dispersion de biens, humiliation, mort ; et d'autres affirment de leur côté, que ce rêve pronostique : qu'on échappera à toutes les méchancetés de ce monde.

Dormir bouche béante, s'il en sort du pain : perte de tout ce que l'on a gagné et dont quelqu'autre fera son profit. Dormir sur le ventre : perte de biens, affaiblissement physique, ignorance de l'allure des choses ; sur un côté : nouvelles, maladie ou mort. Dormir sous les arbres, appuyé sur ses coudes : nombreuse progéniture. Dormir avec le souverain : tous vos biens passeront dans ses mains ; si le souverain se réveille et se lève le premier : colère envers le songeur ; mais s'il y a de l'amitié entre eux : les biens du songeur passeront au souverain. Dormir avant le souverain : on échappera à sa colère ; dormir en même temps que lui, si l'on reconnaît les objets dont se compose le lit (matelas, draps, couvertures, coussins, etc.) : on en recevra une femme ou une somme d'argent équivalente ; et dans le cas où ces objets vous seraient inconnus : vous en recevrez un gouvernement. Dormir en compagnie de la souveraine ; médisance et calomnie contre elle. Voir dormir sa femme parée contre son habitude ; année prospère pour le songeur qui saura ce qui fera sa prospérité ; s'il lui semble ne pas la connaître ; présage encore meilleur, mais sans savoir ce qu'il obtiendra. Rêver que l'on voit dormir un mort : veut dire qu'il a la paix dans l'autre monde.

DORURE. — Fausseté, hypocrisie.

DOUCEURS. — Les douceurs se réfèrent à de belles femmes. En manger pendant qu'on prie : on embrassera sa femme à jeun.

En faire ou en manger : succès en amours; en manger : est encore signe de douces paroles qui vous feront grand plaisir ; en donner à quelqu'un : on le réjouira par ses discours bienveillants.

DOUCHES. — Douches d'eau chaude : chagrins, douleurs, colère, rage, maladie proportionnées à la chaleur et quantité de l'eau ; si vous êtes à la veille d'un voyage, différez-le.

DOULDOUL. Voyez *Anneau à Froufrou*.

DOULEURS. — *Douleurs physiques* : repentir d'une mauvaise action. Voyez encore au nom du genre de douleur ressentie, telle que *Migraine, Colique*, etc.

Douleurs morales. En ressentir est présage de joie, de bonheur.

D'autres disent que ce songe annonce qu'on mangera des figues.

DOULEURS DE L'ENFANTEMENT. — Pour une femme mariée ce songe est signe d'une vie agitée ; pour une femme non mariée : il veut dire qu'elle désire un mari. Rêver que sa femme a les douleurs, lorsqu'elle n'est pas enceinte : signifie que vous ne remplissez pas vos devoirs envers elle ; lorsqu'elle est grosse vous serez libéré de tous soucis.

DRAPEAU. — Le voir flotter : mauvais présage, éloignez-vous des grands. Tenir un drapeau: autorité souveraine, royauté, commandement, prospérité, sûreté; pour une femme: mariage; si elle est enceinte: naissance d'un fils. Recevoir un drapeau et marcher avec devant le monde: grandeur ou règne qui durera; si on vous l'arrache et on vous l'emporte: déposition ou détrônement pour un souverain, destitution pour un grand. Pour une femme, enterrer un drapeau; c'est l'annonce de la mort de son mari; autant de drapeaux elle enterre, autant de maris elle perdra.

DRAPS DE LIT. — Etre enveloppé dans un drap de lit: danger. Si on vous jette un drap de lit blanc: mariage avec une femme blonde, aux chairs blanches; lorsque le drap de lit est noir: vous épouserez une femme brune, qui a la peau très-noire, ou bien une négresse. Même interprétation lorsque c'est une femme qui fait le songe. Si le drap de lit est jaune: mort. Drap de lit jaune sur la tête d'une personne d'un âge mûr et qui se pique d'être religieuse: on découvrira que c'est une hypocrite et une grande pécheresse. Rêver qu'on s'y enveloppe pour se préserver des puces et autres insectes: bénéfices.

Ce dernier rêve fait en été est complétement nul. Voyez encore *Lit*.

DROGUES. — Santé pour un malade, prudence.

DROGUISTE. — Homme savant et très-précieux.

DUC. — Même interprétation que *Hibou*.

DYSSENTERIE. — Voyez *Diarrhée*.

E

EAU. — Abondance, fertilité. En répandre : incendie, perte de biens, dépenses, prodigalité. Eau qui se répand sans sortir d'un vase ou d'une digue qui la retienne : grande absorption d'eau par la terre. Eau absorbée par la terre : destitution, humiliation, pauvreté, indigence. Si on vous donne de l'eau dans un verre, un petit vase quelconque : naissance d'un fils. Si un porteur d'eau vous en porte une outre dans votre maison sans que vous en buviez : biens amassés dont un autre jouira; si vous en portez à quelqu'un et qu'il vous la paye : vous tomberez dans le péché, et celui auquel vous l'aurez portée recevra des terres de son souverain. Donner à boire de l'eau : piété et religion. Désaltérer beaucoup de monde en donnant de l'eau : agir faussement. Eau dans un vase : biens amassés. Porter de l'eau dans un vase : richesses pour un pauvre, mariage pour un célibataire, grossesse pour une femme mariée quand c'est elle ou son mari qui a rempli le vase. Eau qui tombe sur vous des gouttières des maisons sans qu'il pleuve : mourir en cet endroit, si l'eau vous vient d'une seule gouttière : souffrances et danger pour le songeur ; si on en prend : séditions et querelle. Si l'eau qui tombe est de l'eau de pluie : douleurs et peines épargnées aux habitants de l'endroit, récolte abondante, biens et prospérités. Si l'eau qui tombe des gouttières pénètre dans les maisons : ceux qui désirent des enfants n'en auront point. Eau qui court par les maisons : mauvais présage ; si elle les inonde : épidémie, vols, séditions. Si elle court dans une seule maison et qu'il y ait un malade : il mourra ; s'il n'y en a pas : on s'y réunira pour pleurer, pour un malheur, pour une maladie, pour s'y disputer, ou pour faire des adieux à une personne qui part. Eau qui court dans des lieux cultivés : grande fécondité. Eau qui sort des murs d'une maison : deuil pour des amis intimes ou des parents ; quand elle sort sans courir : douleurs épargnées ; si elle reste dans la maison : longs malheurs, deuils ; lorsque l'endroit est propre : deuil accompagné de bonne santé ; si l'eau court : prospérités pour un ami. Eau jaillissant d'une source dans la maison : richesses que l'on obtiendra en suivant les conseils de son père. Eau d'une source qui arrive aux maisons : maux publics. Marcher sur l'eau : danger, incertitudes ; mais si l'on touche à terre : stabilité pour ses affaires. Tomber dans l'eau : danger, même de mort. Se voir dans une eau vaste et profonde sans toucher le fond : est l'annonce de grandes prospérités. Vase en verre plein d'eau : femme enceinte ; s'il se brise sans que l'eau se répande : mort de la mère en sauvant l'enfant ; si l'eau se répand sans que le vase se brise : il arrivera le contraire. Voir une grande étendue d'eau avec des ondes : peines et souffrances à supporter. Mâcher de l'eau sans l'avaler : fermeté dans les malheurs. Boire de l'eau : fausse sûreté. Boire de la bonne eau : guérison pour un malade. Boire de l'eau philtrée douce et bonne : belle existence. S'enivrer d'eau : fortune à venir. Eau de mer, de fleuve : vraie croyance, érudition, science, fertilité, rabais dans le prix des vivres, biens, fortune. Boire de l'eau de mer ou de fleuve : bienfaits de son souverain. L'eau d'un canal ou petit fleuve : indique les biens d'un haut personnage dont le rang est représenté par la grandeur du canal ou du fleuve. Eau claire : bon rêve, rabais dans le prix des vivres, contentement, justice. Boire de l'eau claire : biens du père et de la mère ; en boire plus qu'à l'ordinaire : longévité, impuissance de ses ennemis. Entrer dans l'eau claire et s'y voir bien réfléchi : on aura de grandes richesses ; s'y voir beau : les vôtres auront plus de tendresse pour vous. Etre jeté dans l'eau claire : bonheur inattendu. Eau salée : précaution. Eau trouble, bourbeuse : gêne, disgrâce, danger ; si elle est d'un grand fleuve ou de la mer : douleurs et chagrins dont sera cause votre souverain. Eau chaude : maladie dangereuse, en boire : chagrins. Eau bouillante : vexations ou persécutions de votre souverain ; s'il vous semble la voir pendant la nuit : cela signifie quelquefois que l'on a peur du diable. Eau froide : inimitié, haine, déclarée ; en boire : richesses que l'on gagnera honnêtement ; se laver dans l'eau froide : repentir, guérison, sortie de prison, rassurance sur ses craintes. Eau douce : bon signe ; boire de l'eau de puits : guérison du malade, mariage du célibataire, contentement de sa femme, amendement de l'impie, science pour l'homme pieux, gains et profits pour le négociant. Si l'eau de puits est amère, trouble ou puante : elle pronostique une maladie, la perte des bénéfices que l'on a faits une existence amère ; eau corrompue : vie d'enragé ; puante : biens mal acquis. Eau jaunâtre : maladie. L'eau stagnante, croupissante est d'un effet moindre que l'eau courante : emprisonnement. Si l'on tombe dedans : emprisonnement, chagrins. Eau salée d'un puits : chagrins ; si elle est noirâtre : mariage malheureux, écroulement de maisons ; en boire : perte de la vue ; si elle n'est pas trop mauvaise : acquisition de richesses par l'astuce et la chicane. En général l'eau est encore signe de prospérités et de providence, et pour qui n'est pas heureux, elle est signe de malheur.

EAU DE SENTEUR. — Voyez *Essences*.

EAU-DE-VIE. — Voyez *Liqueur*.

ÉBÈNE. — Femme riche des Indes ou autres lointains pays ; homme riche et difficile ; fortune.

ÉCHARPE. — Métier ou profession excellente ; payement de dettes ; voyage. Echarpe déchirée, trouée, brisée : mort ; si on s'enveloppe et qu'on ne trouve plus les trous qu'on y avait vus : préjudice dans vos biens.

ÉCHECS. — Mensonge, injustice, tyrannie. Mauvaises affaires ; querelles.

ÉCHELLE. — Échelle en bois : grand personnage hypocrite.

Pour d'autres : l'échelle est encore signe de revers, malheurs, expiation.

Monter une échelle : départ ; être aidé par un hypocrite : infidélité conjugale.

D'autres considèrent ce songe comme le pronostic : d'honneurs qui auront des suites funestes, d'une gloire éphémère ; quelqu'un : comme signe de prospérité et de bonheur.

Lorsqu'en montant une échelle on entend parler près de soi : grandeur. Se trouver sur une échelle et ne pouvoir monter ni descendre : grands obstacles, difficultés dans ce que l'on fait. En descendre : chagrins, douleurs, désastres pour les riches ; richesse pour qui ne l'est pas. En tomber : ruine, catastrophe. Voir une échelle par terre : maladie ; la soulever : guérison.

ÉCLAIR. — Mort, égoïsme, avidité ; craintes inspirées par un souverain, lequel vous fera des caresses ; joie et contentement, selon la position du songeur. Pour un voyageur : craintes. Tout ce qui se réfère aux éclairs se vérifie en très-peu de temps. L'éclair indique encore des craintes avec des bénéfices ou des bénéfices lointains. Éclair qui vous éblouit ou entre dans la maison : empêchements pour un voyageur ; pluies pour le cultivateur dont les récoltes en ont besoin, réconciliation avec votre chef, supérieur, etc., avec votre père, avec le souverain. Éclair qui brûle vos vêtements : mort de votre femme ou de votre mari, si l'un ou l'autre est malade. Éclairs légers et rares : utilité publique ; grands et à de courts intervalles : tourment, rupture entre amis. Prendre en main un éclair : conseil dont on tirera grand profit. Éclair accompagné de pluies : malheur, mort pour les malades. Éclairs et tonnerre : ordres du souverain qui auront une exécution immédiate, pluies prochaines pour ceux qui les désirent et pour ceux auxquels elles sont nuisibles. Éclairs, pluie et tonnerre : craintes pour les voyageurs ; égoïsme pour les autres. Éclairs et tonnerre pendant que le soleil se lève lumineux : événement joyeux de la part du souverain ; mais s'il pleut en même temps : maux publics, mortalité, disette, invasion de sauterelles, hiver rigide, ou révoltes, insurrections, émeutes, ou guerre lorsqu'on n'est pas en très-bons termes avec un peuple voisin.

ÉCLIPSE. — Événement qui pèsera sur le souverain. Éclipse du soleil : mort pour un malade ou triste événement pour celui qu'il représente.

Éclipse de soleil : dommages, ruine et souvent mort pour le maître de la maison ; selon d'autres : pertes plus ou moins fortes ; éclipse de lune : perfidie, d'après les uns ; danger immédiat, espoir déçu, d'après les autres.

Éclipse d'étoiles : mort pour un pauvre ; perte de ses biens pour un riche.

Quelqu'un dit que : ce songe n'est bon que pour les délictueux et les criminels auxquels il pronostique : qu'ils échapperont à leurs peines.

ÉCORCHEUR. — Homme injuste, égoïste et qui ne se fait pas défaut de vous nuire, surtout lorsque c'est dans son intérêt.

ÉCOUTER, ÉCOUTES. — Mensonge, médisance, diffamation, haine d'un souverain. Celui qui est aux écoutes vole le secret d'autrui, mais on divulguera le sien ; et s'il feint de ne pas écouter : il est menteur et s'est fait une habitude du mensonge. Entendre simplement ce que l'on dit : l'affaire qu'il a faite sera rompue si le songeur est un négociant ; il sera destitué, si c'est un haut dignitaire ; détrôné, si c'est un souverain. Entendre parler beaucoup de monde, mais ne faire attention qu'au meilleur discours : bonnes nouvelles.

ÉCREVISSE. — Personne qui vient de loin, d'un naturel difficile, incompréhensible et nonchalante dans ses affaires ; ou bien procès ruineux, déception. En manger : prospérité et biens provenant de lointains pays.

ÉCRIRE. — Écrire indique en général la fourberie, la ruse, la chicane, l'intrigue. Écrire sur du papier ; héritage ;

sur du parchemin : générosité, puissance, zèle. Écrire un livre : gains illicites. Écrire sur sa chemise : suivre les préceptes des Saints-Livres. Y écrire des choses religieuses : dévotion, science religieuse. Écrire avec la main gauche : arrogance, aveuglement ; on aura un fils bâtard ou on ira jouer du violon par les rues, les places, les cafés. Si l'on vous écrit une ordonnance : on vous prescrira de vous soigner avec des ventouses ou autres semblables moyens. Lorsqu'on vous écrit une chose dont vous ne connaissez pas le contenu : vous manquerez à vos devoirs religieux ; si vous connaissez l'écrivain, vous serez trompé sur une chose de la religion.

ÉCRIT. — Écrit qu'on ne lit pas : héritage prochain. Avoir en main un papier sur lequel il y a quelque chose d'écrit et ne pas le lire : héritage ; si le papier a quelque chose d'écrit par derrière : on fera des dettes. Lire un écrit : bonne fortune. Déchirer des écrits : cessation de douleurs et de deuil. Les écrits sont quelquefois signe de piéges et de chicanes.

ÉCRITOIRE. — Domestique, utilité provenant d'une femme. L'écritoire représente encore l'épouse du songeur ; l'encre, ses biens, ses gains, ses souffrances et ses malheurs. L'écritoire peut en outre présager les éruptions cutanées, les humeurs ; et l'encre est la matière qui en sort ; la plume, le bistouri ; mais cette interprétation n'est valable qu'alors qu'on rêve qu'on a sur soi son écritoire et que l'on s'en sert. Écritoire complète, c'est-à-dire avec plumes, encre, canif, etc., annonce qu'on s'élèvera au-dessus des autres moyennant sa plume, et qu'on sera chef ou directeur. Rendre une écritoire : contrarier quelqu'un ; mais si on la prend devant quelqu'un : mariage entre parents. S'en servir pour écrire : on prendra une servante.

ÉCRITURE. — Rêver que son écriture est plus laide qu'en réalité : on renoncera à l'intrigue et à la tromperie d'autant que l'écriture est laide ; la rêver belle : il arrivera le contraire en proportion de la beauté acquise par l'écriture.

ÉCRIVAIN. — Fourbe, trompeur.

D'autres disent : incertitude et misère ; l'Être : on a été trompé plus cruellement que jamais.

Rêver un écrivain fourbe, trompeur, intrigant ; ce songe se réfère à un cordonnier, la plume en représente l'alène, l'encre les articles de son travail ; il se réfère au ventousier ou au saigneur (personne qui fait des saignées) et la plume en est la lancette, l'encre le sang ; ou au repriseur, raccommodeur ; ou au laboureur, l'encre représente alors les semailles ; et ainsi de suite. Rêver que l'on a affaire à un écrivain inconnu ; selon ce qu'il vous a dit la chose qui a été traitée entre vous, les conditions dans lesquelles vous vous trouvez, on devra faire l'application du songe selon ce qui précède. Par exemple, rêver qu'on a parlé à un écrivain qui vous a donné un ou plusieurs écrits pour vos dettes ou crédits, si on a des chaussures à arranger ou si on en a commandé une paire au cordonnier : on les recevra de suite ; si on a l'habitude de se faire saigner : qu'on le fasse immédiatement ; si l'on a donné un habit au tailleur ou si on lui en a commandé un : on l'aura sous peu ; et ainsi de suite. Mais s'il n'est rien de tout cela : on recevra des nouvelles qui vous obligeront à des changements ; lorsque l'écrit est plié : la nouvelle est secrète ; s'il est ouvert : les nouvelles sont publiques.

ÉCROULEMENT. — Voir s'écrouler les murs d'un temple est signe de mort du souverain. Une maison qui s'écroule sur vous est quelquefois signe d'héritage, en général d'amassement de biens ; si c'est la vôtre qui s'écroule sur vous en soulevant de la poussière : récolte abondante. Une maison, un temple, une tour, etc., qui s'écroule, une colline, une montagne, etc., qui s'éboule est signe de ruine pour la chose représentée par la maison, le temple, la colline, la montagne.

ÉCUELLE. — Domestique qui allége les douleurs par de bonnes paroles.

ÉCUME. — Biens qui ne seront d'aucun profit.

Vanité qui sera cause de beaucoup de mal pour le songeur.

ÉCUREUIL. — Voleur de biens ou d'honneur.

ÉDILE. — Personnage libertin, débauché, de mauvaise vie.

ÉDIT. — Voyez *Décret*.

ÉDREDON. — Voyez *Lit*.

EFFRACTION. — Pratiquée à une maison : ruse, fourberie, tromperie ; séduction de femme. Dans les murailles d'une ville : recherche de dogmes religieux auprès d'un croyant. A une pierre, un roc : recherche d'un souverain dur et inflexible.

EFFROI. — Voyez *Frayeur*.

ÉGLANTIER. — Femme ou jeune fille d'une rare beauté, aimante, modeste, qui aime la vie retirée.

ÉGLISE. — Voyez *Temple*.

ÉGORGER. — Désobéissance, injustice, tyrannie. Égorger des animaux qui se mangent ordinairement, tels que bœuf, mouton, etc. : injustice et tyrannie ; des animaux qui d'habitude ne s'égorgent pas : on est injuste et pas en paix avec Dieu. Égorger un animal à l'occasion d'une grande fête : indique qu'on sera la cause première de la délivrance d'esclaves ou de prisonniers, qu'on payera ses dettes ou qu'on sortira de prison, si on a des dettes ou que l'on soit en prison ; qu'on deviendra riche si on est pauvre. Rêver qu'on égorge son père : indique qu'on le secondera ; rêver d'avoir égorgé ses père, mère et enfants : on les tyrannisera. Égorger un homme : triste événement pour le songeur, ou bien cessation de douleurs. Voir quelqu'un d'égorgé sans savoir par qui : on fera un faux témoignage, enquête douteuse. Égorger une femme : on obtiendra ses faveurs. Égorger une jeune fille et la faire rôtir : on agira injustement envers les parents de cette jeune femme. Voir un enfant égorgé et rôti : grand développement de cet enfant qui vite se fera homme ; si ses parents ou ses amis en ont mangé : ils acquerront la fortune par son moyen. Voyez encore *Tête*.

ÉGORGEUR. — Égorgeur d'animaux servant à la nourriture de l'homme : personnage injuste, tyrannique.

ÉGOUT. — Grange, grenier, boutique. Le voir, est voir son grenier ou sa boutique plus ou moins plein, selon la quantité d'ordures qu'on y aura vue. Le nettoyer et le vider : dépenser ses biens en commerce ; cela annonce encore que l'on vendra ses armes. Lorsqu'on rêve de venir pour le nettoyer et qu'on n'y trouve rien : perte de ses biens, ou appauvrissement pour un riche ; cessation de peine pour le pauvre, payement de dettes pour qui en a.

ÉGRATIGNURE. — Médisance, calomnie. Égratignure au front ; mort immédiate. Être égratigné par quelqu'un avec une épingle, un fer, une arme quelconque : celui qui vous a égratigné vous nuira dans vos biens, ou à quelqu'un de vos parents.

ÉLAN. — L'élan est signe de force. Arriver d'un élan jusqu'à une personne quelconque : triomphe sur celle-ci, dépit et humiliation pour elle. Arriver d'un élan de la terre au ciel : voyage très-lointain ; entre la terre et le ciel : mort et transport dans son cercueil.

ÉLECTION. — Rêver que l'on concourt à l'élection d'un souverain, si l'élu est membre d'une famille qui ait droit au trône : attachement à la religion ; si on élit un particulier quelconque, n'appartenant pas à une famille princière, mais honnête : bon signe, droiture, triomphe sur vos ennemis ; si vous avez élu un pervers : vous pousserez le monde au mal. Lorsque l'élection est faite sous un arbre : fortune immédiate.

ÉLÉPHANT. — Homme puissant et maudit, souverain, entreprise difficile. L'éléphant est toujours d'un mauvais augure pour les femmes.

On dit encore que : ce songe est un pronostic de danger pour les biens et la vie.

Rêver simplement de voir un éléphant : vous maigrirez ou ferez des pertes considérables. Voir des éléphants sortir d'une ville dont le souverain est malade : sa mort est proche ; s'il se porte bien : il abandonnera ses États ou sera détrôné ; lorsque la famine ou quelque autre calamité publique sévit dans le pays : elle est à la veille de cesser. Parler à un éléphant : bienfaits d'un souverain. Conduire des éléphants : amitié avec des souverains orientaux ou étrangers. Monter à éléphant sans selle : hardiesse et puissance de vaincre son souverain, lorsqu'on est dans une position qui permette cette interprétation ; sinon on ira à une grande guerre désastreuse et dans laquelle on peut mourir. Le monter avec une selle et en être obéi : mariage avec la fille d'un grand souverain ; pour un négociant : éloignement de son commerce ; quelquefois ce songe veut dire qu'on ira en bateau, et pour un célibataire qu'il se mariera.

On dit en outre qu'être assis sur un éléphant est signe d'honneur et de gloire, et annonce l'amitié d'un grand.

Donner à manger à un éléphant, le nourrir : grands services qu'on recevra du personnage qu'il représente. Traire un éléphant : tromperie au préjudice du souverain, lequel vous récompensera de vos bons et loyaux services. Éléphant qui vous suit et vous obéit : préjudice pour le souverain. Rêver qu'un éléphant tourne autour de vous, sans vous faire de mal : maladie ; s'il se jette sur vous ou vous jette à terre : mort. Éléphant mort : mort du souverain ou d'un grand dignitaire du pays dans lequel on l'a vu en songe.

Éléphant courant après le songeur : danger pour sa vie ou ses biens ; lorsque le songeur réussit à vaincre un éléphant : triomphe sur ses ennemis ; s'il en est vaincu : ceux-ci triompheront de lui.

ÉLÉVATION. — S'élever sur son peuple ou être élevé au-dessus des autres : orgueil humilié ; rêver que l'on évite d'être élevé au-dessus des autres : élévation et bonheur.

ÉLIE. — Voir en songe ce prophète : veut dire que dans le pays où se trouve le rêveur il arrivera toute sorte de maux, sans en excepter la disette ; ces maux seront suivis d'une grande abondance et de toute sorte de biens.

ÉLOQUENCE. — Lorsqu'un ignorant, un idiot, ou un imbécile rêve qu'il a acquis de la doctrine, du savoir et de l'érudition : honneur et prospérité, si c'est un homme du peuple : grand crédit et renommée ; s'il est dans les affaires ou exerce un métier ou une profession, et s'il est d'une classe élevée : il sera gouverneur ou souverain comme il y en a peu.

EMBONPOINT. — Voyez *Obésité*.

EMBRASSADE, EMBRASSEMENT. — Embrasser un jeune homme : amitié avec son père ; un esclave, un domestique : avec son maître ; une servante, une esclave : avec sa maîtresse ; un gouverneur : on le sera à sa place ; un souverain, un grand juge : vous serez écouté et vos conseils seront suivis. Embrasser un homme sans sympathie ni affection : on obtiendra des biens de lui ; avec affection : c'est lui qui en recevra de vous, vous l'aiderez dans ses entreprises. Embrasser une jeune fille : bonheur sans mélange. Embrasser une femme au visage : satisfaction de ses désirs ; derrière le cou : on est malhonnête ou peu scrupuleux dans ses affaires. Embrasser une maison : faveurs d'une femme qui aura du bien. Embrasser un mort : longévité, s'il vous est inconnu : fortune inattendue ; l'embrasser avec chagrin : mauvais présage ; avec amitié réciproque : longévité. Etre embrassé entre les deux yeux : mariage ; sur la bouche, on n'est pas assez prudent dans ses amours. Baisers empêchés : insuccès. Deux inconnus qui s'embrassent feront connaissance et se lieront d'une très-grande amitié.

Autres et différentes interprétations. Embrasser des parents ou des amis : départ ; un mort : mauvaises nouvelles ; embrasser une jeune fille ou en être embrassé : bon présage ; un ennemi : départ ; baiser les mains : bonne fortune ; la terre : douleur ; embrasser quelqu'un sur la joue : succès d'amour ; lorsque la personne est de l'autre sexe, être embrassé : surprise agréable, richesses et félicités ; déposer un baiser sur les parties postérieures de quelqu'un : infidélité, humiliation.

ÉMERAUDE. — Frère ou fils obéissant, ou frère et ami religieux.

ÉMERILLON. — Petit souverain ou voleur. En attraper un : un voleur sera pris par votre aide.

EMPEREUR. — Voyez *Souverain*.

EMPLETTES. — Voyez *Achat*.

EMPLOI, EMPLOYÉ. — Etre employé dans un ministère ou toute autre administration gouvernementale : mauvais signe. Rêver qu'on vous recherche pour un emploi de ce genre, que vous acceptez et entrez en charge : mort prochaine, si vous n'êtes pas apte à remplir l'emploi que vous avez rêvé. Lorsqu'on n'entre pas en charge : on approchera de la ruine à laquelle pourtant on échappera. Rêver qu'on est employé du souverain et vêtu de blanc : bon signe pour le songeur, cessation de chagrins ; vêtu de noir : maladie et douleurs.

EMPOISONNEMENT. — Rêver que l'on est empoisonné : on tombera dans un piége. Prendre du poison, s'enfler et mourir ; si vous rendez quelque chose : biens proportionnés à la quantité de matière sortie : chagrins et afflictions très-grandes.

Dans certains cas les empoisonnements suivis de mort sont signe de mort prochaine.

EMPRISONNEMENT. — Pour l'homme qui jouit d'une bonne santé, ce rêve est toujours signe d'empêchements et d'entraves, s'il est en voyage ; s'il ne voyage pas : mauvaises actions, fautes. Etre emprisonné et garrotté dans une maison : bon présage. S'emprisonner soi-même : refuser les bonnes grâces, les faveurs d'une femme. L'emprisonnement annonce encore que l'on acquerra des richesses et des propriétés ; mais lorsqu'on est emprisonné dans un lieu bâti en briques et loin des habitations, le songe est signe de mort.

Voyez *Prison*.

EMPRUNT. — Emprunter quelque chose de beau, d'agréable, de désirable, de convoité, de chéri : est signe de prospérité permanente ; lorsqu'on emprunte une chose désagréable, laide, qui déplaît : désagréments ou soucis incessants. Voyez encore *Prêt*.

ENCHÉRISSEUR. — Homme blâmé.

ENCHIFRÈNEMENT. — Maladie légère et prompt rétablissement.

ENCRE. — Définition favorable de ce que vous avez en cours. En répandre : mauvais présage.

La totalité des interprètes s'accordent à attribuer à l'encre un sens de prospérité et d'élévation plus ou moins grande, selon sa quantité, l'usage qu'on en fait, etc.

ENCRIER. — Voyez *Ecritoire*.

ENFANT. — Grossesse. Le plus souvent mauvais présage. Voir un grand nombre d'enfants : préjudice. Rêver que vos enfants sont malades : maladie d'yeux.

Voyez *Garçon* et *Fillette*.

D'autres disent : qu'un bel enfant est signe de joie ; s'il est laid : de malheur ; tenir un enfant dans ses bras : bonheur ; le voir faire les premiers pas : difficulté dans les affaires ; enfant qui court par la maison : richesse ; pendu aux mamelles : couches prochaines ; s'il les refuse : maladie.

ENFANTEMENT. — Voyez *Accouchement*.

ENFER. — Voir l'enfer sans en ressentir aucun mal : chagrins proportionnés à ce qu'on a vu. Rêver qu'on y met le diable : grands plaisirs suivis de cuisants remords.

Être mis dans l'enfer par quelqu'un : cette personne vous trompe en vous menant par le mauvais chemin. Y être mis par un ange, la tête la première : grandes humiliations. Être mis dans l'enfer : est encore signe de mort, pour un hérétique qui est malade ; de maladie, de gêne et d'emprisonnement, pour le vrai croyant ; pour le marchand, le boutiquier ou le revendeur, ce songe peut encore vouloir dire qu'il sera coureur, malhonnête, en trompant et volant le monde. Rêver que l'on entre aux enfers : on se mettra sur la voie des péchés obscènes et de l'effronterie; y entrer en faisant la moue : vous êtes un grand pécheur adonné aux plaisirs mondains. Y entrer avec l'épée nue : vous ferez des discours inconvenants contre la religion. Se trouver à l'enfer sans savoir comment on y est entré : humiliations qui ne cesseront qu'avec la mort. Se trouver dans les enfers et s'y voir avec le visage noirci : vous avez pour ami un ennemi de Dieu et vous le secondez dans le mal. Se trouver en prison dans l'enfer sans savoir comment ni pourquoi : vous irez par le monde, pauvre, affligé, fui de tous, et perdrez toute religion. S'y voir entouré de feu : angoisses indicibles, gêne continuelle ; cela annonce aussi qu'on a commis une faute dont on se repentira. Boire, manger dans l'enfer et y souffrir la chaleur : perversité. Boire des liquides, manger des aliments en feu : fatigues et peines pour une science dont on n'obtiendra pas de bons résultats, et on se trouve dans une position très-critique en courant le danger de commettre un crime. Entrer dans l'enfer et en sortir le même jour ; avertissement que vous sortirez de la vie de perversité dans laquelle vous vous trouvez. Sortir sain et sauf de l'enfer : chagrins ; s'en échapper : dangers évités.

ENNEMI. — Voir son ennemi : méfiance. Le voir avec le dos voûté : ses efforts pour vous nuire seront impuissants. Le saluer ou l'embrasser : réconciliation ; si c'est lui qui vous salue ou vous embrasse : il cherchera à se réconcilier avec vous. Lui parler : est un avertissement à se tenir sur ses gardes. Jouer, plaisanter avec lui : litiges ; disputer avec lui ou en avoir peur : chagrins. S'opposer, contrarier un ennemi : réconciliation. Se cacher en voyant un ennemi : on triomphera de lui ; mais s'il vous découvre : ce sera lui qui triomphera de vous. Être surpris par son ennemi : pertes ; être pris par lui : empêchements. Tuer son ennemi : joie ; avertissement salutaire d'un ennemi : tromperie ; le voir dans de mauvaises conditions : amélioration de votre état ; dans de bonnes conditions :

empirement de votre position ; et, en général, il vous arrivera toujours le contraire de ce que vous avez vu faire à un ennemi.

ENNUI. — Ce songe est signe de calme et de tranquillité.

ENROLEMENT. — Rêver que l'on s'est enrôlé, mais pas encore soldat : on aura le nécessaire pour vivre.

ENSEMENCER. — Voyez *Semer*.

ENSEVELISSEMENT. — Ensevelir un mort : triomphe sur vos ennemis. Voir ensevelir quelqu'un : prochain mariage. Se rêver mort et que l'on vous ensevelit : vie longue et heureuse, richesses aussi nombreuses que les grains de terre qu'on a jetés sur vous ; si l'on est mis dans un tombeau : on deviendra propriétaire d'une maison. Être enseveli tout vif : maux ou empoisonnement provenant en général de ceux qui vous ont enseveli, misère, malheur honnête. Mourir après avoir été enseveli tout vif : mort causée par des chagrins et des peines.

Pour quelqu'un : ce rêve est toujours signe de mariage, de richesses, d'héritage ; et lorsque c'est une personne vivante que l'on ensevelit : on aura un héritage considérable.

Voyez pour le reste : *Fosse* et *Tombeau*.

ENTONNOIR. — Homme plein d'ordre et de régularité, qui dépense avec plaisir pour son prochain.

ENTREPRENEUR. — Fortune inespérée.

ENVERS. — Toute chose faite à l'envers : mal au lieu de bien, bien au lieu de mal ; s'interprète au rebours de ce qui a été fait. Il ne faut excepter de cette règle générale que la pelisse qui, mise à l'envers, est signe de biens pour celui qui l'a mise.

ENVIE. — Susciter intentionnellement l'envie d'une personne contre une autre : est d'un mauvais augure pour qui le fait et bon signe pour qui ressent l'envie.

ENVOYÉ. — Voyez *Ambassadeur*.

ÉPAULES. — Epaules larges, charnues et grasses : honneur, aide et protection d'un grand, force physique, chagrins, embarras et redoublement de souffrances ; pour ceux qui sont en prison : souvent bastonnade. Epaules maigres, blessées, ou enflammées ou malades : douleurs, ennuis, soucis, quelquefois mort d'un père.

Selon quelques écrivains les épaules sont en général signe de sûreté ; les avoir enflées : richesses ; maigres : ennuis, chagrins.

Ressentir de la douleur aux épaules : empêchements physiques et contrariétés dans vos bénéfices et la marche de vos affaires. Rêver qu'on veut se voir les épaules et qu'on ne le peut pas : on perdra un œil.

ÉPÉE. — L'épée représente un enfant et est encore signe de scission conjugale. Le fourreau de l'épée représente le père, la mère, l'oncle ; s'il se brise : mort de l'un d'eux. Epée à lame luisante et tranchante : paroles douces, vraies et sincères ; lourde épée : on dira une chose que l'on ne fera pas ; épée défectueuse manque d'éloquence. Epée avec une ou plusieurs autres armes : grandeur, puissance. Epée dans l'air : peste. Trouver une épée près d'un mur : découverte d'un homme valeureux. Lorsqu'on a un procès ou des controverses avec quelqu'un, et qu'on rêve d'avoir en main une épée nue : signe qu'on a raison et qu'on obtiendra justice. Tenir une épée avec la pointe par terre : naissance d'un fils.

Certains écrivains sont d'avis que tenir une épée est signe de force, de puissance et sûreté.

Rêver qu'on vous donne une épée : on vous donnera une femme. Rêver qu'entre mari et femme on se donne une épée nue : naissance d'un fils ; si elle est dans le fourreau : d'une fille ; ceindre une épée : acquisition d'un gouvernement ou d'un grand commandement ; lorsque l'épée est pesante et traîne par terre : commandement pénible ou pauvre gouvernement ; lorsque le ceinturon se brise : destitution du gouvernement ou commandement. Porter un ceinturon sans épée : on recevra un dépôt.

Ceindre une épée pronostique, d'après quelques interprètes : la gloire et le respect.

Ceindre deux ou trois épées qui tombent parce que le ceinturon se brise : divorce. Porter quatre épées dont une est en fer, une en plomb, une en laiton, et une en bois : on aura quatre fils dont un sera valeureux, un riche, un mou, un hypocrite ou impie. Épée qui se brise dans le fourreau : mort d'un enfant dans le sein de sa mère ; si c'est le fourreau qui se brise : mort de la mère en sauvant l'enfant ; lorsque la femme qui fait le songe n'est pas enceinte, on parlera d'elle ; si c'est un homme, le rêve se réfère à son épouse. Tirer l'épée du fourreau et la trouver rouillée : naissance d'un fils arrogant. Jeu d'épées : juste et droite administration pour un gouverneur et pour ceux qui peuvent le devenir ; quelquefois orgueil dans leur fils. Tuer quelqu'un d'un coup d'épée : contrastes, dissension avec le peuple.

Donner un coup d'épée : triomphe sur ses ennemis, victoire, sûreté, réussite dans ce que l'on entreprend ; pour une jeune fille : elle tombera amoureuse ; pour une femme enceinte : elle accouchera d'un fils, ou de grands honneurs attendent son époux ; recevoir un coup d'épée d'une personne que l'on connaît : service qu'elle vous rend ; s'il sort du sang de la blessure : le service sera plus grand ; si votre vie est en danger : ces services seront innombrables. Recevoir un coup d'épée du souverain, ou d'une personne dont on dépend : honneurs et richesses proportionnées à la colère de celui qui vous a blessé ; recevoir un coup d'épée d'un inconnu : danger pour votre vie et vos biens.

Avaler une épée : manger les biens d'un inconnu ; si c'est l'épée qui vous avale : vous serez mordu par un serpent.

ÉPERVIER. — Même sens que *Faucon*.

ÉPI. — Des épis sur plante et dont on connaît le nombre, représente un nombre égal d'années d'abondance et de fertilité s'ils sont verts ; de disette s'ils sont jaunes.

D'autres considèrent ce songe comme le pronostic de bénéfices acquis avec peine.

Épi vert : abondance de l'année ; sec : mauvaise récolte. Épi jaune, hors de saison : mort d'un vieillard ; vert : mort de jeunes personnes. Épi dans les mains d'une personne ou dans la propriété d'un autre : biens provenant des bénéfices des autres. Avoir recueilli des épis dans ses mains, ou dans une aire : biens qu'acquerra le songeur en proportion du nombre des épis. Recueillir des épis dans le champ d'une personne que l'on connaît : bénéfices épars qu'on tirera de cette personne. Voyez *Blé*.

ÉPICIER. — Voyez *Baccal*.

ÉPINARDS — Prospérité, richesse, commerce heureux.

ÉPINE. — Homme sauvage, ignorant, difficile à vivre. Les épines sont encore signe de révolte, de trahison.

D'autres disent : que les épines représentent des méchants et qu'elles sont signe de maladie, de médisance, de calomnie, de soucis, de difficultés dans ses affaires.

Se piquer ou se faire mal avec des épines d'une façon quelconque : il vous arrivera de la part de vos débiteurs ce que vous en attendez.

On dit encore que : cela indique un danger, soit pour les biens, soit pour la vie.

Courir sur des épines : ruses, intrigues pour ne pas payer ses dettes. En fouler aux pieds : stratagème inventé pour ne pas payer ses dettes. Tenir en main des épines ou en porter sur le dos : soucis, inquiétudes. Déraciner des épines et égaliser le terrain là où elles étaient plantées : arrangement de vos affaires et succès. Être changé en épine : on commettra une trahison.

ÉPINE DORSALE. — Elle indique la force de l'homme et devra s'interpréter selon ce qu'on y aura vu.

ÉPINGLES. — Petites difficultés. Voyez *Piqûre*.

ÉPLUCHEUR. — Homme injuste, égoïste et qui ne se fait pas défaut de vous nuire, surtout lorsque c'est dans son intérêt.

ÉPONGE. — Avarice.

ÉPOUSE. — Rêver que votre épouse est malade : force en religion. Rêver qu'on lui donne à raccommoder ses vêtements : veut dire qu'on s'en fera le valet complaisant, quoiqu'on s'en défende. Rêver que l'on seconde son épouse dans tout ce qu'elle désire : longues guerres ou perte du trône pour un souverain ; s'il la contrarie : victoires, agrandissement de ses États. Rêver qu'on voit son épouse dormir, parée contrairement à ses habitudes : année heureuse pour le songeur qui saura d'avance ce qui lui arrivera ; s'il vous semble ne pas bien la reconnaître : le présage est encore meilleur, mais vous ne saurez pas ce que vous obtiendrez. Partager la couche de son épouse : vous obtiendrez l'un de l'autre ce que vous désirez. Rêver qu'un homme d'un âge mur partage la couche de votre épouse : vous ferez de gros bénéfices ; lorsque c'est un jeune homme : vous serez servi par un ennemi.

ÉPOUVANTE. — Voyez *Frayeur*.

ÉRUDITION. — Voyez *Savoir*.

ÉRUPTION CUTANÉE. — En général : fortune instantanée et bonheur. Voir aussi le genre de ces éruptions.

ÉRYSIPÈLE. — Dettes dont on craint qu'il ne vous soit demandé le payement.

ESCARBOT. — Ennemi faible, qui hait ses semblables ; ou voyageur, ou ennemi qui a des biens acquis illicitement.

ESCALIER. — L'escalier est signe d'élévation : il veut dire que l'on plaît aux hommes dans ce monde, et on sera agréable à Dieu dans l'autre. Il est signe de graduation ; selon les degrés montés, arrêt dans un voyage ; les degrés indiquent encore les jours de la vie. Le degré est encore un homme insouciant des choses de ce monde et qui ne pense qu'à Dieu et à la religion ; les degrés sont encore les bonnes actions de l'homme. Escalier ou degré en terre ou briques non cuites : élévation et piété pour le gouvernement ou le dominateur ; bénéfices et péchés pour le négociant. Escalier en pierre : élévation et amélioration de position, mais endurcissement de cœur. Escalier en bois : élévation, hypocrisie et intrigues pour se faire une fausse bonne réputation. Escalier en or : nombreux enfants, richesses et abondance.

Escalier en argent : on aimera, on possédera ou on épousera autant de femmes qu'on a monté de degrés. L'escalier que l'on connaît représente encore la domesticité. S'approcher d'un escalier : élévation. Monter un degré : intelligence et capacité dont on saura se valoir. Monter un escalier inconnu, s'il arrive jusqu'au sommet : mort pour un malade ; s'il trouve en haut une chambre et qu'il y entre : il ira au paradis ; pour qui n'est pas malade : désirs satisfaits, souvent grandeur, puissance. Tout degré monté est pour un gouverneur : une année de gouvernement. Descendre un escalier : abaissement, retour d'un voyage sans avoir rien pu conclure, ou bien on devra voyager à pied à cause d'obstacles et d'empêchements qui vous y contraignent ; souvent mort pour un malade si on en a un, ou pour le songeur lui-même s'il l'est. Descendre dans un endroit connu où il y a de la paille, de l'orge, du grain ou autres produits de même espèce : guérison pour un malade. Descendre dans un lieu inconnu et tomber dans un trou, un puits, etc., ou être emporté par un animal quelconque : il vous reste autant de jours à vivre que vous avez descendu de degrés. Pour un malade ou pour qui ne l'est pas, mais est hérétique ou d'un caractère mauvais et injuste, descendre dans un temple, un jardin et s'y laver : amendement et changement de vie. Descendre sur le feu, un terrain aride ou dans lequel il y a des reptiles : événement qu'on ne pourra éviter et qui sera cause de votre ruine.

Descendre un escalier accompagné par une jeune fille qui vous éclaire : on aura la protection des grands.

Changer les marches d'un escalier : droiture, amendement, rectification.

ESCARPINS. — Voyez *Chaussures*.

ESCLAVE. — Rêver qu'on donne la liberté à un esclave : mort, ou bien on vous enverra un ennemi. En vendre ou en acheter : mauvais signe pour le vendeur et bon signe pour l'acheteur. En embrasser : amitié avec son maître, si c'est un homme que l'on a embrassé ; amitié avec sa maîtresse, si c'est une femme que l'on a embrassée. Esclave qui tient un livre à la main : prospérité, joie, bonne nouvelle. Personne libre qui rêve d'être esclave et ensuite d'être libérée : pertes ; si c'est un malade, guérison, payement de dettes pour un débiteur.

Esclave bien parée : heureuse nouvelle inattendue si elle est hérétique : heureuse nouvelle, mais incomplète ; si elle est laide : mauvaise nouvelle ; si elle est maladive, chétive : chagrins et indigence ; si elle est nue : pertes dans votre commerce, déshonneur ; si elle est bien vêtue, mais sans luxe : on n'aura plus à craindre la misère.

ESCLAVE NOIR. — Rêver qu'on vous en donne un : on vous fera présent d'un balot de charbon.

ESCLAVE NOIRE. — Prospérité qui arrive avec une chose qu'on ne sai tsi elle est bonne ou mauvaise. En posséder une et avoir commerce avec elle : arrivée ou nouvelles d'un absent, aisance pour un pauvre, difficultés surmontées pour qui est en voyage. Esclave noire qui prie : émeutes, tumultes, séditions.

ESSENCE. — Les essences parfumées signifient que le monde parle favorablement de vous ; celles qui ont une odeur désagréable ou mauvaise sont l'image d'une courtisane, d'une coureuse, d'un homme pervers, ou elles sont signe de médisance. S'oindre ou oindre quelqu'un avec une essence, un parfum d'une petite bouteille : réussite dans vos entreprises moyennant des discours onctueux et des flatteries ; ou faux serment, ou pour un faible mettre la zizanie entre les gens ; prendre ses précautions afin que votre faillite apparaisse légalement réelle. Avoir seulement la face ointe d'essences : on observe ses jeûnes et en général on remplit tous ses devoirs. S'oindre le visage avec une abondance telle que l'essence coule le long de la figure : douleurs ; lorsqu'elle ne coule pas : joie, plaisir, gaieté.

ÉTANG. — Voyez *Lac*.

ÉTEIGNOIR. — Attaque d'ennemis faibles ou ridicules.

ETENDARD. — Voyez *Drapeau*.

ÉTERNUEMENT. — Découverte d'un secret. Bonheur et longévité.

ÉTINCELLE. — Parole funeste, douloureuse. Etincelles qui tombent ou non sur vous : vous entendrez de funestes discours qui exciteront votre colère.

ÉTOILES. — Maîtres, instituteurs. Les étoiles dont le nom est masculin représentent des hommes, les autres des femmes. Les plus grandes et les plus belles se réfèrent à des grands, des personnages honorés ; les plus petites à des enfants, des gens du peuple, des domestiques, des esclaves. Lorsque le songeur est un souverain, les étoiles représentent son entourage ; si c'est un époux, ses gens ; si c'est une épouse, ses femmes. Les étoiles qu'on voit autour de la lune se réfèrent aux femmes d'un petit souverain ou du premier ministre d'un grand souverain, ou à sa famille et souvent au peuple. Etoiles qui se lèvent : personnages élevés.

D'autres disent que : les étoiles qui se lèvent annoncent la mort d'un parent.

Voir de grandes étoiles qui se réunissent et qui jettent une grande clarté : gros bénéfices provenant d'un voyage et heureux retour en famille.

Etoiles resplendissantes au milieu d'un ciel pur et serein : bonheur, nouvelles agréables, gain inattendu dans votre commerce, arrivée d'un grand personnage, espoir ; étoiles pâles, voilées : malheur inattendu, grand chagrin ; danger.

Rêver que l'on est secondé par les étoiles : droiture. Voir les grosses étoiles pendant le jour : malheur ou déshonneur. Rêver que l'on fait paître des étoiles dans le ciel, comme un troupeau : souveraineté, domination, position très-élevée dans la magistrature, l'armée, etc., selon la position du songeur ; quelquefois encore : profonde science astronomique. Voir des étoiles réunies dans la maison, rayonnantes et pleines de clarté : réunion dans la maison d'un haut personnage dans un but de fête et de joie ; si les étoiles n'ont ni rayons ni clarté : la réunion sera faite à cause d'un malheur.

Etoiles qui luisent dans la maison : danger pour le maître ou la maîtresse du logis.

Voir des étoiles disparaître du ciel : mort pour un pauvre, perte de ses biens pour un riche.

D'autres disent que : ce rêve n'est bon que pour les criminels et les coupables, auxquels il annonce qu'ils échapperont à leurs peines.

En voir tomber sur la terre ou dans la mer, ou qui se brûlent ou qui sont becquetées par des oiseaux : épidémie, mortalité, homicide, selon le nombre qu'on en a vu tomber, se brûler, être becquetées. S'en voir tomber sur la tête, les prendre du ciel ou les ramasser par terre : mort de malade pour qui en a, intimation de payement à ceux qui ont des dettes, heureux retour d'un absent, recouvrement de créances. Si elles tombent sur une femme enceinte : naissance d'un enfant qui sera colère, et dont le sexe est déterminé par celui de l'étoile tombée.

Quelques interprètes disent que : les étoiles tombant par terre annoncent la mort d'un grand ou un danger dans une grande maison; et lorsqu'elles tombent dans une maison : incendie.

Voler une étoile : larcin que l'on commettra près du souverain. Monter sur une étoile, s'en trouver une dans la main : renommée et prospérité; sur la tête : réputation au-dessus de celle des contemporains. Voir une étoile sous un toit : destruction de ce bâtiment ou mort du propriétaire. Sucer une étoile : science, doctrine, que l'on apprendra. En manger : manger le bien d'autrui; en avaler : découverte des secrets et des actes d'autrui. Devenir une étoile : honneurs.

D'autres disent que : devenir une étoile annonce la mort de malades, pour ceux qui en ont; d'intimation pour le payement de ses dettes; d'heureux retour d'un absent et de recouvrement de créances pour ceux qui en ont.

Être changé en une des étoiles qui servent de guide aux marins ou aux voyageurs : veut dire que le monde vous recherchera pour vous demander aide, conseils, etc. Adorer une étoile : doutes, incertitudes en religion, on servira un grand homme qui la néglige. Pour le reste, voyez *Constellations, Astres.*

ÉTOURNEAU. — Personne qui voyage beaucoup ou qui

est pauvre, mais qui prend la vie telle qu'elle se présente et avec beaucoup de philosophie, mais surtout qui est très-honnête.

Quelques traducteurs des songes prétendent que cet oiseau est signe de chagrins et de misère ; d'autres, qu'il vous annonce la joie, et certains ajoutent que cette joie sera de courte durée. Étourneau qui chante : pluies, tempêtes.

ÉTRANGLEMENT. — Être étranglé par quelqu'un sans en mourir : on sera contraint de recevoir un dépôt. En mourir : appauvrissement prochain. S'étrangler soi-même : on se mettra dans les chagrins, les peines et le deuil.

ÉTRENNES. — Même interprétation que *Présent*.

Mais il est des auteurs qui disent que donner des étrennes est signe de joie ; d'autres : d'avarice. Les premiers affirment qu'en recevoir présage : des malheurs ou la misère, et les seconds ajoutent : des chagrins et des ennuis.

ÉTRIERS. — Biens provenant d'un grand, ou empire, commandement. Ils peuvent encore signifier quelquefois voyage forcé et la plupart du temps : sans bons résultats. Étriers très-beaux, brillants, bien brunis : élévation de commandement et réputation. Étriers en fer : force du songeur ; en plomb : abaissement, décadence, affaiblissement dans les croyances religieuses ; en argent : grande servitude ; en or : possession de belles femmes. Étriers non brunis, ni dorés : agir sans orgueil et nourrir des sentiments meilleurs qu'on ne le laisse paraître.

ÉTUDIER. — Étudier dans un livre : repentir, conversion, amendement.

ÉTUI. — L'étui se réfère à une épouse vertueuse et fidèle ; il présage la découverte d'un secret ou d'un vol, et est encore signe de bénéfices cachés et inattendus.

ÉTUVISTE. — Homme qui pousse les autres à la révolte et au péché.

EUNUQUE. — Voyez *Domestique*.

ÉVACUATIONS. — Biens acquis injustement ou signe de

providence. Rêver que l'on va à la selle : cessation de douleurs, et, si l'on est riche : on donnera aux pauvres. Evacuations abondantes : mauvais présage pour qui est à la veille d'un voyage, et il serait prudent pour lui de le différer. Evacuations solides, dures : perte d'une partie de vos biens et diminution de forces physiques ; très-liquides : dépense et perte de tout votre avoir. Evacuer sans besoin : on trouvera une bourse pleine d'argent que l'on gardera illicitement. S'arrêter au milieu d'un marché, d'une foire, d'une place ou aux bains publics : colère de Dieu et des saints contre vous, qui serez honteusement déshonoré et subirez de grandes pertes ; si c'est dans un endroit où l'on jette des immondices ou bien sur les bords d'un fleuve : cessation de douleurs et prospérité. Evacuer au lit : longue maladie, séparation conjugale.

ÉVENTAIL. — Personne qui console dans les malheurs.

EXCRÉMENTS. — Pertes, mal.
On dit que les excréments humains pronostiquent : l'argent, les profits ; ceux des animaux : la colère, la rancune.

EXÉCUTION. — Rêver qu'on est condamné à mort et qu'au moment d'être exécuté on lutte avec le bourreau et qu'on s'en délivre : triomphe sur ses ennemis, guérison pour qui est gravement malade ; mais, en général : mort d'un fils, parent ou ami.

EXIL. — Rêver que l'on est ou qu'on vous envoie en exil : changement dans votre position, élévation, fortune, quelquefois gloire.

EXPERT. — Homme qui agit toujours en sens irréligieux : on fera quelque chose contre les lois et la religion.

EXPULSION. — Mauvais rêve : on fera une chose qui vous fera vaincre par votre ennemi.

F

FACE. — Voyez *Visage*.

FACTION. — Voyez *Garde*.

FACTIONNAIRE. — En voir un seul : bonne nouvelle; en voir un grand nombre debout, montant la garde autour du palais du gouverneur ou du souverain : les ministres sont vigilants et attentifs pour le bien de l'Etat. Les voir assis : c'est tout le contraire. En frapper un : joie prochaine; en être pris: angoisses, indigence.

FAIBLESSE. — Douleurs, chagrins.

FAIENCIER. — Personne qui a la vie longue.

FAIM. — La faim est signe de prospérité et de circonspection à l'égard de sa position; quelquefois pourtant elle annonce la perte de tous ses biens et qu'on ne trouvera pas de travail pour vivre. Assouvir sa faim : richesses proportionnées à celle-ci. Voyez *Satiété*.

FAISAN. — Guerrier ou femme étrangère.

FAMINE. — Voyez *Disette*.

FARCE. — Tout ce qui est farci, dans un boyau, comme boudin, saucisse, etc. : représente des biens; en manger : dépenser son capital.

FARCHE. — Voyez *Lit*.

FARD. — Trahison, hypocrisie, dissimulation, ingratitude. Il représente encore une femme débauchée, libertine.

FARDEAU. — En porter un : fatigue sans profit; s'il est pesant : homme qui vous sera funeste; en charger quelqu'un :

vous viendrez en aide à cette personne à son insu; en voir porter : égoïsme, vivre aux dépens des autres.

FARINE. — Farine de blé : biens amassés et famille ; en pétrir : retour à vos parents. Celui qui rêve de pétrir de la farine d'orge est une personne d'une très-grande ardeur religieuse et qui aura un gouvernement ou un commandement, dont les biens s'accroîtront et qui triomphera de ses ennemis.

La farine est signe d'abondance et de richesse. En voir de la propre : mauvais présage; en voir qui brûle : pertes, revers. En avoir sur soi : force, santé pour le songeur, mais mort d'un ami ou d'un voisin. En manger bouillie : gros bénéfices.

FARINIER. — Voyez *Marchand de Farine*.

FARRACHE. — Voyez *Tapissier*.

FASCINES. — Délation. En allumer : espionnage du souverain, adversaire. En recueillir : calomnie.

FATTA. — Voyez *Soupe*.

FAUCHEUR. — Même sens que *Moissonneur*.

FAUCON. — Souverain, fils heureux, voleur. L'avoir sur le poing, en main, et qui vous obéit : souveraineté pour qui y peut aspirer; pour les autres : bonheur, contentement. Tuer un faucon : mort d'un souverain; en manger les chairs : bienfaits provenant d'un souverain; cela peut aussi se référer à votre fils. Voir un faucon s'envoler des mains du souverain : il perdra son royaume; s'il lui est resté des plumes entre les mains : il lui restera des biens. Faire la chasse à un faucon ou le prendre : on donnera la chasse à un voleur ou on le prendra.

FAUCONNIER. — Rêver que le souverain fait le fauconnier, ou si c'est lui-même qui fait ce rêve : grand accroissement de son armée par des renforts survenus.

FAUSSES COUCHES. — Voyez *Avortement*.

FAUTEUIL. — Voyez *Siége*.

FAUX MONNAYEUR. — Personnage fourbe, menteur,

effronté, imposteur, traître. Rêver qu'il bat de la fausse monnaie : injures.

FAUX PAS. — Voyez *Trébucher*.

FEMME. — Femme grasse : récolte abondante ; maigre, grêle ou maladive : mauvaise année. Femme jeune qui vient au devant de vous : retour d'une fortune perdue. Avoir un grand nombre de femmes à sa disposition : prospérité pour les mondains. Femme d'une autre religion ou irréligieuse : bénéfices illicites ; femme qui fait la moue : vous serez soutenu dans une affaire. Belle femme : grande fortune de peu de durée ; si elle entre chez vous : joie et contentement ; si elle en sort : pertes. Femme laide et impertinente : désordre dans vos affaires ; si elle entre chez vous : bonne réussite ; si elle en sort : perte de ce que vous avez obtenu. Vieille femme richement vêtue : bon présage. Vieille femme qui vous refuse ses faveurs : amoindrissement dans votre position ; si elle vous les accorde : accroissement proportionné à ce que vous en aurez obtenu. Voir une vieille femme qui inspire du dégoût et à laquelle il manque quelque membre, si elle vous est inconnue : elle est l'image de votre avenir. Voir une femme belle et parfaite qui prie : jouissances dans l'autre monde. Si vous la connaissez : il vous arrivera avec elle ce que vous lui voyez faire, ou bien avec une personne qui lui ressemble. Lorsqu'une femme vient à vous en riant et que vous la possédez et lui donnez des ordres : mort pour un célibataire, s'il la prend pour un être de l'autre monde. Mais si elle vous semble de ce monde : vous abandonnerez le sentier du mal pour vous mettre sur le droit chemin, ou acquisition de richesses, affaires qui se termineront heureusement, arrivée de navires et de caravanes pour celui qui les attend et à sa pleine satisfaction, délivrance pour le prisonnier, abondante récolte pour le cultivateur. La voir devant beaucoup de monde : l'interprétation, de personnelle qu'elle était, se fera générale ; si elle est dévoilée, il arrivera quelqu'événement public :

lorsqu'elle ne l'est pas, l'interprétation devra se référer à une chose secrète ; si elle est belle : bon signe ; si elle est laide : mauvais. Lorsqu'elle vous conseille, vous avertit, vous exhorte : bon présage ; lorsqu'elle commande, crie, vous fait des reproches, ou vous embrasse, ou se montre à vous : délations, trahisons, émeutes, séditions, tumultes, ruine ; si le monde l'entoure ou que vous la voyiez dans un temple : de ces maux il pourra naître du bien. Femme qui tient un livre à la main : événement joyeux ; si le livre est ouvert et la femme voilée : prospérités sûres ; s'il exhale une bonne odeur : prospérité et réussite par des discours charitables ; si la femme est laide : prospérité provenant de choses basses, triviales et vilaines. Partager la couche d'une femme de votre connaissance : prospérité pour les parents de celle-ci. Voir une femme nue : désirs non satisfaits, orgueil ; mais si elle ne s'est pas aperçue qu'on l'ait vue nue, on commettra un gros péché.

FEMME DE CHAMBRE. — Voyez *Domestique*.

FENAISON. — La faire hors de saison : mauvais présage, guerres, épidémies, mortalités dans le pays ; pendant la saison prospérité, richesses, fortune, succès.

FENÊTRE. — Propriété, prospérité et richesse ; cessation de douleurs pour les affligés, santé pour le malade, mariage d'inclination pour qui n'est pas marié. Voir une fenêtre dans un lieu où réellement il n'y en a pas : commandement, empire autorité souveraine pour qui peut y prétendre, grand commerce pour le négociant ; bon présage, prospérité pour tout autre. Fenêtre brisée : mort. Voir quelqu'un par la fenêtre de sa maison : personne qui séduira votre femme. S'éloigner, descendre, tomber, se jeter d'une fenêtre : malheur proportionné à l'action que l'on a faite.

FENÊTRE (PETITE). — Plus large que haute : vertus d'une femme ; étroite et basse : ses mauvaises qualités. Être à une petite fenêtre basse et étroite: séparation scandaleuse d'avec votre femme; si elle est large: séparation tacite.

FENIL. — Plein de fourrages: on le vendra si on en possède; pour les autres bénéfices ou réussite dans leurs entreprises. Y voir de la terre ou des excréments: rabais dans les fourrages. S'il est vide et qu'on rêve de le remplir avec des excréments ou de la terre: on le remplira de fourrage, si l'on travaille dans ce genre, sinon, biens qu'on amasse. Le rêver comble, qu'il y a du fourrage amoncelé tout autour, et que le monde en prend: rabais dans le prix de l'article qu'on aura vu, qui sera très-abondant. Rêver qu'il y tombe du feu: renchérissement des fourrages.

FENOUIL. — Discours touchants et charitables.

FENTE. — Fente, crevasse, ouverture dans un mur: accroissement de famille.

FER. — Biens, force, prospérité. Fer rouge: peines douleurs. Manger du fer avec du pain: cacher ses affaires; en mâcher: médisance. Être frappé avec un fer: dommages, pertes. Avoir un membre en fer: voyez au nom de ce membre. Fer à cheval: voyage.

FERMIER. — Fortune inespérée.

FESSES. — Médisance. En voir de belles: infidélité; brunes et velues: vous aurez un fils fortuné qui vous survivra. Rêver qu'on a de grandes fesses veut dire qu'on prendra les biens qu'a eus, qu'aura sa femme et qui vous procureront de gros bénéfices. Rêver que quelqu'un vous découvre les fesses: vous serez déshonoré devant votre famille par la personne qui en songe vous les a découvertes; lorsque le songeur est une femme elle se mettra dans le commerce et fera beaucoup de dettes. Être traîné sur les fesses on tombera dans une très-grande gêne.

FESTIN, FÊTE. — Gêne, misère, affaires difficiles. Voyez *Noce, Danser.*

S'il y a de la musique : on entendra des choses désagréables d'une personne que l'on fréquente, ce qui vous causera du chagrin.

FEU. — Monarque, récolte, bien public, abondance, joie, richesses, bénéfices, sérénité religieuse, disette, péchés, griefs, tumultes, émeutes, séditions, destruction, tourments et souffrances envoyées par Dieu, actions contre la morale et la religion, génie du mal. Feu allumé est en général signe d'une nouvelle intéressante. Feu sans fumée : abondance de biens.

Feu modéré, clair, sans fumée ni étincelles : modération, tranquillité, bonne santé, sérénité, abondance, richesses, plaisirs. Grand feu : disputes et querelles, mauvaises nouvelles qui auront des suites fâcheuses, perte de biens ; petit feu : joie ; s'il prend vite : querelles ; s'il prend lentement : amour bienveillance.

Feu sur un point élevé et dont le monde tire profit : souverain ou homme riche et puissant qui sera utile au peuple. Feu alimenté par de l'huile à manger ou autre comestible : cherté de l'article qu'on aura vu brûler. Feu dans un marché, dans votre boutique ou magasin : bénéfices de commerce. En voir dans une boutique : gains et prospérités obtenus par des moyens illicites. Feu que l'on voit de loin dans une nuit obscure : grandeur, prospérité, contentement, triomphe sur vos ennemis. Feu d'un bûcher, voyez ce mot. Feu qui tombe du ciel : tumultes, insurrection dans la localité où on l'a vu tomber ; s'il tombe sur les maisons des riches : persécutions injustes ; sur des champs ensemencés ou sur des greniers : destruction de la récolte ; si le feu ne fait pas de fumée, ne lance pas d'étincelles ni de flamme : disette et maladies. Feu qui tombe du ciel sans causer de dégâts : soldats qui assailliront votre maison, mais qui deviendront vos hôtes. Feu qui vous tombe sur la tête et vous sort de la main brillant et étincelant : naissance d'un fils qui sera honoré et admiré du monde. Feu qui ne brûle pas au toucher : triomphe, renommée. Être au milieu du feu et ne pas sentir de chaleur : vérité en tous sens, prospérité, triomphe sur ses ennemis. Feu qui vous moleste par sa chaleur ou sa fumée : calomnies ; feu qui brûle : dommages, préjudice ; s'il vous brûle les vêtements ou le corps : malheurs, pertes.

Voir quelqu'un se brûler au feu : mauvais présage pour cette personne.

Marcher sur du feu : pertes, malheurs, désastres. Être brûlé vif : discours funestes tenus contre vous. Feu qui brûle tout ce qu'il rencontre : maux publics. Voir sa maison en feu, elle s'écroulera; et lorsque ceux de la maison voient le feu comme une lumière qui s'éteint : mort du propriétaire ou du chef de la maison; lorsqu'on voit un feu qui s'éteint ainsi au milieu d'une localité : mort du chef du pays; dans votre jardin : vous mourrez bientôt ainsi que vos enfants; et si, après s'être éteint, le feu est rallumé par le vent : des voleurs s'introduiront chez vous. Feu qui jaillit sur ceux qui passent à côté, ou dont la fumée les moleste : on poussera les autres à commettre des actions défendues par la morale ou la religion; ou bien on suivra un souverain injuste et tyrannique. Feu qui bruit, qui ronfle, qui pétille, fait jaillir des étincelles ou des flammes : souffrances dont est cause le souverain, maux publics, disette, invasion de sauterelles, maladies, épidémies; si le feu est contenu dans un vase quelconque, le génie du mal s'emparera de celui auquel le vase se réfère ou au lieu où le feu brûle ainsi. Le feu qui ronfle et bruit est encore signe de guerre; si dans la localité où l'on voit ce feu la guerre est impossible : il y aura une épidémie. Feu qu'on importe de votre maison : puissance, gouvernement, commerce, force pour l'année en cours, et selon la position sociale du songeur. Se tenir autour du feu sans en être molesté, prospérité, bénéfices et force. Allumer du feu : pour qui est à la guerre, victoire; s'il s'éteint, on sera vaincu, cessation de bénéfices pour le négociant. Femme qui réussit à allumer du feu en soufflant dessus : elle accouchera d'un fils.

Allumer facilement du feu : vos affaires auront une solution rapide; si c'est une femme qui fait le songe : excellent mariage qu'elle fera bientôt. Feu qui s'allume difficilement : remords, mépris, honte pour des époux, et particulièrement pour celui qui a fait le songe. Jeune fille qui cherche à allumer le feu sans y réussir : mauvais signe pour ses amours. Souffler le feu comme un domestique : humiliation, abaissement pour un riche; bonheur inattendu, pour un pauvre.

Allumer du feu à la porte du souverain : prospérité et puissance. L'allumer au milieu des ruines et appeler le monde : on entraînera son prochain dans la voie de l'aveuglement et de la perdition. Allumer du ou des feux pour indiquer le chemin aux passants : science, savoir, érudition pour les personnes studieuses; grandeur, amitié, profits pour les autres. Allumer du feu pour faire rôtir de la viande : médisance, calomnie; pour faire la cuisine dans un vase quelconque : exécution d'une chose dont on tirera profit. Avoir au feu une marmite vide pour faire la cuisine : on sera cause que d'autres commettent des actions défendues. Feu dans un fourneau : voyez ce mot. Pour ceux qui, dans leur métier ou profession, ne font pas usage de feu, travailler au feu ou y faire la cuisine veut dire qu'ils recevront des reproches pour une demande qu'ils auront faite dans l'intérêt de leur avenir. Feu ou flamme qui s'éteint : inimitiés, adversaires que l'on a dans la localité où on a vu s'éteindre le feu. Feu qui s'éteint dans la main : déposition ou perte du trône pour un souverain; perte de biens pour un souverain; perte de biens pour un négociant ou un propriétaire. Feu éteint par l'eau ou une averse inattendue, ou qui se réduit en cendres : perte de leur métier ou de leur profession pour ceux qui, dans leur ouvrage, font usage de feu; pour les autres : indigence.

FEU FOLLET. — Justicier, vengeur. En être poursuivi : remords ou punition méritée. Pour les honnêtes gens qui aspirent à la gloire, en voir de loin est signe d'encouragement; en voir un grand nombre voltiger autour de soi : gloire, renommée d'autant plus grande et durable que les feux étaient lumineux et nombreux.

FEUILLAGE, FEUILLES. — Ce songe est signe de succès, de biens et de prospérité; excepté les feuilles du figuier qui sont signes de deuil.

Une seule feuille d'arbre : amour partagé, vous filerez le parfait amour.

FÈVES. — En avoir ou en manger : querelles, disputes, litiges, procès, douleurs, deuil. Fèves vertes : toujours signe de malheur. Fèves cuites, de quelque façon qu'elles le soient : douleurs, deuil. Avoir une grande quantité de fèves : peut être bon signe; et les fèves sèches peuvent indiquer : les richesses et le bonheur.

FEZ. — Voyez *Tarbouche*.

FIANÇAILLES. — Pour un malade, les fiançailles avec une personne inconnue : présagent souvent la mort; pour qui ne l'est pas, ce rêve annonce qu'on combinera une affaire avec un souverain ou que l'on prêtera son témoignage pour un homicide. Fiançailles avec une personne que l'on connaît, si on en connaît le père et qu'il soit d'un âge mûr : cela indique qu'on acquerra une propriété ou des bestiaux.

FICELLE. — Se passer une ficelle autour de la taille en guise de ceinture, lorsqu'elle se casse : cela veut dire qu'on est arrivé à la moitié de sa vie; sinon : qu'on se mettra une ceinture pleine de monnaies. Pour le reste : même sens que *Fil*. Voyez ce mot.

FIEL. — Déchirer, couper avec ses dents le fiel à quelqu'un : mort, ruine de cette personne à cause de vous; s'il en est sorti du sang et que vous l'ayez bu : vous vous emparerez d'une partie de ses biens par l'intrigue, l'astuce, la tromperie.

Rêver que l'on vomit du fiel : fâcherie conjugale, ou contre les domestiques, perte d'argent pour une cause quelconque. Si on en boit : très-mauvais présage, excepté pour les malades ou les affligés qui guériront ou se consoleront.

FIÈVRE. — Avoir la fièvre : votre conduite sera telle que vous perdrez toute religion ; si on rêve qu'elle dure longtemps : on persévérera dans la voie du péché et des mauvaises actions ; l'avoir avec des frissons : indifférence religieuse.

FIFRE. — *L'instrument.* Objet mondain en ce qui a rapport aux plaisirs et aux amusements.

Celui qui joue le fifre. Homme qui aime tout ce qui est mondain, et préfère le mal au bien ; traître, intriguant.

FIGUES. — Ce fruit a plus d'une signification et il appartient au songeur de choisir celle qui s'adapte le mieux aux circonstances dans lesquelles il se trouve. Les figues représentent en général des biens, des richesses nombreuses. En manger dans la saison : profits ; hors de saison : le contraire. En manger peu : biens acquis honnêtement ; en hiver, signe de pluies si elles sont blanches, de froid si elles sont noires. Manger des figues, est encore signe de douleurs, de deuil, de chagrins et de repentir ; cela indique aussi des joies de courte durée, ou une vie humble, mais exempte de soucis ; lorsqu'elles sont vertes ; ignorance et si on en mange, désordre dans ses affaires. Figues sèches : contentement.

On dit encore que : manger des figues sèches indique des biens que l'on gaspille, ou que c'est signe d'expiation.

FIGUIER. — Homme riche, puissant, bienfaisant, à l'ombre duquel se réfugient les ennemis des croyants en la vraie religion.

FIGURE. — Voyez *Visage*.

FIL. — Témoin. Il indique encore un changement en pire. Prendre du fil veut dire demander un témoignage pour une affaire pendante. Fil noué : magie ; y faire un nœud : on obtiendra ce que l'on désire ; mais si le nœud ne réussit pas : il n'en sera rien. Jeter du fil sur quelqu'un : on l'entraînera au vice. Entortiller du fil sur un bois ou sur soi-même : voyage. En tordre : bouleversement dans votre position.

Certains interprètes disent, d'un autre côté, que : le fil est signe d'affaires embarrassées ou de friponnerie. En dévider : découverte d'une conspiration ou d'un secret ; l'embrouiller : découverte à votre désavantage. Fil d'or : succès, réussite, fortune, mais moyennant la fraude ou d'autres moyens illicites ; fil d'argent : découverte d'une fraude ou de choses malhonnêtes en général.

FILER. — Préparer quelque chose dont on aura besoin.

Filer et jeter la matière filée sur quelqu'un : on l'entraînera à la corruption. Filer et entortiller le fil sur un morceau de bois ou sur soi-même : voyage. Filer de la laine et du poil : voyage heureux et prospère et changement de position ; du coton ou du lin : humiliation pour une chose qui n'est pas dans votre dignité. Tout ce qui précède est pour les hommes. Quant aux femmes, filer, leur annonce le retour d'un absent; filer vite : il reviendra bientôt ; filer doucement : départ de la femme qui a fait le rêve en compagnie de son mari. Si elle file du coton, elle sera infidèle à son époux ; si elle croit filer des nuages : elle s'introduira dans les affaires et le conseil des savants. Si elle file du goudron, demande de droits qu'elle avait abandonnés.

FILETS. — En avoir en main : retour pour qui est en voyage, et peut-être sans avoir terminé les choses pour lesquelles on était parti ; chagrins encore plus grands, angoisses, pour les affligés, leur prospérité, bénéfices pour un pêcheur.

Ce rêve se trouve encore interprété de différentes façons. Les uns disent que les filets sont signe de séduction, de pluie ou de changement de temps ; d'autres qu'ils annoncent la perte de ses biens ou des infidélités en amour. Tomber dedans veut dire qu'on se laissera prendre à de vilaines amours dont on ne saura se tirer honnêtement. Jeter les filets à la mer et les ramener pleins de poissons : réussite et succès dans vos affaires. Il est des auteurs qui font une distinction entre filets à pêche, et filets à oiseaux, et pour lesquels les premiers sont signe de dégoût, les seconds de pertes.

FILEUR, EUSE. — Homme ou femme qui fait connaître le secret d'autrui.

FILLE. — Rêver que votre fille est morte : tout bonheur cessera pour vous. La rêver malade : maladie d'yeux. Rêver en vie sa fille déjà morte : heureux retour d'un absent, joie, félicité, contentement.

FILLE DE JOIE. — Voyez *Courtisane*.

FILLETTE. — En voir une : bonheur, contentement et profits ; en adopter une : fortune, richesses prospérité.

FILS. — Rêver d'avoir un fils : grossesse prochaine; rêver de s'accoucher d'un fils, lorsqu'on n'est pas enceinte :

succès. Rêver son fils malade : maladie d'yeux ; s'il a la petite vérole : quelque événement heureux arrivera soit à vous, soit à lui. Le rêver mort : vous serez délivré de vos ennemis. Rêver vivant un fils déjà mort : santé pour le malade, prospérité pour les autres.

FILTRE. — Ustensile, vase en terre servant à purifier l'eau. Il représente le maître de la maison, une boutique, votre femme enceinte. Et, par analogie, ce qui arrivera en songe au filtre, arrivera réellement au maître de la maison, à la boutique, à votre épouse.

FLAIRER. — Flairer quelque chose qui sent bon : contentement; si c'est une femme enceinte qui flaire : elle accouchera d'un fils qui sera sa consolation. Flairer une chose qui sent mauvais : dépit assoupi par un nouveau dépit.

D'autres prétendent que c'est signe de présomption, de corruption ou de prostitution.

FLAMANT. — Chef attentif, empressé. Ses paroles annoncent des bienfaits du gouverneur; ou bien supériorité, direction, commandement ; mariage avec une belle femme.

FLATTERIE. — Flatter par intérêt mondain et vénal : il vous arrivera quelque chose de désagréable ; par amour de la science ou de la religion : vous obtiendrez ce que vous désirez avec de grands honneurs et en affermissant vos croyances religieuses.

On dit que ce rêve ne doit pas être considéré comme mauvais pour un flatteur, et que pour tout autre il pronostique une humiliation mais non accompagnée du mépris d'autrui.

FLÈCHE. — Messager, envoyé, ambassadeur. La tirer sans toucher au but : demande faite par la bouche d'un envoyé et qu'on rejettera; si on touche au but : la demande sera agréée. Rêver que votre femme vous lance une flèche et vous frappe au cœur : elle obtiendra d'être aimée de vous à force de caresses et de cajoleries.

FLEUVE. — Grand seigneur, souverain. Le voir : désirs satisfaits; la limpidité d'un fleuve est l'équité du souverain.

11.

On dit que lorsque les eaux d'un fleuve sont claires, tranquilles et limpides cela est d'un bon augure pour ceux qui ont des procès, pour les juges et pour ceux qui sont hors de leur patrie. Si les eaux sont troubles, agitées ou puantes : disgrâce, perte de procès.

Fleuve qui entre en ville : venue du souverain ; s'il grossit plus qu'il n'est nécessaire et cause des dégâts : colère du souverain. Lorsque le fleuve emporte les denrées : le souverain confisquera les biens de ses sujets. L'élévation des eaux, au point que les habitants courent le danger de se noyer, est signe d'émeutes, de troubles, de tumultes dans la localité, de grands malheurs, de calamités publiques. Être emporté par les eaux d'un fleuve annonce toujours des pertes et des préjudices. Se noyer dans un fleuve : gains, bénéfices. Être au milieu d'un fleuve et arriver au rivage : on échappera à la colère du souverain ou d'un haut personnage, ou triomphe sur ses ennemis. Traverser un fleuve : sûreté, cessation de douleurs. Creuser le lit d'un fleuve ; en prendre les eaux ou les boire : acquisition de richesses. Boire un grand fleuve et ne pas se désaltérer, et le boire jusqu'à la dernière goutte : souveraineté que l'on obtiendra dans quelque position que l'on soit ; si on se désaltère et qu'on ne le boive pas seul : grandes richesses que l'on tiendra du souverain, longévité et force. Fleuve glacé : mort du souverain ou de son premier ministre, ou ils perdront leurs biens. Voir un fleuve aux eaux claires courir dans votre maison : grandes richesses ; s'il sort de chez vous et que les gens boivent de ses eaux : pour un riche, hospitalité et bien qu'il fera aux habitants de la localité ; pour un pauvre : il chassera de chez lui sa femme ou son fils pour cause de prostitution, d'insubordination ou d'injures. Voyez encore *Mer*.

Autres et différentes interprétations. Se trouver dans un fleuve aux eaux impétueuses : danger, procès sans fin ou litiges de la part de vos ennemis ; maladie et événement désagréable. Nager dans un fleuve impétueux : danger suspendu sur votre tête et surtout si le songeur se réveille pendant qu'il rêve de nager. Fleuve qui passe dans votre maison ou votre chambre, lorsque les eaux sont limpides : réussite dans vos entreprises avec l'aide de quelque riche ou puissant personnage, lorsque les eaux en sont troubles ou agitées et causent des dégâts dans les meubles : querelles, disputes en famille suscitées par un ennemi. Lorsqu'un fleuve prend sa source dans votre maison : biens pour le songeur, et s'il est employé : promotion. Se trouver en bateau sur un fleuve : bon signe, ou mauvais selon que les eaux seront calmes et limpides ou troubles et agitées. Rêver que l'on tombe dans un fleuve et se réveiller sur ces entrefaites : amour adultère pour une femme mariée pour laquelle vous perdrez richesses, temps et réputation. Rêver que l'on est sur le bord d'un fleuve et qu'une femme vous ayant poussé vous y tombez, mais que vous réussissez néanmoins à regagner la terre : zizanie, persécutions et exil du songeur causés par des ennemis.

FLUTE. — Place, emploi, grade, charge. Si le souverain vous en donne une : vous aurez le gouvernement d'une province, si vous êtes en position d'occuper une aussi haute charge ; sinon : prospérité. En jouer : vous étudierez et comprendrez les Saints Livres ; pour un malade ce rêve est signe de mort.

FOI. — Vérité.

FOIE. — Succession, biens, trésors. Le foie se réfère aux joies et aux douleurs, et ce qu'on y voit s'interprète aussi pour le corps. Le foie de l'homme et de l'animal ont la même interprétation ; mais on estime que celle d'un foie d'animal est meilleure. Un grand nombre de foies : découverte de trésors qu'on s'appropriera. Foie sorti du corps : découverte de biens cachés ; manger le foie de quelqu'un : acquisition de biens cachés ou enterrés, qu'on dissipera. Manger du foie : recouvrement de ses forces, ou : biens provenant d'un fils. Si on mange le foie d'un inconnu : on lui mangera ses biens. Se voir réfléchi dans un foie comme dans un miroir : mort prochaine. Douleurs au foie : tyrannie ou persécution de votre fils ; avoir le foie coupé : mort de votre fils. Engorgement au foie : agissements capricieux.

FOIN. — Voyez *Paille*.

FOIRE. — Voyez *Marché*.

FOLIE. — Biens proportionnés à la folie qu'on a rêvé d'avoir ; ou : quelque chose provenant d'un héritage ; ou : autorité, commandement. La folie est quelquefois signe de plaisirs et de joie.

Autre interprétation. Rêver que l'on est fou et que l'on commet toutes sortes d'extravagances devant le monde : longévité, protection d'un grand, amour et estime publique ; pour une femme mariée ce songe signifie qu'elle accouchera d'un fils qui deviendra un grand personnage ; si elle n'est pas mariée elle épousera un homme riche, beau et estimé ; il est d'un bon augure pour les maîtres d'école auxquels il annonce un grand nombre d'élèves, et pour les malades, auxquels il pronostique le rétablissement de leur santé.

Rêver un jeune homme fou : richesses pour le père provenant de son fils ; une femme : année fertile.

FONDEUR. — Homme dont le monde parle toujours.

FONTES. — Homme de peu de cervelle, d'un caractère instable, changeant ; ou : homme hypocrite, malhonnête. Jouer avec : on tirera profit d'un homme avec ses qualités.

FORCE. — Rêver d'en avoir plus qu'en réalité : constance religieuse, puissance en ce monde.

FORGERON. — Petit souverain qui s'est agrandi d'autant qu'est grand le travail fait par le forgeron. Il représente aussi un commandant d'armée ou un homme pervers. Rêver d'être forgeron et travailler au feu : acquisition de grandes richesses et de biens. Donner quelque chose à un forgeron : on consultera un homme pervers.

FORTERESSE. — Les douleurs cesseront pour donner lieu à la joie. La forteresse est encore l'image d'un souverain et est signe d'élévation. En voir une de loin : changement de pays ou changement en mieux de position. Y entrer : prospérité, piété ; se trouver dedans : vie pieuse et renommée.

FOSSE A MORT. — Creuser sa fosse : on se bâtira une maison. Creuser une fosse ou un tombeau et y trouver des personnes vivantes : grandes mortalités dans la localité. Creuser sur la fosse d'un mort inconnu : veut dire qu'on a le désir d'imiter ce mort dans ses actions en ce monde ; lorsqu'en creusant on arrive jusqu'au mort et qu'on le trouve en vie : prospérité, savoir, richesses acquises honnêtement ; mais si on le trouve mort : mauvais présage. Creuser un tombeau et une fosse et y voir vivante une personne morte : souvenir et renommée vivifiée pour votre famille, si le mort vous appartient; pour tout le peuple, si c'est un savant ou un souverain. Porter quelqu'un jusqu'au bord d'une fosse : on le persécutera jusqu'à ce qu'on l'ait ruiné. Mettre un mort dans la fosse : triomphe sur vos ennemis; le transporter d'une fosse, d'un tombeau à l'autre : on obtiendra ce que l'on désire.

Rêver qu'on vous met dans la fosse et qu'on jette de la terre sur vous : fortune proportionnée aux grains de terre qui vous auront recouvert. En sortir après avoir été enseveli : repentir et amendement de ses méfaits. Mourir près de la fosse sans avoir été enseveli : cessation de maux et délivrance de captivité. Voyez *Tombeau*.

FOSSÉ. — Mauvais présage. Passer dessus : tromperie; sauter : honte publique; y tomber : trahison, embuscade, guet-apens.

FOSSOYEUR. — Personne qui est à la recherche de sciences difficiles.

FOUDRE. — Grands dangers, malheurs, maux publics, grands vents, froids rigides, maladies, tyrannie, mort misérable: vous mourrez soit dans un incendie, soit déterré par les bêtes fauves. La foudre indique aussi l'apparition d'un souverain tyrannique dans le lieu où on l'a vue tomber, ou de voleurs, ou incendie et ruine de maisons. Foudre qui tombe chez vous: mort d'un malade lorsqu'il y en a, nouvelle de la mort d'un absent, perte de position, de puissance, agression de voleurs, incendie ou écroulement de votre maison. Lorsque la foudre tombe sur le toit ou la terrasse elle indique les calamités publiques, un tyran, ou est signe de corruption.

Rêver que la foudre tombe auprès de vous sans vous faire de mal : on abandonnera son pays, ou on en sera exilé. Rêver d'avoir été frappé de la foudre : bon rêve pour les pauvres car il en éloigne la misère; il indique tout le contraire pour les riches, et annonce aux exilés et à ceux qui se trouvent hors de leur patrie qu'ils n'y reviendront plus.

FOUET. — Chagrins domestiques, inconduite, prétention à la magie.

FOUINE. — Homme injuste, voleur, rapace, dont les actions ne sont utiles qu'après sa mort ; tromperie, astuce, fraude.

FOULE. — Ce rêve est signe de grands secours, d'élévation et grandeur pour un gouverneur ; pour un négociant : accroissement de clientèle ou de correspondants : pour qui vit d'aumônes, il en recevra d'abondantes. Foule qui en marchant soulève la poussière autour d'elle : prochain départ pour le songeur qui fera un riche butin ou réalisera d'un seul coup une belle fortune ; lorsque en même temps que la poussière on avait des éclairs et qu'on entend gronder le tonnerre : disette, gêne.

Foule qui vient au-devant de vous : larmes, douleurs.

FOULER. — Fouler quelqu'un aux pieds signifie qu'on mettra des empêchements et des entraves dans les affaires de cette personne.

FOUR. — Un four connu se réfère à son propriétaire, à ses affaires, à sa boutique ; et tout ce que l'on y voit en plus ou en moins, en bien ou en mal s'explique par l'état de ses affaires. Allumer un four : prospérités, santé. Voir son four allumé : grossesse de votre épouse. Construire un four : autorité souveraine pour les uns, impuissance de ses ennemis pour les autres. Avoir un four dans lequel il n'y a point de cendres : mariage malheureux. Voir du monde dans le point du four où on allume le feu : biens, bénéfices, surtout lorsque le songeur est une personne dans la profession ou le métier duquel est nécessaire l'emploi d'un four.

Four inconnu. — Habitation souveraine, le blé ou la pâte que l'on porte à ce four sont les entrées publiques ou les héritages qui reviennent au gouvernement. Le four inconnu se réfère aussi à un marché. Envoyer du blé ou de l'orge à un four inconnu : mort d'un malade dont les biens écherront au Gouvernement ; pour qui ne l'est pas et se trouve arriéré dans le payement de ses impôts, de son loyer, etc., il sera obligé de payer sans retard; si l'on ne doit rien à personne, on enverra vendre quelque chose au marché; et si ce que l'on rêve d'envoyer au four est de l'orge: le prix qu'on retirera de la vente sera bien près du coût; mais si c'est du blé: la vente produira un bon bénéfice et qui peut s'élever jusqu'à 50 0/0. Voir un four inconnu dans le palais du souverain, lorsque celui-ci se trouve dans un position critique il s'en tirera; s'il a des ennemis il les abattra et en triomphera.

FOURMI. — Activité, longévité, abondance, indigence, mort. Un grand nombre de fourmis: richesses, longévité. En voir sortir d'un trou: douleurs. Fourmis qui montent sur un lit ou un canapé: enfants. Fourmis qui vous marchent sur le corps: mort, si vous êtes malade. Fourmis qui vous sortent du nez, de la bouche, ou de toute autre partie du corps: mort de la personne à laquelle elles sortent. Fourmis qui entrent dans votre maison en portant ce qu'elles ont recueilli: prospérité et abondance; si elles en sortent: indigence. Voir des fourmis qui entrent dans une ville, une localité quelconque: entrée de soldats en ce lieu; si vous les voyez s'enfuir: larrons qui y commettent des vols. Voir une grande quantité de fourmis dans une ville sans qu'elles y fassent de dégâts: augmentation de population.

FOURMILLÈRE. — Elle est l'image d'un petit bourg, d'un village; et l'interprétation des choses qui s'y succèdent se devra faire en ce sens.

FOURNEAU — Chef de la maison ou son épouse. L'allumer et y faire cuire quelque chose: utilité. Si on l'allume sans s'en servir: dépenses pour une personne pauvre desquelles on ne tirera aucune utilité. Fourneau en fer: mère de famille, sage et avisée; en cuivre: mère de famille, mais qui aime à aller dans le monde; en bois: femme qui appartient à un peuple, une localité, un lieu quelconque où il y a un grand nombre d'hypocrites; en plâtre: femme qui appartient à une famille perverse, au cœur dur, du bois dont on fait les tyrans ; en terre : femme pieuse. Lorsque dans un de ces différents fourneaux il y a du feu : cette femme a des parents et des descendants ; s'il n'y a pas de feu : inaction. Il est entendu qu'en disant fer, cuivre, bois, plâtre et terre nous voulons parler de la partie extérieure du fourneau et non de celle où se met le feu.

FOURNEAU MARDGIAL (1). Chef de famille, homme ou femme.

FOURREAU. — Voyez *Épée*.

FOURRURES. — En porter pendant l'hiver : prospérité et richesses ; pendant l'été : prospérité mêlée d'ennuis et de chagrins. Les mettre à l'envers : apparition de biens et de richesses qui sont à l'abri de toute éventualité.

FRAISE. — Femme étrangère, d'une grande beauté, riche et honorée. Un grand nombre de fraises : biens, richesses qu'on obtiendra par le moyen d'une étrangère.

FRANGE. — Vraie croyance, amitié avec d'honnêtes gens et science des Saints Livres. La prendre, la tirer ou rêver de s'y suspendre : hérétique qui se convertira à la vraie religon. Se réveiller en rêvant que l'on tient de la frange : mort dans la vraie religion.

FRAUDE. — Employer la fraude au détriment de quelqu'un : on aura à supporter les conséquences d'une fraude pendant que la personne qu'on aura tenté de tromper se réjouira.

FRAYEUR. — Bénéfices acquis par l'injustice et la tyrannie, on tombera dans le mal. Rêver que l'on meurt de frayeur : mort dans l'indigence et maudit pour les injustices et tyrannies commises.

FRICTION. — Voyez *Oindre*.

---

(1) Espèce de fourneau portatif.

FROID. — Rêver qu'il fait froid : longévité, mais mauvaise santé. Le sentir : indigence ; froid rigide : souffrances, maladie, malheurs lorsqu'on fait le rêve hors de saison. Rêver en hiver que le froid frappe des lieux cultivés : année abondante ; si c'est une ville : souffrances.

FROMAGE. — Doctrine, savoir, érudition, science, biens, bénéfices, richesses, tranquillité, quelquefois mariage. Le fromage frais a plus de force, de signification que l'autre. Le salé ou aigrelet se réfère à des biens haïs, vus d'un mauvais œil et est encore signe de chagrin et de deuil. Manger du fromage : gains, bénéfices ; du pain et du fromage : difficultés inattendues.

FROMENT. — Voyez *Blé*.

FRONT. — Mal au front : amoindrissement de considération, tache à l'honneur.

Front beau et blanc : heureux présage ; rouge : vice versâ ; cassé, rompu, déchiré : chagrins.

FRUITS. — Le fruit est en général signe de profits et de bénéfices ; il est encore présage de sûreté, de richesse pour un pauvre et d'accroissement de biens pour ceux qui en ont. Tout fruit qu'on cueille pendant la saison : bon présage, vie pleine de prospérité et de piété. Croire que l'on cueille des fruits du Paradis : science. Cueillir des fruits tout en étant assis : richesses sans peines ; et lorsqu'en les cueillant il vous semble que l'arbre vous ait dit des choses agréables, satisfaisantes : ces biens seront tels qu'ils surprendront tout le monde. Cueillir des fruits hors de saison : est ordinairement d'un mauvais augure et peut-être signe de douleurs et de deuil. Tout fruit vert hors de saison, s'il vous appartient ou a été pris sur un arbre qui vous appartienne, et en manger : acquisition de biens par des moyens honnêtes. Lorsque ni l'arbre ni les fruits ne vous appartiennent : vous acquerrez ces biens illicitement ; ou volerez son savoir, sa doctrine à un savant. Le fruit jaune est ordinairement : signe de ma-

ladie, excepté quelques-uns, comme on le verra aux différentes espèces ; le fruit aigre: douleurs, deuil ; âpre, même lorsqu'il est mûr : envie, rage ; qui en mange sera probablement bâtonné. Le fruit qui se conserve, tel que les dattes, les raisins, etc., est généralement d'un bon augure. Ordinairement tout fruit doux, pourvu qu'il ne soit ni jaune, ni aigre : est signe de prospérité et de biens, excepté le raisin noir et les figues noires, qui ne sont pas de bon augure. Ramasser des fruits par terre : inimitié et litiges avec quelqu'un. Manger des fruits inconnus pendant que les arbres sont en fleur ou à l'époque des fruits: joies ; en d'autres temps: malheurs. Rêver des fruits sur soi: empressement, travail pieux et prospère. Arbre chargé de fruits qui vous plaisent : exhortation et conseils d'une personne que l'on croit ou qui est riche; si on n'en cueille pas : on échappera à des maux ; si on en prend: duperie, argent mal dépensé.

FRUITS DE MER. — En manger : dispute, fâcherie avec une personne qui nous est chère.

FUMÉE. — La fumée présage la punition et les souffrances imposées par Dieu ou une humiliation qu'on aura à subir de la part du souverain.

D'autres disent qu'elle annonce un succès très-lent dans ses affaires, qu'elle est signe de fausse gloire, de vanité, de médiocrité.

Voir de la fumée qui sort de votre boutique : richesses et prospérités provenant du souverain après avoir été déshonoré et avoir subi de grands malheurs. Fumée sortant du dessous d'une marmite dans laquelle cuit de la viande : prospérité, providence, richesses, après des malheurs. Fumée qui obscurcit tout à l'entour : signe de fièvre. Etre molesté par la fumée et la chaleur de la fumée : chagrins et douleurs.

Etre suffoqué par la fumée : malheur. Absorber ou avaler de la fumée : colère contre un ami, ou fâcherie conjugale, dommages provenant de rancunes.

FUMIER. — Songe de très-bon augure.

FUNÉRAILLES. — Suivre des funérailles : bonnes actions;

lorsque le convoi se dirige vers un marché : on réussira dans une chose dont on ne jouira pas longtemps. Rêver que l'on suit les funérailles d'un ami déjà mort, au milieu des pleurs et de la désolation : mariage avec un de vos parents, au milieu du bonheur et de la joie; ou : mort d'un parent du défunt. Rêver que l'on est mort et que vos funérailles se font au milieu d'un grand concours de personnes sans que pourtant il y ait de prêtres : prospérité mondaine et irréligion ; si vous rêvez que vos funérailles ne se font pas comme c'est l'usage : vous approcherez d'un grand personnage duquel vous aurez du bien. Voyez *Obsèques*.

FURET. — Homme insolent, injuste et au cœur dur. S'il entre dans votre maison : un astucieux saura s'y introduire.

FURONCLES. — Biens proportionnés à l'humeur qu'ils contiennent. En avoir aux mains et s'il en sort de l'humeur : dépenses dont on ne ressentira aucun préjudice.

FUSEAU. — Voyez *Quenouille*. Lorsque la boucle, le petit crochet qui est au bout du fuseau se brise : l'absent que vous attendez ne reviendra pas.

FUTAILLE. — Voyez *Tonneau*.

G

GABRIEL. — Rêver l'ange Gabriel mécontent, en dispute, en querelle avec vous : contrariété qui surgira dans vos affaires et vous poussera à l'irréligion. Le rêver triste et chagrin : mauvais présage sous tous les rapports. Rêver qu'il vous donne à manger : vous irez au paradis.
Voyez *Ange*.

GAGE. — Rêver qu'on vous donne quelque chose en gage :

vous serez trompé mais vous recouvrerez ce qui vous appartient par le moyen de la personne qui en songe vous a donné le gage. Donner un gage est quelquefois signe d'indiscrétion et de folie; et le recevoir : est encore signe de procès et de litiges qui se prolongeront à l'infini.

GAGNE-PETIT. — Hypocrite, qui sème la zizanie parmi ses semblables.

GAIETÉ. — Chagrins, adulations et flatteries qui auront de tristes conséquences.

Selon d'autres être gai ou éprouver de la joie indique la sérénité de l'âme et aussi que l'on doit se rassurer si l'on a des craintes.

GALE. — Pour les riches : ce rêve est signe de supériorité et de commandement; pour les pauvres : il est d'un mauvais présage. Rêver que les boutons en sont secs : chagrins, peines causées par des parents; lorsqu'ils sont pleins d'eau : biens acquis avec peine; lorsqu'il y a de l'humeur : toujours signe de biens et de bénéfices croissants.

Ce rêve peut encore être signe de richesses honnêtement amassées. Lorsqu'une femme mariée fait ce rêve : mépris qu'elle s'acquiert par sa conduite, si elle n'est pas mariée, elle épousera un homme riche mais avare.

GALONS MILITAIRES. — S'ils sont rouges : signe d'une grande quantité de denrées; s'ils sont jaunes : épidémie dans l'armée; verts : voyage heureux; blancs : pluies; noirs : disette; ce rêve est signe de mariage : pour une femme; de joie et contentement pour un prêtre.

GAMELLE. — Ami de l'homme, et mieux encore lorsqu'elle contient des mets doux.

GANGRÈNE. — Grandes richesses, qui seront d'autant plus nombreuses que la gangrène sera plus étendue par le corps.

GARANTIE. — Rêver que l'on garantit quelqu'un : veut dire qu'on prendra cette personne en défaut et qu'on lui donnera une leçon de civilité à propos d'une chose qu'elle a l'habitude de reprocher aux autres. Ce rêve est encore signe de rancune et de dépit ; et garantir quelqu'un : signifie que cette personne se piquera pour quelque chose que vous lui ferez.

On prétend d'un autre côté que garantir quelqu'un, pronostique qu'on sera aidé, appuyé par un grand ou par un ami très-intime.

Garantir un jeune homme : veut dire que l'on exhorte un ennemi au bien; un pauvre : signe de bonnes actions, si le songeur est pauvre; s'il est riche : il viendra en aide aux nécessiteux, ou se conduira en homme de cœur et charitablement, ou exhortera son prochain au bien lorsque la garantie est faite pour une chose que l'on ne connaît pas, ou du grain ou du pain, mais lorsqu'il garantit pour de l'argent, il sera au contraire cause d'obscénités que pourtant il évitera. Rêver que l'on vous garantit : grandes prospérités.

GARÇON. — Avoir un petit garçon : chagrins; en voir un de loin : douleur. Tenir sur ses genoux un petit garçon qui pleure : on jouera un instrument. En adopter un : douleurs, malheurs. Rêver grandi un petit garçon : mort. Voir un livre dans les mains d'un petit garçon : bon présage, nouvelle.

GARDE. — Faire la garde à quelqu'un : on surveillera quelqu'un pour lui empêcher de faire du mal, ou de commettre une injustice, ou on évitera le mal que pourrait vous faire un mauvais génie. Ce rêve est encore signe de bienfaits célestes en ce qui concerne la religion.

Garde qui est chargée du maintien de l'ordre public dans les villes, etc. Ce rêve est signe de bonne harmonie, de sûreté dans les affaires. L'appeler : foi, confiance. Si la garde emporte quelqu'un : il arrivera à cette personne quelque chose de désagréable et qui vous affligera. Être pris par la garde : réussite par sa constance dans le travail que l'on fait.

GARDE-MANGER. — Il représente la mère du maître de la maison, et il est encore signe d'économie. Y jeter des cailloux : on mettra dans le commerce une somme d'argent proportionnée au nombre des cailloux qu'on y a jetés et on trafiquera des choses sur lesquelles les cailloux sont tombés.

D'autres disent que le garde-manger est d'un mauvais augure pour la maîtresse de la maison, pour laquelle il est signe de mort si on le voit en feu ou tomber, ou s'écouler.

GARDE-MEUBLES. — Gros bénéfices.

GATEAU. — Belle femme.

D'autres affirment que ce songe est signe de joie et de bénéfices pour les femmes; et de revers, pertes, pour les hommes. Ce rêve, fait le dernier jour de l'année, est signe de longévité et de bonheur pour toute la famille du songeur sans exception.

GAUCHER. — L'être : gêne, existence agitée, sans repos, pleine d'amertume.

GAZE. — Même sens que *Satin*.

GAZELLE. — Belle femme, étrangère. Le cri de la gazelle : on rencontrera une belle étrangère. Gazelle qui vient au-devant de vous en menaçant : révolte de votre femme. Courir après une gazelle : accroissement de force et puissance. Aller à la chasse d'une gazelle : on séduira une belle femme; si vous êtes sur le point de l'attraper : après l'avoir séduite, vous l'épouserez. Lancer une pierre, un caillou à une gazelle : vous frapperez votre femme, ou vous la répudierez, ou la délaisserez pour une autre. Tirer de l'arc contre une gazelle : vous amènerez une femme à satisfaire à vos désirs. Attraper une gazelle : héritage et bien-être; la prendre : possession honnête de richesses, mariage avec une belle femme, pieuse, honnête et charitable. La porter à la maison : mariage d'un fils. Tirer une gazelle et lui lever la peau : on partagera malgré soi la couche d'une femme; en manger les chairs : richesses que l'on obtiendra avec l'aide d'une femme. Être changé en gazelle : vous filerez des jours d'or et de soie.

GELÉE. — Voyez *Froid*.

GENCIVES. — Rêver qu'elles ont grossi beaucoup : conservateur de ses richesses et avertissement d'être plus sobre et modéré dans la nourriture. Lorsqu'elles grossissent au point de boucher la bouche et toucher le palais : on peut être bien près de la mort.

GÉNIE. — Génie inconnu : discordes. Rêver qu'un mauvais génie entre chez vous : entrée de voleurs qui vous voleront.

GÉNISSE. — Même sens que *Veau*.

GENOU. — Le genou se réfère à l'activité de l'homme dans ses affaires et aux moyens de surmonter les difficultés que l'on rencontre dans sa vie ; tout ce qu'on verra aux genoux en bien ou en mal devra s'interpréter pour la personne à laquelle appartiennent les genoux rêvés. Rêver qu'on a la peau forte : vie heureuse, sans faiblesses ; genoux sans peau : accroissement de peines. Si la peau du genou est grosse et enflée : bénéfices gagnés à la sueur de son front. Si un malade rêve d'avoir un genou malade : mort prochaine. Avoir les genoux détachés et rêver qu'un médecin vous les a remis en place : on s'habillera tout de neuf, et si cela n'a lieu que pour le genou droit : on obtiendra la faveur d'un souverain ou d'un gouverneur.

Autres interprétations. Avoir les genoux en bon état et sains : réussite dans vos opérations ; pour une femme cela indique qu'elle s'attirera l'estime de tous par ses soins du ménage. Quand les genoux sont enflés ou malades, ou qu'on y ressent des douleurs : chagrins, maladie pour un membre de la famille. Genoux cassés : mort d'un parent ; coupés : perte de biens, lointain voyage ; blessés de façon à ne pas pouvoir marcher ou desséchés : pauvreté, indigence, incertitudes causées par le manque de travail. Ressentir une grande fatigue aux genoux : maladie. Se mettre à genoux : mauvais présage. Marcher avec ses genoux par défaut de ses pieds : perte de biens, désastre, catastrophe.

GEOLIER-FOSSOYEUR.

Une certaine catégorie d'interprètes est d'avis que ce songe pronostique des obstacles, chagrins, trahisons, infidélité conjugale.

GERME, GERMER. — Toute chose que l'on voit germer est d'un bon présage, et l'interprétation se fait dans la personne ou la chose représentée par ce que l'on a vu germer. Excepté les herbes ou autres plantes qui germent d'elles-mêmes, voir germer quelque chose qui n'ait pas été planté et aurait dû l'être pour germer : annonce la naissance de bâtards ou une trouvaille qu'on fera en ce lieu, ou des annonces qui y seront distribuées.

GINGEMBRE. — En manger : rancune.

GIRAFE. — Même sens que *Chameau*.

GIRAUMONT. — En voir ou en manger : maladie dangereuse, douleurs, deuil. Le giraumont est encore l'image d'une femme enceinte; en voir un grand nombre pronostique quelquefois des richesses.

GIROFLE. — Voyez *Drogues*.

GIROUETTE. — Changement, dons, bénéfices qui vous échappent des mains.

GIVRE. — Voyez *Gelée*.

GLACE. — Tourments, tyrannie, malheurs, maladies dangereuses, dont on guérira lorsque le rêve est fait hors de saison. Glace dans un vase, un ustensile qui ne peut tenir d'eau, comme, par exemple, un panier : grandes craintes; glaces sur des champs ensemencés : fertilité et prospérité. Recueillir de la glace : richesses, argent. Rêver que l'on est glacé est signe d'appauvrissement en quelque époque que l'on ait fait le songe. — GLACE, *Miroir*, voyez ce mot.

GLAIVE. — Voyez *Épée*.

GLAND. — Homme difficile, parcimonieux, avare, amasseur de biens.

GLANER. — Glaner dans les champs d'une personne que l'on connaît : bénéfices épars, à diverses reprises, qu'on tirera de cette personne.

GOMME. — Bénéfices que l'on recueille de choses de luxe, qui ne sont point nécessaires. Ce songe est encore signe d'aumône.

GORGE. — Même sens que *Cou*.

GOSIER. — Rêver qu'on l'a sec : indigence proportionnée à la sécheresse du gosier ; humide : tout le contraire.

GOUDRON. — Biens provenant de trahisons. S'en salir les vêtements : vie honnête ; en jeter sur quelqu'un : accuser ou nuire à un innocent. Femme qui rêve de filer du goudron : elle réclamera pour des droits qu'elle avait d'abord abandonnés.

GOURMANDISE. — Désordres, dissipation, vie corrompue et débauchée suivie de repentir et du désir de s'amender. Cela indique encore bonne santé en famille.

GOUT. — Aliment qui a un goût exquis : contentement et providence ; s'il a un goût amer : vous demanderez une chose qui sera cause d'ennuis et de souffrances. Mets inconnu et qui vous dégoûte : mort ; si le goût ne vous plaît pas, mais sans que pour cela l'aliment vous dégoûte : craintes et pauvreté. Mets qui a un goût extrêmement fort : maladie qui vous empêchera de manger.

GOUTTE. — Dilapidation de biens ; dettes que l'on ne pense pas à payer.

GOUVERNEMENT. — Obtenir du souverain le gouvernement d'une province près de la capitale : acquisition rapide d'honneurs, de renommée, de piété et de richesses ; lorsque la province est éloignée, on obtiendra toutes ces choses, mais avec lenteur.

GOUVERNEUR. — Embrasser un gouverneur : on le deviendra à sa place. Le voir qui tient une chandelle à la main : il sera destitué ; s'il vous donne un parchemin : il vous arrivera quelque chose. S'il vous donne une ceinture ou un ceinturon : prospérité.

Rêver de l'être : bon présage, vos services seront enfin récompensés.

GERCE. — *Insecte :* voisin, domestique, voleur ; homme que l'on prend à forfait.

GRADÉS. — Soldat gradé : ange de la mort, chagrins.

GRAINES. — Semer des graines dans la terre se réfère au fils du songeur ; lorsqu'elles germent : élévation et honneur pour son fils ; si elles ne germent pas : douleurs pour celui-ci. Voyez *Semailles*.

GRAINES *qui servent pour l'usage de pharmacie* : livres et doctrines, sciences.

GRAINES LÉGUMINEUSES. — Chagrins, désunion avec ses inférieurs, surtout lorsqu'on en mange.

GRAISSE DE PORC. — Biens acquis par des moyens malhonnêtes.

GRAND'MÈRE, GRAND-PÈRE. — Voyez *Aïeux*.

GRAND-VIZIR. — Voyez *Ministre*.

GRANGE. — Voyez *Grenier*.

GRAPPE. — Une grappe de raisins indique que l'on obtiendra de son époux ou épouse des biens amassés ; une grappe est encore évaluée à mille monnaies d'argent. Grappe de raisins qui pend d'une treille : grosse somme d'argent près d'être gagnée ; la cueillir : bénéfices, profits réalisés lorsque le raisin est blanc ; présage funeste si le raisin est noir. — Voyez *Raisin*.

GRATTER. — Se gratter sans motif : événement qui vous jettera dans la confusion.

GRAVEUR. — Celui qui grave sur des pierres des paroles ou versets religieux est un homme qui instruit les ignorants. Celui qui grave sur bois et y fait des ornements, embellissements est un hypocrite qui se mêle des affaires de son prochain.

GRÊLE. — Trouble, tristesse, souffrance, malheur, quelquefois maladie. Grêle qui tombe sur des champs ensemencés et qui n'y cause aucun dégât : fertilité et prospérité, surtout alors qu'on la ramasse. Grêle qui tombe en très-grande quantité sur la campagne : mauvais signe pour les moissons, principalement lorsqu'on rêve que cela a lieu à une époque où il n'en tombe pas ; lorsqu'elle est en petite quantité et fait des dégâts : disette, maladies, épidémie. Grêle qui tombe dans une ville : ennuis, souffrances. Recueillir de la grêle avec un tamis, une passoire, un linge et tout ustensile qui ne peut tenir de l'eau : appauvrissement, pour un riche ; craintes pour des marchandises qui sont en chemin pour un négociant ; perte de ses gains pour un pauvre.

GRENADE. — Grenade douce : biens amassés, joies ; si elle ne l'est pas : chagrins et douleurs.

D'autres disent que les grenades sont signe de volupté et de puissance.

Avoir en main une grenade : mariage ; à une personne mariée : cela peut annoncer la naissance d'un fils ; à un gouverneur : l'administration d'une riche province ; à un négociant : des richesses. Cueillir une grenade aux grains rouges : grande fortune ; aux grains blancs : petite fortune. En exprimer le jus et le boire : dépenses pour soi-même, suivant la quantité de jus qui en aura été exprimée ; s'il en est peu sorti : signe d'avarice ; beaucoup : prodigalité ; s'il n'y en a pas du tout : avarice dégoûtante et sordide ; s'il en sort un suc doux ou fade : dépenses faites volontiers ; s'il est aigre : les dépenses seront faites forcément. Manger de la peau de grenade : guérison d'une maladie.

GRENADIER. — Personne religieuse et gentille : ses épines l'éloignent de la persécution. En tailler un : on perdra ce sentiment de pudeur et de honte qui vous retenait jusqu'alors d'avoir commerce à vos plus proches parents.

GRENIER. — *MATMOURA* (1). Abondance. Il représente la mère du songeur. S'il est brisé ou enterré : mort de votre mère lorsqu'elle est enceinte ou malade, ou de toute autre

---

(1) Matmoura est un très-grand vase en terre dans lequel on conserve les blés en Orient.

femme enceinte qui est chez vous. S'il contient du blé : on vendra ce blé. Y voir de la terre et des excréments : rabais du prix des blés qui y sont contenus. Le voir vide et rêver qu'on le remplit avec de la terre et des excréments : on le remplira de blé. Rêver qu'il est comble, qu'il déborde et que le monde prend de ce qui en sort : rabais dans le prix de l'article qui y est contenu, lequel sera très-abondant. Rêver qu'il y tombe du feu : accroissement du prix de ces denrées. Y tomber soi-même : même sens que tomber dans un puits. Voyez ce mot.

GRENOUILLE. — Homme religieux et persévérant dans la piété. Le croassement de la grenouille annonce que l'on prendra part aux affaires de souverains, de princes, de grands ou de savants. Grenouille qui parle : présage de mort; mais si c'est à vous qu'elle parle : prospérités. Voir un grand nombre de grenouilles dans les airs : graves calamités qui frapperont la contrée. En manger : biens provenant de vos amis; et lorsqu'on comprend qu'un tel aliment ne vous fait pas de mal : le songe est signe de récolte.

Certains écrivains prétendent que la grenouille est présage de tromperie et de persécutions de la part de faux amis; quelques-uns affirment de leur côté qu'elle est signe d'adulation et de méfiance. Les voir qui sautent : chagrins. Grenouilles qui coassent : parleurs ignorants et indiscrets.

GRIFFE. — Rêver qu'on a des griffes : est signe de force et de puissance.

GRIL. — Chef de famille; il peut indiquer aussi un serviteur avisé qui vous seconde.

GRILLE. — Emprisonnement; en briser une : mauvais présage.

GRILLON. — Personnage vigilant, attentif, qui met son prochain en garde contre les pervers.

GRIVE. — Personne perverse, méchante, souvent voleuse et dont il faut se méfier.

GROSEILLE. — Groseilles rouges : amitié, constance;

blanches : pureté, piété ; noires : infidélité conjugale ou entre amants. Ce rêve a la même signification à quelque époque de l'année qu'il soit fait.

GROSSE CAISSE. — Qui joue seule : fausse nouvelle publique.

GROSSESSE. — Femme qui rêve d'être enceinte : naissance d'un garçon, guérison prochaine, accroissement de biens. Homme qui rêve une femme enceinte : accroissement de bien-être ; s'il rêve de l'être lui-même : diminution de prospérité.

GROSSEUR. — Etre plus gros que la juste mesure : vie courte pour ceux qui ne sont pas malades ; pour qui l'est : guérison. Rêver que l'on est plus gros que les autres : signe de mort.

GROTTE. — Rêver qu'on y entre : droiture et perfectionnement en religion ; vous serez appelé au conseil du souverain ; si vous revez d'entrer dans une grotte qui se trouve au niveau du sol : vous trahirez un souverain ou un homme difficile.

GRUE. — Etranger pauvre, faible, chétif. En prendre une : mariage avec une femme de basse extraction et grossière. En suivre une ; voyage lointain ; pour un voyageur : heureux retour. En voir qui volent autour de la ville : grands froids. En rêver en hiver un grand nombre réuni : présage de voleurs et d'assassins. La grue est d'un bon présage pour les voyageurs et pour ceux qui veulent se marier ou désirent des enfants. Rêver qu'il en vient une sur nous : pauvreté ; pour un pauvre : voyage.

GUÉBBA. — Voyez *Veste*.

GUENON. — Voyez *Singe*.

GUÉPARD. — Homme emporté et qui n'oublie ni les injures ni les services. Ce songe se réfère encore aux discours d'un homme avide, insatiable.

12.

GUÊPE. — Personne pédante, antipathique, odieuse, homicide. Le bourdonnement de la guêpe : promesses d'un homme de basse origine, dont on n'obtient l'accomplissement qu'avec l'aide d'une personne corrompue, perverse. Être piqué par une guêpe : paroles à votre charge, médisance, calomnie, proférées par le plus abject des hommes. En voir qui entrent dans un lieu quelconque : troupes nombreuses qui viendront assaillir les gens de cette localité.

GUÉRAB. — Voyez *Sacoche.*

GUERRE. — Aller ou voir aller à la guerre : bon présage, on obtiendra ce que l'on désire, et ceux que l'on voit y aller auront fortune, santé et puissance. Se battre en guerre : triomphe sur ses ennemis; être vainqueur : bénéfices certains, commerce. Être tué à la guerre : grands avantages, fortune et honneur ; y être inactif : grand danger d'être persécuté. Tourner les talons aux ennemis : insouciance, négligence du bien de sa famille, négligence envers ses parents, irréligion.

Guerre entre deux souverains : insurrections, émeutes, troubles, intrigues, disette, épidémie, maux publics. Guerre entre sujets et souverains : rabais dans le prix des vivres. Guerre civile : renchérissement des vivres. Entre deux peuples de religion différente : triomphe de ceux qui suivent la vraie, quelle qu'en soit l'issue en songe.

GUITARE. — L'entendre jouer : mensonges ; pour qui en joue : commandement et quelquefois chagrin. En jouer chez soi : malheurs ; s'il s'en casse quelque corde : on évitera des chagrins.

Tout instrument à cordes de même genre a un sens identique.

H

HABITS. — Voyez *Vêtements*.

HACHE. — Guerrier, homme valeureux, intrépide ; personnage franc et loyal qui fait une guerre acharnée aux hypocrites, les démasque et les abat.

Quelqu'un prétend que ce songe est signe d'inimitiés, de haines irréconciliables ; de grand danger, danger de mort lorsque le songeur est un grand personnage.

HACHOIR. — *Table où l'on hache la viande.* Hypocrite qui se met entre les personnes rivales ou ennemies et les excite les unes contre les autres.

HACHOIR. — *Grand couteau.* Homme fort, valeureux, qui réconcilie les ennemis.

HAIE. — Même sens qu'*Épine*.

HAINE. — Ce rêve n'est pas d'un bon présage.

Pourtant certains auteurs affirment qu'il annonce le gain d'un procès ou l'appui d'un ami puissant.

HALEINE. — Avoir l'haleine mauvaise, tristes conséquences de louanges qu'on s'est prodiguées. Sentir à quelqu'un l'haleine mauvaise : injures qu'on entendra.

HALLEBARDE. — Comme *Lance*.

HALLES. — Voyez *Marché*.

HAMMAN ou **HAMMANGUI.** — Voyez *Étuviste*.

HANNAT. — Voyez *Boutiquier*.

HANNETON. — Personne vaine, légère, étourdie qui ne pense qu'aux biens de ce monde.

HARAZ. — Voyez *Bague en verroterie*.

HAREM. — Entrer dans le harem d'un souverain et y avoir commerce avec ses femmes : honneurs.

HARICOTS. — En herbe : maladie ; haricots verts : peste, douleurs. Haricots cuits de quelque façon qu'ils le soient : malheur pour tous ceux qui en prennent. Une très-grande quantité de haricots peut quelquefois être d'un bon présage ; s'ils sont secs : biens et consentement.

HARMALE. — Chaque paquet de cette herbe équivaut à cent monnaies d'or ou d'argent, selon la position du songeur.

HARPE. — Même sens que *Guitare*.

HATTAB. — Voyez *Marchand de fascines*.

HÉLAL. — Voyez *Lune*.

HÉMORROIDES. — Rêver qu'elles sont gonflées et laissent échapper du sang mêlé d'humeur ; triomphe sur vos ennemis ; s'il n'en sort que de l'humeur : gains, profits qui s'accroîtront toujours.

HENNÉ. — Ce songe signifie qu'on préparera quelque chose pour un besoin, ou se réfère à un outil, un ustensile nécessaire à l'homme. Se teindre les ongles des pieds avec du henné : grand respect et vénération envers Dieu ; pour une femme cela est signe de grands égards de la part de son mari. Si la teinture ne prend pas, signe que le mari ne démontre pas pour elle autant d'amour qu'il a en réalité. Rêver que le henné n'a pas bien pris dans la paume de la main gauche : existence difficile ; si cela arrive pour la main droite : on commettra un homicide. Rêver qu'on a les deux mains teintes de henné : on connaîtra le résultat de ses affaires, qu'il soit bon ou mauvais.

HÉRAM. — Voyez *Manteau* ou *Couverture*.

HERBAGES. — Les herbages qui servent à la nourriture de l'homme sont signe de prospérité.

D'autres prétendent au contraire qu'ils sont signe de chagrins et de souffrances et qu'en manger pronostique la misère.

HERBE. — L'herbe des champs est en général d'un bon présage. Lorsqu'elle se réfère à la religion tout ce qu'on y verra devra s'interpréter en ce sens. En cueillir et la manger: richesses pour le pauvre; accroissement de ses biens : pour le riche; pour l'homme religieux: cela veut dire qu'il retournera dans le monde où il ne trouvera que troubles, ennuis et chagrins. S'il vous en croît dans la paume de la main: vous surprendrez votre femme en flagrant délit d'adultère. S'il vous en croît aux parties sexuelles : mort ; c'est l'herbe qui croîtra sur votre tombe. S'en voir croître sur le reste du corps: prospérité et providence ; mais si elle croît sur les yeux ou autres parties où cela puisse nous être nuisible : mort, pour les malades; mauvais présage pour les autres.

Toute herbe mangée par les quadrupèdes dénote une grande providence. Toute herbe odorante: annonce la douleur et le deuil lorsqu'elle est coupée; si on la voit en terre, plantée : elle est signe de tranquillité ou de mariage.

HERBES MÉDICINALES. — Ce songe annonce : la science, l'érudition, le savoir, et il est une exhortation à bien faire. Celles d'un goût amer se réfèrent à des adversaires, des ennemis ; celles dont on extrait du poison : indiquent ce que l'on peut imaginer de pire et ce qui conduit à la perdition.

HÉRÉSIE, HÉRÉTIQUE. — L'hérésie est signe de richesses, ou d'humiliation, ou de maladies incurables. Rêver que l'on est hérétique: on sera persuadé de la fausseté de l'opinion que l'on professe. Femme qui tombe dans l'hérésie : joie suivie d'avilissement. Rêver hérétique un homme d'un âge mûr: il manifestera une ancienne inimitié qu'il avait jusqu'à ce jour tenue cachée. Rêver un hérétique déjà mort, et le voir sous un bel aspect, bien vêtu et dans un bel endroit : grandes richesses et honneurs pour ses descendants.

HÉRISSON. — Homme impatient, colère sans pitié.

HERMAPHRODITE. — Rêver de l'être : retour à la piété, à la religion.

HÉZAR. — Voyez *Cape*.

HIBOU. — Voleur qui se cache sous des dehors respectables; mort prochaine d'un très-proche parent; mort et maladie d'un ami.

HIPPOPOTAME. — Homme menteur; entreprise qu'on ne mènera pas à bonne fin.

HIRONDELLE. Homme heureux, femme que l'on possède, fils studieux.

L'hirondelle annonce encore, selon quelques-uns, la réussite dans ses entreprises ou de bonnes nouvelles d'absents.

En attrapper une : prise de biens acquis illicitement; mais si on a pris l'hirondelle dans sa maison : ces richesses auront été gagnées honnêtement.

On dit encore que l'entendre chanter ou la prendre annonce une belle et bonne épouse pour le célibataire, un héritage pour qui est marié et un bel avenir pour ses enfants. Voici une hirondelle qui entre dans la maison : bonheur; si elle y a son nid : bon présage; si elle l'y construit : grand bien qui arrivera à cette maison. En voir une morte : mauvais présage.

Voir une hirondelle qui sort de chez vous : sortie ou départ de vos parents. Etre changé en hirondelle : les voleurs assailliront votre maison.

HOBEREAU. — *Petit faucon.* Souverain injuste et tyrannique, qui ne tient pas ses promesses; ou homme courageux. S'il marche derrière vous : querelles avec un homme courageux qui s'attaque à vous. Rêver que l'on est métamorphosé en hobereau : élévation à une très-haute position, suivie d'une chute immédiate.

HOFF. — Voyez *Chaussons*.

HOMARD. — Personnage qui ne peut vivre en paix avec personne et cherche querelle à tout le monde.

HOMICIDE. — En commettre un en temps de carême ou de jeûne est signe, pour une personne dévote, qu'elle cessera de jeûner. Echapper à un homicide : vie courte. Voyez *Tuer*.

HOMME. — L'homme jeune est en général : signe d'inimitié, de contrariété ; l'homme d'un âge mûr ; tout le contraire ; le vieux est signe de providence. En ce qui concerne le premier, voyez *Jeune homme* ; en ce qui concerne le dernier, voyez *Vieillard*. Rêver un homme d'un âge mûr avec un autre un peu plus âgé que lui : indique que l'on est sur le chemin de la droiture et de la vérité ; si l'un ou l'autre est malade : diminution de droiture ; les voir sains et robustes : force de droiture. Marcher derrière un homme d'un âge mûr : on suit la fortune et la prospérité ; s'il appartient à la religion du songeur : on se liera d'amitié avec un homme loyal. Rêver un homme nu : mauvaise alliance ; de même si on le voit noir. S'associer à un inconnu d'un âge mûr : les personnes qui auront affaire au songeur pour tout le courant de l'année agiront équitablement et droitement avec lui. Rêver qu'un homme d'un âge mûr, que vous connaissez, vous coupe la tête : guérison pour le malade, payement de dettes pour qui en a ; joie, consolation pour les affligés, pèlerinage pour qui n'en a jamais fait. Suivre un homme d'un âge mûr, et le voir qui rajeunit : amour des plaisirs mondains et diminution de biens religieux et de piété.

HONFESA. — Voyez *Blatte*.

HORLOGE. — Voyez *Sablier*.

HORLOGER. — L'être ou en voir un : recouvrement de la chose perdue.

HOROSCOPE. — Voyez *Divination*.

HOSTIES. — Mauvais rêve.

HOSPITALITÉ, HOTE. — Retour d'un absent, réunion dans un but honnête. Offrir l'hospitalité à quelqu'un : on se mettra dans une affaire dont on aura à se repentir. Rêver que vos hôtes se rassasient à manger : vous deviendrez leur chef et leur supérieur, et les commanderez. Être invité par un hôte inconnu, s'il y a beaucoup de fruits et de boissons :

on vous invitera à aller à une guerre dans laquelle vous mourrez.

HOUSSINE. — Voyez *Cravache*.

HUETTE. — Comme *Hibou*.

HUILE. — Récolte abondante, fertilité, espoir réalisé. Huile répandue par terre : dommages, préjudices ; sur soi-même : gains, bénéfices. Boire de l'huile : maladie, ensorcellement. S'oindre avec de l'huile : bon présage.

Ramasser de l'huile répandue : gros bénéfices.

HUISSIER. — Ange du martyre.

HUITRE. — Voyez *Fruits de mer*.

HULOTTE. — Voyez *Hibou*.

HUMILIATION. — Élévation, triomphe, victoire, pour ceux qui rêvent d'en subir une.

HURE DE SANGLIER. — En avoir une : triomphe, élévation, prospérité.

HYÈNE. — Tristesse, deuil. Femme vieille, funeste, rancunière, méchante, sorcière, qui inspire l'horreur et le dégoût. Prendre une hyène et se mettre à cheval dessus : on prendra une femme ayant les qualités citées. Lui tirer de l'arc ou un coup de fusil ; on aura affaire à une femme comme celle-là. Rêver qu'on lance une pierre, un caillou à une hyène : on donnera un démenti à une femme semblable. Manger de la hyène : une femme semblable vous ensorcellera, mais vous pourrez bientôt revenir à votre état primitif ; en boire le lait : elle vous trahira. La peau, les poils et les os d'une hyène : richesses.

Le mâle de la hyène : ennemi d'un caractère tyrannique, insolent, mais qui met de l'ordre dans ce qu'il fait.

I

IBRIK. — Voyez *Pot à eau*.

ICHNEUMON. — Voleur. En voir un seul : vol de volailles.

Piéges dans lesquels on tombera.

IDOLATRIE. — Rêver que l'on est tombé dans l'idolâtrie : on perdra sa religion et l'on entrera dans la voie du péché et du crime. Rêver qu'un homme d'un âge mûr est idolâtre, lorsqu'en réalité il ne l'est pas : celui-là est une personne qui ne désire point la ruine de son adversaire ou ennemi. Voyez *Adoration*.

IDOLE. — Rêver des idoles : lointain voyage, quelquefois persécution ou superstition. En rêver sans voir qui les adore : acquisition de grandes richesses. Adorer une idole : travailler sur de fausses bases, sur le sable ; si l'idole est en or : vous approcherez une personne mal vue de Dieu, dont vous n'obtiendrez que des choses détestables et odieuses, ou perte de vos biens accompagnée de l'affaiblissement de vos croyances religieuses ; ou association avec une femme pour corrompre, tromper, trahir son prochain. Lorsque l'idole est en cuivre, en fer, ou en plomb : abandon de la religion pour l'amitié d'un gouverneur tyrannique et injuste, ou d'un hypocrite en se servant de la religion pour parvenir.

IMITATION. — Imiter un riche, un grand seigneur dans sa démarche : on dira sans raison des injures à quelqu'un ; et si l'on rêve que c'est un mort qui fait cela : résurrection de sa mémoire. Imiter burlesquement un savant dans sa démarche : vous êtes à la recherche du mieux.

IMMENSITÉ. — Voyez *Espace*.

IMMONDICES. — Rêver qu'on lit en étant sur un tas d'immondices : destitution pour un gouverneur, mort pour un malade, appauvrissement pour un riche.

IMMORTALITÉ. — Rêver que l'on est immortel : on mourra à la guerre.

IMPATIENCE. — Repentir d'une chose que l'on a faite, ou amendement d'un péché ou d'une mauvaise action.

IMPÉRATRICE. — Voyez *Souveraine*.

IMPERTINENCE. — Signe d'ignorance pour la personne qui a rêvé d'en dire ou de voir un impertinent.

IMPOTENT. — Pour qui n'est pas impotent : ce rêve est signe d'un tempérament excessivement érotique qui a besoin d'assouvissement ; pour les autres : retour de la sève perdue, ou richesses, honneurs. En général : mariages nombreux.

IMPRÉCATION. — Contre soi ; celui qui les profère vous nuira, mais vous finirez par en triompher ; cela peut aussi signifier des torts que vous avez envers lui. Rêver qu'un souverain profère des imprécations contre vous : est un pronostic de prospérité et de fortune qu'on obtiendra par son fait.

D'aucuns disent que proférer des imprécations est signe d'aliénation mentale.

IMPRIMERIE. — L'imprimerie est l'image d'une administration gouvernementale, d'un ministère, et tout ce qui y arrivera devra s'expliquer dans ce sens.

IMPRIMEUR. — Ministre, exécuteur des ordres du souverain.

INALPHABET. — Rêver qu'on est inalphabet, appauvrissement ou folie ; mort pour un criminel, un délinquant ; abaissement de position pour un homme d'intrigues et d'expédients. Pour qui ne sait lire ni écrire, n'être plus inalphabet est signe de grands malheurs desquels pourtant on se tirera.

INCENDIE. — Maison incendiée : honneurs, dignités ; la contempler longuement pendant qu'elle brûle : désastre. Incendie de votre maison : elle s'écroulera, mais ce rêve est signe de prospérité pour vous. Incendie d'une contrée, d'une localité : grande mortalité en cet endroit ; d'une ville : faim, guerre et désolation. Pour tout le reste, voir au nom de la chose incendiée.

INCESTE. — Le commettre : retour auprès de la personne avec laquelle on rêve de l'avoir commis, lorsqu'on s'en trouve éloigné ; réconciliation, lorsqu'on est brouillé ; si on fait le songe à une époque de pèlerinage : on en accomplira un.

INCONNU, UE. — Deux inconnus qui s'embrassent feront connaissance et se lieront d'une très-grande amitié. En battre un : colère funeste. Epouser un inconnu : est, pour une personne malade, signe de mort ; mais s'il est d'un âge mûr, qu'elle l'ait déjà vu et qu'il lui plaise : bon signe.

Pour le reste, voyez *Jeune homme, Homme, Vieillard, Femme, etc.*

INDIFFÉRENCE. — L'indifférence est, pour un homme pieux, signe de désastres religieux, et qu'il n'obtiendra pas ce qu'il désire. Subir l'indifférence d'autrui, si c'est celle d'un jeune homme inconnu : triomphe sur votre adversaire ou ennemi ; si c'est celle d'un homme mûr : pauvreté.

INDIGENCE. — Rêver qu'on est dans l'indigence : vie large ; ce songe est toujours d'un présage meilleur que si l'on rêvait d'être riche. Etre plus pauvre qu'on ne l'est en réalité : on prendra avec mauvais vouloir ce qui vous est envoyé par la Providence ; si l'on rêve en outre qu'on est mal vêtu, l'interprétation en aura beaucoup plus de force. Rêver dans l'indigence une personne déjà morte et qui avait été riche pendant sa vie : son âme est damnée.

INDIGESTION. — Usure, vous êtes un usurier.

INFIDÈLE. — En voir un se convertir : signe de mort; s'il meurt : il se convertira.

Pour le reste voyez à *Hérétique*.

INFINI. — Voyez *Espace*.

INFIRME, INFIRMITÉ. — Rêver qu'on est infirme, et ne pas pouvoir se bouger d'un siége ou d'un canapé : est signe d'affaiblissement qui vous empêchera de travailler. Ce songe annonce encore la longévité et une félicité tardive.

INIMITIÉ. — Rêver qu'on a de l'inimitié pour quelqu'un : il deviendra votre ami.

INJURES. — Les injures retomberont sur celui qui les a dites et sont signe de triomphe pour l'injurié. Injurier quelqu'un sans motif : il triomphera de vous. Deux personnes qui s'injurient : elles auront à subir l'arrogance de hauts personnages.

INSOLENCE. — Voyez *Impertinence*.

INSOMNIE. — Rêver qu'on ne peut dormir, quoi que l'on fasse : est d'un très-mauvais augure.

INSTRUMENT. — Tout instrument tranchant est en général signe de rapprochement avec des femmes dont on était séparé.

Instrument de musique. Voyez au nom de l'instrument.

INSULTES. — Voyez *Injures*.

INTELLIGENCE. — Rêver d'en avoir plus qu'en réalité : on évitera des maux funestes.

INTERPRÈTE DES SONGES. — L'être ou en voir un : commandement.

INTESTINS. — Les intestins représentent des biens; et ce qu'on y voit se réfère encore à des biens cachés ou à l'élévation, la grandeur du songeur ou de quelqu'un des siens.

Rêver que l'on mange ses intestins : on mangera ses propres biens; manger les intestins de quelqu'un : dilapider les biens d'autrui. Les voir qui sortent du corps : est signe de perte, ou que l'on mourra en odeur de sainteté. Les rendre : mort des enfants du songeur. S'ouvrir le ventre sans que les intestins en souffrent : naissance de fils pour qui n'en a pas, ou : richesse pour le pauvre.

INVITATION. — Être invité par un hôte inconnu, s'il y a beaucoup de fruits et de boissons : on vous invitera à une guerre dans laquelle vous mourrez. Être invité à déjeuner : voyage prochain ; à dîner : repos de vos fatigues ; à souper : tromperie.

ISAAC. — Rever Isaac sous son aspect naturel, tel que vous supposez qu'il puisse être : on aura pour un certain temps à subir des épreuves, peines, souffrances, tourments, misère, persécutions du gouvernement, humiliations et tracasseries incessantes de la part de vos voisins, amis ; après quoi le sort changeant, vous serez puissant, riche, honoré ; vous aurez une famille dont il sortira de grands généraux, de grands hommes d'État et peut-être même des souverains. Voir Isaac tout bouleversé et non tel qu'on se l'était imaginé veut dire que l'on deviendra aveugle.

ISMAEL. — Qui rêve d'Ismaël deviendra un grand homme politique et sera plein d'éloquence. Ce rêve est encore signe de dissentiments avec votre père, avec lequel vous vous réconcilierez après en avoir subi de mauvais traitements (1).

IVRESSE. — Rêver que l'on est ivre sans avoir bu : craintes, chagrins.

D'autres considèrent ce songe comme le pronostic d'une condamnation, ou d'atroces calomnies.

S'enivrer en buvant de l'eau : fortune prochaine ; avec des boissons douces : honneurs et richesses provenant d'un grand personnage. Être ivre et se déchirer les vêtements : mépris pour les autres en commettant toutes sortes d'inconvenances dans la position acquise.

---

(1) Traditionnel.

Autres interprétations. S'enivrer en buvant : biens et grandeurs et quelquefois longévité et bonne santé ; s'enivrer avec de l'eau est pour quelqu'un signe d'une folle ambition, ou de la perte de ses biens ; avec de l'eau-de-vie ou autres spiritueux : amertume, souffrances, afflictions ; avec du vinaigre : disputes et querelles en famille.

J

JACOB. — Ce patriarche est signe de tristesse et de deuil causés par la mort d'un fils qui sera suivie par la naissance d'un autre qui aurait de meilleures qualités morales et physiques, lequel s'élèvera aux plus hautes dignités tout en restant d'une honnêteté scrupuleuse.

JALOUSIE. — Être jaloux veut dire que l'on veille et que l'on a soin de ses biens et des personnes que l'on aime.

Quelqu'un autre est d'avis qu'être jaloux de quelqu'un est un pronostic de démence et d'aliénation mentale ; si quelqu'un est jaloux : ingratitude d'une personne à laquelle on aura fait du bien.

JAMBE. — Se casser une jambe : grands malheurs ; toutes les deux ; l'interprétation redouble de force. Avoir une jambe plus longue que l'autre dans sa partie inférieure : départ. Marcher sur une seule jambe en appuyant l'autre contre celle-ci : on cache une moitié de ses capitaux et on ne travaille qu'avec l'autre. Rêver que vos jambes ne vous portent pas, ou avec beaucoup de peine : impuissance à obtenir une chose que l'on demande ou que l'on désire. Voyez encore *Mollet*.

Autres interprétations. Rêver ses jambes : est, disent quelques écrivains, l'annonce d'un voyage que l'on fera nu-pieds ; jambe enflée ou coupée : retard à un voyage, pertes, préjudices ; jambes grosses ou grasses : réussite ; jambe de bois : chagrins.

JAMBON. — Récompense, triomphe sur vos ennemis et accroissement de famille. En couper et n'en pas manger : événement désagréable. En manger : bonheur, félicité.

JARDIN. — Le jardin se réfère à beaucoup de choses. Il

représente une femme ; les arbres et les fruits en sont les parents, les fils et les biens. Il représente un marché ; il se réfère à une noce, les arbres en sont les tables, les aliments. Il représente aussi tout édifice utile comme une maison, une boutique, des bains, un moulin, un palais, le logis d'un grand dignitaire, des prêtres ; il se réfère encore à des montures. Trouver de l'eau dans un jardin : prospérité. Manger de bons fruits dans un jardin est en général signe qu'on obtiendra tout ce que l'on désire ; si c'est dans votre jardin : richesses que vous obtiendrez d'une femme riche. Voir la terre d'un jardin absorber l'eau provenant d'un noria (*sakia*) : mariage pour qui n'est pas marié et grossesse pour une femme mariée, même si c'est le mari qui fait le songe. Si au lieu d'eau la terre a absorbé du sang ou un liquide quelconque : infidélité conjugale. Jardin arrosé avec de l'eau puisée dans un seau : possession de femmes et richesses ; s'il y germe des plantes : on aura en outre un fils. Lorsqu'on voit dans un jardin une personne qui exerce le même métier ou profession que vous, le jardin se réfère à un marché ou au commerce et ce qu'on y voit ou ce qui y arrive s'explique par des bénéfices ou des pertes que l'on subira. Rêver qu'on est dans son jardin et que les jardiniers y urinent ou l'arrosent avec de l'eau qui ne provient ni du puits ni du noria appartenant au jardin : trahison qui sera commise au préjudice d'un de vos parents. Lorsque c'est vous qui y faites cela, l'urine est présage de sang, l'arrosage, de mauvais procédés envers votre épouse soit en la délaissant, soit autrement. Trouver la terre de son jardin durcie : empêchements que vous aurez de partager la couche de votre femme. Rêver que l'on voit des arbres (dont on connaît le nombre) dans une partie du jardin où il n'y en a réellement pas : fauteurs, prosélytes, disciples, amis, selon la position sociale du songeur ; en cueillir les fruits, surtout si ce sont des dattes : on acquerra des richesses par le moyen de ces personnes. Voler quelque chose dans un jardin attenant à un temple, surtout si c'est une grenade : inceste.

JARDIN INCONNU. — Un jardin inconnu peut aussi indiquer le Paradis et tout ce qui s'y trouve de beau. Rêver que l'on est dans un jardin inconnu et que l'on y voit tomber, ou déjà tombées, les feuilles des arbres : douleurs; et s'il y a un mort : celui-là est au ciel. Lorsque vous faites ce rêve étant malade ou à la guerre : vous mourrez de blessures ou de la même maladie que ce mort; ce rêve est pour un célibataire signe de mariage avec une personne dont les qualités seront analogues au bien ou au mal que l'on a vu dans le jardin. Lorsque le songe est fait à la tombée des feuilles : perte de ses biens, pauvreté, maladie; s'il est fait au temps de la floraison, on aura toute sorte de biens, surtout lorsqu'on voit l'eau courir dans le jardin. Même interprétation pour un homme marié et, en plus, infidélité de sa femme dans le premier cas, amour et dévotion dans le second; pour ceux qui ont affaire au gouverneur ou au souverain : événement malheureux dans le premier, heureux dans le second cas. Y avoir mangé des fruits amers peut varier quelquefois l'interprétation. Entrer dans un jardin fleuri, avec de l'eau courante et y voir une femme inconnue qui vous appelle : ce jardin est le Paradis et vous mourrez en odeur de sainteté.

JARDINET. — Petit jardin devant ou autour des maisons pour simple ornement : science et doctrine. S'il est inconnu : foi et dévotion. En sortir pour entrer dans un lieu obscur, sale, dont la terre est noire et couverte de reptiles, ou dans un terrain inculte : vous abandonnerez le bien pour suivre le mal. Y manger quelque chose de bon : heureux présage; pour un hérétique : amendement et dévotion à la vraie religion. Y voir une personne déjà morte : elle se trouve en enfer.

JARRE. — Homme de confiance, utile, qui administre des biens. La jarre se réfère aussi à une femme ou à une esclave. Jarre pleine d'huile, de lait, de miel : richesses pour ceux qui ne pensent qu'aux chose d'ici-bas. Jarre destinée à ne contenir que de l'eau, voyez *Filtre*. Boire de l'eau qui est dans une jarre : fortune honnête, bonne vie; autant d'eau on y laisse, autant de temps il reste à vivre à celui qui a rêvé d'en boire.

JASMIN. — Douleurs et deuil. Le jasmin se réfère encore aux savants et aux prêtres; et ce qu'on y verra en bien ou mal, se réferera aux uns ou aux autres, selon vos adhérences sociales.

JATTE. — La jatte représente un des membres principaux de la famille, un gouverneur, directeur, surveillant, un collecteur ou receveur d'impôts, un geôlier, un médecin.

JAUNE. — Maladie, épouvante, douleurs, danger.

JAUNISSE. — Fâcherie conjugale, perte d'argent.

JAVELOT. — Victoire. S'il vous en tombe un sur les pieds : morsure d'un serpent.

JEAN LE BLANC (*Faucon blanc*). — Souverain tyrannique et qui ne tient pas ses promesses. Rêver qu'on est changé en tel oiseau : élévation à une grande puissance suivie d'une chute presque immédiate.

JEUN. — Rêver que l'on est à jeun : cessera de pécher.

JEÛNE. — Ne pas jeûner par erreur ou oubli ; piété, droiture en religion. Lorsqu'on ne jeûne pas pour ne l'avoir pas voulu ; vengeance qui vous poussera à commettre un crime. Si une femme qui a l'habitude de jeûner rêve qu'elle ne fait pas jeûne, elle tombera malade ou sera gravement calomniée.

JEUNE FILLE. — En voir une à peine développée : providence, bel avenir; en voir une nue : honneurs sans cause ou mérite.

Pour le reste, voyez *Femme* ou *Vierge*.

Certains auteurs font une distinction entre la femme et la jeune fille, et donnent des interprétations différentes pour l'une et pour l'autre. Voilà ce qu'ils disent à propos de la jeune fille. Si elle est brune : bonheur et contentement ; blonde : faiblesse, mollesse, quelquefois événement agréable ; belle : chagrins, dépit, colère ; donner le bras à une jeune fille : bon présage ; l'entraîner par force : emprisonnement ; rêver qu'une jeune fille vous donne quelque chose : fortune ; si elle vous prépare une couronne : honneurs, élévation ; en recevoir une fleur rouge : on aura de très-bonnes nouvelles ; on recevoir une branche de basilic effeuillée : est un avertissement à être constant et avoir bon espoir dans ses amours ; voir une jeune fille qui plante des fleurs, et rêver qu'elle le fait à votre intention : amour fidèle, inébranlable ; en recevoir un citron et des raisins verts : elle vous abreuvera d'amertume ; une pomme : elle accepte votre amour ; une rose : bonnes nouvelles que vous lui porterez ; l'embrasser : grande fortune ; si c'est un baiser d'amour que vous lui donnez : chagrins et douleurs ; en être embrassé : bonne solution de vos affaires ; en voir une nue : acquisition de richesses, succès ; rêver qu'elle vous peigne ou vous fait la toilette : soulagement de vos peines et soucis ; palper le sein d'une jeune fille : très-bon augure ; rêver que les larmes d'une jeune fille tombent sur vos joues : attendez beaucoup d'elle ; si une jeune fille vous enveloppe, vous couvre d'un drap de lit : on la demandera en mariage et probablement on l'obtiendra ; enlever de la boue, des taches des vêtements d'une jeune fille : on la sauvera d'un mauvais mariage ; rêver qu'elle vous prépare le lit : elle fera tout pour vous épouser ; rêver qu'une jeune fille vous lève les yeux : très-mauvais présage ; lorsque c'est le songeur qui les lui lève : il a perdu l'occasion de faire fortune ; rêver qu'une jeune fille vous donne à boire ayant soif, et à manger ayant faim : succès en amour ; tuer une jeune fille : grand danger ou ruine dont on est la cause involontaire.

JEUNE HOMME. — Ennemi. En voir un : ennemi impuissant qui se cache sous les faux semblants de l'amitié. Le suivre : inimitié sans conséquence avec lui. Si une femme rêve d'un jeune homme imberbe : fortune proportionnée à la beauté qu'elle lui a trouvée et le plaisir qu'elle a éprouvé à le voir. Jeune homme qui vous donnera une rose : ennemi qui ne tiendra pas sa promesse. En embrasser un : amitié avec son père. Rêver qu'un jeune homme vous tient : celui-là est un ennemi. S'associer avec un jeune homme : on trouvera la justice et l'équité dans un ennemi, quoique l'on soit toujours tourmenté par la crainte. Avoir la tête coupée par un jeune homme que l'on connaît : on mourra dans la position dans laquelle on se trouve. Voir un jeune homme qui vieillit : acquisition de savoir et de sagesse. Porter un jeune homme sur ses épaules : acquisition de biens et de propriétés. Jeune homme inconnu qui vous est antipathique : il le sera à tout le monde ; s'il vous est sympathique : ennemi qui sera aimé de tous. Jeune homme inconnu qui vous montre de l'indifférence : triomphe sur vos ennemis ou adversaires. Saluer un jeune homme inconnu : on sera délivré d'un ennemi. En voir un avec le dos voûté : retard dans la réussite de ce que l'on a en cours. Rêver qu'un jeune homme inconnu vous lève de tête le chapeau ou le tarbouche (ou fez) : mort de votre supérieur ou séparation d'avec lui.

JEUNESSE. — Voyez *Rajeunissement*.

JÉSUS-CHRIST. — Rêver Jésus-Christ dans toute sa splendeur est signe de rectitude religieuse, d'une grande fortune à venir pour le songeur, qui voyagera beaucoup, deviendra extrêmement savant et sera bon médecin du corps et de l'âme. Lorsqu'une femme enceinte rêve Jésus : elle accouchera d'un fils qui sera très-savant en médecine et en morale ; si le songeur est malade : guérison prochaine ; si on fait le rêve en étant à la guerre : victoire ; le rêver dans un lieu inculte, aride, mais habité par des gens qui lui sont dévoués : cette contrée deviendra féconde par des secours inattendus. Rêver Jésus dans un pays opprimé par un gouvernement tyrannique : changement du gouvernement auquel on succédera un autre libéral. Rêver Jésus sous le coup d'une des souffrances morales et physiques qu'il a endurées : le songeur et même tout le pays a besoin de s'amender, car il se trouve sur le mauvais chemin. Rêver qu'on pleure la mort de Jésus : grands malheurs pour la localité, mais qui seront suivis de grandes joies. En embrasser, baiser les plaies : amendement immédiat et subit pour les pécheurs endurcis et obstinés qui font ce rêve. Voir Jésus-Christ qui descend sur la terre : l'équité et la justice y viendront.

JOAILLIER. — Homme dévot.

JOB. — Ceux qui font ce rêve courent le danger de devenir aveugles. Le voir tranquille : on fera du bien à des personnes qui vous payeront d'ingratitude et d'injustice, mais que vous confondrez. Rêver Job au milieu de ses souffrances : on perdra ses biens, ses enfants, ses parents, ses amis, sa force; choses toutes qui vous seront ensuite rendues abondamment.

JOIE. — Voyez *Gaieté*.

JONAS. — Rêver ce prophète : annonce que l'on mènera à bonne fin une chose que l'on a en cours, mais qu'on se trouvera mêlé à des intrigues ou jeté en prison en souffrant une grande gêne et des angoisses dont on parviendra à se tirer. Ce rêve annonce ordinairement que le songeur se mettra facilement en colère, mais se calmera de même; il est en outre un avertissement que l'on a affaire à des gens malhonnêtes.

JONC. — Grand personnage doué d'une grande patience, trompeur et qui manque à ses promesses. Rêver qu'il croît un jonc dans votre maison : on aura un fils qui aura plus ou moins les susdites particularités, selon que le jonc sera plus ou moins grand.

JOSEPH. — Rêver du patriarche Joseph : on sera injustement persécuté jusqu'à en être jeté en prison. Vos parents seront vos premiers ennemis; mais vous triompherez d'eux, vous serez délivré, honoré et élevé aux plus hautes dignités, vous acquerrez des biens et des richesses immenses. Rêver que Joseph vous donne une de ses chaussures : on deviendra un très-grand interprète de songes.

JOUES. — Rêver que l'on a de belles joues : accroissement de biens et bonheur; les avoir laides, vilaines : maladie.

D'autres disent qu'avoir les joues brunes, grasses, fraîches, etc. : est signe de succès; maigres et desséchées : malheur inattendu; blessées ou qui font du sang : deuil.

Rêver que le souverain a de larges joues : est signe de prospérité pour son peuple; et pour lui : de longévité et de bonheur.

JOUR. — Monarque de la vraie religion ennemi des ténèbres (monarque infidèle) : ce songe est signe de fatigue, de travail, de liberté, de prospérités, de bons témoignages. Voir poindre le jour : pour un malade, cessation de maladie par la guérison ou la mort; s'il rêve qu'il s'est fait jour et prie en compagnie d'autres personnes, s'il se met sur une monture pour partir ou qu'il est allé en Paradis : il mourra pieusement. Ce songe est présage de liberté: pour un prisonnier; de cessation d'obstacles pour qui avait des empêchements à un voyage; de séparation de corps pour une femme en discorde avec son mari; d'admendement pour un pécheur; de rétablissement de ses affaires ou réhabilitation pour un négociant; de triomphe sur ses ennemis pour qui en est molesté ou persécuté injustement. Lorsqu'un grand nombre de personnes voient poindre le jour : elles échapperont à la tyrannie, à des calamités publiques, lorsqu'elles se trouvent sous le coup de ces maux. Rêver que le jour ne point jamais : disette, famine et mortalité générale; pour le reste, voyez *Nuit.* Voir le jour : peut encore être un avertissement du ciel pour un danger qui vous menace. Rêver que le jour dure toujours sans que le soleil se couche : veut dire que le souverain agira exclusivement d'après les conseils que vous lui donnerez.

L'aube est le commencement de ce que le songeur veut entreprendre; midi, la moitié de son travail; le soir, la fin. Rêver que l'on retrouve à l'aube une chose qu'en songe on avait perdue : veut dire que l'on est en position de prouver, avec l'appui de témoins, une chose que votre adversaire niait.

JOYAUX. — Voir des joyaux qui ne brillent pas : colère, gêne, folie. En ôter d'une cassette ou coffret : veut dire que l'on obtiendra une réponse favorable d'un savant que l'on aura interrogé, ou bien : mariage avec une personne dont on aura de bons enfants.

JUGE. — Jugement prochain, nécessité de mettre ordre à ses affaires. Un juge inconnu représente Dieu. Etre fait grand juge et juger avec équité veut dire pour un négociant qu'il deviendra honnête et loyal, et c'est pour les autres signe d'amélioration dans leurs actions. Mais si l'on juge sans équité ni justice : destitutionnement pour un gouverneur ou souverain ; obstacles pour un voyageur, et pour tout autre changement de la Providence à son égard. Lorsqu'on rêve qu'un juge connu fait bonne justice : triomphe sur vos ennemis, cessation de douleurs et chagrins pour les affligés ; s'il fait mauvaise justice il arrivera tout le contraire et, en outre, tous les marchands de la localité voleront dans le poids ou la mesure. Se trouver à la place du juge : surprise désagréable, rivalité, deuil, perte de biens. Voir mettre un juge sur une balance qui penche du côté opposé à celui où se trouve ce magistrat, veut dire que ce juge est juste et loyal ; mais si elle penche de l'autre côté, l'interprétation devra se faire au rebours. Juge qui pèse de la fausse monnaie : il prête l'oreille aux faux témoignages tout en sachant qu'ils le sont. Embrasser un grand juge : vous serez écouté et vos conseils seront suivis. Rêver qu'un médecin fait le juge : perte de savoir.

JUGEMENT. — Pour qui n'a ni procès ni litiges, rêver qu'on le juge est signe de malheur. Etre appelé à juger un différend quelconque : élévation, science, grande réputation ; et pour qui est dans l'impossibilité d'acquérir ces choses, il se trouvera dans une fausse position. Pour un malade, rêver qu'il a obtenu un jugement favorable est un pronostic de guérison et de prospérité ; lorsque le jugement lui est défavorable : mort. Etre jugé par Dieu : on est sur le mauvais chemin ; s'il vous juge avec clémence : vous vous fâcherez contre votre femme et ensuite vous ferez la paix ; s'il vous juge sévèrement : pertes ; si vos bonnes œuvres surpassent les mauvaises : vous devrez subir une obéissance passive et absolue.

JUGEMENT DERNIER. — Rêver le jour du jugement dernier partiellement, dans un lieu quelconque : l'équité et la justice dégénéreront dans cette localité. Voir les signes précurseurs du jour du jugement : heureux présage pour l'honnête homme, avertissement pour les pervers. Rêver que l'on est en présence de Dieu le jour du jugement dernier : l'équité et la justice apparaîtront sur la terre. Être seul ou seulement avec une autre personne le jour du jugement dernier, veut dire que l'on deviendra un instrument d'injustice. Et si on assiste seul au jugement dernier, ou si on est seul à en subir les effets : mort prochaine.

JUJUBES. — Les rêver, pendant la saison : répartition de bénéfices avantageux entre associés. Les rêver vertes, hors de saison : malheur. Jujubes sèches en quelque saison que ce soit : grandes prospérités.

JUJUBIER. — Homme beau et plein de bon sens, ou homme élevé, utile, content, heureux et grand.

JUMENT. — Mariage. Jument paisible, tranquille : femme riche et pieuse ; jument bigarrée : femme renommée pour sa beauté ; jument volontaire et rétive : homme fin et extravagant ; jument au chanfrein et aux sabots blancs : prospérités ; jument aux pieds de fer : courte existence. Jument qui parle au songeur : acquisition de grandes richesses qui soulèveront l'étonnement général. Jument montée par un cavalier armé en guerre : prospérités, vie douce, paix avec ses ennemis.

Jument jeune, vive, bien harnachée : épouse belle, jeune et riche ; si la jument est vieille et laide : on épousera une fille laide ou pauvre, ou une servante, ou on aura une concubine ; pour une personne mariée : gros héritage.

Jument inconnue qui entre dans une maison, lorsqu'elle est sellée : femme qui vient pour rendre une visite, ou pour traiter un mariage ; lorsqu'elle est nue : homme qui vous vient demander votre fille en mariage. Si votre jument rend du sang : vous abandonnerez votre femme pour d'autres. Voir une jument de loin : bon présage. Promener une jument : demande d'un emploi à un personnage considérable. Monter une jument ailée : royauté pour qui peut y aspirer, désirs entièrement satisfaits. Monter une jument et être richement vêtu : commandement ; et si l'on est à l'ombre, on aura en plus un gouvernement. La monter et en descendre, la débrider et la laiser en liberté : divorce. En descendre pour en monter une autre : mariage avec une seconde femme pour les peuples polygames ; pour les autres, délaissement de son épouse pour une autre. Monter une jument maigre mais équipée : abondance et honneurs qui seront d'autant plus grands et nombreux que le harnachement aura été plus complet ou plus riche. Monter une jument coureuse : on se mettra à la merci d'une femme qui vous entraînera au péché, ou bien on s'y adonnera tout seul. Si votre jument s'échappe et que vous ne puissiez la rattraper, particulièrement lorsqu'elle est volontaire : révolte de votre femme ou de vos inférieurs ; rupture avec son associé pour un négociant. Courir sur une jument jusqu'au point de la faire suer : veut dire que vous suivrez les caprices de votre femme, qui vous entraîneront à de grands péchés.

JUPITER. — La planète Jupiter représente le trésorier d'un souverain ; la voir qui se lève : est signe de félicitations.

K

KALANSI. — Voyez *Chapelier* ou *Tarbouchier.*
KAHHAL. — Voyez *Collyre sec.*
KANDIL. — Voyez *Lampe.*
KANDJAR. — Voyez *Couteau.*
KASAA. — Voyez *Plat.*
KASSAR. — Voyez *Blanchisseur.*
KHABARA. — Voyez *Cape.*
KHABBAS. — Voyez *Boulanger.*

KHAN. — Voyez *Bazar*.

KHAOUAS. — Voyez *Vannier*.

KHASCAHB. — Voyez *Marchand de bois*.

KOL-KHAL. — Voyez *Anneau*.

KÉLADA. — Voyez *Collier*.

KHEMAR. — Voyez *Voile*.

KERBA. — Voyez *Outre*.

KIS. — Voyez *Sac* ou *Drap de lit*.

KOLIE. — Voyez *Collier*.

KOHL. — Voyez *Collyre sec*.

KOFTAN. — Voyez *Robe de chambre*.

L

LABOUR. — Labourer dans un champ dont on connaît le propriétaire : veut dire qu'on en épousera la femme. Labourer au temps des semailles ; commerce avec sa propre femme ; quand la graine semée pousse : grossesse de sa femme. Labourer dans le champ d'autrui : vous obtiendrez les faveurs de sa femme.

Autre interprétation. Labourer, cultiver la terre : bonheur conjugal, pour les gens mariés ; amours ardentes, pour les amants ; prospérité, abondance, richesse, pour les autres. Certains auteurs conseillent de se défier de ce rêve qui, à leur avis, porte toujours malheur.

LABOUREUR. — Homme qui court des dangers ; qui fait de bonnes actions.

LAC. — Amitié, richesses, prospérités, puissance, empêchements, obstacles ; femme qui aime la société. Les ondes d'un lac : chagrins, angoisses, tourments.

Lac aux eaux claires et limpides : fortune, amitié, bienveillance ; si les eaux en sont troubles : tromperie, insuccès ; lac petit et gracieux : amour d'une femme jeune et belle ; succès dans ses amours, lorsque c'est une jeune fille qui fait ce rêve.

Traverser un lac : puissance, grandeur, prospérité. Rêver qu'un lac s'avance au-devant de vous, vous barre le chemin et que vous en avez peur : agression de voleurs qui vous dévaliseront ; ou la pluie ou tout autre obstacle s'opposera à ce que vous continuiez votre chemin ; n'en pas avoir peur, le traverser et continuer sa route : on échappera facilement aux maux et dangers qui surgiront pendant votre voyage. Rêver qu'on est entraîné par les eaux d'un lac : grands chagrins, auxquels on échappera pourtant lorsqu'on rêve d'en sortir sain et sauf. Être entraîné par les eaux d'un lac peut être aussi pour un riche le pronostic d'empêchements matériels ou physiques au grand profit des siens. Lac desséché : perte d'une des choses auxquelles il se réfère ; si les eaux reviennent : retour de ces choses.

Lac desséché, selon d'autres : pronostique l'indigence et les incertitudes à qui le voit ; être en bateau dans un lac : bonheur, contentement ; tomber dedans : grave maladie ; lorsque dans le lac on voit de gros poissons : abondance et richesses ; des poissons morts : très-mauvais présage.

LACETS. — Les casser ou les ôter : empêchements à un voyage ; mauvais lacets : mauvais voyage.

Les lacets des chaussures se réfèrent souvent aux qualités de l'épouse.

LAINE. — Bénéfices, utilité, union. Filer de la laine : est pour les hommes signe de voyage heureux et prospère ou changement de position. Prendre la laine d'un mouton, d'une brebis, etc. : voyez à ces mots. Brûler de la laine : perte de biens et de piété. En vêtir un chien : un méchant dilapidera les biens d'un honnête homme ; en vêtir un lion : équité du souverain.

LAIT. — Lait pur : biens, bénéfices, quelquefois péniblement acquis.

En boire : amitié d'une femme, succès en amour ; en répandre :

fâcherie conjugale ou entre amants; lait bouilli : piège d'un ennemi.

Voir une femme, mariée depuis peu, les mamelles pleines de lait : grossesse et couches heureuses; si c'est une vieille femme : honneurs, élévation. Boire du lait de femme : prospérité; s'il en tombe sur vous : angoisses et emprisonnement. Lait de chèvre ou de brebis ou de bufflonne : prospérité et biens acquis honnêtement. Lait d'ânesse domestique : maladie légère; d'ânesse sauvage : fermeté de croyances religieuses; pour un grand personnage : acquisition d'un esclave. Lait d'âne : prospérité. Lait de jument : biens provenant d'un souverain; de cheval : amitié avec un souverain et bénéfices qu'on obtiendra par son moyen. Lait de chien, de loup, si on en boit : grandes craintes ou épouvantes, ou, biens provenant d'un tyran. Lait de porc : aliénation mentale, si on en boit une certaine quantité; lorsqu'on en boit peu : biens acquis honnêtement, ou diminution de ses biens ou malheurs pour qui en boit. Lait de lionne : triomphe sur vos ennemis, ou biens provenant d'un souverain puissant et autocrate. Lait de tigresse : manifestation d'inimitié. Lait de gazelle : pureté de religion, grande providence. Lait de renard : maladie légère, guérison ou chagrins évités. Lait de chatte : maladie, inimitié, adversités. Lait d'une bête fauve pronostique en général peu de biens; en boire : pureté religieuse. Lait d'une bête qui n'en a pas : succès inattendu dans ce que l'on désire. Lait de serpent : action agréable à Dieu. Lait d'un reptile quelconque : réconciliation avec un ennemi. Lait caillé : mauvais présage. Lait fermenté : prospérité après des douleurs, ou biens acquis illicitement ou affaires véreuses. Rendre du lait : hérésie; si on le rend après l'avoir bu mêlé avec du miel : amendement. Voir jaillir du lait de terre : tyrannie et injustice. Avoir devant soi un verre de vin et un autre de lait : le second pronostique un malheur qui vous arrivera selon votre position sociale.

LAITON. — Biens qui viennent d'une personne d'une

autre religion que la vôtre. En tenir : est signe d'un danger que l'on court de la part de ses ennemis. En faire fondre : procès, litiges ou controverses pour des causes mondaines, paroles funestes. En voir de loin : mensonges à votre charge, insultes grossières.

LAITUE. — Voyez *Herbages*.

LAME. — Une lame tranchante quelconque : rapprochement, réunion à des femmes dont on était séparé.

LAMENTATIONS. — Lamentations pour un mort : mauvaises mesures que l'on prendra après un conseil tenu et une réunion faite en ce lieu, qui seront cause de discordes et de dissensions entre les propriétaires du lieu, lesquels se sépareront.

LAMPE. — Bon présage. Allumée, bonheur pour le maître de la maison, travail, richesses, amour honnête ; éteinte : chagrins, souffrances, douleurs, discorde, mort, vieillesse prématurée. Les lampes d'un temple en représentent les prêtres et les dévots. Voir un grand nombre de lampes allumées : éclaircissement dans vos affaires ; les éteindre : pertes, désastre.

LAMPE MANARA (1). — Domestique. L'interprétation se réfère au domestique, bon ou mauvais, selon qu'on aura vu la lampe.

LAMPE SERAG (2). Chef de famille, fils dévoué à Dieu, négociant charitable. Si la lampe resplendit comme un soleil : approfondissement et interprétation des Saints Livres. En

---

(1) Lampe en cuivre, à plusieurs becs, d'où sortent les mèches qui trempent dans l'huile et dont le réservoir mobile s'élève et s'abaisse à volonté sur un long pied qui prend à sa partie supérieure la forme d'un anneau par lequel on la manie. Elle correspond à peu près à la *Lucerna* des Italiens.

(2) Lampe à huile, dont le réservoir en cuivre ou fer-blanc (et quelquefois, mais rarement en verre) est soudé sur un pied de même matière, qui a la forme d'un chandelier. A la partie supérieure du réservoir est un petit orifice dans lequel trempe la mèche.

avoir: fils heureux ; en prendre une : relations avec un souverain ou un savant, ou bien : prospérité et fortune. Pour un malade, cette lampe signifie la force et la santé. Si un célibataire rêve de l'avoir chez lui : c'est une femme qu'il épousera. Lorsque la lumière de la SÉRAG n'est pas claire : chagrins. Avoir cette lampe éteinte dans les mains : pour un souverain, chute ou déposition ; pertes pour un négociant ou un propriétaire. Eteindre une de ces lampes avec le souffle : obstacle insurmontable qui surgira devant une personne qui agit honnêtement. Rêver qu'on marche pendant le jour avec une SÉRAG à la main : force et droiture religieuse, si c'est pendant la nuit : on ne prie Dieu que le soir, si le songeur est un homme qui prie, sinon : on se trouvera dans l'embarras et l'incertitude ; lorsqu'on a commis un péché : amendement. Rêver qu'il vous sort du doigt une lampe SÉRAG : manifestation d'une chose qu'on vous tenait cachée.

LAMPE KANDIL (1). Fils qui s'élèvera à une haute position et acquerra des richesses et une grande renommée, lorsqu'on rêve de l'allumer aux heures voulues.

LAMPE MESRÉGUÉ (2). Chef de famille ou sa femme ou son fils. Quelquefois elle se réfère au songeur ou à son existence. *MESRÉGUÉ* éteinte : mort d'un prêtre, d'une personne pieuse de grande renommée, de votre fils, perte de la vue ou malheur religieux. Lorsque la graisse ou la mèche se consume : mort. Lorsque l'huile en est pure est belle, que la mèche est propre : vie pure ; si c'est le contraire : vie diffi-

---

(1) Lampe en verre sans pied, de la forme à peu près d'un cône tronqué, à la partie inférieure de laquelle se trouve une petite boule en verre trouée intérieurement, où l'on introduit un fétu aussi long que la lampe est haute, et qui, venant à la surface du liquide, brûle en même temps que l'huile. Cette espèce de veilleuse ne se tient pas droite toute seule, et on la suspend soit au mur, soit au plafond.

(2) La *Mesrégué* est un petit vase plat, sans pied, en terre ou en fer-blanc, dans lequel on met de l'huile ou de la graisse, et qui a un petit bec où vient s'appuyer la mèche ; dans le genre, en un mot, des lampes sépulcrales.

elle. *MESRÉGUÉ* qui se brise, lorsqu'elle ne contient ni huile ni graisse : empêchements du corps à prendre des médicaments. Pour le reste comme *SÉRAG*.

LANCE. — Mêlée à d'autres armes : puissance, grandeurs ; seule : fils, frère, voyage, témoignage honnête, femme. Marcher avec une lance à la main : grandeur et puissance au milieu de votre élévation et prospérité ; lorsqu'elle se brise dans vos mains : préjudice, mal qui vous arrivera au milieu de votre grandeur et de votre puissance. Quand la cassure est telle qu'on ne la peut arranger : mort d'un fils ou d'un frère. Recevoir une lance : naissance d'un fils.

LANCETTE. — Guérison pour un malade.

LANGUE. — Avoir la langue plus longue et plus grosse qu'on ne l'a réellement : force, triomphe ; lorsqu'elle n'est que longue : impertinence. Pour un souverain rêver d'avoir la langue longue : accroissement de son armée et acquisition de richesses par le moyen de son interprète.

Une certaine catégorie d'écrivains affirment : qu'avoir la langue longue est signe de soucis et d'angoisses ; l'avoir plus petite : honneurs, respect et estime du monde, surtout des femmes ; enflée ou malade : maladie pour le songeur ou son épouse ou époux.

Avoir la langue liée ou paralysée : pauvreté ou maladie ; quelquefois : éloquence, doctrine. Avoir la langue fendue ou coupée de façon à ne pas pouvoir parler : on sera victime de sa langue ou elle sera cause d'une humiliation qu'on subira ; faux témoignage, subterfuges que l'on emploie pour en faire accroire à ses créanciers, tandis que l'on peut aisément les solder ; pertes pour qui est dans le commerce ; destitution pour un gouverneur ou tout autre grand fonctionnaire. Avoir la pointe de la langue coupée : on ne pourra fournir des preuves de ses droits devant les tribunaux ; lorsqu'on est témoin : on refusera son témoignage ; et lorsque vous rêvez que c'est votre femme qui vous l'a coupée : vous la seconderez en tout. Rêver que votre femme a la langue coupée : signe de vertu. Avoir la langue attachée à la bouche ou au palais : on refusera de rendre un dépôt confié. Couper la langue à un pauvre : subsides à un insolent. Se voir des poils noirs sur la langue : mal immédiat; blancs : mal qui sera long à venir. Se manger la langue : bénéfices qu'on se procurera par la langue; ou bien : on saura cacher son dépit. Avoir deux langues : redoublement de savoir et triomphe sur ses ennemis.

LAPIN. — Il est l'image d'une femme, et est signe aussi d'innocence ou de peur. En attraper un : mariage; le tuer : mariage qui durera peu, pertes, tromperie; en manger : mariage, naissance d'un enfant.

D'autres disent qu'un lapin blanc : est signe d'amitié; noir : de revers et de préoccupation ; gris : de mariage paisible.

LAQUAIS. — Voyez *Domestique*.

LARD. — Biens mal acquis.

Selon certains auteurs : il pronostique que l'on triomphera de ses ennemis ; le couper : mort d'un parent.

LARMES. — Larmes froides : joie et bonheur; chaudes : douleurs. Avoir les yeux gonflés de larmes sans qu'elles en sortent : fortune acquise honnêtement et piété. Si elles vous tombent sur le visage : on guérira avec l'hypocrisie un cœur affligé et malheureux. Avoir le visage baigné de larmes : médisance sur votre conduite. Larmes sortant seulement de l'œil droit : fortune plus ou moins grande, selon la quantité des larmes versées; de l'œil gauche : péché contre nature. Voyez *Pleurs*.

LAURIER. — Belle femme ou homme charitable, fidèle dans ses amitiés. Tenir une branche de laurier en main ou la flairer : mariage prochain avec un homme ou une femme qui aura les qualités susdites; pour une personne mariée : nombreux enfants, gros héritage. Baie, graine du laurier : angoisses, inquiétudes, chagrins.

LAVAGE, LAVER. — Se laver sans savon les mains, les bras et la tête : piété, et on évitera toutes les contrariétés ou les obstacles qui pourraient surgir; se laver avec du savon ou autre chose qui nettoie : cessation de fermeté en religion ou de litiges et inimitiés; cela veut dire aussi : cessation de craintes ou d'espérances; ou : repentir de mauvaises actions et amendement. Se laver les mains seulement est signe de prospérité, conclusion d'affaires mondaines. Se laver à la mer : cessation de douleurs et amendement; dans un bassin : maux auxquels on échappe. Se tremper dans l'eau pour se laver : départ pour des affaires dans lesquelles vous réussirez et vous obtiendrez de Dieu le pardon de vos fautes. Se laver à moitié : l'affaire que l'on a en cours ne réussira pas. Se laver avec peu d'eau : il vous sera rendu ce qu'on vous a volé; avec de l'eau sale : on aura des chagrins et on attendra en vain l'aide de la Providence. Se laver plus qu'il est nécessaire, avec de l'eau chaude, ou la recevoir sur soi : chagrins, rage, douleurs, maladie, le tout proportionnément à la chaleur de l'eau; celui qui est sur le point de partir agirait avec prudence en suspendant son départ. Rêver qu'on ne s'est point lavé : départ pour des affaires dans lesquelles on réussira. Lorsqu'après s'être lavé on rêve d'endosser un vêtement neuf : on recouvrera son emploi, si on l'a perdu; pour un employé ou un pauvre : ce rêve est signe de richesses; de liberté pour qui est en prison; guérison pour le malade; bénéfices pour le négociant; gains pour l'ouvrier; payement de ses dettes pour qui en a. Ce rêve peut aussi être signe de pèlerinage. Mais lorsqu'après s'être lavé on a endossé de vieux habits : malheurs plus grands que ceux dans lesquels on se trouve; ou bien : appauvrissement du riche, et ainsi de suite pour toutes les positions sociales. Laver les vêtements d'un mort : veut dire qu'on sera utile à sa famille. Laver un mort, voyez ce mot et en général au nom de toute chose lavée.

LAVE. — Lave d'un volcan qui brûle tout ce qui se trouve sur son chemin : maux publics.

LAVEMENT. — Prendre un lavement ; bon présage ; le prendre lorsqu'on n'est pas malade : on manquera à une promesse ou à un vœu. Voir quelqu'un qui prend un lavement pour cause de maladie : acquisition d'une chose utile en religion.

D'autres disent que ce rêve est signe d'accroissement de famille.

LAVEUR, EUSE. — Personne qui cherche à découvrir les fautes, les hontes de son prochain.

Quelqu'un prétend que ce songe pronostique un mariage.

LECTURE. — Lire un livre : découverte ; un bon livre : toujours bon présage ; des livres sérieux, scientifiques, littéraires, religieux : honneurs, bonne nouvelle ; des livres frivoles : mauvais songe. Bien lire un livre : autorité, profits proportionnés à ce qu'on aura lu, selon la position du songeur. Si un ange vous donne un livre et vous dit de le lire : grande joie pour les personnes pieuses, chagrins pour l'irréligieux. Lire les Saints Livres et n'en pas saisir le sens : perte de religion ; lire un écrit : bonne fortune.

LÉGUMES. — Les légumes sont en général signe de pénibles travaux : mauvais présage, douleurs, deuil. En cueillir : dispute. Légumes verts : malheurs. En manger : pertes dans le commerce. Légumes crus : chagrins ; cuits : douleurs et deuil. Une grande quantité de légumes : biens. Légumes secs : joie et fortune. Ceux qui ont une odeur forte : manifestation d'une chose cachée, fortune. Quelquefois les légumes sont signe de piété ou de commerce qui n'a donné aucun bénéfice, ou commandement ou gouvernement qui n'est point approuvé et de peu de durée, ou : enfants qui auront la vie courte, ou biens ou deuil de peu de durée.

LENTILLE. — *Verre.* Action réprouvable d'un fils, tromperie.

Lentille, légume. Voyez ce mot.

LÉOPARD. — Même sens qu'à *Tigre*.

14

LÈPRE. — Avoir cette maladie indique des biens mal acquis ou que l'on recevra un vêtement complet mais sans ornements.

LETTRE. — Nouvelle. Le cachet ou la signature annonce que la nouvelle sera confirmée.

LÈVRES. — Les lèvres sont signe de droiture et d'équité, surtout lorsque la lèvre inférieure est belle. Rêver qu'on a les lèvres laides, malades ou blessées : grands malheurs et désastres qui arriveront aux parents et amis de la personne qui les a dans un tel état. Rêver qu'on a les lèvres coupées : on mettra la zizanie dans le monde ; lorsque c'est la seule lèvre supérieure qui est coupée : cessation de subsides de la part de celui qui vous les donnait.

LÉZARD. — Bédouin, nomade assassin. Il est signe de maladie.

LIBERTÉ. — Donner la liberté, est en général signe de mal, danger, chute, mort. Donner la liberté à un esclave : mort, ou on vous enverra un ennemi. Homme libre qui rêve d'être esclave et libéré : destruction de vos denrées ; pour un malade : guérison ; pour qui a des dettes, il les payera.

LICOL, LICOU. — Richesse et bonne éducation, savoir, doctrine, science qui s'éloigne de tout ce qui est défendu.

LIENS. — Liens aux mains ou aux pieds. Rêver qu'on vous met des liens ou que vous en avez : fermeté religieuse ; s'ils sont en or : on recouvrera ce que l'on a perdu en argent ; confirmation d'un mariage ; en plomb : confirmation d'une chose qui vous déplaît ; en bois : confirmation d'une chose ténébreuse ou emprisonnement causé par de mauvais sujets ; en chiffons : honneurs et compliments pour une chose de peu de durée ou qu'on n'obtiendra pas. Si cela a lieu dans un temple : accroissement de dévotion ; si celui qui est lié est un souverain avec son sabre : confirmation de son autorité, obstacles pour qui est dans le commerce, accroissement de douleurs pour l'affligé, prolongement de maladie pour un malade. Rêver qu'on est lié dans une ville, veut dire qu'on n'en sortira pas; dans une maison : mauvaise épouse qui vous rend la vie dure; pour un homme content : joie, contentement inaltérables. Rêver que l'on porte des liens et qu'on vous en met d'autres : mort pour le malade, prolongement de captivité pour le prisonnier. Porter des liens tout en étant vêtu de vert ou de blanc : on vous estime pour votre piété qui vous rend agréable à Dieu; vêtu de rouge : vie qui s'écoule au milieu des jeux et de l'insouciance; vêtu de jaune : vie maladive. Être enchaîné dans un palais d'or : amitié avec une belle femme qui deviendra très-intime. Être attaché avec un autre avec les mêmes liens : on commettra un grand nombre de péchés ou ils seront très graves. Avoir les mains attachées au cou : peu de charité; les deux mains ensemble : avarice sordide; les mains attachées au corps : religion apparente.

LIERRE. — Médecin ou homme qui meurt jeune, ou joie de peu de durée, ou commerce que l'on cesse, ou femme qui se sépare de vous ou vous abandonne.

LIEUX HABITÉS. — Être obligé d'en sortir : mort violente en laissant ses affaires en désordre.

LIÈVRE. — Femme, profit, abondance, mariage, peur, innocence. Voir un lièvre qui court : grandes richesses. Lièvre craintif : innocence. En prendre un : mariage; si vous le tuez : le mariage sera de peu de durée. En trouver un tué : profit, abondance.

LILAS. — Le lilas représente une femme belle et charitable, ou un homme pieux, insouciant des choses de ce monde, ou un homme charitable, honnête et intrépide. Le songeur devra, selon sa position et les circonstances de sa vie, adapter à la personne à laquelle cette plante se réfère, ce qu'il y aura vu en bien ou en mal. Entendre parler un lilas : ce qu'il vous dit arrivera indubitablement.

LIN. — Piler du lin, est pour les hommes signe d'humiliation pour une chose qui n'est pas de leur dignité.

LION. — Monarque hautain, arrogant, qui humilie ceux qui l'approchent; correspondant traître et infidèle, voleur; mort, souffrances. Rugissement du lion : craintes inspirées par un souverain injuste. Lion qui parle : signe de mort. Discuter avec un lion : discussion avec un souverain ou un ennemi. Aller au-devant d'un lion sans être molesté : épouvante causée par un souverain, sans suites funestes; le fuir sans en être poursuivi : on évitera les maux que l'on craint. Lion qui s'approche familièrement de vous et sans que vous répondiez à cette familiarité : on évitera le mal qu'un ennemi tente de vous faire et on se réconciliera avec lui. Monter un lion : grand événement qui arrivera au songeur, accompagné de révolte contre son souverain, ou lointain voyage. Le monter et en avoir peur : malheurs. Le monter et en être obéi : on aura raison d'un souverain injuste et tyrannique. Lion qui entre chez vous : mort, s'il y a un malade, adversités, souffrances causées par un souverain; et si le lion vous égratigne : le souverain s'emparera de vos biens; s'il vous blesse ou vous fend la tête : le souverain vous fera mourir. Entrée d'un lion dans une ville : peste, maladie épidémique, tourments, tyrannie de la part du souverain ou arrivée d'ennemis. Lion qui se jette sur vous et vous effraye : maladie, fièvre. Se battre avec un lion et le vaincre : victoire sur un ennemi puissant. Tuer un lion : absence et douleurs, succès, fortune. Lui couper la tête : acquisition de terres et puissance pour les uns; et pour les autres : trône, souveraineté. En manger les chairs : biens provenant du souverain, triomphe sur vos ennemis. Peau de lion : richesses ou bien d'un ennemi. Lion vêtu de laine : équité du souverain; de blanc : fermeté du souverain; de toile ou de coton : tyrannie, injustice, rapacité du souverain. Se changer en lion : on deviendra injuste et tyrannique.

LIPPITUDE. — Voyez *Chassie*.

LIQUEUR. — *Toute boisson fermentée ou dont la base est l'eau-de-vie.* Fortune prochaine. En boire : veut dire qu'on commettra un grand péché, mais c'est en même temps signe d'une très-grande prospérité. Pour qui doit faire du commerce ou se marier ; très-bon présage ; pour un souverain : déposition ou perte du trône. En boire, en ayant le visage noirci et la tête rasée : mariage. En boire devant du monde, sans que personne ne s'y oppose : biens acquis par des moyens illicites. Si quelqu'un cherche à vous empêcher de boire : inimitié, disputes entre vous. Boire une liqueur avec d'autres personnes : mauvais rêve. La vomir après en avoir bu en songe et sans qu'elle vous ait fait de mal : restitution de biens mal acquis; mais si la liqueur vous a enivré avant de la rendre : avarice sordide poussée au point de ne pas même penser aux besoins de la famille. Voir un ruisseau de liqueur : on subira les conséquences de la zizanie; entrer dans le ruisseau : on tombera dans un piège causé par la zizanie.

Liqueur de dattes. Richesses, biens. En boire avec de l'eau : biens dont une partie est acquise honnêtement et l'autre non. Cela veut dire aussi qu'on recevra des biens d'une femme ou qu'on subira les conséquences de la zizanie.

LIQUORISTE. — Homme qui possède une fortune acquise par des moyens illicites ou par un commerce malhonnête et qui pousse son prochain dans la voie du mal.

LIT. — Sous ce nom les Orientaux entendent tout ce dont se compose un lit, et tout ce que l'homme étend par terre ou ailleurs pour y reposer son corps, comme matelas, coussins, oreiller, édredon, couverture, draps de lit, tapis, etc. C'est pourquoi, afin de ne pas répéter séparément à chacune de ces choses la même interprétation, nous avons tout réuni ici sous le nom arabe de *farche*, et, tant que le *lit* ne sera pas nommé, nous entendrons parler d'une ou de plusieurs de ces choses. Le *farche* indique l'épouse et le sol sur lequel on marche. Lorsqu'il se réfère à l'épouse : le plus ou moins de remplissage est le plus ou moins de grossesse de celle-ci, le plus ou moins de *morbidezza* se réfère au plus ou moins de dévotion ou d'amour et de dévotion qu'elle a pour son mari; de même le voir plus ou moins bon : se réfère à ses bonnes ou mauvaises qualités ; et à la grandeur du *farche* est proportionnée la bonté de son naturel; le *farche* neuf: représente la fraîcheur des chairs; le vieux: leur flaccidité. Lorsque les taies ou les couvertures sont de fil ou de basin : le *farche* se réfère à une femme d'une autre religion que la vôtre; si elles sont en poils, laine ou coton : femme riche. *Farche* blanc ou vert : femme religieuse; mais s'il y a quelque chose de repassé ou passé sous la calandre : femme qui agit contre la religion. *Farche* orné de rouge : joie et contentement pour le mari. Le voir détérioré au point qu'il vous est odieux : mort de votre femme; si vous le rêvez en meilleur état : vie longue. Le voir déchiré : irréligion de votre épouse; lorsque quelqu'un vous le déchire : il séduira votre femme. Le changer : changement de femme. Transporter son *farche* d'un endroit dans un autre : changement de position pour votre femme en mieux ou en pire, selon l'endroit d'où on l'a pris et celui où on l'a porté. Rêver que l'on est sur un *farche* et qu'on ne peut dormir : signe d'impuissance ou empêchement qui s'oppose à ce que vous partagiez la couche de votre femme. Rêver des *farche* étrangers mêlés à ceux de la maison : vous prendrez une autre femme qui sera belle ou laide, jeune ou vieille, bonne ou méchante selon que ces *farche* vous seront apparus. Mais y voir quelque chose de très-mauvais : est signe de mort. Voir des *farche* connus dans un lieu que l'on connaît : est encore signe de la possession d'un terrain qui aura des qualités analogues à celles du *farche*. Et s'ils se trouvent étendus sur un lit inconnu et qu'on se trouve dessus : grandeur et élévation sur vos égaux qui en seront jaloux. Voir son propre *farche* à la porte du souverain : on deviendra gouverneur.

Lit en fer, en bois, etc.; il a de nombreuses significations.

Lit et *FARCHE* se réfèrent aux femmes, ou bien à tout ce qui peut réjouir l'homme, ou qui sert à son transport tel que les montures, bateaux, etc. Le dehors de la carcasse du lit représente encore la femme; l'intérieur, l'homme, le dessus, les enfants. Quelquefois la façade d'un lit représente le mari; le derrière : la femme, la tête : le fils, les pieds : la fille. Tout ce qui en soutient la partie inférieure, la domesticité, ou le maître de la maison ou un des principaux membres de la famille; les planches, les parents du songeur; les *FERACHE*, les vêtements et parures de sa femme. Le lit peut enfin être l'image d'un cercueil. Être sur un lit nu, sans matelas, sans couverture, etc., enfin sans *FARCHE* : vous rattraperez une affaire qui vous avait glissé des mains; mariage pour qui en a l'intention, voyage ou recouvrement de puissance qui s'était affaiblie pour un souverain ou un gouverneur. S'il a des *FERACHE* (matelas, coussins, couvertures, etc.,) au lit : accroissement d'évélation et de renommée sur un peuple d'hypocrites. Lit qui se défait ou se brise : perte de souveraineté pour un souverain, et de même pour les autres selon leur position sociale; séparation d'avec votre femme, si elle vous contrarie; mort pour elle ou pour vous, si l'un de vous deux est malade. Se trouver sur un beau lit et auquel rien ne manque : autorité souveraine, commandement, pouvoir, puissances, richesses selon la position sociale du songeur. Lorsque le lit est laid et que tout lui manque : voyage lointain, mort pour un malade. Rêver qu'on est dans un lit avec un mort : longévité. Se rêver mort sur un lit : puissance et honneurs, abondance de biens provenant de parents. Rêver qu'on est sur un lit et que le souverain cherche à y faire de la place pour son fils : le trône passera à celui-ci soit par la mort, l'abdication ou la déposition de son père; lorsque le lit vous appartient : grandeur pour vos descendants, et peut-être souveraineté, surtout lorsqu'on rêve d'avoir un de ses enfants avec soi.

LITIÈRE. — Voyez *Voiture*.

LIVRE. — Avoir un livre à la main : acquisition de force ; si c'est un livre qui vous appartient : triomphe sur vos adversaires, arrangement d'affaires embrouillées ou en désordre, acquisition d'un témoignage utile, cessation de peines, élargissement pour qui est dans la gêne, heureux retour d'un absent. Livre ouvert : prospérité et bénéfices qu'on réalisera publiquement ; s'il est fermé et enveloppé dans quelque chose : biens cachés. Voir un livre dans les mains d'un enfant : bon présage, nouvelles ; d'une ou d'un esclave ou domestique : prospérité, bonne nouvelle, joie. Si le livre est en main d'une femme : il arrivera quelque chose d'heureux ; si le livre est ouvert et la femme voilée : prospérité et bien-être immanquables ; s'il exhale une bonne odeur : prospérité et succès provenant de discours charitables ; lorsque la femme est laide : prospérité provenant de choses basses, triviales, vilaines. Prendre un livre avec la main droite : bonheur sans mélange ; le prendre à quelqu'un : on lui enlèvera ce qu'il a de mieux. Le prendre avec la main gauche : repentir d'une chose que l'on a faite. Pour l'infidèle un livre écrit dans une autre langue que la sienne est signe de pertes ; pour le vrai croyant : humiliation ou autre mal. Déchirer un livre : cessation de chagrins, on se soustraira à un tumulte, une émeute, une insurrection, à la zizanie, acquisition de biens. Recevoir un livre fermé : obéissance passive au souverain. Avoir des livres fermés : mort prochaine. Ange qui vous donne un livre en vous disant de le lire : perte de piété, irréligion. Lire, étudier dans un livre : voyez *Lecture*, *Etude*.

LOGEMENT, LOGIS. — Voyez *Maison* ou *Appartement*.

LOH. — Voyez *Tableau*.

LOKMET-EL-ADI ou *ZELABIA*. — Voyez *Pet-de-nonne*.

LOMBES. — Voyez *Reins*.

LONGUE-VUE. — Empire, commandement. Être sur une

colline avec une longue-vue : empire sur un peuple ; si on est sur un arbre : empire sur des étrangers.

LORGNON. — Voyez *Lunettes*.

LOTUS. — *L'arbre.* Homme honoré, circonspect, généreux, savant, digne d'éloges.

Le fruit. Bon présage : biens, prospérité, trésor en lingot ; pour ceux qui aiment le monde, richesse ; pour les dévots, accroissement de religion et de piété ou biens immeubles. Le lotus est signe de prospérité et de richesses qui proviennent des Indes ou d'autres pays lointains. Le fruit frais est toujours d'un bien meilleur présage que le sec. Rêver d'en manger : pronostique à un souverain une plus grande autorité et puissance dans ses États ; ce songe a la même interprétation que tous les autres, chacun selon sa position sociale. Pour un étranger établi en Orient manger de ce fruit signifie : qu'il oubliera sa patrie pour le pays où il a fixé sa demeure (1).

LOUANGES. — S'en faire à haute voix ou entre soi : péché contre nature, surtout lorsqu'on loue son aptitude à faire le témoin. Rêver qu'on vous fait des louanges : réputation. Et lorsqu'on connaît bien celui qui vous loue : vous obtiendrez, grâce à lui, autorité, commandement, direction, prospérité, selon la position sociale du songeur. Toute chose ou personne excessivement louée en songe, est signe de déshonneur. Se rêver mort au milieu de son convoi funèbre et s'entendre louer pendant qu'on vous transporte : on mourra en odeur de sainteté.

LOUP. — Ennemi, homme injuste, cruel, avare, menteur, rusé, fourbe, trompeur. Voir un loup : perte de la parole. Loup qui entre chez vous : entrée d'un voleur ; loup qui

---

(1) Une ancienne tradition orientale rapporte que les voyageurs et les étrangers qui venaient en Lybie (car c'est du lotus de Lybie qu'il est question) à peine avaient-ils goûté à ce fruit délicieux que perdant toute mémoire des lieux de leur naissance, ils restaient enchaînés à ce sol bienheureux.

change d'aspect : amendement d'un voleur. Trouver un loup : accuser un innocent. Être molesté, blessé par un loup : tromperie d'un ennemi. Tuer un loup : bonne réussite ; en poursuivre un : danger surmonté.

LOUP-CERVIER. — Ennemi mortel ; piége dont on sera victime.

LOUPE. — Biens et fortune en proportion avec le nombre de tumeurs que l'on rêve d'avoir.

LOUVETEAU. — Elever un louveteau : on élevera le fils d'un voleur qui sera cause de votre complète ruine.

LOYER. — Le payer veut dire que le locataire sera cajolé et trompé par le loueur qui l'entraînera dans une entreprise sans issue, et qui l'abandonnera après l'avoir mis dans l'embarras.

Un certain nombre d'interprètes sont d'avis que ce rêve est signe de grandes joies pour ceux qui en réalité l'ont déjà payé et un mauvais présage pour les autres.

LUMIÈRE. — Salut, vérité, réalité. Être surpris par une grande lumière instantanée qui vous éblouit, vous fait du mal : mauvais présage. Petite lumière : joie prochaine, honneurs publics.

LUNE. — *HÉLAL*(1). La nouvelle lune, aux premiers moments qu'elle apparaît, se réfère à un souverain, à un grand personnage, aux bonnes et récentes nouvelles, au maître de chapelle, au prédicateur en chaire, à l'appel à la prière ; mais elle indique plus particulièrement la durée de la vie et le pèlerinage pour ceux qui font ce rêve juste au moment où la lune est tout à fait nouvelle. Voir la *hélal* qui se présente bien : bon signe ; si elle est radieuse et donne une grande clarté : bonne nouvelle, extraordinaire. Lorsqu'elle est rousse, cuivrée, et qu'on y voit un reptile : mauvais présage ; lorsqu'en cet

---

(1) *Hédal*, lune nouvelle, précisément aux premiers moments de son apparition.

état, on la voit parcourir le ciel en s'agrandissant toujours : prolongement de maux ; si elle disparaît : mal de peu de durée. Voir la *hélal* dans sa maison, la toucher, l'avoir dans son giron, lorsqu'on fait le rêve à l'époque où la lune décline : naissance d'un fils excellent ou publication d'un nouveau décret de la part du souverain, ou retour d'un absent ; et lorsque le rêve est fait à l'époque de la croissance de la planète : absence prolongée d'un absent, prolongement de maladie pour un malade, couches tardives pour une femme enceinte, emprisonnement prolongé pour qui est en prison. Voir la *hélal* dans ses vraies proportions : naissance d'un fils heureux, acquisition d'autorité et commandement, gros bénéfices pour qui est dans les affaires. La voir rouge : fausses couches ; la voir tomber par terre : mort d'un grand homme ou du fils du songeur. Rêver qu'étant en compagnie d'autres personnes, on est seul à la voir : mort ; mais quelquefois triomphe sur un ennemi.

LUNE DANS SES DIVERSES PHASES. — Petit souverain ou premier ministre d'un grand souverain, quelquefois fils, épouse ou chef de la famille du songeur. La voir plus ou moins grosse : diminution de biens, maladies. L'avoir sur soi lorsqu'elle est dans sa croissance : guérison rapide pour le malade ; dans son déclin : prolongement de la maladie et danger de mort, absence encore plus longue pour les absents. La rêver à ses justes époques belle et resplendissante : bienfaits du souverain ou du premier ministre pour cette localité. Lune pleine : abondance. Lune à son déclin : danger en voyage. Lune ensanglantée : renommée, punition pour les pervers, les gens de mauvaise vie.

Autres interprétations. Lune radieuse et resplendissante : acquisition de biens et de richesses. Lune qui se présente blanche et bien nourrie : mariage pour ceux qui ne sont pas mariés ; naissance d'une belle fille, pour les femmes enceintes ; pour les maris : naissance d'un fils qui aura beaucoup de goût pour les femmes ; ce rêve est très-bon pour ceux qui sont dans les affaires. Lune pleine indique pour un homme marié, qu'il sera aimé de sa femme ; pour une femme mariée, qu'elle s'acquierra l'amour et l'estime de tous. Ce rêve est très-mauvais pour les gens de mer, les malades, les voleurs, les assassins et les prisonniers. Voir la lune qui resplendit autour de votre tête : bonheur, protection d'une grande dame étrangère. Voir son image réfléchie dans la lune ; naissance d'un fils, ou d'une fille, selon que le songeur est homme ou femme. Lune ensanglantée : calamités publiques ou tempête pour les marins. Lune qui décroît : mort d'un grand personnage. Lune qui laisse échapper des gouttes de sang : voyage long et désagréable.

Obscurcissement de la lune : révolte, inexécution des ordres qu'il a donnés, lorsque le songeur est un souverain ; pour les autres : mauvais présage.

D'autres ajoutent que la lune obscure et opaque pronostique des pertes d'argent, des dangers en voyage, la mort de votre épouse, de votre mère, ou de votre sœur, de maladies d'yeux, de tête ou de sein. Mais si la lune d'obscure devient resplendissante elle annonce un bien inespéré, une grande fortune. Éclipse de la lune : perte d'amant.

Rêver que la lune se lève tard : entreprise manquée pour n'être pas arrivé à temps. Lune qui se change en soleil : toutes sortes de biens pour qui la voit, avec le concours de sa mère et de son époux ou épouse. Voir la lune qui entre dans les Pléiades, au moment où l'on vous appelle par votre nom : mort dans sept jours. Voir deux lunes qui combattent : discordes entre parents, amis, domestiques ou associés ; lorsqu'elles sont suivies des étoiles : discordes et guerre entre deux souverains, mauvais augure pour le songeur. Voir un grand nombre de lunes : pèlerinage.

Rêver que la lune va au-devant du soleil : obstacles, guerre imminente. Rêver que la lune et le soleil se battent : guerre entre les infidèles et les vrais croyants ; lorsque le soleil est vainqueur : victoire pour les infidèles.

Rêver que l'on est suspendu à la lune : prospérité et bienfaits du souverain ; se voir dans la lune : mort. Chercher la lune dans le ciel et la voir sur la terre : connaissance profonde des sciences naturelles pour un homme, mort de son mari pour une femme mariée. Rêver qu'on a la lune dans son giron : mariage avec une personne qui sera d'une beauté proportionnée à la splendeur de la planète. Pour le reste, voyez *Astre*.

LUNETTE D'APPROCHE. — Voir *Longue-vue*.

LUNETTES. — *Bésicles, Lorynon*. — En porter : très-heureux présage, fidélité de toutes les personnes qui vous sont attachées par un lien quelconque pour toute l'année courante. En voir ou voir quelqu'un qui en porte : avertissement d'ouvrir les yeux sur ses propres affaires.

LUSTRE. — Voyez *Lampe*.

LUTH. — Même sens que *Guitare*.

LUTTE. — Lutter contre un ange : douleurs, gêne, tribulations. Lutter avec l'Ange de la Mort sans en être vaincu : annonce une maladie très-grave qui vous mènera à l'agonie, mais dont on guérira ; en être vaincu : mort prochaine. Voyez au nom de ce avec quoi on a lutté.

Lutter avec un ami ou une personne de connaissance : querelles ou différend qu'on aura avec cette personne. Avec un inconnu : maladie imminente ; en être vaincu : mort ; vaincre son adversaire : santé, guérison. Lutter avec une personne de l'autre sexe : relations très-étroites qu'on aura avec elle. Lutter avec un enfant et le vaincre : mort d'une personne chérie ; en être vaincu : on est menacé d'une maladie très-grave. Lutter avec un homme est d'un très-heureux présage pour un enfant.

LYNX. — Personnage au sang chaud, qui se rappelle le bien et le mal qu'on lui a fait. Cet animal se réfère mieux aux discours d'une personne avide, qui n'a jamais assez de ce qu'elle possède.

LYRE. — Voyez *Guitare*.

LYS. — Le lys est d'un mauvais présage.

M

MAADAD. — Voyez *Bracelet*.

MACHER. — Mâcher est toujours signe de discours ; mâcher des choses douces, comme du sucre : douces paroles ; des choses qui ne sont pas douces : litiges, disputes, citations. Voyez pour le reste au nom de la chose mâchée.

MAÇON. — Travail pénible, accroissement de famille.

MAGASIN. — Voyez *Boutique*.

MAGASINIER. — Imposteur qui amasse des biens mal acquis.

MAGICIEN. — Délateur infâme, calomniateur.

MAHNAKA. — Voyez *Collier*.

MAIGREUR. — Rêver que l'on est plus maigre qu'en réalité : mort prochaine, pertes, misère.

MAIDA. — Voyez *Table*.

MAINS. — Mains longues : pour un souverain, victoire sur ses ennemis ; pour le négociant : bénéfices. Mains grosses, accroissement de fortune ; grandes mains : force et courage ; petites mains : désirs non satisfaits, imprudence qui aura de graves conséquences.

Autres interprétations. Mains blanches et propres : entreprise honorable et lucrative ; blanches et grosses : biens et amis pour les riches, afflictions, chagrins et incertitudes pour les pauvres ; sales : abus de confiance ; enflées : nombreuse famille ; petites et estropiées ou mal faites : inhabileté. Les avoir plus fortes qu'en réalité : réussite ; grosses, noires et puantes : biens et fortune gagnés à la sueur de son front ou ennuis causés par ses supérieurs. Main desséchée, maigre, coupée ou brûlée : indigence, pauvreté, mort d'un domestique ; pour une femme : grand malheur ou deuil à cause de la mort de son premier né.

Rêver qu'on a les mains d'un souverain : on le deviendra, ou on fera ce qui sera fait par lui ; avoir celles d'un tyran célèbre, tel qu'un Pharaon, un Néron, etc. : on commettra les actes de tyrannie qu'ils ont exercés. Avoir des poils sur la main : perte de biens. Main plus longue que l'autre : accroissement de force, de famille, ou arrivée d'un absent ; lorsque c'est la main droite qui est plus longue : services que l'on rendra à ses parents. Avoir la main droite en or : mort de votre associé ou de votre épouse. Main endurcie : on cessera de mal faire ; l'avoir emplâtrée de couleurs : manéges dans la maison pour vous soutirer ou vous prendre quelque chose, humiliation, réjouissance de vos ennemis ; lorsqu'une femme a fait le songe, les manéges auront pour but l'acquisition d'ornements. Lorsqu'on a la main emplâtrée de terre : signe de dévotion, de piété. Se teindre les mains avec du henné : embellissements hors de propos, prière pour un pauvre, joie et contentement pour une femme ; se les teindre avec de l'or : pour une femme, signe qu'elle donnera son patrimoine au mari et sera heureuse ; pour un homme, manéges qui lui feront perdre ses biens. Avoir la main droite qui tremble : gêne prochaine. Rêver qu'on ne peut faire usage de ses mains : on commettra un grand péché ; si c'est la main gauche : mort d'un frère ou d'une sœur ; si c'est la droite : injustices, injures envers un faible qu'on abandonnera. Voir du feu sortir de la paume de sa main annonce qu'on agira sans franchise, principalement lorsque le songeur est un ouvrier. Se regarder la paume de la main : charité envers le prochain ; se regarder les mains : infirmités. Regarder avec ses mains : grave péché charnel que l'on commettra avec un de ses plus proches parents. Rêver que vos mains parlent : heureux présage, si elles prononcent de bonnes paroles, mauvais dans le cas contraire. Marcher sur ses mains : vous vous appuierez sur un de vos parents pour ce qui vous sera nécessaire. Si on vous salue en vous touchant la main : on vous confiera un dépôt que vous ne rendrez pas. Se mettre les mains sous les aisselles et les en retirer resplendissantes : savoir pour un savant, un docte ; profits, pour un négociant ; si elles sont enflammées : force, puissance, pouvoir et fortune ; si elles sont mouillées d'eau : accroissement de fortune. Main coupée : changement de métier ou de profession. Rêver qu'on vous coupe la main : vous vous séparerez d'avec celui auquel la main se réfère, si c'est la droite et qu'on la voie tomber : vous ferez un faux serment ; si c'est la gauche : mort de frère ou de sœur, séparation d'avec un ami, un associé, une femme. Si pendant qu'on vous coupe la main on vous dit des paroles consolantes : cessation de fautes. Si la main droite après vous avoir été coupée reste devant vous :

profits. Main coupée dans la paume et tombée: richesses qui 'viennent; dans la jointure du poignet: injustice d'un gouverneur à votre égard. Si une personne de votre connaissance vous coupe une main: pour une personne honnête qui est sûre de ne pas faire de mal, cela veut dire qu'on obtiendra par son moyen cinq mille monnaies d'argent; pour un pécheur: cette personne sera cause qu'on évitera un grand mal ou un grand péché. Mains coupées par le souverain à ses sujets: il s'emparera de tous leurs biens en les ruinant complétement. Main coupée à la porte du souverain: séparation d'avec les biens qu'on a en sa possession. Voir couper les mains à un autre: chute ou déposition du souverain; et si on voit en même temps un pendu: ce sera pour lui en substituer un autre. Perte d'une main: absence ou mort d'un des vôtres. Rêver qu'il vous manque quelque chose à une main: manque de force; être sans main: demande et acquisition de biens. Se rêver gaucher: vie continuellement gênée. Avoir les mains attachées au cou: peu de charité; ensemble: avarice sordide; au corps: religion apparente.

MAÏS. — Grands biens de peu d'utilité.

MAISON. — Sûreté, profit. La maison se réfère à ceux qui y ont quelque intérêt, et tout ce qui y arrive, soit en bien, soit en mal, s'applique à ses habitants. Les maisons d'une ville capitale en représentent les habitants principaux; les murs en sont les hommes; les plafonds, les femmes. La maison se réfère aussi au corps de l'homme, à son essence, à ses biens, à ses vêtements, à sa femme. Lorsqu'elle se réfère à l'homme, la porte en est le visage; aux vêtements, la porte en est l'ouverture de la chemise; aux biens, la porte en est la Providence. Le châssis qui soutient la porte de la maison indique la femme ou le domestique; les jambages, les fils ou les frères; le battant ou l'anneau est le portier; et tout ce qu'on verra dans la porte en plus ou en moins, d'entier ou de brisé, de beau ou de laid, etc., s'interprétera par les personnes représentées par ses parties. La maison peut aussi indiquer les fils ou les frères, ou l'associé dans la position de l'édifice. Largeur, grandeur, hauteur, petitesse d'une maison : bien-être proportionné. Une maison est pour un souverain signe de la conquête d'une grande ville de mer ; s'il la démolit, il perdra cette ville. Rêver une maison en fer : longévité pour le propriétaire et ses descendants ; en or : prochain incendie. Maison qui s'écroule sur vous : quelquefois signe d'héritage ; en général : amassement de grands biens.

Maison s'écroulant à cause d'un tremblement de terre : grand danger de mort pour les principaux membres de la famille.

Maison isolée, dont le propriétaire ainsi que l'endroit où elle est, l'architecture, ceux qui y logent, sont inconnus : se réfère à l'autre monde, principalement lorsqu'on y voit des morts. Y entrer et n'en pas sortir : mort ; en sortir : on échappera à de grands dangers et à une mort presque certaine. La maison inconnue se réfère pareillement à l'autre monde, et le malade qui rêve de s'y trouver ira dans l'autre monde pur de tout péché ; pour la personne qui se porte bien, c'est un avertissement sur son passé et un encouragement à supporter avec patience les maux à venir ; et si on rêve d'y faire des exercices religieux et autres choses du même genre : ce sera une plus grande confirmation de la béatitude dont on jouira dans l'autre monde ; pourtant, si dans le cours de sa vie on n'a rien fait de bien et si le repentir ne semble pas probable : cette maison est l'image de la tombe. Entrer avec un mort dans une maison inconnue : signe de mort. Voir de loin une maison : biens qui seront longtemps à venir ; en acheter une : grande prospérité. Vendre sa maison : on imitera en tout la conduite de l'acheteur. Construire une maison : honneur sans profit, et, pour un célibataire, mariage avec une femme haut placée ; la faire bâtir ou la bâtir soi-même avec des briques crues ou de la terre : bien honnêtement acquis ; avec des briques cuites ou d'autres matériaux passés au feu : ces richesses sont illicitement acquises. Bâtir une maison dans une localité inconnue, si l'on est malade ou si on en possède : c'est votre tombe que vous préparez. Démolir une maison : danger et perte de biens ; lorsqu'elle est en briques cuites : amendement ; une maison neuve : douleurs. Embrasser une maison : vous obtiendrez les faveurs d'une femme qui aura du bien. Maison incendiée : honneurs, dignités ; la contempler longuement pendant qu'elle brûle : désastre. Entrer dans sa maison et en fermer la porte : on s'éloignera du mal ; dans celle d'un autre : on pénétrera ses secrets ; lorsque le songeur est un homme sans scrupules ni moralité : il trahira son voisin dans ses biens ou en séduira la femme. Entrer dans une belle maison à laquelle rien ne manque, et qui se trouve dans un centre peuplé et connu, mais dont on ne connaît pas le propriétaire : richesses pour un pauvre ; accroissement de fortune : pour un riche ; amendement, pour un rebelle ou un pécheur, cessation de douleurs ; et si on connaît le propriétaire, l'interprétation se référera à lui. Entrer dans une maison neuve : accroissement de fortune ; si la maison est bâtie avec de la terre ou des briques non cuites : cette fortune sera honnêtement gagnée ; si la maison est bâtie avec des briques cuites : on aura fait fortune avec des moyens illicites. En général les actions malhonnêtes s'expliquent par des matériaux qui ont subi l'action du feu, les honnêtes par ceux qui ne l'ont pas subie. Entrer et sortir d'une maison accompagné d'un mort : maladie très-grave, mais dont on guérira. Rêver que, sans motif, on se trouve richement vêtu, avec des personnes inconnues qui vous abandonnent dans une maison : mort prochaine. Sortir en colère de sa maison : emprisonnement. Sortir d'une vilaine maison pour entrer dans une belle : passage du purgatoire au paradis. Objet qui, du dehors, tombe dans la maison : mort de malade, s'il y en a ; retour d'un absent ou promesses de mariage. Voyez *Appartement*.

MAITRE DE PALAIS. — Grand personnage très-puissant, qui se prête à intervenir auprès du souverain pour le bien de ses semblables.

MAÎTRE D'ÉCOLE. — S'il est inconnu : dominateur, commandant ou gouverneur.

MAKHRADA. — Voyez *Plat*.

MAL. — Rêver que l'on fait quelque chose qui est mal : mauvais présage, perte de tout espoir ou de direction pour qui est directeur.

MALADE, MALADIE. — Rêver qu'on est malade : mélancolie et emprisonnement, irréligion, vie assurée pour toute l'année courante ; pour une personne sur le point de partir : empêchements, contrariétés. Malade qui rêve de l'être : mort pieuse, de même pour une femme en couches ; s'il se rêve moins malade qu'il n'est réellement : peu de piété. Se rêver malade et avoir le médecin près de soi : triomphe sur votre adversaire lorsque vous avez des litiges ou procès ; ne pas avoir le médecin : triomphe de votre adversaire. Être malade à l'agonie et mourir : mort dans l'hérésie, principalement lorsque vous rêvez que votre femme s'est remariée. Rêver que son père est malade : on aura mal à la tête ; ses enfants : maladie d'yeux ; son épouse : fermeté religieuse.

Rêver que le souverain est malade : signe de son injustice, mais aussi qu'il jouira d'une bonne santé pour tout le courant de l'année. Manger de la chair de malade : biens mal acquis. Voir un malade dans la mer : accroissement de sa maladie ; s'il s'y noie : il mourra de cette maladie.

MALTRAITER. — Mauvais rêve ; vous ferez quelque chose qui sera cause que vous serez vaincu par vos ennemis.

MANARA. — Voyez *Lampe*.

MANCHOT. — Rêver de l'être : perte ou absence d'un des vôtres.

MANDARA. — Voyez *Salon*.

MANGEOIRE. — Femme. Avoir chez soi une mangeoire et y voir deux animaux manger : votre épouse ou une autre femme de la maison à deux amants.

MANGER. — Toute chose que l'on mange et qu'on trouve bonne : vie heureuse et honnête ; des mets puants : injures qui seront adressées à qui les a mangés. Manger des aliments jaunes : maladie ; blancs : joie et contentement, excepté le lait caillé ou fermenté qui présage de très gros chagrins. Manger des douceurs tandis qu'on est en prières : on embrassera sa femme à jeun. Être invité à manger, accepter et manger, si cela arrive en songe dans la matinée : voyage prochain ; à midi : repos de vos fatigues ; dans la soirée : honneurs, prospérité proportionnés à ce que l'on a mangé ; ce rêve est encore signe de guerre. Manger et digérer veut dire qu'on a grand soin de son métier ou de sa profession. Trouver un poil dans son manger ; gêne, chagrins, deuil. Manger dans le divan, l'administration d'un souverain ou gouverneur pronostique au songeur qu'il gouvernera son pays. Rêver que vous avez donné à manger à du monde et qu'on s'est rassasié : vous deviendrez le chef de ces personnes. Manger la *Viande* d'un animal ; voyez au nom de l'animal. Manger les pierres d'une montagne : insuccès. Manger du feu : manger le bien de ses pupilles, administrés, sujets etc., et toujours malhonnêtement. Manger les pieds d'un animal quelconque : on mangera les biens de ses pupilles. Toute chose que l'on mange rôtie sur un feu allumé par soi-même pronostique le deuil et peu de prospérité. Manger la chair de quelqu'un, lorsqu'elle est crue : calomnie ; cuite : on dilapidera le bien d'autrui. Homme qui mange sa chair : mange un bien déjà accumulé. Femme qui mange sa chair vit ou vivra de prostitution.

Manger sa propre chair est pour quelques-uns signe de richesses et de grandeurs ; et s'il en reste la marque : on mangera son bien et celui des autres.

Manger de la chair de pendu : biens mal acquis ; de malade : même interprétation ou bénéfices de la part d'un supérieur. Se manger la langue : bénéfices provenant d'elle ; cela est encore signe de silence et que l'on cache son dépit. Manger une tête quelconque ou la faire manger à quelqu'un : biens provenant de chefs ou supérieurs. Manger les yeux d'une tête rôtie : on mangera les biens de supérieurs, directeurs ou négociants. Manger un cerveau : on mangera les objets de valeur des autres.

MANGOUSTE. — Voyez *Icheumon*.

MAMELLES. — Enfants de la maison. La droite représente les mâles, la gauche les filles. Les mamelles sont encore : signe de fertilité, prospérité, richesse. Mamelles pleines de lait : profit, mariage pour une jeune fille, mariage et fécondité pour une femme sans mari ; grossesse et couches heureuses pour une jeune femme mariée ; pauvreté pour une vieille ; richesse pour un pauvre ; longévité pour un vieillard ; mort pour une petite fille. Homme qui voit du lait à ses propres mamelles : accroissement de bien-être ; dans celles de sa femme : elle n'accouchera jamais, et si elle a un fils : celui-ci deviendra chef de la famille. Rêver qu'une vieille a les mamelles pleines de lait : honneurs. S'il sort du lait des mamelles : accroissement des biens ; mamelles pleines de sang : danger de mort ; mamelles flasques : adultère. Les mamelles très-longues : excès de douleurs pour une femme ; colère divine pour un homme, ou mortalité dans ses enfants, ou appauvrissement et chagrins. Homme qui rêve d'avoir de grosses mamelles : inceste. Femme suspendue par les mamelles : elle aura des relations avec quelqu'un et donera le jour à un bâtard.

Femme qui rêve d'avoir plus de deux mamelles : vie débauchée, dont le déréglement est proportionné au nombre des mamelles qu'elle a en plus.

MANHAD. — Voyez *Baratte*.

MANTEAU. — Opulence, biens, richesses, religion. Se le mettre : dignité. Le secouer : mort, perte de renommée dans le monde ; quelquefois ce songe pronostique des biens. Le porter sans sentir qu'il pèse : dignités, élévation ; si on le trouve pesant : décadence, perte de position. Le voir tomber dans un fleuve : perte de vos biens à cause d'un souverain ; dans le feu : à cause d'un tyran.

15.

MANSARDE. — Voyez *Soupente*.

MAQUIGNON. — Grand souverain d'un peuple fort et puissant.

MARBRE. — En transporter un avec ses propres mains : bonheur pour le reste de vos jours.

D'autres disent que le marbre est signe de froideur, de fâcherie ; qu'on avoir annonce un héritage.

MARCHAND D'AIL, FENOUIL, CUMIN, ETC. — Homme charitable qui fait des aumônes et s'efforce de mettre son prochain sur le bon chemin.

MARCHAND DE BLÉ. — Souverain respecté par les autres potentats; ou : négociant qui s'élèvera au-dessus des autres négociants; ou : chef d'ouvriers. Acheter des blés chez le blatier : demande d'un gouvernement au souverain ; s'il vous le vend sans en exiger le prix : ennui du monde.

MARCHAND DE BOIS. — Chef d'hypocrites.

MARCHAND, FABRICANT DE CHALUMEAUX. — Personne malicieuse.

MARCHAND DE GIBIER, SAUVAGINE. — Marchand de chair humaine.

MARCHAND, FABRICANT DE CHAUX. — Homme hypocrite et qui pousse au mal.

MARCHAND DE COMESTIBLES. — Homme riche.

MARCHAND DE COTON. — Homme riche et laborieux.

MARCHAND DE CUIVRE. — Collecteur, receveur d'impôts et de dîmes.

MARCHAND DE FARINE. — Souverain craint des autres souverains; négociant qui s'élèvera au-dessus de ses collègues; chef d'ouvriers.

MARCHAND DE FASCINES. Calomniateur.

MARCHAND DE GRENADES. — Homme mondain.

MARCHAND DE PASTÈQUES OU DE MELONS. — Signe de maladie.

MARCHAND DE SEL. — Personne qui a des richesses en monnaie effective.

MARCHAND DE SUCRE. — Personne agréable.

MARCHAND DE TÊTES D'AGNEAU, ETC. — Personnage qui commande aux chefs, tels qu'un ministre, un commandant d'armée. Lui acheter une tête : demande à lui faite d'un emploi qu'on obtiendra.

MARCHAND DE VIN. — Homme qui met la zizanie parmi ses semblables.

MARCHAND D'ORGE. — Souverain craint et respecté par les autres potentats ; négociant qui s'élèvera au-dessus des autres négociants ou chef d'ouvriers.

MARCHE. — Voyez *Escalier*.

MARCHE, MARCHER. — Malheur dans votre épouse, peines, difficultés. Marcher vite : triomphe sur ses ennemis ; avec dignité : piété et prospérité. Marcher derrière un homme d'un âge mûr : honnêteté. Marcher dans une foire, un marché, par les rues : avertissement de ne pas négliger ses devoirs ni les charges que l'on a acceptées, comme celle de tuteur, etc. Marcher pieds nus : accroissement de piété ou cessation de chagrins. Marcher en se dandinant : paresse en affaires, abandon d'une chose commencée. Marcher à reculons : on retournera en arrière dans ce que l'on fait. Marcher sur du feu : pertes et malheurs. Marcher sur l'eau, fleuve, mer : voyez ces mots. Marcher en boitant : malechance. Rêver qu'on ne peut marcher, et que vos jambes vous portent avec peine : impuissance d'obtenir ce que l'on désire ou que l'on demande. Marcher avec une seule jambe en appuyant l'autre sur celle-ci : on cache une moitié de ses capitaux en faisant travailler l'autre. Avoir envie de marcher : humilité par amour de Dieu.

Certains écrivains sont d'avis que marcher est signe de voyage, de maladie dangereuse, quelquefois de mort. Marcher d'un pas ferme et sûr : grands avantages, succès, prospérité. Marcher vite : inquiétudes; doucement : bonne fortune; sans but : grands chagrins, et pour les malades, mort; en tremblant : revers, préjudices; appuyé sur un gros bâton : perte d'argent. Marcher sur des épines : souffrances, peines. Marcher avec une jambe de bois : changement de position; sur les genoux : on est menacé d'un grand malheur; à quatre pattes : humiliation.

MARCHÉ. — Le marché représente un temple, une place d'armes, un endroit fortifié et est signe de piété, bénéfices et religion. Le marché est en outre l'image du monde sous tous ses aspects, bons ou mauvais, et tel qu'il devra être pour le songeur; il présage aussi une émeute, une insurrection, une révolte. Rêver qu'on est dans un marché ou une foire et qu'on a abandonné les pourparlers d'une affaire, ou qu'on a fait une vente avantageuse ; si le songeur se trouve à la guerre, il en reviendra sain et sauf; s'il est en pèlerinage : il ne pourra le continuer ; s'il étudie ou est à la recherche de quelque chose en fait de sciences, arts, lettres, etc. : peines et temps perdus, ou bien il oubliera d'aller au temple à l'époque voulue. Si on rêve de frauder en faisant des affaires : pour qui est à la guerre, il sera fait prisonnier; si l'on est en pèlerinage, on fera des choses qui vous en feront perdre les bons effets; si on est juge on sera injuste. Marché connu, s'il y a beaucoup de monde, ou du feu allumé, ou de l'eau qui y vient d'un noria (*SAKIÉ*) en des magasins pleins de paille : cherté de vivres. Si on y voit le monde endormi, les boutiques fermées ou des toiles d'araignée sur les boutiques ou les marchandises qui s'y trouvent : arrêt dans le commerce de ceux qui y viennent faire leurs affaires. Aller et venir par un marché : avertissement de ne point négliger les charges et devoirs dont on s'est chargé, tels que celui de tuteur, administrateur de biens, etc. Rêver qu'on se décharge dans un marché : déshonneur extrême, pertes incalculables ou très-fortes. Conduire ou accompagner un mort au marché : succès dont on ne jouira pas longuement. Rêver qu'un marché est transporté d'un lieu dans un autre : changement d'état pour ceux qui y font des affaires; et lorsqu'on y voit des marchands d'objets en terre cuite : diminution dans les bénéfices; si on y voit des marchands de graines cuites, rôties au four, tels que pois chiches, pistaches, etc., il s'y déclarera un incendie, des maisons s'écrouleront ou il y sera commis des vols.

MARDJIAL. — Voyez *Fourneau portatif*.

MARÉCHAL-FERRANT. — Homme qui soigne son prochain et met la paix entre ses voisins ou qui aide les grands et les guerriers dans leurs caprices. Cela est encore signe de difficulté dans la réussite, ou de brutalité.

MARIAGE. — Rêver que l'on va se marier sans connaître son futur ou sa future : est signe de mort; ou bien que l'on commettra un homicide; si on le, ou la, connaît : mariage prochain. Rêver que l'on se marie : grandeur et opulence proportionnées aux qualités physiques et morales de la personne qu'on épouse. La consommation du mariage est toujours signe d'acquisition de biens. Epouser la sœur ou la fille d'un homme inconnu et d'un âge mûr est toujours signe de prospérité. Epouser une morte : recouvrement de biens perdus, richesses provenant d'un lieu inconnu. Femme qui épouse un mort chez elle : dissipation, perte de richesses ; de même lorsque le mariage a lieu dans la maison du mort, si elle la connaît; mais si cette maison lui est inconnue : signe de mort pour elle. Epouser une femme ressuscitée et consommer avec elle le mariage : dépenses spontanées que l'on fera afin d'obtenir une chose dont on tirera profit, honneur, une haute position et des honneurs; mais si l'on va dans la maison de cette femme : mort prochaine; si on l'emmène chez soi : on fera quelque chose dont on se repentira.

Se marier pronostique, d'après quelques interprètes, les honneurs et la gloire; selon d'autres, la tristesse, les ennuis, la mélancolie, une maladie. Si l'on épouse sa sœur ou son frère : mauvais songe.

Se rêver déjà marié ou rêver que c'est un autre qui l'est : mort pour la personne qui est mariée en songe. Se marier est signe de grandeur pour un homme qui l'est en réalité. Pour une femme mariée, rêver qu'elle épouse une personne de sa connaissance : prospérité et providence ; si c'est un inconnu : mauvais présage. Rêver que votre femme est mariée à un autre et que c'est vous qui la lui conduisez : perte du trône pour un souverain; faillite pour le négociant; tandis que si l'on mène le nouvel époux à sa femme cela annonce un commerce dans lequel on fera des bénéfices. Voyez encore *Noce*.

D'autres disent de leur côté que rêver que l'on se marie lorsqu'on l'est déjà est signe d'inquiétudes, soucis, divorce, danger de la vie. Épouser sa femme ou son mari : gros bénéfices. En général aussi bien pour ceux qui le sont que pour ceux qui ne le sont pas, se marier sans prêtres est signe de joie, plaisirs, honneurs, excepté pour les malades, auxquels il pronostique la mort; et lorsqu'il y a des instruments de musique : grands chagrins, quelquefois mort.

MARIE. — Rêver une femme de ce nom : bon présage mais qui peut se modifier selon le songe qu'on a fait. Rêver la Vierge : Voyez *Vierge Marie*.

MARIN. — Trahison de parents ou d'amis. L'être : maladie longue et douloureuse.

MARJOLAINE. — Ce rêve est un pronostic de bonne santé. En planter : fils riche, généreux et de bonne santé; cela est encore signe de mariage avec une personne fidèle. en flairer : on aura un fils dévot.

Quelqu'un dit que la marjolaine est signe d'amertume.

MARMITE. — Homme ou femme chef de famille, personne providentielle, utile à ses voisins, surtout lorsque la marmite est en terre ; et tout ce que l'on voit en rêve arrivera à la personne à laquelle la marmite se réfère. La mettre au feu avec du manger : montrer à quelqu'un le droit chemin ; si le manger cuit : bénéfices honnêtes; s'il ne cuit pas: bénéfices malhonnêtes. La mettre sur le feu sans manger : dépenses pour une personne qui ne vous est d'aucune utilité. Marmite vide et dans laquelle on a l'intention de mettre quelque chose : on sera cause que d'autres commettront des actions défendues. Marmite pleine de miel, lait, huile, emmagasinage de biens, produits, récoltes, marchandises, etc.

D'autres disent que: la marmite pleine est signe d'aisance; la marmite vide, de misère; si elle est renversée, ou brisée : malheurs.

MARS. — La planète Mars représente le guerrier, le commandant en chef des armées du souverain.

MARTE. — Voyez *Fouine*.

MARTEAU DE FORGERON. — Personne qui perçoit les impôts.

MARTINET NOIR. — Voir un de ces oiseaux : est pour le songeur un avertissement qui se réfère aux circonstances de sa vie.

MASBALAH. — Voyez *Voirie*.

MASQUE. — Très-mauvais songe. Une personne masquée : hypocrite, pervers, qui ne pense qu'au mal et qu'à nuire à son prochain, si on ne la connaît pas; si on la connaît : on en sera trahi.

MASSUE. — Frère utile ou enfant mâle.

MASTIC (1). — Qui en mange : se purgera. En mâcher : est signe de grands discours qui n'aboutiront à rien; ou : litiges et controverses pour la personne qui en mâche.

D'autres disent : obscénités, et quelques-uns : chagrins.

L'avaler : maladie.

MATELAS. — Dormir sur un matelas en laine : biens provenant d'une femme. Brûler la laine d'un matelas : perte de biens et de piété. Pour le reste, voyez *Lit*.

MATÉRIAUX. — Matériaux qui ont subi l'action du feu : actions malhonnêtes; qui ne l'ont pas subie : actions honnêtes.

MATMOURA. — Voyez *Grenier*.

MATURITÉ. — Rêver qu'on a atteint la maturité : est signe d'honneurs.

---

(1) Résine du lentisque et que les femmes (et même les hommes) orientales mâchent par passe-temps.

MAUVE. — Prospérité, richesses, heureux commerce; pour ceux qui en ont la probabilité : héritage après de longs litiges et procès.

MAUVIETTES. — Comme *Alouettes*.

MÉDECIN. — Honneurs, joie, droiture religieuse. Si un homme de savoir, un érudit, un savant, un juge, un avocat, etc., rêve d'être médecin : perte de savoir et de bénéfices. Rêver un médecin connu : ce médecin est vraiment très-capable. Se rêver chez un médecin : guérison. Rêver que l'on est malade et qu'un médecin vous assiste : triomphe sur un adversaire, lorsqu'on a un litige ou procès. Si un médecin fait le juge : perte de doctrine. Rêver qu'un médecin vend des objets mortuaires : il trompe le monde avec les médicaments qu'il distribue.

RATÉK EL DJÉRAHAT, médecin qui soigne les plaies. Homme qui prie pour son prochain.

RATÉK EL HAYAT, médecin qui soigne les morsures de reptiles. Homme jaloux et envieux.

MÉDICAMENT, MÉDECINE. — Tout médicament facile à prendre et qui n'a pas un goût désagréable : guérison pour un malade ; pour les autres : éloignement de ce qui peut leur faire du mal. Médicament de mauvais goût : maladie légère suivie de guérison. Avaler d'un trait un médicament : bon présage.

Le médicament selon quelques interprètes est encore signe de chagrins. En prendre : gêne, difficultés, obstacles dans vos affaires; le donner : service que l'on rend à un étranger ou à un inconnu qui vous le demande, et en même temps réussite dans vos entreprises; le rendre par la bouche : affaires embrouillées, faillite; par en bas : grande facilité dans vos affaires.

MÉDISANCE. — Les suites de la médisance retombent toujours sur celui qui médit.

MÉLAIA. — Voyez *Cape*.

MÉLASSE. — Peu de fortune, ou biens acquis avec de

très-grandes peines. Tremper du pain dans de la mélasse et le manger : amour pour la médecine qui vous procurera une grande fortune.

MELON. — En voir ou en manger : maladie dangereuse, douleurs, deuil. Le melon peut encore se référer à une femme enceinte. En voir un grand nombre : très-mauvais présage, mortalités, épidémies, maux publics.

MEMBRES. — Rêver quelque diminution ou amoindrissement dans les membres de son corps : amoindrissement de biens et de fortune. Avoir un membre en fer : longévité. Membres qui parlent : pauvreté. Lorsqu'un seul membre a parlé : voir au nom de ce membre, et l'interprétation devra se faire pour la personne qu'il représente. Couper les membres du souverain et les distribuer : chagrins causés par le souverain pour avoir médit de lui, et votre famille sera dispersée par le royaume.

MENDIANT. — En voir un : chagrins domestiques, prospérité prochaine.

MENSONGE. — Signe de peu de bon sens, et plus spécialement lorsqu'on rêve d'en faire à Dieu. Le menteur est un imposteur.

Autre interprétation : En dire : événement désagréable ou malheurs ; en entendre : heureux présage, succès singulier dans les affaires.

MENTHE. — Larmes que l'on versera pour une nouvelle venue du dehors.

MENUISIER. — Il représente une personne qui exhorte et donne de bons conseils aux gens dans les affaires mondaines : arrangement d'affaires en désordre, aisance. Pour une femme ce songe signifie quelquefois qu'elle aura beaucoup d'enfants.

Rêver de l'être : bénéfices pour le pauvre, indigence pour le riche.

MER. — La mer est l'image d'un grand souverain, très-aimé et respecté ; l'eau se réfère à sa piété et à son savoir, sa bonté, ses richesses. L'eau de mer est signe de vraie croyance, d'érudition, savoir, fertilité, rabais dans le prix des vivres, biens, richesses; lorsqu'elle est trouble ou bouleversée: douleurs et chagrins causés par le souverain. La mer, ou un très-grand fleuve tel que le Nil, le Gange etc., se réfère encore à tous ceux qui dépendent d'un souverain, tel qu'un petit souverain, un gouverneur, chef, commandant, un savant, un grand, un citoyen quelconque. Les poissons représentent les sujets du souverain; les bateaux: les soldats, les femmes, les conseillers, les amis, les sciences, les arts, les doctrines, les livres. La mer représente encore la marche du monde; dans ce cas les bateaux sont les marchés ou les voyages; les vents: les denrées, marchandises etc., ou bien encore le vent représente: le mal; et les poissons: les préjudices ou dommages. La mer est en outre l'image de l'enfer; et alors les bateaux sont les chemins qui y conduisent ou les tourments. Toutes ces différentes interprétations doivent s'appliquer selon les conditions particulières de la vie du songeur. Voir simplement la mer indique ordinairement que l'on obtiendra ce que l'on désire; la mer calme est toujours d'un meilleur présage que si elle était agitée; la voir se retirer de façon qu'elle découvre la plage qui se prolonge bien avant dans la mer: maux de la part du souverain, disette.

D'autres interprètes disent que la mer bleue, tranquille, sans ondes est signe de joie, de réussite, d'aide et protection inattendue; mais lorsqu'elle est d'un calme plat elle indique le retard et la lenteur. Mer agitée et trouble: insuccès, chagrins, ruine prochaine.

Prendre de l'eau à la mer, la boire ou la garder: bénéfices, biens de la part du souverain, ou gains en affaires. Tirer de l'eau de la mer: on obtiendra du souverain ce qu'on lui demande; si on la verse dans un autre vase: biens que l'on recueillera du souverain, ou épouse dont aura des biens. Boire la mer ou un grand fleuve et ne pas se désaltérer: acquisition d'un trône dans quelque position que l'on se trouve (1); si l'on se désaltère: grands biens que l'on obtient du sou-

(1) Ce rêve fut fait par le fameux Mohammed-Aly, premier vice-roi

vérain; richesses immenses, force et longévité. Tirer des perles de la mer: grandes richesses et belle femme que l'on aura du souverain. Se laver à la mer: cessation de douleurs et amendement. Uriner dans la mer: on se maintiendra dans la mauvaise voie; y jeter des cailloux: perte de biens. Entrer dans la mer et croire marcher dans la boue ou la terre: douleurs causées par le souverain. Descendre dans la mer ou un grand fleuve et nager à l'instar des *oies*, c'est-à-dire parfaitement: souveraineté, domination, gouvernement; on se mêlera aux affaires d'État, on disposera du souverain et on acquerra la force et l'opulence. Nager de cette façon, mais en arrière: repentir, amendement, cessation de mal faire; si l'on a peur: craintes, maladies ou emprisonnement; et si l'on croit ne pouvoir en sortir: on échappera à ces maux peut-être par la mort. Nager dans la mer: on entamera avec le souverain des relations qui seront suivies de craintes; si la mer est agitée, en tempête: emprisonnement, tourments, maladie, ruine. S'y noyer: corruption religieuse; ou bien l'on sera tué dans sa maison.

Tomber à la mer en courant le danger de se noyer: menace d'un malheur; si on se sauve: on évitera ce mal.

Traverser la mer: douleurs et craintes que l'on évite. Rêver un mort dans la mer: cela indique qu'il se trouve en enfer; si c'est un malade: accroissement de maladie; s'il se noie: il mourra de cette maladie. Marcher sur la mer ou un grand fleuve: soucis religieux ou voyager avec de grands risques.

D'autres disent que marcher sur la mer est d'un bon présage pour les émigrants, les prisonniers et ceux qui sont à la veille de se marier; pour une femme ce songe est un avertissement de mettre ordre à sa conduite.

Rêver qu'on se trouve sur mer en été et que les eaux sont calmes et tranquilles: relations avec un souverain, ou doctrine, ou accroissement dans son commerce. Être en mer et avoir grand peur de la tempête: voyage de quelque utilité. Y faire

---

d'Égypte, alors qu'il n'était encore que simple passeur du Bosphore. L'histoire dit assez comment se réalisa cette prédiction.

naufrage sans mourir, ni souffrir : augmentation de travail dans le métier ou la profession que l'on exerce ; si on rêve d'y mourir : corruption religieuse, désirs non satisfaits. Toute mer, fleuve ou lac desséché : perte d'une des choses auxquelles se réfèrent la mer, le fleuve, le lac ; retour des eaux : retour de ces choses.

MERCURE. — Trahison, hypocrisie, agissements capricieux. Rêver qu'on en a dans la main : on manquera à une promesse. Si vous en mangez : on manquera à des promesses que l'on vous a faites ; cela est encore d'un mauvais présage. S'oindre avec de la pommade de mercure : bon signe.

MERCURE. — La planète Mercure représente le secrétaire, l'écrivain du souverain.

MÈRE. — Rêver vivante sa mère déjà morte : joies et contentements qui vous feront oublier toutes vos douleurs. Rêver que l'on parle à sa mère : bon signe.

Autres interprétations Rêver sa mère : heureux présage, bien inattendu, disent les uns ; sûreté, protections, disent les autres. Lui parler : bonnes nouvelles. Etre auprès d'elle : sûreté. La battre : ruine, catastrophe ; lui faire des caresses : honneurs, élévation. La tuer : grands maux dont on sera cause.

Battre, tuer sa mère, commettre un inceste avec elle, etc. Voyez ces mots.

MERLE. — Personnage soupçonneux, médisant, qui trouve à redire sur tout le monde.

MESRÉGUE. — Voyez *Lampe.*

MESURE, MESURER. — Mesurer des terrains : signe de voyage. Mesurer ses vêtements, la terre ou le fil avec la paume de la main : voyage lointain. Mesurer avec la phalange du doigt : on se transportera d'un lieu à un autre. Mesurer avec un boisseau, etc. : bon présage pour les pauvres, mauvais pour les riches.

MESUREUR DE COMESTIBLES. — Gouverneur ; s'il mesure juste : il administre avec justice et équité ; tout le contraire, s'il mesure mal.

MÉTAMORPHOSE. — Changement en mieux. Femme qui se change en homme : dévotion à son mari. Être métamorphosé en nuage, une plante, soleil, étoiles, voyez ces mots ; en un animal quelconque : voyez au nom de la bête ou de la plante en laquelle on est métamorphosé.

MÉTIER. — Métier de tisserand brisé : cessation de douleurs ou de voyage.

METS. — Voyez *Aliments*.

MEULE DE MOULIN. — Les deux pierres de la meule se réfèrent au père, à la boutique, à l'épouse, et, enfin, à tous ceux qui vivent par le songeur ; elles sont aussi signe de voyages, de disette ou de guerre. Acheter une meule : mariage si l'on est célibataire ; sinon : mariage de votre fils ou de votre fille, ou bien vous prendrez une maîtresse ou une domestique ; pour un pauvre : aisance modeste ; voyage, pour ceux qui voyagent continuellement. Mettre soi-même la meule à un moulin : épouser ou partager la couche d'une femme. Si l'on voit le pivot dans le centre de la meule : on partagera la couche de sa femme légitime ; s'il n'y est pas : on partagera la couche d'une femme quelconque.

MEULE DE RÉMOULEUR. — Très-mauvais présage.

MEUNIER. — Homme qui s'occupe de sa personne, de son bien-être, de sa vie. Jeune meunier : prospérité provenant d'un ennemi ; meunier d'un âge mûr : abondance et prospérité de la part d'un ami. Rêver que l'on est meunier et que l'on moud du blé : vie dont la longueur est proportionnée à la quantité broyée.

MEURTRE. — Rêver que l'on échappe à un meurtre : vie courte.

MICHEL. — Rêver saint Michel est d'un très-bon présage pour les personnes honnêtes qui obtiendront en cette vie et dans l'autre tout ce qu'elles désirent. Pour le pervers, ce songe est signe de repentir et d'amendement. Rêver saint Michel en temps de sécheresse : pluies abondantes ; en temps ordinaire : récolte abondante dans le pays où on l'a rêvé. Si l'archange parle au songeur ou lui donne quelque chose : fortune immense, accompagnée d'une vie religieuse et d'une grande charité qui vous permettront la jouissance de l'autre vie.

MIDI. — Midi représente la moitié du travail que fait le songeur.

Quelqu'un prétend qu'un tel rêve est nul ; d'autres qu'il est signe de gourmandise.

MIEL. — Miel vierge : abondance et prospérité, biens provenant d'un honnête héritage ou d'une fortune faite subitement, ou d'un associé. Rêver que l'on a du miel chez soi : pour les mondains, richesses acquises sans peine ; pour les dévots et les gens pieux : doctrine, savoir et honneurs en religion. Rêver le miel est en général, pour les personnes religieuses : signe de la douceur de la religion ; et en donner à manger : qu'elles lisent à d'autres des livres pieux et avec une belle voix. Manger du miel mêlé à de la mélasse : inceste. Le rendre après l'avoir mangé : on apprendra et expliquera les Saints Livres. Mêler du miel et du sucre pour faire des douceurs : biens qu'on amassera avec peine ; mais lorsqu'on a ce mélange sans l'avoir fait soi-même : on aura des biens amassés avec les fatigues d'autrui. Rêver qu'il pleut du miel : bien-être général, piété.

MIGRAINE. — Faute, péché, crime dont il est temps de se repentir.

D'autres disent perte de femmes ou d'enfants.

MINARET. — Même sens que *Clocher*.

MINE. — La mine se réfère à tous les biens qui sont cachés, non encore apparus ou connus, tels que les trésors, les productions de la terre, une science nouvelle, etc., et quelquefois à un mal inconnu. Voir une mine est, pour un cultivateur, signe de récolte ; pour un commerçant, de bénéfices provenant des récoltes ; pour un savant, découverte, fondation, institution d'une science nouvelle ; et lorsqu'il rêve de distribuer ce qu'il trouve dans la mine, cela est signe d'utilité publique provenant de sa découverte ou de la science nouvelle fondée par lui. Pour un souverain en guerre, une mine est signe de victoire avec la conquête d'une ville fortifiée ; pour l'infidèle ou l'hérétique, elle annonce qu'il répandra la zizanie dans le peuple au préjudice général.

MINE D'ARGENT. — Y enlever un morceau d'argent : pronostique qu'on trompera une belle femme ; en enlever beaucoup : découverte d'un trésor. Entrer dans une mine pour y prendre un morceau d'argent : trahison de votre épouse, tant contre vous que contre vos parents ou d'autres.

MINEUR. — Homme pieux qui a ses entrées auprès des grands.

MINISTÈRE. — Ministère ou toute autre administration gouvernementale : lieu où vont se déposer les plaies morales de la société. Le rêver fermé : la porte en est fermée ; ouvert : tout le contraire.

MINISTRE. — Voir un ministre vêtu de blanc : bonne nouvelle ; de noir, s'il n'en a pas l'habitude : deuils et maladies ; mais s'il a l'habitude de s'habiller en noir le songe perd sa mauvaise influence. Devenir premier ministre ou grand vizir : on aidera le gouvernement dans une chose utile à l'État.

MIROIR. — Le miroir est, en général, l'image d'une femme ; il est encore celle de l'âme, et le voir terne, sali : veut dire qu'on se mettra dans la voie du mal.

Quelques écrivains prétendent que le miroir est signe de tromperie, de trahison, de fausses apparences, de vanité, de douleurs de courte durée.

Miroir d'argent : attaque à la réputation ; en donner ou en recevoir un : dépôt d'argent, de biens que l'on fait ou qu'on reçoit ; et lorsqu'on s'y regarde : on aura des choses désagréables. Se regarder dans un miroir : mariage pour le célibataire ; pour une femme enceinte : elle deviendra grosse immédiatement après ses couches ; ou bien : elle accouchera d'une fille qui lui ressemblera ; ou bien encore : sa fille accouchera ; pour une femme mariée, mais non enceinte : elle sera délaissée par son mari ou se séparera de corps avec lui ; pour une jeune fille ou un jeune homme : ils auront une sœur ou un frère qui leur ressemblera ; pour un voyageur : voyage tranquille, heureux ; pour un souverain : chute immédiate ; mais s'il n'a pas d'enfants et en désire, il en aura bientôt un. Se regarder dans un miroir : se réfère encore à la vie, à l'existence de celui qui s'y regarde, laquelle sera dans des conditions analogues à celles du miroir, selon qu'on l'aura vu en songe : beau, laid, grand, petit, neuf, vieux, propre, sale, etc. Se regarder dans un miroir propre : cessation de douleurs ; s'il est sale : mauvaise marche des affaires du songeur. S'y voir plus beau : amélioration dans votre position ; dans un grand miroir : élévation, *et vice versâ*, s'il est petit. S'y voir le visage beau et la barbe noire, lorsque cela n'est pas : respect, estime, réputation qu'on acquiert dans le monde. S'y voir la barbe blanche : appauvrissement, mais amélioration dans ses croyances religieuses. Souverain qui se regarde dans un miroir et y voit réfléchi un autre à sa place : abdication ou destitution ; ou divorce pour prendre une autre épouse. Voir dans un miroir une femme nue : prospérité. Regarder derrière un miroir : votre épouse vous poussera à goûter aux plaisirs défendus ; pour un souverain : destitution ; pour un cultivateur : semailles qui ne donnent aucun résultat. Nettoyer un miroir sale : prières du songeur pour que ses maux aient à cesser ; si on parvient à le nettoyer : ils cesseront ; sinon, les maux qui l'affligent continueront de sévir contre lui.

MISÈRE. — Voyez *Indigence*.

MISMAR. — Voyez *Flûte*.

MOABBAR. — Voyez *Interprète des songes*.

MOELLE. — La moelle des os représente des richesses du

songeur, enfouies ou enfermées ; elle se réfère à sa vie et à ses enfants. Lorsqu'on est malade, rêver qu'elle vous sort des os signifie que votre fin est proche.

MOKHÉLÉ. — Voyez *Collyre sec*.

MOINEAU. — Homme extrêmement brave et intrépide, riche, très-patient, qui ne tient pas compte des intérêts des autres nuisant à tous et toutes les fois qu'il peut le faire, enjoleur, trompeur dans les affaires, mais plein de capacité et de talent, qui crée et organise, ne fait rien à demi. Le moineau représente encore un joueur et un bavard, ou bien un homme gai, un boute-en-train, qui laisse la gaieté partout où il passe; ou bien encore un fils. Prendre un grand nombre de moineaux : empire, commandement et biens. Celui qui en égorge et les jette ensuite est un revendeur intrigant et trompeur. Qui leur coupe les ailes et les met dans un sac, ou une bourse : maître d'école qui joue avec ses élèves.

MOISE. — Voir en songe Moïse dans toute sa majesté annonce qu'une personne qui administre injustement la justice, un gouverneur ou un souverain sera tué ou mourra de sa mort naturelle. Le rêver prêt à partir pour la guerre : signe de victoire si la nation à laquelle appartient le songeur ou dont il est partisan est en guerre. Si on le rêve en compagnie d'Aaron l'interprétation n'en aura que plus de force.

MOISSON. — Voyez *Récolte*.

MOISSONNEUR. — Ange de la Mort. S'il coupe les blés hors de saison ou non mûrs : mortalité pour les jeunes; pendant la saison et qu'ils soient mûrs : mortalité pour les vieillards.

MOLLET. — Rêver que l'on a un mollet de fer : longévité et richesses durables ; d'argent ou d'autre métal : mort prochaine. Rêver d'avoir un mollet coupé : perte de la moitié de ses biens ; tous les deux : perte de toutes ses richesses. Voir à nu le mollet d'une femme : mariage; si une femme rêve de se voir le mollet découvert, sa piété ne s'altérera pas.

MONNAIE. — Une monnaie représente un enfant et est signe d'inimitié; des monnaies sont des discours. Toute monnaie à laquelle est l'effigie du souverain : bon signe. Monnaie fausse : tromperie, mensonge, effronterie, trahison ; en battre : injures. Monnaies sans empreinte : discours piquants, rancuniers, odieux; monnaie cassée : inimitié irréconciliable. Le son de la monnaie se réfère à des discours charitables, consolants, affectueux qui plaisent; mais si la monnaie est imparfaite : litiges, inimitiés. Les monnaies égyptiennes : présagent des coups de bâton (1); monnaies anciennes : prospérité ; monnaie ancienne d'excellent or : pureté de religion, on aura un beau fils; monnaie en cuivre : méchants discours, tromperie, trahison. Vase plein de ces monnaies et fermé : fin de ses affaires ; s'il est découvert : mauvais discours. Cracher des monnaies de cuivre : hypocrisie.

On dit que les monnaies de cuivre sont encore signe de gêne et de mauvais discours, suivis de douleurs.

Monnaie d'argent : piété, savoir, fortune ; si elle est d'un argent très-pur : grande prospérité, droiture, qui vous feront une haute réputation. Compter des monnaies d'argent : on fera du bien en proportion des monnaies comptées. Monnaie dorée : piété apparente. Monnaie d'or : misère. Quatre monnaies d'or inconnues : bonnes actions que l'on fera; en perdre une : oubli d'une prière nécessaire. Un certain nombre de monnaies d'or inconnues au-dessus de quatre : mauvais présage.

Quelques écrivains pensent que les monnaies d'or de grandeur naturelle ou plus petites présagent des enfants.

Un grand nombre de monnaies : trésor, science ou gouvernement. Rêver qu'on a une pièce de monnaie en main : vous serez trahi par celui auquel vous vous confiez. Avoir de belles et larges monnaies : prospérité acquise par la piété; si vous perdez des monnaies et si vous ne les retrouvez pas : perte

---

(1) Mohammed-obn-Serim, chapitre 40.

de livres; en perdre une : perte d'un fils; ou manquer à une prière. Rêver qu'on vous donne des monnaies ; on fera des dépôts auprès de vous; lorsqu'on vous en porte une grande quantité: fortune, richesses. Rêver qu'on vous les rend telles que vous les avez prêtées et entières : témoignage sincère en justice; quand elles ne sont pas entières ou sont brisées : témoignage faux ou incomplet. Prendre un grand nombre de monnaies: grande fortune et contentement. En donner d'entières et belles ; conseils inutiles et peines perdues auprès d'un ignorant; si elles sont cassées: douleurs. Donner en monnaies la moitié de ce que l'on possède: diminution de richesses. En jeter: vous jouerez du violon ; en jeter sur quelqu'un: on entendra de consolantes paroles; s'en mettre sous les pieds: irréligion, éloignement de votre religion. Groupe de monnaies ; secret gardé.

Prendre des monnaies en songe est pour certains interprètes signe qu'on en prendra réellement; les monnaies blanches sont pour d'autres : signe de piété; et les noires de haine.

MONNAYEUR. — Homme qui renie ses propres paroles après avoir mis la zizanie dans le monde ; ou bien : homme qui vous seconde complaisamment et finement.

MONTAGNE. — Élévation, fortune, réussite, amendement, rébellion, malheurs, mort. La montagne représente un souverain au cœur dur et haï de ses sujets; lorsqu'on y voit de l'eau ou de la verdure : souverain pieux; s'il n'y en a pas : souverain hérétique. Montagne qui s'éboule ou brûle : ruine de la personne ou de la chose à laquelle elle se réfère. Montagne qui s'élève dans les airs au-dessus du monde : grandes craintes de la part du souverain. Montagne qui marche : insurrection, guerre entre souverains, disputes, contrariétés entre savants, zizanie, quelquefois même épidémie ou mort. Montagne qui vient au-devant de vous : absence ou voyage; ou bien : homme difficile ou femme difficile et au cœur dur. Montagne qui se change en poussière, ondes, écume : mauvais présage pour ce à quoi elle se réfère; mais le mal est momentané pour ceux qui ont acquis des biens après de longues peines et humiliations, pour ceux qui se sont rassurés après avoir eu des craintes, qui se sont amendés après avoir été pervers. Toute montée facile d'une montagne est en général : signe d'élévation, de bien. Toute ascension difficile : douleurs qui se changeront cependant en joie lorsqu'on redescend. Monter une montagne se réfère à ce que l'on désire. Si on monte par un chemin sûr et battu : plein succès; si on rencontre des difficultés, des empêchements : on éprouvera des craintes; mais lorsque malgré cela on arrive au faîte : on en évitera ou en surmontera quelques-unes. Si on se réveille avant d'être arrivé au sommet ou si on en tombe avant d'y arriver : désirs non satisfaits, corruption religieuse, craintes ou malheurs. Monter une montagne : est signe de guérison pour un malade; pour un aspirant au trône, s'il boit en outre de l'eau de cette montagne : signe de règne et de biens proportionnés à l'eau qu'il a bue; pour un négociant : élévation et accroissement de bénéfices. Ces choses s'obtiendront plus ou moins facilement, selon que l'ascension aura été plus ou moins facile. Rêver que l'on se trouve sur une montagne, ou que l'on est à l'ombre d'une montagne : on approchera d'un grand personnage qui vous donnera aide et protection; lorsqu'en songe cela arrive à l'aube, et qu'on a tiré de l'arc ou autre arme : renommée ou accroissement de craintes pour ceux qui en ont; mais si l'on fait un tel rêve lorsqu'on se trouve sur mer : tempêtes dont on réussira pourtant à se tirer. Sauter d'un bateau ou d'une barque sur une montagne : grands malheurs qui produiront votre ruine totale; mais si vous y montez sans sortir de la barque ou de la mer : vous serez toujours d'un avis contraire à celui des autres et agirez suivant votre caprice. Tomber du haut d'une montagne : malheur proportionné à sa hauteur; cela est quelquefois signe de la colère divine. Tomber sur un reptile, des bêtes fauves, des ordures : on tombera dans la perversité; dans un jardin ou un lieu saint, ou sur des personnes qui prient : amendement. La descente d'une montagne est en général d'un mauvais présage : pour un souverain, perte de sa souveraineté ; pour un savant : de sa science, de son savoir ; de ce que l'on aime le plus au monde ou de ses biens, pour les autres. Cependant, et selon les conditions dans lesquelles peut se trouver le songeur, descendre d'une montagne : peut être signe de joie et de contentement. Manger les pierres d'une montagne : insuccès. Démolir, abattre une montagne : ruiner quelqu'un. Rêver que l'on porte une montagne sur ses épaules et trouver qu'elle pèse : on aura à faire des frais pour un homme fort et puissant, lequel vous sera grandement à charge. Transporter des montagnes : on entrera dans une grande maison.

MONTRE. — Voyez *Sablier*.

MONTURE. — Monter un cheval, un mulet, un âne, etc. : dénote que l'on agit à son caprice. On dit encore que monter une monture : est signe d'opulence, et que cela n'indique agir à son caprice qu'alors qu'on se tient mal. La monter avec noblesse et dignité, pourvu que cela ne soit pas à la perfection : réussite prochaine, accroissement de craintes. Toute chose faite en rêve à la perfection : est signe d'humiliation ou d'amoindrissement. Tomber de sa monture : insuccès. La monter au rebours, c'est-à-dire la face vers la queue : actions contre la morale et la religion ; si c'est volontairement qu'on la monte ainsi : ces actions seront un effet de votre volonté ; si c'est involontairement : vous les commettrez sans le vouloir et à votre insu. Être à cheval sur la même monture que le souverain : veut dire qu'on lui succédera de son vivant ou après sa mort. Être sur une monture et aller d'un bazar à un autre : mort pour le malade, pour ceux qui sont en voyage, affaires nouvelles et nouveau voyage.

MOQUERIE. — Comme *Raillerie*.

MORAILLES. — Force, prospérité, puissance.

MORELLE. — Voyez *Aubergine*.

16.

MORSURE. — Dépit, rancune, ressentiment. Ce songe est encore signe de la force de l'amour du mordeur envers le mordu, et s'il en sort du sang : l'amour sera coupable. Rêver qu'on vous mord le doigt : douleurs. Voyez *Piqûre*.

D'aucuns disent que mordre quelqu'un indique que l'on nuira au mordu; et d'autres que cela est signe de considération perdue. Être mordu : piéges, jalousie d'ennemis, calomnies inventées contre vous.

MORT. — Mourir : voyez ce mot. Se rêver mort : signe de mariage; pour qui est marié, divorce, séparation ou envie de faux amis. Avoir l'aspect d'un mort : on entendra des paroles désagréables et ennuyeuses d'un pédant antipathique. Se rêver mort sans en avoir l'aspect, et rêver que la famille ne fait rien de ce qui est nécessaire et d'usage en de semblables circonstances : ruine d'une partie ou des fondements entiers de la maison; et si, en plus, on rêve d'être enterré sans les cérémonies d'usage : signe que cet endroit ne devra pas être reconstruit tant qu'il restera en votre possession. Une femme enceinte qui rêve d'être morte et transportée sans les cérémonies d'usage, ni tristesse de la part des siens, accouchera d'un fils qui sera sa joie et son bonheur. Rêver que l'on est mort et transporté avec l'assistance d'un grand nombre de personnes, mais sans pompes religieuses : prospérité mondaine et perte de religion. Se rêver mort et non transporté comme c'en est l'usage : vous accosterez un très-grand personnage dont vous obtiendrez des biens. Se rêver mort et nu par terre : appauvrissement si le songeur est une personne riche ou dans l'aisance; se voir sur un tapis : contentement et élévation; sur un lit : puissance et honneurs, abondance de biens provenant d'un souverain. Se rêver mort et se bouger ou se débattre dans du sang : on dissipera une fortune mal acquise ou on commettra un grand péché. Rêver qu'on est mort et ensuite ressuscité : on commettra un grand péché dont on se repentira. Se rêver mort parmi des morts : on mourra sans avoir accompli les devoirs de sa religion, ou bien départ pour un long voyage. Se rêver mort sur une table et qu'on vous lave : élévation, cessation de chagrins et de douleurs. Se rêver mort et enseveli : lointain voyage de grande utilité et fortune. Se rêver mort, sur un corbillard, et transporté : signe d'amis fidèles et vrais croyants en Dieu ; mais se voir dans un cercueil ou corbillard sans être transporté : emprisonnement. Être soulevé dans un cercueil est toujours signe d'honneurs, d'élévation. Rêver qu'on vous met dans un cercueil, un corbillard, et qu'on vous transporte, peut être signe de grandeur et de puissance pour les uns, de souveraineté pour les autres, et quelquefois de grandeur accompagnée d'irréligion. Entendre des pleurs ou des louanges derrière votre corbillard : mort en odeur de sainteté. Rêver que votre fils est mort : vous serez délivré de vos ennemis ; si c'est votre fille : tout bonheur cessera pour vous. Rêver que quelqu'un est mort chez vous, sans que rien le démontre, comme chagrin, tristesse, préparatifs mortuaires, etc.: démolition ou ruine d'une partie de la maison. Rêver qu'un absent est mort : signe que la fortune lui a souri, mais qu'il a perdu la piété. Rêver qu'on vous apporte la nouvelle inattendue de la mort de quelqu'un : très-grand chagrin dont pourra peut-être mourir la personne à laquelle la nouvelle a été donnée. Rêver que le souverain est mort : grands bouleversements dans le pays. Rêver mort son associé : dissolution de société. Pleurer la mort d'une personne de sa connaissance : grand malheur ou maladie dans la famille de la personne qu'on a rêvé être morte. Rêver la mort d'un ami déjà mort, et qu'on le transporte au milieu des pleurs et de la désolation : mariage avec un de vos parents au milieu de la joie et du bonheur, ou mort d'un parent du défunt. Rêver un hérétique mort avec un bel aspect, de beaux habits et dans un bel endroit : honneurs et richesses pour ses descendants.

MORT, MORTE. — Défunt. Mort qui a l'air d'avoir toute sa vigueur, mais ne salue ni ne parle au songeur : bienveillance à votre égard. Si un mort vous apparaît menaçant : perversité. Voir un mort endormi : signe qu'il est heureux dans l'autre monde. Mort nu : vous mourrez sans charité. En voir un vêtu de vert : il est mort pieusement. Morts contents : on est agréable à Dieu ; s'ils sont affligés : c'est tout le contraire. Mort qui badine et plaisante n'a pas d'explication. Mort qui rit et pleure et a le visage noir : signe qu'il est mort hérétique. Mort qui vous fait la moue : il vous rappelle une promesse que vous avez oubliée ; s'il est souriant : il vous remercie pour l'avoir maintenu. Mort qui se plaint d'avoir mal à la tête : Dieu lui demande compte de s'être mal comporté envers ses parents ; s'il se plaint d'avoir mal au cou : il lui demande compte de ses parents et du mauvais emploi de ses biens ; s'il se plaint d'un mal aux mains : Dieu lui demande compte d'un associé, d'un père ou d'un faux serment ; s'il se plaint d'une côte, d'un flanc : il lui demande compte de sa femme ; si c'est des jambes et des pieds : Dieu lui demande pourquoi il n'a pas pensé à ses amis. Mort occupé : Dieu lui demande compte de ses actions. Mort au milieu des vivres, des denrées : ceux-ci se brûleront ou se gâteront ; rêver qu'il en achète : cherté, accroissement du prix des vivres ; s'il en vend : rabais prochain. Mort qui distribue du pain : biens et prospérité ; lui en demander un ; s'il le laisse tomber dans du feu, des ordures ou du goudron : irréligion, malgré que l'on soit un homme excellent ; si on n'est pas irréligieux et que l'on ait sa femme malade : mort ou irréligion de celle-ci ; voir un mort dans un établissement de bains, veut dire qu'il est en enfer. Le voir qui sort d'une petite ville pour entrer dans une grande : il passe à un état meilleur, et le songeur améliorera en même temps sa position. Mort qui dispute ou discute avec vous en vous assurant qu'il est en vie : signe que son âme est sauvée. De même lorsqu'on rêve qu'un mort est assis sur un lit, ou qu'il est vêtu de vert et qu'il rit. En voir un assis sur un siége : il est au paradis ; le voir dans un temple : il est sorti des peines dans lesquelles il se trouvait. Mais si le temple n'est pas de la religion du songeur : ce mort se trouve en enfer. Mort qui vous enseigne une science quelconque : conversion religieuse. Mort qui se lave : accroissement de biens dans votre famille ou cessation de chagrins. Si un mort demande à être lavé : il vous demande des prières ; s'il vous prédit le jour que vous mourrez : sa prédiction se vérifiera. Se déshabiller et faire cadeau de ses habits à un mort : mort prochaine ; mais si on les lui met entre les mains sans lui en faire cadeau : le songe est nul.

Mort qui vous déshabille, vous emporte les habits, votre argent, votre monture, ou quelque autre chose : mort d'un proche parent ou d'un ami.

Épouser une morte : recouvrement de biens que l'on avait perdus ; richesses qui vous arriveront d'un endroit inconnu. Épouser un mort chez elle, pronostique à une femme qu'elle perdra ses biens ou qu'ils seront dissipés ; pareillement lorsque le mariage se fait dans la maison du défunt, si elle la connaît ; sinon ce rêve lui annonce une fin prochaine. Voir un mort dans la mer : son âme est la proie de Satan. Mort qui vous frappe : il vous demande que vous exécutiez une promesse. Être appelé par un mort : fin prochaine pour un malade, et pour ceux qui ne le sont pas ; cela veut dire qu'ils ont manqué envers le mort, lequel le leur reproche. Rêver qu'un mort vous appelle par votre nom et qu'on ne s'aperçoit de lui qu'après son appel, et ne pouvoir s'en défaire, indique que l'on mourra de sa même mort. Lorsqu'un mort vous dit que vous avez des noix : il vous annonce qu'un trésor se trouve dans votre maison. Se trouver parmi des morts : mauvaises connaissances qui n'écoutent pas vos conseils. Recevoir quelque chose d'un mort : bon présage, fortune inespérée ; lui donner quelque chose : mauvais signe. Parler à un mort : longévité, fin de vos affaires. Faire connaissance avec un mort inconnu ou l'embrasser : lointain voyage qui vous procurera une immense fortune. Être embrassé par un mort ou en embrasser un : longévité ; si l'embrassement est donné avec chagrin : mauvais signe.

Autres et différentes interprétations. Mort qui ressuscite et qui vous parle : trouble, désordre dans vos affaires ; de même s'il ne vous parle pas; mort qui vous embrasse : mort d'un cher parent; caresser, embrasser une morte ; protection d'une grande dame qui vous accordera ses faveurs et son amitié ; mort qui vous tire par l'habit : maladie dangereuse; si un mort vous dit de prendre un oiseau ou tout autre petit volatile et que vous le preniez : bon succès dans vos affaires, prospérité.

Laver un mort inconnu : vous convertirez un hérétique ou ferez amender un pécheur; si c'est un autre qui le fait : la conversion ou l'amendement auront lieu avec sa coopération. Laver les vêtements d'une personne déjà morte : on sera utile à la famille du défunt. Accompagner un mort : grandeur, puissance, souveraineté, mais en perdant toute piété. Suivre un mort et entrer avec lui dans une maison inconnue : mort prochaine. Entrer et sortir d'une maison en compagnie d'un mort : maladie très-grave, mais dont on guérira. Voyager avec un mort : incertitudes sur votre position. Porter un mort sur ses épaules : biens et richesses; le traîner : gains illicites. Voir un mort ivre : mauvais présage. Trouver un mort : richesses. Conduire un mort au cimetière : bonnes actions; au marché : réussite dans une chose dont on n'aura pas longtemps la jouissance. Transporter un mort d'une fosse à l'autre : on obtiendra ce que l'on désire; en ensevelir un : triomphe sur vos ennemis.

Voir un mort dans la bière : indigestion; le rêver mort et enseveli : grands biens, santé et protection d'un haut personnage; en soigner un : protection accordée à un pauvre, prêter son appui à un étranger ou à un inconnu qui vous le demande.

Manger un mort : longévité; rêver que quelqu'un le mange : perte de biens ou d'un membre de la famille; mort si l'on est malade.

MORT. — Peine de mort. Être condamné à mort par la justice : gros chagrin, événement désagréable; si on échappe à la peine : on évitera tout mal. Rêver qu'au moment d'être exécuté, on se révolte contre le bourreau et qu'on réussit à s'en débarrasser : en général, mort d'un fils, parent, ami; guérison d'une très-grave maladie, pour un malade; triomphe sur ses ennemis.

MORTALITÉ. — Rêver une grande mortalité dans un lieu quelconque : il y éclatera un incendie.

MORTIER. — Femme de ménage, épouse. Battre avec le pilon dans un mortier, si c'est celui de votre maison : vous partagerez le lit de votre épouse ou d'une femme qui loge dans la maison; s'il vous est inconnu : adultère avec l'épouse d'un autre. Si vous voyez quelqu'un battre avec le pilon dans votre mortier : infidélité de votre épouse; si le contenu du mortier déborde : il vous naîtra un bâtard.

MORVE. — Enfants, biens, richesses. Morve qui vous coule du nez : vous aurez un fils qui vous ressemblera; en avoir dans le nez : grossesse de votre épouse. Manger sa morve : vous mangerez les biens de votre fils; manger celle d'un autre : on mangera les biens du fils d'autrui. Jeter de la morve par terre : naissance d'un enfant; sur une femme : grossesse et fausses couches pour elle; si c'est une femme qui vous en jette : elle accouchera d'un fils. En jeter dans une maison, veut dire qu'on partagera la couche, peut-être même par droit légitime, d'une femme de cette maison. En jeter sur le lit d'un homme : on en séduira la femme ou on se mouchera avec son mouchoir, ou bien on le trahira dans ses domestiques. Se moucher : quittance vous sera faite pour vos dettes, vous éviterez des douleurs, ou vous rendrez le bien qu'on vous a fait, et quelquefois fausses couches de sa femme, lorsque le songeur est un homme marié. Rêver que l'on se mouche et qu'une femme vous prend la morve : on succombera aux séductions de cette femme qui sera enceinte de vos œuvres. Laver la morve d'autrui : on séduira votre femme et en vain vous vous efforcerez de tenir la chose cachée. Recevoir de la morve sur ses vêtements : alliance, par mariage, avec la personne qui vous l'a jetée. Prendre la morve d'un animal : on adoptera l'enfant d'un autre, lequel sera, selon l'animal, un voleur lorsqu'on a pris la morve d'une fouine, un fils aimé si c'est un pigeon, etc.

MOSQUÉE. — Voyez *Temple*.

MOUCHE. — Homme pauvre et d'origine basse et ignorée.

D'autres considèrent les mouches : comme signe d'envie, de tourments, de persécution.

En manger : biens mal acquis. S'il vous en entre une dans la bouche : union avec un homme bas, vil abject, dont on obtiendra des biens malhonnêtes. Être piqué par une mouche : mélancolie. Un grand nombre de mouches : ennemis nuisibles. Pour un voyageur, mouches qui lui tombent sur la tête : accidents en voyage et quelquefois perte de ses biens. Tuer une mouche : bonne santé et tranquillité.

MOUCHE DE CHEVAL. — Personnage ennuyeux, pédant, antipathique. En voir une qui vole avec persistance autour de vous : visite désagréable et ennuyeuse.

MOUCHER. — Se moucher. Voyez *Morve* et *Nez*.

Moucher une chandelle, etc. : découverte désagréable.

MOUCHOIR. — Faire un nœud à son mouchoir : achat d'esclaves ou on prendra un nouveau domestique. Si le nœud ne réussit pas : on n'en fera rien.

Mouchoir blanc, disent certains écrivains : présage la joie et le bonheur dans la maison de la personne qui a fait le songe ; s'il est de différentes couleurs : inconstance ; en acheter un : voyage, bénéfices sans peine, joie.

MOUILLÉ. — Se sentir tout mouillé : espérances mal fondées.

MOULIN. — Moulin à eau : homme qui dissipe de grandes richesses et qui est utile à ceux qui le servent ; moulin à vent : adversaire de peu de constance ou de peu de durée. Monter un moulin au bord de l'eau, et qui moud pour tout le monde : commerce prospère, ou on sera indispensable dans les conseils de ceux qui gouvernent, ou on aidera son prochain. Un grand moulin au milieu d'une ville fortifiée peut être signe de guerre. Rêver qu'un moulin moud de l'orge : ce moulin travaillera beaucoup. Moulin qui moud : bons résultats pour vous en dépit des envieux. Voir tourner un moulin accroissement de prospérité proportionné à la quantité de farine qu'on aura vue, ou bien départ. S'il tourne sans rien moudre : discours nuisibles ; s'il tourne de travers : cherté des vivres ; s'il tourne seul : mort. Mettre soi-même la moule à un moulin : voyez ce mot.

MOULIN A MAIN. — Il représente deux associés contre lesquels on ne peut rien.

MOURIR. — Croire mourir et ne pas mourir : mort prochaine ; échapper à la mort : vie courte. Rêver qu'on pense ne jamais mourir : mort en guerre. Mourir de maladie : on mourra hérétique, surtout lorsqu'on rêve que sa femme s'est remariée. Mourir dans un naufrage : désirs non satisfaits, corruption religieuse. Mourir après s'être empoisonné, si votre corps se gonfle et qu'il en sort de la matière : fortune proportionnée à la quantité de matière sortie ; s'il n'en sort pas : peines et chagrins très-forts. Mourir d'empoisonnement annonce quelquefois une mort prochaine. Mourir après avoir été enseveli vivant : on mourra de chagrin ou de peine.

MOUSTACHES. — Grandes moustaches : accroissement de biens ; plus petites qu'en réalité : disputes, querelles. Rêver qu'on vous déchire les moustaches : perte de parents ou de biens ; de même si on vous les rase ; mais si vous vous les rasez vous-même : soulagement de peines et de soucis. Imberbe qui rêve d'avoir des moustaches : grand malheur. Pour une femme mariée : divorce, séparation, malheurs ; si elle n'est pas mariée : mariage ou amour malheureux.

MOUSTIQUES. — Médisance. S'il vous bourdonnent aux oreilles : vous en serez victime.

MOUT. — Richesses pour qui rêve d'en avoir. En faire : services rendus à un souverain et qui produiront d'excellents résultats.

MOUTARDE. — Prison, douleurs, deuil. En manger :

emprisonnement; ou : grandes amertumes; ou : événement douloureux.

MOUTARDIER. — *Oiseau*: Voyez *Martinet noir*.

MOUTONS. — *Moutons en général, brebis, agneaux, béliers, etc.* — Proie, butin, fortune immédiate, commandement, amitié. Mouton qui bêle : bienfaits d'un homme charitable; qui parle : mort. S'emparer d'un mouton : accroissement de richesses. En porter un sur ses épaules : réussite dans ses entreprises. Mener paître des moutons : commandement, puissance. Avoir un grand nombre de moutons : gros bénéfices, bonheur, amour conjugal ; qui n'est pas marié fera sous peu un très-beau mariage. Moutons réunis : personnes qui se réunissent pour un motif quelconque. Moutons morts ou qui dorment : chagrins causés par des revers ou la mort d'un parent. Marcher avec des moutons : signifie que l'on ira d'accord avec beaucoup de personnes. Rêver que des moutons se séparent les uns des autres : bonheur sûr. Moutons qui viennent au devant de vous : on combattra et l'on vaincra des gens qui s'opposeront à vous. Moutons qui viennent vous faire des caresses : soulagement de vos peines, espoir. Moutons qui se battent : difficultés, obstacles. En manger avec ses amis : on accompagnera un mort; en prendre la tête et les pieds : accroissement de biens.

MOUTON, BÉLIER. — *Utilité*. Le mouton représente l'homme le plus honoré entre les hommes. En voir un : on aura grand besoin de vous; ce rêve annonce aussi que l'on évitera des maladies et des maux. Un grand nombre de moutons morts dans un endroit : meurtres qui seront commis dans cette localité. Avoir un grand nombre de moutons : profits, richesses. Prendre la laine à un mouton : on obtiendra des biens d'une personne haut placée. Queue de mouton : richesses d'une femme.

MUET. — Rêver que l'on est muet : irréligion ; quelquefois : naissance d'un enfant ou découverte de vos secrets. En voir un : discussions, querelles en famille et qui seront d'autant plus fortes qu'on s'efforcera de s'entendre avec lui.

MUGUET. — Cette fleur ou plante est d'un mauvais présage.

MULE. — Mule chargée : accroissement de bénéfices. Mule bien équipée et sellée comme un cheval : belle femme inconnue ou de basse origine ; sellée comme un baudet : départ, voyage. Monter une mule qui ne vous appartient pas : séduction d'une femme mariée. Mule qui parle au songeur : acquisition de biens tels que le monde en sera surpris.

MULET. — Bâtard ou fils d'une esclave ou d'une servante d'une grande force physique : obstination, malice de vos ennemis, perte d'un procès. Le braîment d'un mulet : difficultés soulevées par un homme difficile. Voir un mulet : est encore signe d'obstination et de contrariétés contre vous. Le monter : triomphe sur un ennemi, bastonnade qu'on lui administrera ; quelquefois : longévité.

<small>Autres interprétations. Rêver d'un mulet : mauvais présage ; en avoir un : accroissement d'affaires et bonne solution qu'elles auront ; mulet chargé : difficultés en affaires ; être à cheval sur un mulet : malheur ; s'il vous mord ou vous jette à terre : insuccès en tous sens.</small>

MULETIER. — Homme d'ordre et d'expédients : élévation très-grande.

MULTITUDE. — Voyez *Foule*.

MUR. — Homme ; il représente aussi la position du songeur. Le mur se réfère en outre à un homme religieux, fidèle, puissant ou riche, suivant sa construction, épaisseur et élévation. Mur qui a besoin de réparations : savant qui a perdu sa femme ; lorsqu'on le voit réparer : on lui arrange sa position, ses affaires. Vieux mur : souverain équitable qui a perdu ses amis ; si on y fait des réparations : il acquerra de nouveaux amis. Crevasse, vente, ouverture dans un mur : accroissement de famille. Mur qui tombe sur vous : Dieu vous punira des méfaits que vous aurez commis. Se mirer et se voir réfléchi dans un mur : mort, et une splendide inscription sera mise sur votre tombeau. Cracher sur un mur : on dépensera son bien à la guerre, ou bien : on l'emploiera dans le commerce. Grimper sur un mur : on s'attachera à un grand. Etre à califourchon sur un mur : se réfère précisément à la position du songeur, laquelle sera dans des conditions analogues à celles du mur. Tomber d'un mur : pour un souverain, perte de son royaume; pour les autres : malheur plus ou moins grand, selon que le mur est haut; perte de biens, de position, de la chose qu'on aime le plus; quelquefois : signe de colère céleste. Tomber sur des reptiles, des bêtes fauves ou des immondices, des ordures : on tombera dans le péché et dans la perversité; dans un jardin ou lieu saint ou sur des gens qui prient : amendement. Pousser un mur et le faire tomber : on sera cause qu'une personne perdra sa position.

MURAILLES. — Murailles d'une ville, d'une citadelle, d'un château fort, etc.; elles se réfèrent au souverain, au gouverneur d'une ville. Murailles inconnues se réfèrent aux vrais croyants, à la science, doctrine, savoir, érudition, aux Saints-Livres, aux richesses et sûreté, prière. Les rêver démolies : déposement, destitution ou mort du souverain ou gouverneur; les voir qui marchent : voyage avec opulence, pompe, grandeurs. Rêver que l'on a entouré de murailles sa personne, sa maison ou sa ville : pour un souverain cela indique qu'il se défend de ses ennemis sans opprimer ses sujets; pour un savant, qu'il cherchera et trouvera quelque chose d'utile au monde; pour un esclave : qu'il évitera des ennuis; pour un pauvre : richesses; pour un célibataire : mariage. Murailles inconnues qui s'écroulent et donnent lieu à l'entrée de bêtes féroces ou de voleurs : affaiblissement dans vos croyances religieuses.

MURES. En manger : gros bénéfices; les noires : monnaies d'or; les blanches : d'argent,

D'aucuns affirment que : les mûres sont signe de danger pour les biens du songeur ou de chagrins; en manger : peines, souffrances;

quelqu'un dit que : manger des mûres blanches pronostique le soulagement de ses peines.

MURIER. — Homme riche en biens et enfants. Cet arbre annonce encore l'abondance et des enfants au songeur. En voir un sans en toucher les fruits : bon présage, fertilité, abondance, prospérité.

MUSCLES. — Selon que l'on aura vu ses muscles, l'interprétation sera favorable ou non pour vous, et pour les autres si l'observation a été faite sur les muscles d'autrui.

MUSIQUE. — Plaisir, aisance, bonheur, richesse, consolation dans nos malheurs. Tout instrument musical que l'on entend, particulièrement s'il est à cordes : est signe de jouissance du monde, pour les mondains, ainsi que de paroles vides de sens ; pour les gens religieux : grande renommée pour sa piété. Musique religieuse dans un temple : maladie.

MYOSOTIS. — Personne qui a la mémoire d'acier, qui n'oublie ni le bien, ni le mal. Ce songe est encore un avertissement à se rappeler les promesses, surtout celles que l'on a faites aux morts.

MYRTE. — Homme qui maintient ses promesses ; amitié ou autorité et joie durables. En planter : chose que l'on fera avec ordre et régularité. En recevoir d'un jeune homme : promesse durable qui vous sera faite par un ennemi. En voir chez soi : biens conservés et prospérité durable. En flairer ou en avoir deux branches sur la tête indique qu'on ira d'accord avec son époux ou épouse, son amant ou sa maîtresse.

N

NAGE, NAGER. — Nager comme les oies, à la perfection : désirs satisfaits ; mais si l'on continue et si on va ainsi sur la terre : gêne et emprisonnement. Nager dans un lac sans rencontrer d'obstacles : annonce qu'on entrera dans les affaires d'un grand ou d'un souverain injuste et arrogant, mais que vous dirigerez à votre guise ; lorsqu'en nageant vous avez des craintes : vous le craindrez. Voir un souverain nager dans la mer, s'il y a des ondes : signe de guerre contre un autre souverain ; s'il traverse et touche au rivage : il triomphera de son adversaire qui sera peut-être tué.

D'aucuns disent que : nager dans l'eau claire pronostique le succès, le triomphe sur ses ennemis ; dans l'eau trouble : ruine, insuccès, obstacles, difficultés ; lorsqu'en nageant on ne se mouille pas : signifie qu'on échappera à une maladie dangereuse ; toucher au rivage : est selon certains écrivains d'un très-bon signe.

NARCISSE. — Signe de contentement. Dans un bouquet : monnaies d'or ; si le narcisse est blanc : monnaies d'argent. Briser ou déraciner un narcisse : divorce. Rêver que l'on a sur la tête une couronne de narcisse : mariage avec une belle personne ; pour une femme mariée : mort du mari qui lui permettra d'épouser un bel homme. De même pour les hommes, excepté pour les peuples polygames.

NATÉE. — Voyez *Peaux de bêtes fauves.*

NATTE. — Serviteur ; conseiller du gouverneur ou du souverain.

D'autres considèrent la natte : comme signe de chagrin, de désolation ou d'isolement. Lorsqu'une jeune fille rêve de tresser ses cheveux en nattes : ce rêve signifie que ses amies et celles qu'elle chérit le plus se souviennent souvent et beaucoup d'elle.

NAUFRAGE. — Naufrage d'un bateau sans rupture : heureux voyage. Naufrage, rupture et dispersion des débris du vaisseau : malheur dans ce qu'elle a de plus cher, pour la personne qui a fait ce rêve. Faire naufrage, mais se sauver sur des débris du navire : colère du souverain et perte de son gouvernement suivi d'un retour en grâce, pour un gouverneur; pour un négociant : perte et recouvrement d'une partie de son capital. Faire naufrage dans la mer ou un très-grand fleuve sans mourir, ni souffrir : accroissement de travail dans le métier ou la profession que l'on exerce ; y mourir : corruption religieuse, désirs non satisfaits.

NAVETS. — Douleurs et deuil.

NAVIRE. — Voyez *Bateau*.

NÈFLES. — Malheurs, événement désagréable, danger pour les biens et quelquefois pour la vie du songeur, maladie.

NÉFLIER. — Instabilité, bonheur de peu de durée. En voir un couvert de fruits : maigre récolte.

NÉGOCIANT. — Direction et commandement. En voir un avec une chandelle éteinte à la main : il perdra ses biens. Être dans une boutique, magasin, au milieu de marchandises, faire, défaire, donner des ordres : signe que l'on se fera une haute position dans le commerce, ou que l'on deviendra chef de négociants dans la même branche que soi. Avoir en main des instruments concernant ou servant à un négociant, lorsqu'on rêve de l'être, comme un livre, une plume, un encrier, une balance, des poids, etc.: signe qu'on ne tombera jamais dans l'indigence.

NÈGRE. — Servitude, domesticité, opposition. Le rêver mort et qu'un autre le lave : cet homme mourra dans l'hérésie et celui qui le lave cherche à lui manger son bien.

NÉGRESSE. — comme *Nègre*.

NEIGE. — Fertilité, richesses, providence, souffrances, malheurs, maladie. Neige dans une ville : souffrances, tourments; sur un terrain dur : fertilité et providence. Neige qui tombe partout : bon signe ; lorsqu'elle tombe sur des terrains cultivés, dans la saison et en temps utile : grande providence dans ces contrées et fertilité excessive, mais si elle tombe hors de saison : tyrannie d'un souverain ; et si elle vient en quantité tellement forte qu'elle couvre les arbres et les maisons : tyrannie insupportable, sécheresse, ruine des récoltes. La très-grande quantité de neige est d'un mauvais présage, en quelque époque qu'on la voie tomber. Neige qui tombe sur vous : lointain voyage qui fera médire de vous. Être couvert par la neige : grandes et nombreuses douleurs ; si elle se fond : ces douleurs auront un terme. Recueillir de la neige, surtout lorsqu'on rêve de le faire dans les champs : richesses ; en manger : émigration ; s'en laver : douleurs calmées. Dormir sur la neige vous pronostique que vous serez entraîné ou garrotté. Acheter une charge de neige : acquisition de grands biens, et douleurs que l'on évitera ; lorsque la neige se fond : les douleurs vous seront bientôt épargnées.

NÉNUPHAR. — Songe funeste.

NEZ. — Abondance et humiliation pour le songeur, et il se réfère à tout ce qui embellit et réjouit la vie d'un homme ainsi qu'à ses parents ; pour une femme il représente sa nature.

Nez beau et aquilin : richesse, prospérité, infidélité conjugale ; très-long, très-grand : famille nombreuse ; gros : richesse, puissance, longévité et en même temps débauche et dérèglement ; enflé : prospérité ; gelé : adultère.

Avoir le nez coupé : mort d'un parent malade, ou honneurs ; si on vous le coupe : mort de votre femme, pertes en commerce ou injures que vous dira la personne qui vous l'a coupé ; et si, en vous le coupant, on vous crève encore un œil : on payera vos dettes. Avoir la pointe du nez cassée : mort, et si votre femme est enceinte : elle mourra ainsi que son enfant. Avoir deux nez : controverses, querelles, litige avec vos parents. Se moucher : avortement de votre épouse ; pour le reste voyez *Morve*. Se soigner le nez : grand courroux, gros chagrins et soucis. Perdre son nez : mauvais signe. Rêver de n'en pas avoir : perte de parents.

D'autres prétendent que de ne pas avoir de nez : est signe d'adultère, ou de chagrins, de dissensions entre parents, et de mort pour un malade ; nez bouché : persécution d'un puissant ennemi, perte de l'affection de ses parents ou de ses amis ; nez puant : bastonnade causée par de honteuses actions, ou pour des injures que l'on a dites.

Rêver qu'il vous sort du sang du nez : voyez *Sang*.

NID. — Un nid de pigeons représente un endroit où se réunissent les femmes.

Nid avec des oiseaux : bénéfices, accroissement de famille ; vide : affaires incertaines ; nid de serpent, reptiles et autres bêtes nuisibles : avez chez vous un ennemi.

NIER. — Nier une fausseté : bonne action et éloignement d'une trahison ; nier la vérité : trahison, infidélité, hérésie.

NOCES. — Fête de noces : malheur pour celui qui la donne ; joie et bonheur pour qui y est invité, pourvu qu'il n'y ait pas de mets. Danser à une noce : maladie.

D'autres disent qu'une fête de noces, avec des instruments musicaux : est signe de gros chagrins et même de mort.

NOÉ. Rêver de ce patriarche est un pronostic de longévité, de grandes peines, d'ennuis nombreux, mais dont on triomphera, et de mariage avec une personne pauvre dont on aura un grand nombre d'enfants.

NŒUD. — Se faire un nœud à la chemise : biens de commerce ; à une corde : piété, religion ; au mouchoir : on prendra de nouveaux domestiques, achat d'esclaves ; au pantalon : mariage ; à un fil ou à une ficelle : on obtiendra ce que l'on désire. Si le nœud ne réussit pas : il n'arrivera aucune des choses susdites. Si le nœud se fait sans votre concours : gêne et chagrins. Le défaire : les chagrins vous seront épargnés. Le défaire avec peine : difficultés dans vos entreprises. Si un autre le défait : votre gêne et vos chagrins cesseront par son fait ; s'il se défait tout seul : gêne et chagrins cesseront pour une cause inconnue.

Quelques écrivains sont d'avis que : faire un nœud se réfère à des obstacles que l'on élève à soi-même et aux autres ; si on le défait : ce sera tout le contraire ; d'autres disent : qu'il est signe d'infidélité conjugale.

NOIR. — Le noir dans les habillements : est signe de grands biens pour qui a l'habitude de se vêtir d'habits noirs ; pour les autres il est d'un mauvais présage et dénote des maladies, souffrances, fautes, crimes, péchés.

NOIR DE FUMÉE. — Voyez *Suie*.

NOISETIER. — Etranger généreux, à l'esprit fin et éveillé, d'une grande capacité, et d'un grand talent, qui réussit dans ses entreprises et se fait aimer des gens. Si on le voit couvert de noisettes : ces qualités sont très-accentuées ; dans le cas contraire elles sont faibles.

NOISETTES. — Noisettes fraîches : ambition satisfaite et puissance ; les sèches : ennuis, difficultés, et quelquefois peines et deuil comme tous les fruits à cosse dure. Manger des noisettes : biens acquis péniblement.

NOIX. — Biens que l'on ne peut acquérir qu'avec de grandes peines, difficultés et chagrins.

Autre interprétation. Noix vertes : bonne nouvelle mêlée, d'un peu de désagréments ; sèches : difficultés et obstacles en affaires, souvent malheurs ; trouver des noix cachées, enfouies : découverte d'un trésor.

NOIX DE GALLE. — Biens et richesses parfaites, marchandises belles et saines, ou tout autre chose servant à améliorer ou conserver des biens, des richesses, des marchandises que l'on possède déjà.

NOIX D'INDE. — Biens provenant d'un étranger. La noix d'Inde représente aussi un astronome. En manger : on apprendra l'astronomie ou on secondera un astronome ou un astrologue. En prendre : prêter l'oreille aux fredaines d'un astrologue.

NOMBRIL. — Il représente l'épouse, la compagne de l'homme, ou est signe d'association avec une femme. Ce qu'on y voit s'interprète dans la femme avec laquelle on a de plus grandes attaches. Nombril malade : dissolution de société ou d'affaire avec une femme.

NORIA. — Sakio. Voir dans un champ une noria dont l'eau vient à la ville et sert à approvisionner les habitants, si le songe est fait en temps de disette ou famine ou autres calamités publiques, elles cesseront vite ; ou bien : il viendra de nouveaux habitants qui, en achetant des terres, en feront augmenter la valeur, ce qui contribuera au bien général. Si l'eau est saumâtre ou corrompue : elle pronostique au contraire des maux funestes et des malheurs publics. Lorsque l'eau de cette noria vient à la maison ou à la boutique, au magasin du songeur, bon signe pour lui si l'eau est bonne; mauvais, si elle ne l'est pas. Si la noria fonctionne pour votre jardin et que la terre en absorbe l'eau : on se mariera si on ne l'est pas ; et pour un homme marié sa femme sera grosse. Si ce qui sort de la noria n'est pas de l'eau : infidélité conjugale.

Toutes les parties dont se compose une noria et tout ce qui sert pour en tirer de l'eau indiquent le mouvement du commerce d'un homme; et que celui-ci est une personne à laquelle, en partant, on confie ses dépôts.

NOUVELLE. — Rêver que l'on reçoit la nouvelle inattendue de la mort de quelqu'un : très-grand chagrin, et dont on peut mourir.

NOYAU. — Noyau de datte qui devient un dattier : enfant qui deviendra un savant ; homme de basse extraction qui deviendra un grand personnage; plusieurs de ces noyaux : envie de partir.

NOYÉ. — Se noyer dans l'eau claire : équivaut à nager dans l'or et le bonheur. Mourir noyé : mort dans l'erreur, l'hérésie; si c'est un hérétique qui fait le rêve : il se convertira. Rêver que l'on meurt noyé : indique quelquefois un grand dépit chez vos ennemis. Lorsqu'on coule à fond : on sera ruiné par son souverain. Rêver que l'on se débat dans l'eau avec les bras et les jambes, de se noyer, de couler à fond, de revenir à la surface, tout cela en même temps : on obtiendra de grandes richesses, et peut-être même la souveraineté et la puissance sur les autres. Se noyer dans un fleuve : gain, bénéfices. Se noyer dans la mer : corruption religieuse, ou bien, on sera tué dans sa propre maison. Rêver qu'un malade se noie dans la mer : il mourra de sa maladie.

D'aucuns disent que : se noyer est signe de triomphe, de dignités, de richesses ; voir une personne qui se noie, si c'est vous qui la voyez : vous serez cause de sa ruine ; voir un noyé : bon présage.

NOYER. — Abondance presque toujours pour les autres. Le noyer représente un homme aveugle, avare, rancunier. Grimper, s'accrocher à un noyer, veut dire qu'on s'attachera à un homme ayant les qualités susdites, ou à un étranger. En tomber et mourir : vous serez tué par un homme féroce, et peut-être par un souverain. Si l'arbre se casse et tombe avec vous : ruine complète d'un tyran ou d'un pervers ; et si dans cette chute vous vous tuez : ruine complète pour vous ; ne pas mourir peut aussi vouloir dire qu'on échappe à de grands dangers ; et se briser quelque membre indique qu'on approchera de malheurs et misères qu'on réussira à éviter.

NUAGES. — Vraie croyance, érudition, savoir, doctrine, puissance, navires chargés en voyage, grossesse d'une femme, pluie, tempête ; tyrannie d'un souverain, lorsqu'ils sont noirs ; et s'ils sont noirs et amoncelés : foudres. Un nuage noir pronostique le froid. Un grand nombre de nuages qui passent et qui sont observés par le monde : annoncent que ces personnes ont obtenu ce qu'elles demandent pour le bien commun, comme des secours, des subsides, des vivres, des soldats pour les défendre, une diminution d'impôts, des œuvres d'utilité publique, etc. Nuages rouges hors de leurs moments, par exemple, au milieu de la nuit : excitations, zizanie, tourments, maladies. Voir des nuages blancs ou noirs descendre du ciel et pleuvoir partout : le souverain vous enverra un gouverneur équitable. Rêver qu'il tombe des nuages par terre, sur un champ cultivé, des arbres, des maisons : pluies ou invasion de sauterelles ou oiseaux nuisibles ; et si on y voit dedans quelque chose qui soit généralement d'un mauvais augure, comme pierres, poison, reptiles, etc. : grandes calamités qui changeront la position des habitants. Voir un nuage dans la maison, ou le voir tomber dans son giron : amendement pour un hérétique ; pour les autres : savoir, autorité, commandement, grossesse pour votre femme si vous le désirez, heureuse arrivée d'un navire de marchandises, lorsqu'on en a en voyage. Recueillir des nuages : acquisition de science et de savoir d'une personne comme vous. Avoir un nuage en main, pendant qu'il pleut : très-grande science médicale sur laquelle vous serez écouté et que vous enseignerez aux autres. Filer des nuages : on se mêlera aux affaires et au commerce des savants. Manger des nuages : profits que l'on tirera de quelqu'un par des richesses bien acquises. Nuage qui s'élève avec des éclairs et des tonnerres : apparition d'un souverain juste et équitable. Nuage qui s'élève de terre et s'arrête au-dessus d'une contrée, en l'ombrageant : prospérité et fortune, voyage pieux, prospère et heureux retour pour qui est en voyage ou doit s'y mettre; richesses pour un pauvre. Si le nuage fait de l'ombre, de l'obscurité : douleurs. Monter à cheval sur un nuage : pour un célibataire, mariage avec une personne pieuse, voyage de plaisir en pèlerinage lorsqu'il en a l'envie, grande renommée scientifique littéraire, artistique, etc. ; mais s'il n'a aucune de ces choses : le souverain le fera monter sur une très-belle monture. Bâtir sur des nuages : mort de malade s'il y en a en famille ou du songeur lui-même s'il l'est; pour un souverain ou gouverneur : humiliation dont il pourrait bien mourir ; mariage malheureux pour un fiancé, naufrage, captivité, mort prochaine, ruine pour qui fait ce songe pendant qu'il voyage sur mer. Bâtir une maison sur des nuages : biens mondains honnêtement acquis, accompagnés de savoir et d'élévation ; un palais : acquisition de savoir, doctrine, érudition et prospérité, éloignement de nuire aux autres. Devenir un nuage et pleuvoir sur le monde : acquisition de richesses dont on usera largement envers son prochain.

NUDITÉ. — Nudité : conception. Nudité des organes génitaux : déshonneur dont les autres se réjouiront. Être tout nu : ennemis desquels on triomphera ; mais lorsqu'on a les organes génitaux couverts : on ne triomphera pas ; et lorsqu'on les couvre avec les mains : on échappera à ses ennemis en feignant de les seconder. Se rêver nu au milieu d'un grand nombre de personnes : honte publique ; mais si l'on est seul : impuissance de vos ennemis. Se voir nu dans un temple et rêver qu'avec une épée on brise les pierres : indique que l'on est agréable à Dieu. Voir un mort nu : vous mourrez haï et sans charité ; un homme vivant : mauvaise alliance. Voir une femme nue : désirs non satisfaits, orgueil ; si vous comprenez qu'elle ne s'aperçoit pas qu'elle est vue par vous : grand péché ; si c'est une fille : honneurs sans raison.

Autres interprétations. Homme nu : inquiétudes, troubles, soucis, craintes ; femme nue : tromperie, piéges ; si cette femme est belle, blanche et rose : plaisirs, joie, honneurs pour elle et pour vous ; si la femme est noire, vieille, laide : déshonneur et reproches de votre conscience, grand insuccès ; rêver que l'on est nu soi-même : indigence, maladie, incertitudes ; quelqu'un dit que cela est signe de délivrance de ses soucis ; s'exposer tout nu en public : déshonneur, reproches pour les mauvaises actions qu'on a commises ; être nu dans la mer, un fleuve, un bain, de l'eau chaude : affliction, fatigue, événement désagréable, mort d'un très-proche parent ; excepté lorsqu'on se trouve avec celui ou celle que l'on aime ; courir tout nu : piéges de parents ; d'autres disent : démence ; lorsqu'un homme rêve un ami, un domestique, ou son épouse nus : disputes, tromperie ; si c'est son amante ou une personne de mauvaise vie : danger de vie pour vous et dont elle sera cause ; pour une femme, rêver son mari tout nu : pronostique la réussite dans les affaires de celui-ci ; pour une jeune fille, rêver de voir un homme nu : est signe de reproches et de mépris qu'elle s'attirera.

NUIT. — Souverain hérétique ou infidèle, ennemi ou adversaire du jour (voy. ce mot). La nuit représente encore la mort, un témoin sincère, véritable ; elle est signe de tranquillité, noces, pertes, emprisonnements, empêchements au travail. Rêver que la nuit dure toujours, qu'elle ne finit pas : indigence, faim, mort. Lorsque, malgré l'obscurité, on voit la lune et les étoiles tourner autour du soleil : cela indique l'injustice d'un ministre, ou des intrigues d'un souverain.

NUQUE. — Rêver qu'on l'a sans poils : faillite ; poilue : on a de l'argent et on en doit. Rêver qu'on se la rase : on payera ses dettes.

O

OBÉSITÉ. — Plaisirs défendus et dangereux, biens, accroissement de biens. Rêver que l'on est plus gras qu'en réalité : guérison pour un malade. Rêver que l'on est gras et fort : force de religion.

OBJET. — Tout objet neuf est d'un bon présage ; vieux, usé, ou en mauvais état : mauvais signe.

OBSCURITÉ. — Incertitude, imprudence, ingratitude, fausseté, perdition.

OBSÈQUES. — *Funérailles pompeuses.* Rêver que le souverain est mort et que ses obsèques se font au milieu de la douleur sincère du peuple est signe de la bienveillance du souverain envers ses sujets ; et lorsque le monde en fait les louanges : cela veut dire qu'il administre bien ses États ; mais s'il y a les pleurs, les lamentations, les actes de douleur apparente qu'on fait toujours en de semblables circonstances : ce souverain gouverne tyranniquement ses sujets.

OCULISTE. — Même sens qu'*Opticien*.

ODEURS. — Voyez *Essences*.

ŒIL. — Les yeux se réfèrent à tout ce qui réjouit la vue, c'est-à-dire non-seulement à ce qui est beau, mais encore à ce que l'on aime ou qui vous est sympathique, comme un père, une mère, un fils, un ami, etc. Yeux sortis de leur place : blessures ; ou bien le mal qu'on y voit se réfère à une des choses ou personnes susdites ; l'œil droit se réfère aux hommes et à toute chose qui est agréable, le gauche aux femmes et à tout ce qui a moins de valeur. Voir des yeux noirs : dettes ; blancs : actions contre la religion ; verdâtres : différends religieux ; avoir l'œil brun : mauvaises intentions à l'égard de la femme de votre ami.

D'autres disent que : les yeux sont signe de tendresse, d'amour, d'amitié ; avoir de beaux yeux et la vue perçante : réussite dans vos affaires ; être myope, y voir peu : difficultés en affaires, gêne, pertes, maladie d'enfants.

Yeux chassieux : méchants propos, tourments. Maladie d'yeux : ami qui critique votre piété et vous rend irréligieux ; lorsque la maladie est légère : retard. Se soigner les yeux ou se les teindre avec du collyre sec (kohle) par besoin : veut dire qu'on a de bons yeux et qu'ils sont sains, et c'est signe d'amélioration dans vos croyances religieuses ; se passer du noir aux yeux par simple coquetterie : pharisaïsme. Avoir une tache blanche dans l'œil : amoindrissement de richesses. Perdre les yeux : mort d'un fils ; s'ils vous tombent dans le giron : mort de deux des vôtres.

Rêver que l'on a perdu les deux yeux : maladie pour le songeur, ses enfants, ses parents ; perte d'amis auxquels on ne tiendra pas les promesses qu'on leur a faites ; lorsque c'est un malade qui fait le rêve : signe de mort ; si le songeur est hors de sa patrie : il n'y reviendra plus ; s'il a perdu quelque chose : il ne la retrouvera pas. Ce songe est signe de gloire pour les poètes, et de liberté pour les prisonniers. Perdre un seul œil : interpréter à moitié ce qui vient d'être dit et, en plus : danger de mort pour le père ou la mère du songeur ; rêver qu'un autre a perdu les yeux : il perdra quelque parent ou une personne qu'il aime, ce qui sera cause de chagrin aussi pour vous.

Regarder un œil qui vous plaît : vous vous servirez de la religion pour arriver à vos fins. Pécher avec les yeux : on aimera beaucoup de femmes. Voir l'œil d'un domestique : bénéfices en commerce ou dans le métier ou la profession que l'on exerce.

Voir un œil de femme : dures péripéties, insuccès d'amour.

Se voir les yeux d'or : perte de la vue. Rêver qu'on les a

en fer: grands chagrins et déshonneur. Se voir les yeux d'un autre, si c'est un inconnu: richesses; si c'est une personne que vous connaissez: mariage avec sa fille ou son fils suivi de prospérité.

Rêver qu'on a les yeux à demi clos: on fera du mal dont on se repentira trop tard; ou: danger que courent vos biens; voir quelqu'un qui louche, ou le faire soi-même: mauvaise fortune et mauvais sort; rêver que l'on a beaucoup d'yeux: une maladie d'yeux vous menace; rêver une femme belle avec beaucoup d'yeux: bon présage pour le songeur.

Entendre avec les yeux: on poussera son fils ou sa fille sur le chemin de la perdition. Rêver que l'on a un œil quelconque dans la paume de la main: grande fortune monnayée. Rêver d'en avoir un sur le cœur ou sur la tête: droiture religieuse; en avoir un dans le ventre entr'ouvert: méchanceté. Qui crève l'œil d'une autre personne lui payera ses dettes.

Mais un certain nombre d'interprètes affirment que: crever ou arracher un œil à quelqu'un: est signe de dommages qu'on causera à cette personne; si une femme vous les arrache: revers, ruine.

Manger les yeux d'une bête rôtie: on mangera les biens de ses propres supérieurs, de directeurs ou de négociants.

ŒUFS. — En avoir dans un vase, un panier, etc.: on aura des esclaves.

D'aucuns disent que: les œufs sont signe de bénéfices et de richesses proportionnées à leur quantité; d'autres: qu'ils indiquent de très-petits profits, mais plus souvent des procès, malheurs et chagrins; avoir des œufs dans un panier: insuccès; œufs peints en rouge: plaisirs frivoles, contrariétés, bénéfices insignifiants; d'une autre couleur: voyage.

Œuf donné, naissance d'un fils pour celui qui le reçoit; s'il se brise, l'enfant mourra. Les œufs cuits sont toujours d'un bon présage. Un œuf bouilli: réussite dans ce que l'on fait ou recouvrement d'une chose perdue. Éplucher un œuf cuit: biens provenant d'un gouverneur ou d'un commandant. Manger un œuf cuit: prospérité large et facile; si on le mange cru: manger des biens acquis par des moyens illicites, commettre des obscénités, ou être frappé de forts chagrins. En manger la coque: on fera le fossoyeur. Casser un œuf: faire une jeune fille femme; ne pas pouvoir le rompre, indique qu'il vous manquera la force pour ce faire. Lorsqu'on a sa femme enceinte, rêver que l'on donne un coup sur un œuf est signe d'avortement pour elle. Rêver que quelqu'un casse un œuf et vous le donne : il séduira votre fille.

Selon quelques interprètes : les œufs brisés ou gâtés sont signe de calomnie, de médisance, de perte d'emploi ou de procès.

Mettre un œuf sous une poule et en voir sortir un poussin : vivification d'une chose oubliée, perdue et on aura un fils excellent ; le mettre sous un coq et en voir sortir le poussin : arrivée en ce lieu d'un instituteur. Un grand nombre d'œufs : biens, meubles, effets, etc., en grand nombre, qu'on craint de perdre. Trouver des œufs : enfants pour qui est marié, mariage pour qui ne l'est pas.

S'oindre, se barbouiller avec de l'œuf : persécution de vos ennemis.

OIES. — Plaisirs, biens, femmes grasses, honneurs. En manger, fortune. Garder des oies, domination sur des personnages élevés et acquisition de biens par leur moyen. Oies qui gloussent ou cacardent, cris, pleurs, lamentations.

OIGNON. — Peines, douleurs, deuils, chose détestable. En flairer, découverte d'un secret ; en éplucher, séduction d'un homme pour en venir à ses fins ; en manger, découverte d'un secret désagréable. Une certaine quantité d'oignons peut présager des richesses ou de fausses alarmes.

OIGNON MARIN. — Voyez *Scille*.

OINDRE. — En général ce rêve est signe de douleurs, excepté dans quelques cas, comme s'oindre avec de l'huile ou de la pommade de mercure, qui est d'un bon présage.

OISEAU. — Le cri des oiseaux est toujours d'un bon présage pour le songeur. Oiseau à peine né, aisance pour le songeur ; et s'il a sa femme enceinte, naissance d'un garçon. Rêver qu'un oiseau recueille quelque chose de terre dans une maison où il y a un malade et qu'il s'envole vers le ciel : cet oiseau est l'Ange de la Mort. Oiseau qui descendant des airs vient au-devant de vous, bonne nouvelle dont on se réjouira. Oiseau qui se jette sur vous, voyage. Oiseau sur la tête, l'épaule, dans le giron de quelqu'un est l'image de cette personne qui sera bonne et qui agira droitement si l'oiseau est blanc; qui agira mal si l'oiseau est noir; s'il est coloré, les actions seront un mélange de bien et de mal. Cette interprétation n'est que pour ceux qui n'ont pas leur femme enceinte, car alors elle accoucherait d'un garçon si l'oiseau est mâle, d'une fille s'il est femelle; et si l'on touche l'oiseau, longévité du nouveau-né; s'il s'envole, vie courte. Oiseau volant dans votre maison est l'image d'un ange. Voir des oiseaux qui volent est quelquefois signe d'anges qui viennent pour punir les coupables et délivrer les innocents. Oiseaux qui volent autour du songeur ou au-dessus de sa tête, lui présagent le commandement, la domination, la direction.

Quelques traducteurs des songes disent que : rêver que l'on possède des oiseaux est signe de joie, bonheur, profit; en voir en troupe : procès, citation, tentation; s'ils volent vers ou sur le songeur : perte, menace de faillite.

Prendre en main un oiseau : naissance d'un fils; en prendre un grand nombre : richesses et grandeur. Se voir un oiseau mort dans les mains, sans qu'on l'ait tué : douleurs, chagrins. Maîtriser un oiseau : puissance. Oiseaux qui becquètent des étoiles : épidémies, mortalités, homicides proportionnés au nombre d'étoiles becquetées. Lancer des cailloux aux oiseaux : on fera un vœu.

Autres interprétations. Prendre un oiseau : mariage avec la personne aimée, grand succès pour qui est marié; mais il arrivera le contraire lorsque l'oiseau s'envole; rêver qu'un mort vous dit de prendre un petit oiseau et qu'on le prend : bonheur, procès qui marche bien pour ceux qui en ont; en mettre un dans une cage : quelqu'un sera trompé par vous; si le songeur est homme et célibataire : il trompera une femme; en tuer : préjudice proportionné au nombre d'oiseaux que l'on a tués, accroissement de misère; et si on les tue avec une arme à feu : pièges, trames d'ennemis; oiseaux qui se battent : changement dans la position du songeur; les entendre qui vous parlent : grand succès, réussite; se changer en oiseau et voler : changement de pays et de fortune.

Manger des oiseaux à peine nés, bouillis ou rôtis : biens provenant de grandes peines; en manger des autres : biens et prospérité acquis par la ruse ou l'abus d'une femme; si on les mange crus : calomnie, femme qui sera injustement persécutée.

Les oiseaux connus s'interprètent selon leur grandeur et leur force. Les plus forts parmi les oiseaux sont l'image de souverains, commandants, dominateurs, chefs, directeurs, savants, riches. Les oiseaux qui se repaissent de charognes se réfèrent à des voleurs, aux personnes dégénérées, perverties. Les oiseaux aquatiques : des personnages grands et honorés; ou des voyageurs par terre ou par mer; ils sont encore signe de pleurs et de désespoir. Les oiseaux chanteurs se réfèrent à des personnes riches. Les tout petits oiseaux représentent des enfants. Ceci soit dit en général ; pour les cas particuliers voir au nom de l'oiseau que l'on a rêvé.

Les oiseaux de rapine indiquent : pour les riches, des richesses mal acquises; et pour les pauvres : un accroissement de misère; les oiseaux nocturnes : sont d'un mauvais présage.

OISON. — Fillette. Pour le reste voyez *Oie*.

OKD. — Voyez *Collier*.

OLIVES. — Les olives sont signe de douleurs et de deuil pour qui en cueille, en possède ou en mange. Presser des olives: amélioration de position, guérison pour le malade, délivrance pour le prisonnier, recouvrement de ses créances pour qui en a, vente facile de ses marchandises pour un négociant, accroissement de savoir et d'érudition pour le savant, mariage pour le célibataire. Voir un grand nombre de personnes qui pressent des olives: prospérité en ce lieu.

Voir des olives sur plante : amitié, tranquillité, pour les hommes; mariage prochain pour les jeunes; bonne progéniture pour les personnes mariées; recueillir des olives vertes : événement désagréable et obstacles pour les amoureux; noires, mûres : gros bénéfices; tombées par terre : peines inutiles.

OLIVIER. — Homme heureux, utile à ses parents. Il représente aussi une femme, une boutique, des esclaves, domestiques; et se réfère encore aux montures, à la religion, au travail du songeur. Les feuilles en indiquent les qualités, la beauté et les vêtements; les branches: l'origine, ses frères, parents, amis; la moelle: ses secrets; l'écorce: l'extérieur, l'apparence, la peau; le suc ou humeur: sa foi, sa piété, sa vie. Ceci peut s'appliquer à tout arbre qui se réfère à la marche des choses et à la vie du songeur ou du propriétaire de l'arbre; et l'interprétation devra être faite dans ce qui intéressera plus vivement la personne qui fait le rêve. Pour mieux faire comprendre comment cette interprétation doit se faire, donnons un exemple: rêver un arbre fendu et dont on voit la moelle: découverte de votre secret; branches rompues ou rabougries ou malades, etc.: basse origine, mauvais frères ou amis, maladie; écorce d'une vilaine apparence, avec des signes de maladie: maladies de peau, etc., etc. Verser de l'huile sur les racines d'un olivier: inceste d'un fils avec sa mère.

OMBRE. — Rêver que l'on est à l'ombre et qu'on y sent tellement le froid qu'il faut aller se réchauffer au soleil: cessation de pauvreté.

ONCLE. — Arracher la barbe à son oncle, veut dire qu'on en sera l'héritier. Rêver vivant son oncle déjà mort: on recouvrera une chose qui vous était échappée des mains. Lui donner quelque chose lorsque déjà il est mort et qu'on le rêve vivant: est signe de pertes, de dépenses inutiles.

ONGLES. — Rêver de ses ongles est signe de peu de puissance, de pouvoir dans le monde et de dégénération religieuse. Avoir les ongles blancs: intelligence; longs: chagrins; longs et beaux: biens, vêtements et armes contre les ennemis; longs et craindre qu'ils se cassent: quelqu'un autre, à cause de votre négligence, terminera une chose que vous aviez commencée et que vous étiez sur le point de finir. Avoir les ongles tout rompus: mort prochaine; ne pas en avoir: faillite.

D'autres interprètes disent que: rêver de ses ongles est signe de querelles; les avoir longs: affaires embarrassées; d'aucuns disent: profits; d'autres: paresse; les avoir plus courts qu'en réalité: misère, indigence, pertes.

Rêver qu'on a les ongles modérément longs : pour un grand seigneur, ce rêve signifie qu'il ait à s'armer pour une occasion prochaine et favorable; pour un ouvrier, amélioration et accroissement de travail; pour un négociant, agrandissement de son commerce et bénéfices. Mais si on les voit très-longs: négligence en tout, et ce qui arrivera sera à votre préjudice. Se couper les ongles : aumônes que l'on fera, honnêtes bénéfices d'un honnête travail; si on a des dettes, on les payera; si on garde un dépôt on le rendra ; si on a un vœu à remplir, on le remplira; pour un guerrier ce songe signifie qu'il aura à tirer son épée; pour un instituteur, accroissement de soins dans l'éducation de ses élèves; ce rêve est encore signe de prière, de ferveur, et de soin pour sa propre famille.

Quelques écrivains assurent, d'autre part, que : se couper les ongles annonce un soulagement prochain de ses peines et soucis; quelques-uns disent : pertes, déshonneur; d'autres : insouciance; rêver qu'on vous les coupe : inquiétudes, disputes, dissension en famille ; se les voir tomber : mort, maladie ; se les manger : perversité; rêver qu'on les a tous déchirés : grandes souffrances.

Avoir les ongles longs à l'instar des oiseaux : victoire si on est à la guerre, triomphe sur son adversaire, acquisition de ce qui est nécessaire à vos besoins. Les avoir comme des oiseaux de proie : mauvais signe. Les avoir comme ceux d'un lion, d'un cheval, d'un tigre, d'un chat, d'un chien, d'un éléphant, etc.: signe de force et de puissance.

ONGUENTS. — Comme *Essence*.

OPPRESSION. — La subir : bon signe; la faire subir : mauvais présage.

OPTICIEN. — Personnage qui domine, qui commande.

OR. — Mauvais songe. En voir, perte de biens et deuil. L'or en verges, est le plus mauvais. L'or travaillé pour vaisselle est le moins funeste; mais si la vaisselle d'or se brise, signe de mort pour un domestique. Fondre de l'or : dépit, litiges sur un sujet odieux. Voir de l'or fondu : perte de biens, douleur en proportion de la quantité d'or qu'on a vue; colère du souverain ou du gouverneur suivie de la perte de vos biens. Quelquefois, mais très-rarement, ce songe indique le moindre des maux. Homme qui reçoit de l'or : colère d'un ami haut placé. Porter des ornements d'or pour un homme est toujours d'un mauvais présage, à moins que ce soit une bague ou un collier; pour les femmes bon signe. Trouver de l'or : découverte utile, prospérité; en jeter : chagrins; en échanger contre quelque chose : colère. Avoir des yeux d'or : perte de la vue. Maison, monnaie d'or. (Voyez ces mots.)

ORANGE. — Héritage, fils pour une femme enceinte, même lorsque son mari fait le rêve. Une grande quantité d'oranges est signe de biens, louanges, honneurs.

Pour certains auteurs : ce fruit indique des chagrins mêlés de joies ou des joies mêlées de chagrins.

Oranges rouges : très-grandes richesses; lorsqu'elles ont la peau jaunâtre : maladie légère; douces : fortune, prospérité; aigres : propos piquants tenus sur votre compte. Oranges vertes : fertilité. En cueillir de vertes : honneurs, richesses proportionnées aux oranges recueillies, ou autant de fils que d'oranges, ou bien renommée, réputation imméritée.

ORANGER. — Savant, dont le savoir est proportionné à l'aspect de l'arbre; homme plein de piété et renommé, riche, ou femme belle, riche et savante.

ORDURES. — Voyez *Immondices*.

OREILLE. — Ce que l'on voit dans ses propres oreilles ou dans celles d'autrui se réfère à votre épouse ou à vos filles, ou aux siennes.

Avoir les oreilles belles et plus grandes qu'en réalité : fortune, renommée; les avoir très-longues : honte; belles et petites : amitié et confiance d'un grand.

N'avoir qu'une oreille : mort de parents; la moitié d'une : mort de votre épouse. Perdre une oreille : mort de votre fille ou divorce, séparation d'avec sa femme. Rêver qu'on a les oreilles coupées ou déchirées : mort de votre épouse lorsqu'elle est grosse, ou d'une femme de la maison. Lorsqu'un homme d'un certain âge vous coupe une oreille : indemnité qu'on obtiendra ; si vous les coupez à quelqu'un : vous séduirez un membre de sa famille.

D'autres disent : qu'avoir une oreille déchirée ou pliée indique qu'un ami divulguera vos secrets, ou les trahira ; une oreille coupée : perte de l'amour et de la bienveillance de vos amis les plus chers.

Rêver d'avoir un grand nombre d'oreilles est signe qu'on n'aime pas la vérité. Pour une personne riche, rêver d'avoir un grand nombre d'oreilles belles, assorties et de différentes couleurs pronostique de bonnes nouvelles, la joie et le contentement ; mais si elles sont vilaines et d'une couleur uniforme : mauvaises nouvelles.

Quelqu'un dit : qu'avoir un grand nombre d'oreilles veut dire que l'on est aimé et obéi.

Avoir les oreilles ornées de pendants : mariage de votre fille, laquelle accouchera d'un garçon ; se les remplir de quelque chose : signe d'hérésie. Se les curer : joyeuse nouvelle ; mais si l'on mange ce qu'il en sort : obscénités. Avoir des yeux dans les oreilles : on deviendra aveugle ; avoir des oreilles à la place des yeux : surdité. Voir avec les oreilles et entendre avec les yeux : on poussera sa femme ou sa fille sur le sentier de la perdition.

Autres et différentes interprétations. Quelques écrivains affirment que : se curer les oreilles veut encore dire qu'on sera délivré de tout souci ; si vous les curez à quelqu'un : vous le délivrerez de ses soucis ; rêver qu'on a les oreilles bouchées, fermées ou de les avoir tout à fait sourdes : on trahira ceux qui se sont confiés à vous ; lorsqu'une femme fait ce rêve : déréglement ; rêver que l'on a dans les oreilles des graines légumineuses, comme des haricots, fèves, lentilles, pois, etc. : on héritera d'un parent ; avoir des oreilles d'âne : servilité, humiliation ; ce rêve est pourtant d'un bon présage pour les savants et les philosophes ; les avoir de loup, de lion ou autre bête fauve : danger de vie.

OREILLER — Comme *Coussin*.

ORGE. — Bon rêve : abondance, richesses ; le frais est en plus signe de fertilité. L'orge se réfère quelquefois à un fils qui aura la vie courte. Biens, prospérité pour qui rêve d'en avoir et d'en manger (1). Manger du pain d'orge : santé et

---

(1) Toutes les traditions orientales rapportent que les prophètes ne se nourrissaient qu'avec de l'orge.

bonheur. Récolter de l'orge : biens qui viennent. En semer : bonne action qui est agréable au Seigneur. Semer de l'orge et voir croître du blé : valeur réelle, cachée sous de modestes apparences. Marcher dans un champ d'orge : combattre pour la vraie religion. Acheter de l'orge : grande prospérité, fortune.

ORGUEIL. — Rêver que l'on est orgueilleux de choses mondaines : signe de malheur et peut-être même de mort.

ORNEMENTS. — Tout ornement indique en général : pour une femme, qu'elle devra se parer pour une fête. Les ornements en or, excepté le collier et la bague, sont d'un très-mauvais présage pour les hommes, mais ils sont d'un bon augure pour les femmes.

ORPHELIN. — Rêver d'être orphelin : pacte sacré, soit pour affaires de femmes, soit de commerce.

ORTIE. — Personne sournoise, hypocrite ou homme grossier.

OS. — Os d'un animal quelconque : signe d'appui pour qui rêve d'en avoir. Les os représentent les choses d'un usage journalier, les montures, etc. ; pour qui n'est pas riche et pour les gens pieux et dévots : ils sont signe de religion et de piété. La moelle des os représente des richesses renfermées ou enfouies, et se réfère encore à la vie et aux enfants du songeur. Pour un malade, rêver que la moelle lui sort des os : signe de mort. Rêver qu'un souverain a un os sur la tête : accroissement de puissance ; s'il l'a dans un œil : cela signifie qu'il ne connaît pas la marche des choses d'une province de son royaume.

OSEILLE. — Fortune, prospérité, bénéfices de commerce.

OSIER. — Même sens que *Jonc*.

OSSELETS. — Jouer aux osselets : dissensions, litiges, rivalités. Perdre à ce jeu : biens provenant d'un étranger.

OTAGE. — Rêver que l'on est en otage ou qu'on en a un : veut dire que la personne qui est en otage est un grand pécheur ou un grand coupable. Se rêver en otage : veut encore dire que l'on sera fait prisonnier en guerre ; ou est signe d'esclavage et de captivité.

OUATAD. — Voyez *Cheville*.

OUD. — Voyez *Guitare*.

OURS. — Homme fort, malicieux, qui ne cherche que le mal ; voleur ; ennemi riche et puissant, qui s'efforce de vous nuire ; danger, persécution. Être assailli par un ours ou le voir entrer chez soi : persécution de la part d'un ennemi, à laquelle on échappera peut-être à l'improviste, tromperie d'une méchante femme, maladie somnifère, départ pour des contrées lointaines et ignorées. Monter un ours : souveraineté pour les uns ; les autres éviteront des dangers et des craintes. En tuer un : triomphe, honneurs, dignité, puissance.

OUTRE. — *KERBA* (1). Vieille femme fidèle, à laquelle on confie ses biens.

ZÉC (2), Homme de basse origine. En avoir une pleine de miel : biens de la part d'un homme riche ; pleine de poix : biens mal acquis provenant d'un méchant.

RAOUIÉ (3) et *RAKOUK* (4) se réfère au grand de la localité ; pour un négociant : elles sont signe de bénéfices faits honnêtement.

---

(1) La *Kerba* est l'outre ordinaire en peau de chèvre ou de bouc, et dont se servent les porteurs en Orient, pour la porter dans les maisons.

(2) La *Zéc* est plus petite que la *Kerba* et les bédouins s'en servent pour y mettre du lait, du beurre, du miel, etc.

(3) La *Raouié*, ressemble beaucoup à une immense besace en peaux cousues, dont les poches pendent d'un côté et de l'autre du chameau, et qui sert à transporter de grandes provisions d'eau.

(4) La *Rakouk* est une petite outre, toujours en peau, avec deux petits becs, dont on se sert pour boire en voyage.

OUVRIERS. — Prospérités commerciales. Les voir au travail : abondance. Ouvriers qui travaillent chez vous : litiges, disputes, querelles avec vos voisins. Ouvriers qui se reposent : diminution de biens, cherté des vivres, malheurs en famille.

P

PAGANISME. — Voyez *Idolâtrie*.

PAILLE. — En bottes : prospérité de commerce, abondance, richesse. Paille répandue : mauvais présage, indigence, misère, mendicité. En brûler : bon signe en général. En porter ou en voir porter dans un lieu public dans lequel on la brûle : honneurs, gloire et bonheur. La paille broyée pour la nourriture des bestiaux (en arabe *tebné*) : est signe de grands biens et d'abondance pour qui en possède et particulièrement pour qui rêve d'en faire entrer dans sa maison.

PAIN. — Utilité, savoir, érudition, piété; pour un célibataire : mariage. Tout pain représente encore mille monnaies d'argent qui seront cause de bien-être et prospérité très-abondante et de délivrance, de tristesse et de deuil. Pain d'orge : plaisir, santé et bonheur; pain noir : profits et bénéfices pour les pauvres : pertes et malheurs pour les riches. Pain blanc : vie pure, facile, mondaine; pour un souverain : équité; pour un négociant : droiture commerciale, pour l'ouvrier ou le professionniste : assiduité, précision dans son métier ou dans sa profession. Petits pains : profits insignifiants; pain plat : vie large, prospérité, mais il présage aussi une courte existence. Avoir un pain : longévité. Avoir à la main un pain noir, de qualité ordinaire : vie honnête et piété médiocre; pain dur : gêne ou parcimonie. Avoir un pain pendu au front : pauvreté. Voir un pain auquel il manque un morceau : vie raccourcie en proportion de ce qui manque au pain. Pain par terre et voir marcher le monde dessus : rabais dans le prix du pain ; en voir un dans un lieu impossible, comme un nuage, un arbre, etc. : renchérissement du pain. Voir un grand nombre de pains : réunion immédiate avec des amis ou des parents ; s'ils sont grands et petits mêlés : visite de frères sous peu. Manger du pain sec: maladie ou mort dans l'isolement ; du pain fin : vie pure; deux pains l'un après l'autre : on épousera deux sœurs ou deux frères l'une ou l'un après l'autre. Manger à table une grande quantité de gros pains : longévité ; une bouché de pain : abondance et vie facile ; en manger en chemin : il vous reste peu de temps à vivre. Tremper du pain dans la mélasse et le manger : grand amour pour la médecine, qui fera votre fortune ; tremper son pain dans des excréments et le manger: on mangera du pain et du miel. Manger du pain et des pierres: cacher sa position, supporter facilement une existence difficile et pénible. Acheter un pain chez le boulanger et ne pas le payer : existence belle et heureuse ; le payer : vie pénible et gênée. Recevoir un pain : bonheur inattendu ; un morceau de pain et le manger ; amélioration d'existence ou mort prochaine. Distribuer du pain, particulièrement si c'est aux pauvres : savoir, science, érudition. Rêver qu'un mort en distribue : biens et prospérité. En donner un à quelqu'un ou qu'il vous le demande : cette personne vous demandera votre protection. Le donner à un mort, et rêver qu'il tombe dans le feu, ou dans des ordures, ou du goudron : irréligion, sans que cela vous empêche d'être un très-honnête homme ; si l'on n'est point irréligieux et qu'on ait sa femme malade : mort ou irréligion de celle-ci. Uriner sur du pain : inceste. Faire le pain : on cherche à obtenir de quoi vivre mais d'une façon durable. Mettre un pain au four : se préparer à soi-même un avenir heureux ; le faire avec sollicitude dans la crainte que le four ne se refroidisse : biens et partisans qu'on acquerra en proportion du pain qu'on y a mis.

PALAIS. — Homme pieux, religieux. Pour un honnête homme, ce rêve est encore signe d'appui, aide, élévation, satisfaction de ses obligations, payement de dettes. Pour un homme pervers, dégénéré, corrompu : emprisonnement, gêne, perte d'une partie de ses biens. Le voir de loin : on verra le souverain ; y entrer : approcher un souverain, amélioration dans vos croyances religieuses et prospérité. Entrer dans le palais du souverain, y demeurer sans crainte : veut dire qu'on prendra part aux affaires de l'État ; cela est encore signe d'aisance, d'amélioration dans la position du songeur ou de sa famille. Y entrer et en sortir avec sûreté, ou disputer à la porte du souverain : impuissance de vos ennemis. Être sur ou dans son palais : grande élévation, puissance ; si le palais est à un autre : prospérité, profits de la part d'un ami.

Si pendant qu'on s'achemine vers le palais, on en voit sortir du monde avec des flambeaux et des torches allumées : grands honneurs, gloire ; mais si l'on est reçu et accueilli avec des instruments musicaux : mort d'une personne chérie.

D'aucuns disent que voir un palais est signe d'entraves et d'obstacles dans ses affaires ; y entrer : tomber dans des pièges ; en sortir : en être délivré ; en être le propriétaire : fortune de courte durée.

D'autres disent que lorsque le palais dont on rêve est celui du souverain, cela est signe d'intrigues, de complots, d'ingratitude.

PALEFRENIER. — Homme qui crée et organise, et qui porte les gens à se lier d'amitié.

PALISSADE. — Hypocrite ; et tout ce qu'on verra en songe devra s'expliquer sur un hypocrite. Rêver qu'elle s'oppose à votre passage : opposition qui vous sera faite par un hypocrite ; si vous réussissez à passer : vous triompherez de ce personnage ou réussirez à neutraliser son action contre vous.

PALMIER. — Voyez *Dattier*.

PANIER (*vase quelconque en jonc, osier etc.*). — En voir un beau et qui vous plaît : bonnes nouvelles ; s'il est laid :

avertissement à ne point faire une chose qu'on est près de faire. Voyez encore *Babas*.

On considère d'autre part le panier comme un pronostic de l'accroissement de votre famille, quelqu'un dit avec fortune.

PANIER A POULETS. — Il représente une maison. En acheter un et y mettre des poules : on achètera une maison dans laquelle on logera sa famille. En porter un au marché : vous vendrez votre maison.

PANTALON. — Épouse pieuse, voyage à l'étranger, guérison, contentement. Pantalon avec la gaîne : votre épouse accouchera de deux filles. Pantalon neuf : mariage d'une jeune fille. Pantalon délié ou déboutonné : votre femme s'affiche. Acheter des pantalons à quelqu'un qui n'en est pas le propriétaire : on épousera une femme sans la permission ou la présence du chef de sa famille. Se mettre des pantalons : éloignement du mal ; se les mettre sans chemise : indigence ; à l'envers : mauvaises actions dont vos parents seront cause. Faire un nœud à ses pantalons : mariage ; si le nœud ne réussit pas : le mariage n'aura pas lieu.

PANTOUFLES. — Voyez *Chaussure*.

PAON, PAONNE. — Le paon est un étranger, la paonne une étrangère. Cet oiseau annonce quelquefois à un homme qu'il épousera une femme riche, belle, bien faite, souvent douillette.

D'autres sont d'avis qu'il est signe d'orgueil, d'ambition ; et s'il fait la roue d'ostentation ; quelqu'un dit : jactance qui sera cause de la ruine du songeur.

Paon en compagnie d'une colombe : séducteur. Voir un paon qui se bat dans une maison avec une poule : méchanceté du maître de la maison.

PAPETIER. — Enjôleur.

PAPIER. — Papier écrit qu'on ne lit pas : héritage ; lorsque le papier est écrit par derrière : on fera des dettes ; écrire sur du papier : héritage. Papier qui enveloppe quelque chose : grossesse inattendue de votre épouse.

Papier quelconque : souvenirs, nouvelles d'un parent ou d'un ami. Papier blanc : innocence ; écrit : chicane, piéges ; imprimé : foi, croyance ; peint : tromperie, fraude, hypocrisie ; avec timbre, cachet, sceau ; procès, litiges entre parents ou amis.

PAPILLON. — Homme pauvre, babillard, bavard, quelquefois éloquent. Le papillon est encore un homme de basse origine, qui s'est élevé à une haute position. Papillon bigarré : homme qui fait plusieurs métiers en même temps ; aventurier.

PARADIS. — Voir le paradis : cessation de douleurs ; y entrer : bienveillance de vos parents ; cela veut dire aussi qu'on y sera admis pour de bonnes œuvres faites ou à faire. Entrer au paradis : est encore signe de pélerinage ; pour un pécheur : d'amendement ; pour un malade : de guérison ; fortune pour le pauvre ; mariage pour qui n'est pas marié ; ce songe enfin indique des actions agréables à Dieu. Rêver qu'on vous dit d'y entrer : héritage prochain ; y être introduit par quelqu'un : mort proche. Y entrer avec l'épée nue : prospérité, bonté, douceur, on exhortera son prochain au bien. Si on vous empêche d'y entrer : pélerinage qu'on ne pourra accomplir. Lorsqu'au moment d'y entrer on vous ferme une porte au nez : mort de votre père ou de votre mère. Si on en ferme les deux portes et qu'elles ne s'ouvrent plus : colère de vos parents. Y voir saint Pierre : jouissance, fortune et exemption de tout mal. Se trouver dans le paradis sans savoir comment : prospérité, tranquillité et vie excellente jusqu'à la mort. Si les anges viennent vous y saluer : espérance de mériter le paradis. S'y asseoir à l'ombre de ses arbres : paix en ce monde et dans l'autre ; en manger les fruits : bonnes œuvres, savoir proportionné aux fruits mangés ; ne pas en manger : acquisition de savoir, d'érudition dont on ne saura pas profiter ; si on vous empêche d'en manger : perte de piété, irréligion. En cueillir de tombés et les donner à quelqu'un : la personne à laquelle on les a donnés tirera profit de votre savoir et de votre science. Rêver qu'on boit de l'eau ou du lait dans le paradis : commandement, supériorité, autorité et mariage avec une belle personne étrangère. Prendre le paradis et le précipiter dans l'enfer : on vendra un jardin et on gaspillera le prix de la vente.

PARALYSIE. — Biens que l'on dépense follement, dettes qu'on ne pense pas à payer.

PARCHEMIN. — Le parchemin indique une complication, confusion, etc., dans une chose que l'on doit résoudre. Si c'est le souverain ou un gouverneur qui vous en donne un : il vous arrivera quelque chose. Ecrire sur un parchemin : générosité, puissance, zèle.

PARDON. — Pardonner à quelqu'un qui devrait être puni ou emprisonné pour dettes ou autres motifs : est signe de tromperie, quelquefois de chagrins.

D'autres disent que cela est signe de prospérité.

Pardonner à qui a manqué : veut dire que l'on sera aidé dans ce que l'on fera. Si c'est un autre qui vous pardonne : élévation et longévité.

PARENTS. — Voir en colère son père et sa mère : est signe de la colère de Dieu.

PARFUMEUR. — Homme patient dans les malheurs et content du bien que Dieu lui a donné.

PARFUM, PARFUMER. — Se parfumer : sociabilité, affabilité avec le monde par lequel on sera recherché. Se parfumer avec des parfums, des essences, des pommades odoriférantes : paroles charitables, pleines de piété. Se parfumer en très-grande abondance de façon que cela coule : douleurs. Voyez *Essences*.

PASSEREAU. — Voyez *Moineau*.

PASSOIRE. — Serviteur beau et gentil ; ce songe veut encore dire qu'on a quelque chose à préparer pour un besoin.

PASTÈQUE. — Pastèque non mûre : santé. Pastèque mûre : homme toujours malade, maladie. Prendre des pastèques : annonce des chagrins inattendus. Rêver qu'on lance des pastèques contre une maison : il y mourra un nombre de personnes égal à celui des fruits qui auront été jetés. Rêver qu'on lève la main en l'air; si vous rêvez qu'elle touche le ciel et que vous y preniez une pastèque : demande et acquisition d'une propriété convoitée. Recevoir une pastèque d'un mort : douleurs; la lui donner : cessation de douleurs.

PASTÈQUE DES INDES. — Pédant antipathique.

PASTEUR. — Voyez *Berger*.

Pasteur de chameaux : commandement, empire sur des étrangers.

PATE. — Gains et profits, soulagement dans vos peines. Pâte de farine de blé : biens honnêtes provenant du commerce, qui produiront de gros bénéfices; si elle n'est pas fermentée : gêne ou dommages; si elle est aigre : pertes honorables. Pâte de farine d'orge : religion, piété, accroissement de fortune, commandement ou gouvernement, triomphe sur les ennemis.

PATÉ. — *Grand ou petit pâté, pourvu qu'il soit farci, et qu'il contienne de la chair,* etc. : cessation de chagrins, fortune, joie.

PATIENCE. — Rêver qu'on en a eu en supportant des malheurs, quels qu'ils soient : est signe d'élévation, de paix et de tranquillité.

PATISSERIE. — Toute pâtisserie se réfère en général à de belles femmes.

En faire : gains, bénéfices; en manger : amusement, jouissances, quelqu'un dit ennuis, douleurs.

PATISSIER. — Homme doux et affable, qui n'agit que de façon à se mériter l'estime et les louanges de ses semblables.

PATRE. — Voyez *Berger*.

PATURAGES. — Monnaies d'argent; fils qui aura la vie courte; femme qui n'ira pas d'accord avec son mari; domination, commandement de peu de durée; joies courtes.

PAUME. — Paume de la main ouverte: accroissement de fortune; fermée: diminution. L'avoir velue: dettes et deuils. Se voir croître de l'herbe dans la paume de la main: on surprendra sa femme en flagrant délit d'adultère.

PAUVRE, PAUVRETÉ. — Voyez *Indigence, Mendiant*.

PAVANER. — Se pavaner: honneurs de peu de durée, hérésie.

PAVOT. — Biens appétissants pour ceux qui en possèdent.

PAYEMENT. — Payer des dettes ou une chose que l'on a achetée: présents, visites et aide que l'on prêtera à quelqu'un dans des circonstances ou des choses difficiles. Cela peut indiquer le retour d'un voyage.

PEAU. — La peau des animaux domestiques est, en général, signe de biens; peau de mouton avec son lainage: force. Peau de bêtes fauves: amélioration de position, biens, homme, domestique, esclave; peau de gazelle: biens provenant d'une femme. Voir encore au nom de l'animal dont on a rêvé la peau.

Peau humaine. — La peau humaine se réfère à tout ce qui vous éloigne du mal, à tout ce qui vous est agréable et vous plaît, comme le père, la mère, l'époux, l'épouse, le maître, le savant, le souverain, la religion, les biens, les vêtements, le travail, la maison, etc.; et tout ce qu'on y voit devra se référer à une de ces choses.

PÉCHÉ. — Rêver que l'on en commet un: veut dire que l'on fera beaucoup de dettes.

PÊCHE, PÊCHER. — Pêcher dans la mer ou sur le rivage et prendre ce que l'on désire : excellent présage ; mais ne pas prendre ce qu'on veut : est signe de mal. Pêcher des poissons en pleine terre : mauvaises actions ; quelquefois cela veut dire qu'on aura de consolantes nouvelles. Pêcher dans l'eau trouble ou sale : grandes angoisses ; dans l'eau claire : prospérité ou naissance d'un fils heureux. Pêcher des perles, des rubis, etc., voir au nom de la chose pêchée.

Rêver que l'on voit pêcher des poissons de différentes couleurs : santé pour les malades ; querelles, disputes, ou pièges qu'on leur tend, pour ceux qui ne le sont pas. Si ce sont des gros poissons : bénéfices proportionnés à la grosseur ; s'ils sont petits : chagrins, mélancolie noire. Si le poisson pêché se débat : affaires excellentes, mais qui vous mettront tout en émoi ; lorsqu'en tirant le poisson de l'eau il a changé de nature : succès douteux. Pêcher à la ligne est pour quelqu'un signe d'ennui, de solitude ; aux filets : commerce avec une personne rusée.

PÊCHER. — *Arbre.* Homme brave, généreux, plein de belles, bonnes et saines idées, qui amasse de grands biens pendant sa jeunesse et meurt avant d'être vieux.

PÊCHES. — Pêches jaunes : maladies ; vertes : soulagement que le changeur aura des chagrins causés par son frère. Pêches hors de saison : grave maladie. Les pêches aigres : sont signe de craintes.

PÊCHEUR. — Personne qui aime beaucoup les femmes et sait s'en faire écouter.

PEIGNE. — Utilité que l'homme tire de conversations, d'enseignements scientifiques, littéraires, philosophiques, artistiques, mondains et religieux. Le peigne est encore signe de droiture, d'aumônes, ou annonce un bonheur, une joie très-courte.

PEIGNER. — Se peigner les cheveux, la barbe : arrangement de vos affaires, amélioration dans la culture des terres si vous en avez ; pour un affligé : événement qui calmera sa douleur.

On veut d'autre part que se peigner facilement soit signe d'amitié de gros et honnêtes bénéfices, de soulagement de peines et soucis se peigner difficilement : succès et ennuis en affaires. Peigner quelqu'un pronostique selon ces mêmes écrivains, la patience et l'oubli des injures; si l'on peigne avec difficulté : embarras de commercer; mais si on le fait avec une grande facilité : abondance, prospérité.

PEIGNEUR. — Personne qui prend à charge d'épargner les chagrins à ses semblables ou de les en délivrer.

PEINTURE. — Peintre qui peint en rouge : homme qui aime les beautés mondaines; s'il peint des portraits : homme qui renie Dieu.

PÈLERINAGE. — Rêver qu'on en fait un ou qu'on le dirige : annonce à celui qui n'en a jamais fait qu'il en fera véritablement un; ce rêve est signe de guérison ou de mort pour un malade ; de payement de leurs dettes pour ceux qui en ont; de sûreté pour qui a des craintes pour un objet quelconque ; de richesse pour un pauvre ; d'heureux voyage et d'excellents résultats pour qui doit partir; de bénéfices certains et de réussite pour le négociant; de recouvrement de son emploi pour qui l'a perdu, et de changement en bien dans sa conduite pour qui l'a mauvaise. Rêver que l'on est en pèlerinage avec sa femme ou son mari : divorce, séparation. Le faire étant aveugle ou rêver qu'on a le visage noir en l'accomplissant : irréligion. Se rêver droit sur une colline, auprès du temple, etc., qui est le but de votre pèlerinage : stricte observation de vos jeûnes; ce rêve annonce encore des bénéfices ou des pertes que l'on aura à subir, ou bien il se réfère à une bataille décisive dans une guerre. Rêver qu'on s'y trouve vers le soir et que l'on demande quelque chose à quelqu'un : on obtiendra ce que l'on désire ; mais si c'est au point du jour, ce sera le contraire. Rêver qu'on a déjà été en pèlerinage : longévité et fortune; qu'on devait y aller et qu'on ne l'a pas fait : mauvaise foi, trahison.

PELLE. — Si on s'en sert : elle se réfère à un domestique utile; mais lorsqu'on ne s'en sert pas : elle représente les fils. Pour un célibataire : la pelle est signe de mariage; pour une personne peu fortunée : elle pronostique un meilleur avenir ; pour les prêteurs d'argent sur récolte, produits : la pelle indique qu'ils auront ce qui leur revient; pour qui a fait des semailles : récolte. Se servir de la pelle : est quelquefois signe d'homicide, ou se réfère à la capacité de celui qui s'en sert, ou qu'on voit s'en servir.

PÉLICAN. — Il représente un homme violent, emporté, colérique. En prendre un : signe de guerre; pour un malade, signe de mort. En voir un grand nombre dans la ville : entrée de soldats et massacre, tuerie du peuple. Rêver un pélican pendant le cours de la journée : pronostique une maladie.

PELISSE. — La porter pendant l'hiver : prospérité et richesse; pendant l'été : prospérité mêlée d'ennuis et de chagrins. Se la mettre à l'envers : apparition de biens et de richesses qui seront à l'abri de toute éventualité.

PENDANTS D'OREILLE. — Les ornements peuvent être, pour les femmes : signe de fêtes, mariage, enfants mâles, s'ils sont en or; filles s'ils sont en argent; pour les hommes : ils peuvent signifier qu'ils seront réjouis par de douces paroles, des chants, de la musique, qu'ils liront des livres saints ou utiles, qu'ils auront un fils lorsque les boucles sont d'or, une fille si elles sont d'argent. Voir des pendants : craintes; en porter : héritage, ou mariage avec une personne qui n'est pas de votre rang. Se voir des pendants aux oreilles ou les voir à un autre : commerce dans un endroit très-peuplé, avec des bénéfices; s'il y a des perles : jouissance de la vie, connaissance de sa religion, belle voix et très-belle position. Si c'est une femme enceinte qui les voit : elle accouchera d'un garçon.

PENDU. — Rêver que l'on est pendu mais vivant : élévation, honneurs, piété. Rêver qu'on est mort et pendu : vous vous élèverez, mais on se moque de vous. Se rêver pendu sans savoir quand on l'a été : recouvrement de vos biens perdus; ou encore : déshonneur, si l'on est riche; pour le pauvre : richesse; pour un voyageur : désirs satisfaits. Etre pendu aux murailles d'une ville et rêver que le monde vous regarde : élévation, grandeur et puissance sur riches et pauvres. Voir un pendu et rêver qu'en même temps on coupe les mains à un autre : détrônement du souverain pour lui en substituer un autre. Manger de la chair de pendu : biens et richesses provenant de votre supérieur.

PERDRIX. — *Le mâle.* Guerrier. Il annonce encore un garçon à ceux qui ont leur femme enceinte.

La femelle. Belle femme. En prendre une : mariage avec une belle femme. Sa chair représente un vêtement. En prendre un grand nombre à la chasse : acquisition de biens nombreux de la part des amis du souverain, ou amitié avec des honnêtes gens.

PÈRE. — Rêver son père : mal à la tête. Rêver son père déjà mort : joie, prospérité, bonheur qui feront oublier les maux passés.

Rêver que votre père mort cherche à vous emmener : signe de mort ; de même s'il vous embrasse ou vous dit que vous êtes mort comme lui.

PERFECTION. — Toute chose qu'en songe l'on fait à la perfection est signe d'humiliation et d'abaissement.

PERLES. — Entretiens scientifiques, artistiques, littéraires, philosophiques ou théologiques : biens, femmes, fils, serviteurs.

D'autres auteurs disent que les perles sont des larmes ; mais qu'en posséder est signe de richesses ; en perdre : de lenteur dans les affaires.

Les perles belles et propres ou non enfilées : représentent les fils et les filles ou des discours charitables. Perles qui ont perdu leur brillant : colère, gêne, folie. Des perles enfilées : Livres Saints ; les trouer comme il faut : on interprétera ou on entendra bien ces livres ; les trouer avec un bois : déréglements amoureux.

Enfiler des perles, disent certains écrivains, signifie que l'on passera de la joie à la douleur ; selon d'autres cela pronostique la disette.

Lever des perles d'une boîte, d'un coffret : réponse favorable à une demande que l'on a faite à un savant, ou mariage avec une personne dont on aura de bons enfants. Compter des perles : peines, difficultés. S'en faire prêter ainsi que tout objet (collier, parure, etc.) en perles : fils qui aura la vie courte. En jeter dans un fleuve ou dans la mer : on sera complaisant envers le monde. Pêcher des perles : honneurs et biens de la part du souverain.

D'autres disent encore que pêcher des perles est signe d'honneurs, sans profit.

Rêver que l'on a vendu, ou que l'on a avalé des perles : oubli du contenu des Saints Livres ; en avaler : peut indiquer aussi que l'on fera un faux témoignage. Vendre des perles : savoir, science, érudition provenant de Dieu et que l'on enseigne au monde ; de même, en cracher : est signe de doctrine, savoir que l'on enseigne aux autres. Se mettre des perles dans la bouche : conservation de piété, de sentiments religieux. Les mâcher : médisance, calomnie ; les avaler et recracher : veut dire que l'on apprendra et qu'on oubliera les préceptes contenus dans les Livres Saints. Rêver qu'il vous sort des perles de la bouche et que tout le monde en prend, le songeur excepté : signifie que l'on ordonne ou que l'on conseille d'agir droitement, tandis que l'on fait tout le contraire. Une grande quantité de perles : est signe de trésors, d'héritage, de gouvernement, d'empire pour le gouverneur ; d'érudition pour le savant ; de bénéfices pour le négociant. Si l'on en rêve une quantité telle que l'on ait besoin d'un boisseau ou autre mesure de capacité pour les compter, et qu'on rêve de les avoir tirées d'un fleuve ou de la mer : grande fortune honnêtement acquise, et qui provient des trésors du souverain.

PERROQUET. — Personne injuste et menteuse.

PERTE. — La perte : est signe de fautes, de mauvaises actions pour la personne qui fait la perte.

PESER. — Peser des choses vendues : pertes. Se faire

peser et rêver que l'on pèse plus que la balance ne supporte : agissements droits, honnêtes, et grande prospérité.

PESON. — Grand souverain. Le pivot est le soutien de l'État. La languette est le secret; ses crocs sont les serviteurs; le poids : l'équité et la droiture.

PESTE. — Ce songe annonce : une guerre. Être atteint de la peste : tristesse et deuil. Rêver qu'elle se trouve dans une localité quelconque : sévices de la part du souverain ou du gouverneur. La peste pronostique encore : de grandes émigrations, ou de grandes réunions auprès du souverain ou du gouverneur.

Il est dit d'un autre côté que la peste présage : la famine, la misère, la perte de parents; quelqu'un prétend qu'elle indique un changement prochain de position.

PET-DE-NONNE. — Cessation de chagrins, fortune, joie. On dit encore que ce rêve est signe de plaisirs et contentement pour les hommes, et de chagrins pour les femmes.

PETITE-VÉROLE. — Voyez *Variole*.

PEUR. — La peur est signe d'amendement. Éprouver des craintes : bon signe. Avoir eu peur de quelqu'un ou de quelque chose : acquiescement de ses craintes. Ce rêve est encore : signe d'élévation, de direction d'affaires. Voyez encore *Frayeur*.

PHARMACIE. — Homme savant et qui s'emploie pour le bien public.

PHILOSOPHE. — Homme insensé et ignorant.

PHOSPHORE. — Bon présage ; événement inattendu et qui aura une heureuse influence sur la vie et les affaires du songeur.

PIE. — Homme de mensonge, infidèle qui désire la cherté des vivres. L'entendre parler et que ce soit à vous : bonnes nouvelles d'un absent.

PIEDS. — En avoir plus de deux : bonheur, prospérité,

fortune, pour un voyageur ; richesse pour un pauvre ; maladie, rhumatisme, insuccès, événement désagréable pour un riche ; bon temps, bonace pour les capitaines de mer ; bon signe pour les négociants et les marins. Pieds sains, légers et propres : plaisir, amitié, bienveillance. Pieds sales : mauvais augure, maladie, embarras. Se laver les pieds sales au bord d'un fleuve, d'une rivière, source : bonheur, ordre dans vos affaires ou votre maison, mais en même temps on est menacé d'un rhume. Se laver les pieds : repentir ; dans une cuvette ou autre vase quelconque : gloutonnerie. Si on vous lave les pieds : plaisirs, délices, honneurs de la part d'inférieurs ou subalternes ; si on vous les frotte avec des herbes médicinales, des arômes ou parfums : très-grands honneurs. Avoir les pieds peints : mort de parents, lorsque le songeur est un homme ; de son mari, si c'est une femme mariée ; s'ils sont teints avec du henné : parures, toilettes superflues et inconvenantes de vos enfants ou de vos domestiques ; pour une femme : joie ; pour un pauvre : il manquera à la prière. Pied qui vous fait mal : grandes richesses ; se tordre le cou-de-pied : fornication ; se le casser : chagrins et tristesse. Pied mordu par un serpent ou autre bête venimeuse : envie, jalousie, disputes. Se blesser le pied avec ses chaussures : douleurs qui auront de tristes conséquences ; les avoir blessés simplement : soulagement et facilité dans les affaires. Se démettre ou se rompre le pied droit : maladie pour le fils de celui qui se l'est démis ou rompu ; le gauche : empêchements à un départ, fiançailles de sa fille, naissance d'un fils s'il est rompu ; maladie de sa femme s'il est démis. Pied coupé ou détaché : perte de la moitié de vos richesses ou de vos forces ; tous les deux : perte de biens, mort ; coupés par derrière : homme pervers ou rebelle qui lutte contre son souverain. Rêver que vos pieds se détachent et montent aux cieux : mort de deux fils. Être privé de ses pieds : flétrissure ; pour les riches : perte de biens causée par une faillite ou un incendie ; pour les prisonniers : protection. Si l'on mange des pieds en compagnie de ses amis : perte de ses propriétés, indigence et incertitudes, perte de domestiques. Rêver qu'un souverain coupe les pieds à ses sujets : il s'emparera de leurs biens ou les ruinera complétement. Coupure de la pointe des doigts des pieds et les voir tombés : perte de biens et mort ; si cela arrive pour un pied seulement : perte de la moitié de vos biens. Coupure du gros doigt : celui qui vous a coupé vous empêchera de faire une dette ou de prendre des biens sur lesquels vous comptiez. Rêver qu'un de vos pieds devient de pierre : perte de ce pied ou impossibilité de s'en servir ; s'il est en bois : décadence. Avoir les pieds sur du feu, ou s'y tenir droit ou y marcher, s'ils se brûlent : mauvais présage, très-grands maux, revers, s'ils ne se brûlent pas : bon signe. Lever le pied contre le souverain : dissensions avec ses parents, difficultés qu'ils vous feront. Fouler quelqu'un aux pieds : veut dire qu'on mettra des entraves, des empêchements aux affaires de cette personne. Manger les pieds d'un animal quelconque : veut dire que l'on mange ou mangera le bien de ses pupilles.

PIÉGE. — Voyez *Trappe*.

PIERRE A AIGUISER. — Voyez *Queux*.

PIERRES. — Les pierres sont en général d'un mauvais augure. En voir : tristesse, chagrins ; pierre coupée ou creusée et par terre, est encore présage de mort, ou se réfère à une personne bornée ou au cœur dur. Rêver d'avoir une pierre et que quelqu'un vous l'a achetée, on s'y met dessus : triomphe sur un homme, ou mariage avec une femme bornée. S'il vous en tombe une grosse dans la maison : fils au cœur dur. Rêver que du ciel il en tombe une sur le monde ou sur un temple : arrivée d'un receveur d'impôts, d'un homme dur, d'un gouverneur tyrannique, peut-être même meurtres et malheurs pour les gens de la localité. Lorsqu'en tombant la pierre se brise : partout où en ont volé les éclats il arrivera un malheur. En général, partout où il tombe une pierre du ciel : signe de mal. Soulever une grosse pierre qui pèse : peines, souffrances ; la jeter loin de soi ; soulagement d'inquiétudes et de souci ; marcher sur de grosses pierres : chagrins, embarras. Battre des pierres l'une contre l'autre : dispute entre deux hommes au cœur dur, accompagnée d'imprécations d'autant plus grosses et nombreuses qu'il en sortira d'étincelles. Transporter des pierres signifie que l'on entrera dans une grande maison. Lancer des pierres avec la fronde : prière pour quelque chose de juste. Rêver qu'on vous en lance : vous serez ensorcelé. En jeter aux gens veut dire que l'on sera prosélyte de Loth. En manger : affaires en cours qui ne réussiront pas ; si ce sont des pierres d'une montagne : insuccès ; en manger avec du pain ; on cache sa position et l'on supporte patiemment une existence difficile et pénible. En avaler : rancune proportionnée à la difficulté ressentie pour l'avaler ; mais si on trouve à la pierre un goût de lait ou d'un mets quelconque qui soit doux : aisance, à moins que ce goût ne soit celui des figues noires, du raisin noir ou du melon, car alors ce serait signe de deuil et de mauvaises affaires. Être changé en pierre : votre cœur s'endurcira, vous vous révolterez contre Dieu et perdrez toute piété ; pour un malade : signe de mort ou complet bouleversement dans son état. Avoir le corps en pierre : mort proche.

PIERRERIES. — Comme *Joyaux*.

PIEU. — Voyez *Cheville*.

PIGEON. — Femme pieuse, aimée, qui ne se sépare jamais d'avec son mari, qui porte des nouvelles du dehors ou de l'étranger. Le pigeon est encore l'image d'une jeune fille. Le roucoulement du pigeon représente le commandement d'une femme honorée et qui appartient à la vraie religion, ou bien il se réfère à son état. Si une femme entend un homme qui roucoule comme un pigeon : arrivée d'un homme qui vient peut-être la demander en mariage, ou fiançailles. Avoir un grand nombre de pigeons : fortune instantanée, propriété, biens, butin. Rêver qu'un pigeon vient au devant de vous : onnes nouvelles d'un absent ; s'il vient sur votre tête : délivrance de chagrins et de gêne ; pour un malade, mort. En voir voler un blanc : dévotion. En prendre un : mariage heureux pour un célibataire ; bonnes nouvelles pour une personne mariée. Pigeon qui vous échappe et s'envole au moment où vous le prenez : divorce, ou mort de votre épouse. Lui couper les ailes : on empêchera sa femme de sortir, grossesse ou couches de celle-ci. OEufs de pigeon : jeunes filles, ou esclaves. Nid de pigeon : lieu où se réunissent les femmes.

PIGEON RAMIER. — Femme menteuse, impie ou irréligieuse, ou bien fils d'un menteur.

PIGEONNEAU. — Petit enfant. Rêver des pigeonneaux d'un autre est un présage certain que l'on est un coureur de femmes.

PIGEONNIER. — Le pigeonnier se réfère au souverain, à un grand, à un savant, à la renommée, au savoir, à la dévotion. L'interprétation devra être faite selon ce que l'on y a vu sur un des personnages ou des choses susdites. En voir un dans les airs, dans un cimetière, dans une campagne nue et aride, dans un désert : réception d'un grand personnage, honneurs qui vous seront faits. Le voir noir et rempli de pourceaux : temple d'une religion opposée à celle du songeur.

PILIER. — Pilier en bois, en terre, en maçonnerie, briques, etc., représente le chef de la maison ou le domestique. Tout ce que l'on songe à ce propos doit s'appliquer à eux. Voyez *Colonne*.

Selon d'autres écrivains les piliers se réfèrent à des enfants, et l'interprétation doit se faire sur ceux-ci.

PILON. — Homme actif, empressé, qui se donne de la peine pour faire ce que les autres ne peuvent pas faire.

PIMENT. — Rancune.

PIN. — Homme difficile qui vient de loin, qui a la voix

faible ou criarde, ou aigre, ou aiguë, et qui est d'un mauvais naturel. Il est l'aide et l'appui des criminels et des voleurs. Porte en bois de pin : garde, portier, voleur.

PIOCHE. — La pioche représente un serviteur ou un esclave ; tout coup de pioche est encore un coup porté à l'ennemi ou aux mécréants. La pioche se réfère aussi à la chose qui peut être utile au songeur selon les conditions dans lesquelles il se trouve, sa vie, etc.

PIPE. — Ami de l'homme, et mieux encore lorsqu'elle est allumée et qu'on la fume.

PIQUE. — Voyez *Lance*.

PIQURE. Piqûre d'insecte, serpent, etc. : envie, voracité, avidité. Rêver que l'on vous pique les fesses : on vous séduira votre épouse ; le ventre : on vous enlèvera une partie de vos biens ; la main : on prendra une partie des biens de vos frères.

PISTACHES. — Biens, fortune facilement acquise. En manger : dépense de biens acquis facilement.

PISTACHIER. — Homme généreux.

PITIÉ. — Rêver que la pitié est dans votre caractère : vous éviterez des maux qui vous menacent. Avoir pitié d'un faible ou d'un pauvre : accroissement de piété, de religion. Rêver qu'en outre l'on s'attendrit : veut dire que vos péchés vous seront pardonnés. Rêver qu'en même temps l'on est joyeux : signifie qu'on apprendra les Saints Livres. Pour ceux qui ne sont adonnés qu'aux choses de ce monde : ce rêve est encore signe de prospérité et de biens ; pour la gent dévotieuse et les personnes pleines d'ardeur religieuse : cela peut encore présager des souffrances et d'une grande ferveur, afin de s'acquérir le repos dans l'autre monde.

PLACE. — Rêver que l'on fait sortir quelqu'un d'une place où il se tient habituellement : douleurs que l'on évite.

PLAFOND. — Homme élevé. Plafond en bois : jalousie. Plafond qui tombe sur vous : craintes inspirées par un grand ; et si, pendant qu'il tombe, il vous vient de la terre sur vous, du plâtras, etc. : prospérité après des craintes ; lorsque le plafond tombe à cause d'une poutre qui se brise : mort du propriétaire de la maison. Nettoyer le plafond de sa maison et en jeter la poussière : perte des biens de votre femme.

PLAIES. — Plaie dans la tête, et soignée, pansée par un médecin avec des instruments de chirurgie, de laquelle il sort du sang : payer des dettes par l'intervention de la justice ou d'un prêtre. Plaies sur le corps : maladie, ou affaires embarrassées pour celui qui les a.

PLAINE. — Se rêver au milieu d'une grande plaine : bon accueil, fortune, joie et bonheur proportionnés à son étendue. Pour le reste voyez *Terrain*.

PLAISANTERIE. — Gain d'un procès, acquisition de biens avec l'aide de la justice ; pour qui plaisante, le plaisanté en est la victime.

On dit encore que ce songe présage beaucoup d'enfants.

PLANCHE. — Rêver qu'une planche appartenant à la charpente d'une maison en construction, ou déjà bâtie, vient à se briser : mort d'un hypocrite, intrigant qui se mêle des affaires d'autrui.

PLANTES MÉDICINALES. — Comme *Herbes médicinales*.

PLANTES ODORIFÉRANTES. — Les voir coupées : douleurs, deuil ; en terre : mariage, tranquillité.

PLAT. — Ami de l'homme ; présage encore meilleur s'il contient des mets doux.

TOR (1). — Domestique.

---

(1) Grand plat de cuivre.

MAKHRADA (1). — Serviteur qui allège les douleurs avec de douces paroles.

TAGUIN (2). — Il représente un des principaux membres de la famille, un gouverneur, surveillant, un collecteur, un receveur d'impôts, un geôlier, un médecin.

KASAA (3). — Il se réfère à la femme, au songeur, au lieu où il vit. Un *KASAA* très-grand est encore signe de gain, profits et bénéfices. Rêver un grand nombre de personnes assises autour d'un très-grand *KASAA*, qui mangent : le kâsaa est l'image d'un champ, pour le cultivateur ; pour le guerrier ou le savant : il est signe de discussions avec ses compagnons ou ses collègues, si le mets n'est pas doux ; mais s'il l'est, il est signe de bonne intelligence. Lorsqu'il contient du poisson ou un mets qui ne sent pas bon : réunion dans un but de fornication.

PLATRE. — Mauvais songe. S'en emplâtrer jusqu'au point d'en être tout couvert est signe de mort.

PLATRIER. — Homme hypocrite et qui pousse au mal.

PLÉIADES. — Voyez *Constellations*.

PLEURER, PLEURS. — Plaisir, contentement, joie. Pleurer est toujours d'un meilleur présage que rire. Pleurs silencieux annoncent une grande joie, un grand bonheur. Pleurs, mêlés de cris de désespoir : mauvais signe. Pleurer la mort d'une connaissance : grands malheurs ou maladie dans la famille de la personne qu'on a rêvée morte. Entendre de grands pleurs pendant qu'on suit le convoi d'un ami déjà mort : mort d'un parent du défunt, ou mariage du songeur avec un de ses parents au milieu de la joie et du bonheur.

---

(1) Petit plat en bois.
(2) Petit plat profond en terre.
(3) Plat en bois, profond, de différentes grandeurs, jusqu'à un mètre de diamètre.

Entendre des pleurs pendant qu'on vous porte en terre : mort en odeur de sainteté.

PLOMB. — Le plomb se réfère aux laïques, à tous ceux qui n'appartiennent pas au clergé. En prendre : biens provenant d'un athée, ou d'une personne dans la religion de laquelle il n'y a pas de prophètes. Avoir du plomb : perte de biens ; en fondre : litiges et procès pour des motifs futiles.

D'autres prétendent que le plomb est signe de disputes, querelles et de séparations ; et quelques-uns disent qu'il annonce un héritage considérable.

PLOMBIER. — Vendeur de plomb : homme faible, de peu de puissance.

PLONGEON. — Cet oiseau est celui qui est d'un meilleur présage dans l'interprétation des songes ; et qui en attrape un : fera une fortune immédiate ou aura un riche butin.

PLONGEUR. — Souverain, ou personne qui en a l'autorité. Plonger dans les eaux comme les plongeurs et dans le même but, veut dire qu'on se mêlera aux affaires d'un souverain ou d'un gouverneur ; pêcher une perle : on recevra une perle du souverain. Rêver que votre métier est celui de plongeur est en général signe d'une grande puissance. Se mettre à pêcher des perles : trésors ou richesses que l'on cherche à avoir du souverain et que l'on obtiendra en proportion des perles pêchées.

PLUIE. — Rêver qu'il pleut partout : bon présage, rabais dans le prix des vivres lorsque le rêve a été fait en temps de disette. Si au moment que l'on fait le songe la pluie est utile : cessation de tyrannie, maux etc. ; mais si elle était nuisible : accroissement de tyrannie, de vexations qui deviendront excessives ; si l'on a rêvé que des pierres ou du feu tombaient mêlés à la pluie : tourments. Voir pleuvoir à des époques inaccoutumées : empêchements, maladie ; dans les cimetières ou sur des tombes : la clémence divine descend sur ces morts. Se trouver sous la pluie : préjudice causé par des discours, tourments, bastonnade en proportion de la pluie qu'on a reçue. Se trouver derrière un mur, sous un appentis ou tout autre lieu couvert pendant qu'il pleut : empêchement dans les affaires ou à un voyage, ou emprisonnement proportionné au temps que l'on a passé à l'abri de la pluie. Se laver à la pluie et y désinfecter ses vêtements : amendement, pour le pécheur ; richesse, pour le pauvre ; définition de ses affaires, pour qui en a avec des gouvernants.

Pluie fine, monotone, qui tombe doucement et sans bruit : mauvais signe pour les négociants, les ouvriers et professionnistes; mais gains et profits pour les paysans. Pluies abondantes : héritage, abondance, fertilité; si elle est mêlée d'éclairs et de tonnerre : inquiétudes, troubles et danger pour les riches ; repos et tranquillité durables pour les pauvres.

Pluies torrentielles, déluge d'eaux du ciel : ennemis ; si la pluie est noire ou couleur de sang : disette, famine ou entrée paisible de soldats. Si elle cause des dégâts et emporte des arbres, fait crouler des maisons : ennemis qui porteront de grands changements dans la position des gens de la localité ou tyrannie de la part du souverain. Lorsque l'eau est dans une quantité telle qu'elle s'élève jusqu'aux collines : inondations ou soldatesque d'un souverain tyrannique. Pouvoir empêcher que cette pluie ne tombe chez vous : un ennemi vous servira d'instrument pour épargner des maux à votre famille. Pluie avec tonnerre et éclairs : crainte pour ceux qui sont en route, pour les voyageurs, égoïsme pour les autres. Pluie, tonnerre, éclairs, pendant que le soleil se lève clair et lumineux : calamités publiques, disette, épidémie, invasion de sauterelles, hiver rigoureux, séditions, révoltes, émeutes, etc., guerre, si votre pays n'est pas en trop bons termes avec ses voisins.

Toute chose qui tombe du ciel, lorsqu'elle est nuisible à la terre ou à la culture est signe de maux pour l'homme, d'autant plus lorsqu'elle tombe sur une petite localité ou village inconnu. Pluie d'eau chaude, particulièrement lorsqu'elle est mêlée à du feu : invasion de sauterelles, froids rigides, tempêtes, troubles, discordes. Pluie de sang annonce qu'il en sera versé véritablement. Pluie d'épées, de couteaux ou de toute espèce de lames : adversité, inimitiés. Pluie de pierres mêlées à du feu, en général : maladie, malheurs, tourments pour les habitants de l'endroit ; quelquefois, signe de guerre, sauterelles ; quelquefois encore : de fertilité et rabais dans le prix des vivres. Pluie de lait ; miel, ou beurre : clémence ; de grains, blé, orge, dattes, raisins secs, huile, terre, sans soulever de poussière : abondance, fertilité, rabais dans le prix des vivres, richesses.

On prétend que la pluie d'or est signe : de joie et de plaisir ; d'argent : de chagrins et angoisses.

PLUME. — *A écrire.* En avoir une : est signe de science, doctrine, érudition ; en avoir deux et s'en servir, l'une après l'autre : arrivée immédiate d'un absent. En avoir en main, avec un encrier : sûreté contre l'indigence. Prendre une plume : peut être signe d'un fils bon et charitable. La plume peut encore être signe : de direction, commandement sur tous les arts et métiers.

PLUMES. — *Plumes d'oiseau.* En être vêtu ou se voir des plumes : supériorité, direction, commandement, prospérité ; ce songe est encore un avertissement que l'on ait à préparer une chose dont on aura besoin.

Autres interprétations. Plumes blanches : bon présage, travail utile, amitié ; noires : empêchements, obstacles, dégoûts, ennuis ; sales et tachées de boue : accroc à la réputation. En voir voler dans l'air : belle position, mais incertaine. En brûler : retard ; en manger : mauvais signe.

POCHE. — L'avoir trouée, déchirée : pauvreté.

Poche pleine : fausses apparences.

POÈME. — En réciter un : doctrine qui tend à l'hypocrisie.

POÉSIE. — Celui qui entend dire des vers, des poésies : assistera à des conseils, à des réunions dans lesquelles on dira des faussetés.

POÈTE. — Homme qui aime les choses inutiles, qui dit

ce qu'il ne fait pas, qui raconte des choses impossibles, des faussetés; comédien, qui récite pour de l'argent; faux témoin.

POIGNARD. — Même sens que *Couteau*.

POILS. — Rêver qu'il vous sort des poils par le corps : grossesse de votre femme ; redoublement de chagrins pour les affligés, de joie pour les heureux, de richesses pour les riches; mais lorsqu'on les voit tomber: il arrivera tout le contraire. Si ces poils sont devenus très-longs, par exemple comme ceux d'une chèvre : longue vie et richesse, pour les riches; redoublement de craintes et de chagrins; pour qui est affligé ou a des craintes. Se raser les poils ou les enlever avec du dépilatoire : perte de biens suivie de gêne, vie insupportable pour un riche; pour l'affligé ou le pauvre : cessation de douleurs; ou : misère et longévité. Se raser des poils que l'on a sur les épaules : veut dire que l'on rendra un dépôt qui vous a été confié ou que l'on payera ses dettes; et lorsque les poils sont gros : cela veut dire qu'on aura la force d'accomplir son devoir. Poils blancs par le corps : pertes; mort prochaine pour le riche; pour le pauvre ou l'endetté : il ne pourra payer ses dettes. Se couper les poils du corps : accroissement de prospérité. Rêver qu'on a de longs poils sous les aisselles : réussite dans ce que l'on désire, piété, charité; s'ils sont très-nombreux et touffus : indifférence religieuse et vie toute mondaine. Poils qui croissent sur les cuisses : dettes qui seront payées par un de vos parents. En avoir sur les mains : perte de biens. Poils de bête fauve : biens de la part d'une femme. Avoir des poils d'animal sur le corps : maladie, peines; sur la poitrine : dettes; sur le mollet : dettes et mort en prison, sans les avoir payées; aux talons : dettes que l'on a ou qu'on fera. Pour une personne chauve rêver qu'elle a des poils sur le point de sa calvitie : cela est signe qu'elle acquerra des biens. Voir un poil dans le pain : diminution de ressources; en trouver un dans son manger : chagrins, deuil, gêne. Poils d'un animal domestique : voir au nom de cet animal.

POIRE. — Maladie, quelquefois biens; et lorsqu'elles sont jaunes ; elles annoncent quelquefois et une maladie et des biens. Lorsqu'une femme rêve d'avoir une charge de poires : elle accouchera d'un fils. Cueillir des poires : on héritera de biens amassés.

Autres interprétations. Les poires mûres rêvées pendant la saison pronostiquent, selon quelques-uns : le succès et la réussite; non mûres : tristesse, chagrin. D'un autre côté, il en est qui prétendent que les poires sont signe : de pauvreté ou d'avarice; et qu'en manger présage : la mort, ou bien qu'on aura une nouvelle de mort.

POIRÉ. — Même sens que *Moût*.

POIRÉE. — Voyez *Betterave*.

POIRIER. — Etranger, quelquefois homme borné, ignorant, bête. Le voir pendant la saison : prospérité immédiate ou à venir; hors de saison : maladie s'il est jaune, douleurs s'il est vert.

POIS. — De quelque façon qu'on les cuise, ils pronostiquent : les douleurs et le deuil. Les verts sont encore signe de douleurs; mais une grande quantité présagent des biens; les secs sont signe de joie.

Certains interprètes assurent cependant que les pois présagent une union malheureuse; tandis que d'autres sont au contraire d'avis qu'ils annoncent des succès d'amour. Une dernière catégorie interprète ces légumes comme signe de longévité; les verts, de rétablissement de santé; les cuits, de maladie.

POIS CHICHES. — Pois chiches verts : douleur; cuits au four, comme c'en est l'usage en Orient : douleurs et deuil pour qui en a ou en mange; cuits d'une autre façon : chagrins. Une grande quantité de pois chiches peut pronostiquer des richesses; et les secs, naturellement, peuvent indiquer la fortune et le contentement.

POISON. — Voyez *Empoisonnement*.

POISSON. — Avoir un poisson : mariage; en avoir deux : bigamie; on aura deux femmes. Trouver dans le corps d'un poisson un autre petit poisson : naissance d'un enfant de la femme qu'on aura épousée ; y trouver de la graisse : biens provenant de cette femme. Manger un poison vif : souveraineté, puissance, prospérité, selon le rang de la personne qui le mange. Poisson plein d'épines : inimitié entre le songeur et ses parents. Se voir sortir un poisson de la bouche : médisance, calomnie du songeur contre son prochain. Rendre des poissons, voy. *Pêcher.*

Les poissons sont encore signe : d'abondance acquise par le travail; selon d'autres : ils présagent la joie et le succès; les rouges sont signe : de bonheur ; les morts : de souffrances. En prendre : espoirs déçus par ses amis, s'ils sont petits : perte d'argent ; en tuer : plaisirs coûteux. Accoucher d'un poisson : grande colère.

Poissons crus, s'ils sont gros et nombreux : propriétés et richesses pour celui qui rêve d'en avoir ; s'ils sont petits, signe de deuil. Poisson rôti : voyage scientifique dans le but de s'instruire, doctrine, savoir , amitié avec un grand ; l'avoir ou le manger : fortune immédiate, richesses, prospérité, définition d'affaires ; en avoir un grand nombre : réussite, grande prospérité, pour l'honnête homme; malheur pour le pervers. Enfariner et faire frire des poissons : grands bénéfices provenant de biens de peu de valeur. Poissons salés grands ou petits : douleurs ; mais s'ils sont gras, ils peuvent aussi présager des biens. Poisson salé et rôti : voyage pénible par amour de la médecine ou pour doctrine et érudition. Enfariner et faire frire des poissons salés : délibération sur des biens qui vous seront très-utiles.

On considère d'autre part les poissons cuits, rôtis, secs, ou puants comme le pronostic de chagrins causés par des amis ou des personnes de connaissance.

POISSONNIER. — Marchand de chair humaine.

POITRAIL. — *Harnais*. Biens, serviteur, femme. Quelquefois ce songe est d'un mauvais augure.

POITRINE. — La poitrine est signe d'érudition, de savoir, de science, affabilité, piété, droiture et l'interprétation devra se faire selon la largeur de la poitrine. Poitrine large est quelquefois signe de générosité ; étroite, d'avarice. La poitrine se réfère quelquefois à la bourse ou au coffre-fort du songeur. Rêver qu'on a la poitrine en pierre : cœur dur ; si la poitrine vous fait mal : dépenses mal faites.

On considère encore la poitrine comme signe : d'espoir, amitié, succès, santé, joie. Belle, large, forte poitrine ; longévité, biens, grand succès dans les affaires, force ; tout le contraire si on rêve de l'avoir maigre et chétive. Poitrine velue ; force, biens, prospérité, gros bénéfices pour un homme ; pour une femme ; veuvage, ou séparation d'avec son mari.

POIVRE. — Biens qui se conservent, ont de la valeur unis à d'autres biens. Manger du poivre : dépit, rancune.

On dit encore que le poivre est signe de grave maladie.

POIX. — En voir : certitude de n'être pas molesté par le souverain ou le gouverneur. En avoir : biens acquis par des moyens illicites, ou femme corrompue.

POLISSEUR, EUSE. — *Polisseur, euse de diamants, etc.;* Personne qui injurie le monde.

POMMADE. — Voyez *Essence, Oindre, Parfum.*

POMMES. — Utilité, profit. La pomme représente en outre l'empressement et la sollicitude d'un homme dans ses affaires; pour un souverain elle représente l'état des choses de son royaume ; pour un négociant, celui de son commerce; pour un cultivateur, celui de ses terres. La pomme est quelquefois signe de souveraineté.

Pommes mûres : espoir; vertes, aigres ou âpres : mépris, disputes, inquiétudes ; rouges : brillant succès en amour.

Jeter une pomme : il vous arrivera une ambassade utile. Mordre une pomme : profit; en manger : colère, chagrin; on commettra une mauvaise action quoique le monde la puisse estimer bonne. En manger dans un temple : naissance d'un fils pieux. Cueillir une pomme : biens provenant d'un grand ; en cueillir plusieurs est quelquefois signe d'inquiétude. Flairer une pomme dans un temple ; mariage ; dans une réunion de personnes : renommée, réputation. Pommes comptées, argent compté.

Donner ou recevoir une pomme : mariage qui se fera infailliblement si la pomme est rouge; et qui ne réussira pas si la pomme est d'une autre couleur.

POMMIER. — Homme religieux, utile, et toujours prêt à vous rendre un service; bonne nouvelle, contentement, joie. Pommier vert: bon augure, prospérité; pommier sec: pauvreté, mort. Planter un pommier : orphelin qu'on recueillera.

PONT. — Homme bienfaisant, recherché pour cela par ses semblables.

Pour une certaine catégorie d'interprètes un pont est signe : de dangers, de pertes ou de dommages.

Le pont inconnu est signe de bien-être ou de malheur, de mort, ou il se réfère au souverain, au gouverneur, aux bateaux, au magistrat, au chemin du paradis. En passer un, pour un homme sain et qui voyage : réussite en affaires.

D'autres disent que cette interprétation est pour tout le monde.

Lorsqu'après avoir passé le pont, on rencontre ou on marche sur de la paille, de l'orge, des dattes: acquisition de grands biens, pour un voyageur; lorsqu'on marche sur un terrain ensemencé ne vous appartenant pas, ou on entre dans un temple: le but pour lequel on s'est mis en voyage sera atteint. Mais si l'on rencontre des bêtes fauves, plus particulièrement si c'est un lion et si l'on voit des raisins noirs ou des figues noires, ou une grande quantité d'eau, lorsqu'il pleut à torrents : le rêve n'est pas d'un bon présage, à moins que l'on ne soit en voiture ou en litière avec une autre personne, car alors c'est un bon augure. Passer un pont et rencontrer des morts ou entrer dans une maison inconnue, ou tomber dans un puits, ou être poursuivi par des bêtes fauves, est signe de mort pour un malade.

Tomber d'un pont : grands dangers, pertes, quelquefois aliénation mentale.

Rêver que l'on est devenu un pont ou une digue : royauté, souveraineté, grandeur, élévation excessive, et tout le monde aura besoin de vous.

Pont brûlé : inimitié, haine irréconciliable. Vieux pont, vermoulu, tombant en ruine : effroi, maladie, danger pour la vie.

POPULARITÉ. — Rêver d'en avoir est signe de direction et de supériorité sur ses semblables.

PORC. — Pourceau : homme de basse extraction, dur, riche, irréligieux, plein de force et de santé, malin en affaires, dont les bienfaits sont intéressés. L'entendre grogner : triomphe sur des ennemis ignorants. En rencontrer : souveraineté sur un peuple de porcs. En prendre et les mettre dans un endroit quelconque et les y attacher : biens mal acquis. Monter un cochon : triomphe sur un ennemi. Porc sur un lit, un matelas, un divan : commerce avec une femme hérétique. Boire dans une auge avec un porc : le buveur prêtera charitablement sa femme. Marcher comme les porcs : richesse, élévation immédiate et puissance. La chair, la graisse, le ventre, la peau, les poils du porc présagent des biens acquis par des moyens illicites. Les chairs rôties : fortune immédiate, mais mal acquise.

Le porc représente encore un parent riche et avare.

PORC-ÉPIC. — Homme impatient, colère, sans pitié ; embarras.

D'autres disent : grands maux, gêne et misère incessante.

PORREAUX. — Prospérité, biens provenant d'un sourd.

Pour quelques écrivains les porreaux sont signe de disputes et querelles en famille, ou de désagréables découvertes entre époux ; ils ajoutent que ce rêve est pourtant bon pour les malades.

Manger des porreaux crus : on amasse pour les pauvres. Ce songe est encore signe de biens mal acquis, ou que l'on dira des choses dont on aura à se repentir. En manger de cuits : amendement, repentir. En flairer : découverte d'un secret.

PORTE. — La porte d'une grande ville, ou de la capitale se réfère à son ou à ses gouverneurs. Porte d'une maison : elle en représente le maître ; d'un appartement : la femme ou la maîtresse du logis. Tout ce qu'on y voit doit être interprété par ces personnes.

Pour d'autres la porte d'une ville est signe de sûreté ; celle de la maison : paix et tranquillité en famille ; d'une chambre : amour conjugal.

Porte belle, solide et agrandie : belle position, pour le chef de la maison ; porte sortie des gonds, tombée ou brûlée : malheur pour lui, quelquefois pour la maîtresse de la maison ou son fils aîné. Porte en bois de pin : pour un souverain, mauvais suisse ou portier ; pour un négociant, gardien voleur. Porte en fer : très-bon présage. Porte murée : mort du chef de famille ; porte enfoncée, mort pour quelqu'un de cette maison.

Porte ouverte sur la rue : bienfaits que l'on fait à des étrangers, aide qu'on leur prête ; si elle est ouverte sur un corridor, un péristyle conduisant aux divers appartements : ces bienfaits seront pour un membre de la famille. Rêver que la porte de la maison s'est élargie : personnes qui pénétreront chez vous sans permission à cause d'un malheur. Voir deux portes à sa maison : corruption, séduction de la femme du maître. Chercher la porte de la maison et ne pas la trouver, incertitudes dans vos affaires et votre position ; la trouver fermée ou disparue : ruine prochaine du chef de la famille ou grand changement dans celle-ci. Chercher la porte du palais du souverain, la trouver et y entrer : triomphe sur ses ennemis ; lorsqu'on la trouve dans un endroit autre que celui où elle est en réalité : destitution ou chute d'un grand personnage ; ou mariage du souverain avec une autre femme. Ne pas pouvoir fermer la porte de la maison : abandon d'une chose que pourtant l'on désire faire. La fermer à clef ou avec un cadenas, si on n'entre pas dans la maison : mariage. Porte avec deux cadres, dettes que l'on contractera envers deux personnes ; lever le cadre de la porte : ruine ou action prohibée. Jambage d'une porte qui tombe en dehors de la porte : mariage de votre fils avec une étrangère. Porte ouverte : providence ; si elle est tout à fait ouverte : obstacles, empêchements qui surgiront pendant votre vie ; mais si elle est ouverte comme à l'ordinaire : prospérité. Entrer par une porte : triomphe sur son rival.

Porte neuve : abondance ; porte neuve fermée : **est signe de virgi-**

nité ; ouverte ; tout le contraire. Vieille porte : sûreté ; vermoulue, tombante ; perte d'argent.

Porte fermée : malheur pour le chef de la famille. Petite porte : mauvais présage, désaccord en ménage ou infidélité conjugale. Sortir par une petite porte : bon signe pour les honnêtes gens ; mauvais pour les méchants ; mort pour les malades. Sortir d'une petite porte et se trouver au large : passage de la gêne à l'aisance, de la douleur à la joie. Battre à une porte : vos prières et vos vœux seront exaucés. Portes de boutiques fermées : embarras, empêchement de commerce, mort. Abattre la porte d'une boutique : changement de boutique.

PORTEFAIX. — Homme affable mais malheureux : secours inespérés, charge, travail avantageux.

D'autres disent : protecteur riche et généreux.

PORTEUR D'EAU. — Rêver qu'il vous en porte une outre dans la maison, sans que vous en buviez : biens amassés dont un autre jouira.

PORTIER. — Domestique infidèle et perfide ; friponnerie, calomnie. S'il est sale et boiteux : trahison, infamie. Portier d'un grand ou d'un souverain : autorité, commandement, domination, gouvernement.

PORTIÈRES. — Voyez *Rideau*.

PORTRAIT. — Très-mauvais présage.

Pourtant quelques écrivains prétendent que voir son propre portrait : est signe de longévité ; celui d'un parent, d'un ami : diminution de peines et de travaux. Voir celui d'un ou d'une étrangère : est un avertissement à rompre toute relation avec cette personne, car elle vous tend des pièges.

POSITION SOCIALE. — Rêver que l'on est retourné dans la position sociale que l'on avait auparavant, bonne ou mauvaise qu'elle fût : on y retournera réellement à peu de différence près.

POT. — Voyez *Marmite*.

POT A EAU. — *POT A EAU en général.* — Domestique,

esclave. Boire dans un pot à eau que l'on ne connaît pas, appartenant à une personne inconnue : il est passé de votre vie un temps proportionné à l'eau que vous avez bue, et il vous reste à vivre autant qu'il en est resté dans le pot ; ce songe annonce quelquefois encore la perte de votre emploi, du travail qui vous faisait vivre, cela pour une cause inconnue.

POT A EAU de cuvette. — Y boire : on aura un fils d'une servante ou d'une esclave.

POTAGE. — Economie, bonheur, rétablissement dans votre santé et vos finances. Voyez encore *Soupe*.

POTIER. — Homme qui a la vie longue.

POULAILLER. — Voyez *Panier à poulet* ou *Pigeonnier*, selon l'aspect sous lequel vous l'avez rêvé.

POULAIN. — Il se réfère à un enfant. En monter un à poil ; infamie ; s'il est sellé ; chagrins et effroi.

POULE. — Femme colère, belle, étrangère, ou fille d'une domestique ou d'une esclave blanche. Attraper une poule : biens acquis honnêtement. En manger la chair crue : médisance aux dépens d'autrui ; la manger cuite : prospérité, fortune ou biens provenant d'un étranger ? Mettre un œuf sous une poule et en voir sortir un poussin : revivification d'une chose oubliée, perdue, et on aura un fils excellent.

POULIE. — Homme pieux, religieux, bienfaisant, qui vient en aide à son prochain dans ses besoins mondains et religieux. Voir une poulie : vous avertit aussi de préparer une chose dont vous aurez prochainement besoin. S'en servir ; on sera soutenu par un homme qui se trouve dans les conditions susdites ; s'en servir pour tirer de l'eau dont on veut se laver ; on évitera des chagrins ou des douleurs ; et pour ceux qui en ont : elles cesseront.

POUMONS. — Les poumons se réfèrent aux filles, aux

domestiques. Les poumons sains sont encore : signe de longévité ; s'ils sont malades, de vie courte ; sentir qu'ils puent intérieurement : approches de la mort.

D'aucuns disent : que les poumons sains et entiers pronostiquent le succès, la réussite en affaires, les honneurs, les dignités ; s'ils sont blessés : vie courte, maladie ; déchirés : insuccès, danger pour les affaires du songeur, mort d'un très-proche parent. Cracher ses poumons, petit à petit : pertes.

Poumons de bêtes à cornes : héritage des richesses et des propriétés d'une personne riche.

POURCEAUX. — Voyez *Porc*.

POUSSIÈRE. — Biens, richesses, prospérité, bénéfices. Elle se réfère à l'homme, au monde, au bien et au mal, aux liens de la femme, à la pauvreté, à la tombe et à la mort. En recueillir, en amonceler ou en manger : amassement de biens et maniement de richesses. En amasser dans sa boutique, son atelier, son étude, etc. : biens amassés par son travail.

S'en charger, la porter : biens proportionnés à la quantité de poussière qu'on a portée. La balayer dans un lieu où il y a des toileries ou autres marchandises de même genre : on changera de demeure. Uriner de la poussière : péché contre la religion. Marcher dans la poussière et en respirer : acquisition de forces ; en jeter par terre : bénéfices contestés. La battre avec un bâton ou un sabre : voyage prospère. Poussière ou terre qui tombe sur vous pendant que votre maison s'écroule : biens provenant d'un héritage. Se mettre de la poussière sur la tête : acquisition de biens, mais au milieu de litiges, dérangements, soucis et tracas. Tirer hors de la maison et jeter la poussière provenant du nettoyage du plafond ou de la terrasse : vous dissiperez la fortune de votre femme. Avoir les mains ou les vêtements pleins de poussière, ou les y traîner, les y frotter : indigence, humiliation pour un riche ; payement de dettes, restitution d'un dépôt ; pour qui a les unes ou l'autre : diminution ou pertes de biens ou encore mort, pour un malade. Poussière qui pleut du ciel : prospérité ; si elle tombe en très-grande quantité : tourments. Lorsque quelqu'un vous lance de la poussière dans les yeux : cette personne vous emportera une partie de vos richesses, ou vous fera arriver quelque chose qui lui permettra d'atteindre son but. Poussière soulevée par des gens qui marchent : départ prochain du songeur qui fera vite fortune ou aura un riche butin ; si l'on voit en même temps des éclairs et l'on entend le tonnerre : gêne, famine, disette.

POUSSIN. — Amitié inaltérable ; en égorger, tuer : retard, empêchements dans vos affaires. Voir un poussin qui sort d'un œuf placé sous une poule : revification d'une chose oubliée, perdue, et on aura un fils excellent ; s'il sort d'un œuf placé sous un coq : arrivée en ce lieu d'une personne qui instruira les enfants des habitants.

POUTRE. — Rêver qu'une poutre du plafond se casse : mort du maître de la maison ; si elle se fend en long et ne tombe pas : double famille. Rêver qu'une poutre appartenant à la charpente d'une maison construite ou en construction se rompt : mort d'un hypocrite intrigant qui se mêle des affaires d'autrui.

POUX. — En grand nombre : famille nombreuse. En voir une grande quantité dans les airs : maux pour les habitants de la localité dans laquelle on les a vus en songe. En voir par terre : gens pauvres et faibles ; s'ils tournent autour de vous : amitié avec de pauvres gens qui ne vous feront point de mal. En avoir dans ses vêtements neufs : augmentation de piété ; s'ils vous marchent sur le corps : biens, services, enfants ; en être mordu : médisance, calomnie et attaques à votre réputation de la part de faibles ennemis. En voir un très-gros qui vous sort de la tête et s'en va : est signe de vie courte. En manger sans que cela vous nuise : récolte, quelquefois médisance. Les poux sont quelquefois signe de chagrins et emprisonnement.

Quelques interprètes prétendent qu'ils annoncent des richesses, de l'or, des biens, et que ceux qui sont roux sont signe de désastres, revers, chagrins. En avoir plein la tête : gros bénéfices.

20

PRAIRIE, PRÉ. — Pré, prairie verdoyante et dont on rêve d'être le propriétaire : désirs satisfaits ; Prairie desséchée : il vous arrivera quelque chose de mal. Pour le reste, voyez *Terrain*.

PRÉPARATIFS MORTUAIRES. — Se faire aider dans une telle occupation : signifie qu'on demandera aide et conseil dans une affaire.

PRÉSENT. — En recevoir un ; fiançailles d'un membre de votre famille. Le recevoir du souverain : élévation proportionnée au cadeau ; lorsque c'est un objet en satin : mariage avec une personne de la maison du souverain. Recevoir en présent une chose très-désirée ou dont on fait grand cas, ou par laquelle on a de l'affection : est signe de cessation d'amitié entre la personne qui donne et celle qui reçoit le présent. Si on vous fait cadeau d'un habit : honneurs, domination, commandement, direction pour celui qui le reçoit. Rêver qu'on vous fait présent d'un esclave noir : vous recevrez en don un ballot de charbon.

PRESSER, PRESSOIR. — Presser, exprimer le suc de quelque chose : amélioration de position ; guérison pour le malade, liberté pour un prisonnier, recouvrement de ses créances ; pour le négociant, vente facile de ses marchandises ; accroissement d'érudition, de savoir, de doctrine, pour un savant ; mariage pour qui n'est pas marié. Un grand nombre de personnes qui pressent des olives ou du raisin : grande prospérité dans ce lieu. Si la chose que l'on presse est mêlée à d'autres ou qu'il y ait des figues ou une chose servant à faire des liqueurs : grandes joies ou acquisition de biens par des moyens illicites.

PRESSUREUR. — De sésame : homme qui dirige, homme qui a du bien. Pressureur d'autres produits : homme qui amasse sa fortune avec de la fatigue et des peines.

PRÊT. — Prêt d'une monture : indique que le prêteur

aura à maintenir la personne à laquelle il a prêté la monture. Prêt d'argent sans intérêt : celui qui le reçoit fera des aumônes. Voyez aussi *Emprunt*.

PRÊTRE. — *Ministre de la religion, quelque grade qu'il occupe dans la hiérarchie ecclésiastique, pourvu toutefois qu'il appartienne au culte du songeur.* Très-bon présage et qui sera meilleur d'autant que le prêtre rêvé occupera une position ecclésiastique plus élevée.

<small>Autres interprétations. Voir un prêtre : événement désagréable et maladie. Prêtre revêtu de ses habits sacerdotaux : avertissement à changer de conduite. Voir un grand nombre de prêtres réunis chez vous : mort ou maladie très-dangereuse. Acheter ou recevoir quelque chose d'un prêtre : malheur. Rêver qu'un grand nombre de prêtres accompagnent un mort : absolution d'un grand scélérat au milieu de la surprise générale. Quelques interprètes disent que les moines, religieux et tous les prêtres de cette catégorie sont signe d'astuce et de fourberie ; parler avec eux : réconciliation ; les tromper : disputes, querelles en famille.</small>

Remplir les fonctions d'un prêtre, officier, dire toutes les prières qu'il doit dire : très-bon présage en général ; et pour ceux auxquels rien ne s'oppose à ce qu'ils puissent se faire prêtres, ce songe annonce qu'ils deviendront gouverneurs ou souverains aimés et respectés. Ne pas terminer, compléter les fonctions de prêtre : méchanceté et tyrannie ; dans quelque position que l'on se trouve on sera volé et on mourra dans l'indigence.

Inconnu qui, dans un temple ou autre lieu, remplit les fonctions du prêtre habituel sans pourtant l'être lui-même : mort de ce prêtre s'il est malade, sinon, il sera interdit.

PRÊTRE *quelconque et appartenant à un autre culte que celui du songeur.* — Fourberie, rancune, méchanceté, humiliation, gêne, commandement, direction dans une chose contre la religion et qui pousse à la cécité. Le sens de ces interprétations sera d'autant plus fort qu'aura été élevé le grade religieux du prêtre dont on a rêvé. Rêver que l'on est devenu prêtre est signe d'élévation, de science, d'érudition, de grande réputation ; mais pour ceux auxquels il serait impossible de pouvoir le devenir, ce songe dénote qu'ils se trouveront dans une position difficile.

PREUVES. — Rêver que l'on fournit des preuves surtout lorsqu'on rêve de le faire dans un procès, est signe de droiture.

PRIÈRE. — Bien faire sa prière est toujours signe de biens et de prospérité ; prier avec ferveur pour avoir la santé et le bien-être : prospérité en ce monde et dans l'autre. Prier le matin, présage qu'on mènera à bonne fin une affaire qui donnera l'aisance à toute la famille du songeur. Rêver qu'on la fait à midi, si c'est en automne ou en printemps et si le ciel est pur et sans nuages : on finira bien une affaire qui est d'un grand intérêt ; mais si le ciel est couvert : chagrins à cause de cette affaire. Prier à vêpres ou à l'heure de vêpres : il s'en faut de peu pour qu'on termine une chose en cours. Rêver que l'on prie au coucher du soleil : prospérité ; une heure après la tombée de la nuit : bonheur en famille. Mêler et confondre ses prières ou en faire plus d'une en même temps : payement d'une partie ou de toutes ses dettes, selon qu'on aura rêvé de dire une ou plusieurs prières. Prier à l'obscur : douleurs évitées. Prier dans une position indécente ou inaccoutumée : maladie, ou bien on fera une chose qui ne sera pas acceptée, ou bien accueillie par la personne pour laquelle on l'a faite. Prier en se tournant du côté opposé à celui vers lequel on devrait être : abandon de votre religion ; tourné d'un autre côté : peu de piété et travail sans fondement. Ne pas savoir de quel côté on doit prier veut dire que l'on ne sait pas se conduire dans les affaires. Prier avec une femme est signe, pour un grand, de souveraineté sur un peuple pauvre. Être seul qui prie au milieu d'une foule de personnes : très bon présage, on s'élèvera à de hautes dignités. Si une femme rêve d'être seule à prier au milieu d'une foule d'hommes : signe de mort. Pour un souverain, faire sa prière confondu au milieu de la foule : perte du trône et de ses biens.

Prier vêtu de blanc : pèlerinage. Prier sur la tête d'un malade : bon signe pour lui s'il appartient à la religion de la personne qui prie, sinon mensonge. Prier en étant dans une bière ou cercueil : on sera nommé gouverveur d'une province ; cela est encore signe de la mauvaise administration du gouverneur ou du souverain. Prier à cheval : grandes craintes, épouvante. Si c'est un prêtre qui prie ou qui remplit ses fonctions en étant à cheval : victoire sur ses ennemis, pour un peuple qui est en guerre. Terminer ses prières, ou prier à genoux ou selon le vrai rite : bonheur et accroissement de biens. Oublier ou négliger ses prières : abandon des exercices religieux ; et pour ceux auxquels il est commandé de se laver avant de dire leurs prières, le faire avec de l'eau sale est signe de chagrins ou cessation de providence. Prier dans un lieu sale : entraves dans une affaire qui ne réussira pas. Prier sur la terre nue : biens, prospérité prochaine ; dans un jardin : espoir que Dieu vous remettra vos péchés ; dans un terrain cultivé : payement de dettes, peut-être moyennant ces terres. Prier dans un temple sans s'être purifié, sans avoir pris de l'eau bénite, etc. : on travaille sans capitaux ; pour un souverain ou gouverneur, cela est signe d'embarras dans son gouvernement ou révolte ; pour un ouvrier ou professionniste, il n'aura plus le moyen de faire du bien avec son travail ; — mais si l'on s'est purifié, si on a pris de l'eau bénite, etc., etc., cela indique la prospérité et la cessation de vos chagrins. Aller tard au temple pour prier, si l'heure est passée ou s'il n'y a plus de place : empêchements dans les affaires ou insuccès. Rêver que l'on prie au milieu du temple de Jérusalem est le pronostic certain d'un héritage immense ; si on se trouve d'un côté : pèlerinage ; lorsqu'on y allume une chandelle : mort d'un fils. Femme qui rêve de prier dans l'enceinte où se tient le prêtre pour remplir ses fonctions : grossesse, et si elle est enceinte elle accouchera d'un fils. Prier quelqu'un, veut dire qu'on aura réellement besoin de le prier. Voyez encore *Pros-*

ternation. Prier en remplissant les fonctions du prêtre : Voyez ce mot.

PRISON. — La prison a la même interprétation que les *Bains* ; et, pour les femmes, elle peut indiquer des obstacles ou empêchements à un voyage. La prison se réfère encore à l'enfer ou à la mort.

La voir de loin : chagrins et angoisses.

Entrer dans une prison : mauvais augure en général ; accroissement de maladie pour un malade, de chagrins pour l'affligé, et ainsi de suite pour tous. Être dans une prison inconnue : mort pour un malade ; si on la connaît : accroissement de maladie dont guérira l'honnête homme, mais dont mourra l'homme pervers ou corrompu. Voir un mort en prison : veut dire que son âme est aux enfers si c'était un hérétique ; au purgatoire, si c'était un vrai croyant. Voyez encore *Emprisonnement*.

Enfermer quelqu'un en prison : persécutions. Un certain nombre d'auteurs prétend qu'entrer dans une prison est signe de soulagement et de délivrance de peines et de soucis, de joie et de bonheur en famille ; qu'en sortir : pronostique des dangers et des angoisses ou des biens de courte durée. Y rester : faveur éphémère. Rêver qu'on y vit ou qu'on s'y trouve : bonheur prochain.

Bâtir des prisons : on bâtira des villes.

PRISONNIER. — Douleurs. Rêver qu'on est prisonnier de guerre : douleurs, existence pénible ; les portes de la vie vous sont fermées.

PRODIGALITÉ. — Rêver que l'on est prodigue malgré soi : approches de la mort. Rêver que l'on est vraiment prodigue par instinct, par nature, par caractère : providence et prospérité.

PROMESSES. — Lorsqu'un ami vous promet quelque chose de bon : contrariété, désagréments ; mais s'il vous a promis du mal, vous obtiendrez du bien.

PRONOSTIC. — Sous quelque forme qu'il soit fait, de conseil, d'avertissement, commandement etc., il s'effectuera véritablement dans la réalité, particulièrement s'il nous est fait par une personne déjà morte ; de même pour les paroles des oiseaux, surtout s'ils vous prédisent que vous acquerrez des propriétés ou du savoir.

PROPHÈTE. — Rêver que l'on est devenu un des prophètes connus : on aura à supporter tous les maux soufferts par le prophète que l'on rêve d'être, mais on obtiendra dans la suite tout ce que l'on désire.

PROPRIÉTÉ. — Propriété dans laquelle il n'y a rien de semé : pèlerinage ; s'y promener content : on ne fera pas ce que l'on dit. Pour le reste, Voyez *Terrain*.

PROSPÉRITÉ. — Se rêver dans la prospérité : annonce un changement de position, quelquefois la mort.

PROSTERNATION. — Se prosterner en signe de respect indique qu'on évitera toute sorte de maux et annonce une position paisible. Se prosterner en priant avec ferveur : amendement et par suite cessation de chagrins, longévité, accroissement de biens. Se prosterner devant autre chose que Dieu : empêchements dans les affaires en cours, défaite pour qui est à la guerre, faillite pour un négociant. Se prosterner devant une image d'animal, réel ou imaginaire, et l'adorer comme Dieu, ou parce qu'un autre vous le conseille, signifie que le songeur est sur le mauvais sentier. Ce rêve, pour la plupart des cas, n'est fait que par des hypocrites, des intrigants et des pervers.

PRUNEAUX. — Bon rêve. En manger : succès, réussite dans vos entreprises, surtout en amour.

PRUNES. — Si elles sont douces : bonne harmonie entre amants ou époux ; si elles sont aigres : reproches et mots amers entre vous.

PUCE. — Personne d'origine basse, inconnue ou mauvaise. En voir : on aura affaire à des gens semblables ; mais en être mordu est signe d'acquisition de biens.

On considère d'un autre côté les puces comme signe d'ennuis, de départ ; on tuer : dénote la satisfaction ou une vengeance satisfaite. Quelqu'un dit qu'elles représentent des ennemis entreprenants, et qu'en manger présage des obstacles, des entraves dans ce que l'on fait.

PUISATIER. — Homme fourbe et subtil.

PUITS. — Le puits de la maison en représente le maître ou sa femme ; l'eau se réfère aux biens et à la vie. Lorsque l'eau est basse et éloignée : avarice ; si elle est près : générosité, libéralité ; s'il y en a peu : peu de bénéfices et providence. S'il y a beaucoup d'eau : prospérité pour le maître de la maison ; lorsqu'elle croît jusqu'à se répandre dans la maison : discours secrets qui seront divulgués. Quand le puits se réfère à sa femme : l'eau en est le bien ; et, si elle est enceinte : l'enfant qu'elle porte dans son sein ; si l'eau est près : couches prochaines ; si elle est au niveau de la terre : elle accouchera, si elle est arrivée à terme ; sinon elle avortera. Le puits se réfère aussi aux domestiques et aux montures de la maison. Trouver un puits dans sa maison ou dans son champ : vie large et aisée. Le puits inconnu : est signe de départ ; il se réfère à la mer, à un fleuve ou aux gens, à une femme de mauvaises mœurs, à une prison, à la tombe. Le puits représente encore un savant. Trouver un puits comblé : acquisition de biens réunis. Vieux puits, avec sa corde et sa poulie, auquel les passants se désaltèrent : signifie qu'il y a dans cet endroit une personne dont les gens tirent profit pour leur subsistance ; lorsque l'eau en déborde : cela est signe de deuils, de pleurs, de douleurs en cette localité ; si elle déborde au point d'entrer dans les maisons : biens qui seront cause de chagrins ; mais si le puits est plein sans pourtant déborder : ces biens seront d'un bon augure. Voir un puits dont l'eau est douce, dans un endroit inconnu : plein succès dans tout ce que l'on tente, fortune, bonté, longévité proportionnée à la quantité de l'eau ; lorsque ce puits est sans eau : mort prochaine. Tirer de l'eau d'un puits : est signe de mariage avec une belle femme ou un bel homme ; si on la tire pour arroser son jardin : biens provenant d'une femme ; si cette eau fait pousser une plante, une herbe quelconque : on aura un fils de cette femme. Tirer de l'eau d'un puits inconnu, si le seau en est sorti plein : naissance d'un fils pour qui a sa femme enceinte ; arrivée heureuse de marchandises pour qui est en voyage ; guérison pour un malade ; liberté pour un prisonnier ; arrivée heureuse d'un absent ; mais s'il n'est rien de tout cela : mariage pour le célibataire ; acquisition de ce qu'elle désire, pour une personne mariée, science, érudition, pour le savant.

Lorsque le seau ne sort pas plein : commerce dont on tirera un bénéfice proportionné à l'eau qu'il contient ; autant d'eau l'on répand en tirant le seau, autant de pertes on subira dans ses bénéfices. Boire l'eau d'un puits lorsqu'elle est douce : guérison pour un malade, mariage pour un célibataire ; pour un homme marié, ce songe signifie qu'il contentera sa femme, amendement et repentir pour un impie ou un hérétique ; gains et profits pour un négociant ; si l'eau est amère, puante ou trouble : elle pronostique une maladie, la perte des bénéfices que l'on a faits ou une existence amère et pénible ; lorsque l'eau est salée : chagrins ; lorsqu'elle est noirâtre : mariage malheureux, écroulement de maison ; mais si malgré cela elle n'est pas trop mauvaise : acquisition de biens par l'abus et la chicane. Boire l'eau du puits d'un temple : prospérité et fortune. Creuser un puits où il y a de l'eau : mariage avec une personne riche qu'on trompera ; s'il n'y a pas d'eau : la personne qu'on épousera n'aura pas de biens ; si on boit de l'eau du puits que l'on creuse : biens acquis par l'astuce et la tromperie. Creuser un puits pour arroser son jardin : on vous donnera un philtre qui vous rendra plus fort contre votre femme ; mais si le canal creusé pour l'arrosage est tel que l'eau en sorte et se perde : douleurs évitées, mais perte de biens proportionnée à la quantité d'eau perdue. Combler un puits : perte de biens, mort d'un enfant.

Démolir un puits : mort de votre épouse. Se tenir sur un puits avec les jambes pendantes en dedans : on sera trompé pourtout son avoir; ou on sera forcément victime d'une tromperie. Tomber dans un puits où il y a de l'eau trouble ou sale; affaires avec une personne riche et puissante, mais injuste et qui vous irritera et vous trompera; lorsque l'eau en est claire; cette personne sera honnête et on en sera content. Tomber dans un puits plein de sang : biens mal acquis, on mourra tué. Tomber d'un clocher, d'un minaret dans un puits : perte d'enfants, mariage avec une femme méchante après qu'on en a eu une bonne. Tomber dans un puits inconnu : mort, pour un malade ; naufrage pour qui voyage sur mer ; obstacles et tromperies pour qui voyage par terre ; emprisonnement pour qui est en litiges ou procès. Jeter des cailloux dans un puits : biens qui sortent à cause d'un mariage ou de domestiques.

Y jeter quelqu'un : danger de mort pour le songeur

Descendre dans un puits, si on descend jusqu'à moitié et en chantant : voyage ; si, arrivé à ce point de la descente, on entend appeler à la prière du matin : pertes pour un négociant, destitution pour un gouverneur. En toucher le fond : commandement, direction, bénéfices de commerce ou bonne nouvelle. Y descendre ou rêver d'y être descendu perpendiculairement : voyage.

PUNAISE. — Homme d'origine inconnue ou mauvaise. Être mordu par des punaises : réception de biens; en tuer : satisfaction, grande vengeance que l'on a tirée de ses ennemis.

PUNITION. — Être puni à cause d'une femme : est signe de calomnie; mais l'être à cause d'une femme très-jeune, après avoir eu des relations avec elle : dénote l'élévation, dans quelque position sociale que soit le songeur ; pour un savant : redoublement d'érudition et de savoir.

D'autres disent que rêver d'être puni pour une faute quelconque annonce des honneurs et des richesses, mais de courte durée.

PUSTULES. — Avoir le corps couvert de pustules : péchés dont le nombre est proportionné aux pustules, et la gravité à leur grosseur.

Q

QUADRUPÈDE. — Voir des quadrupèdes tués, dont la chair est mise à cuire dans une marmite, pourvu que l'animal ne soit ni un taureau, ni un bœuf, ni un veau, ni un chameau, ni un bouc : acquisition de biens qui auront une longue durée.

On dit que les quadrupèdes en général sont signe de fortune. En voir un seul : nouvelles d'un absent; en voir un troupeau : abondance, bonheur, richesses. Donner à manger à des quadrupèdes richesses. Quadrupède qui vous parle : malheur, chagrins, ruine.

Tout animal nuisible est ordinairement un ennemi. Voir au nom de l'animal que l'on a rêvé.

QUENOUILLE. — Mariage pour qui n'est pas marié; acquisition d'un esclave, couches pour une femme enceinte. Quenouille avec son fuseau : mariage de votre fille ou de votre sœur. Si, étant enceinte, vous rêvez de prendre une quenouille : vous accoucherez d'une fille, ou votre mère vous donnera une sœur. Voyez *Fuseau*.

On considère d'autre part la quenouille comme un pronostic de pauvreté ou de bénéfices insignifiants. Un autre est d'avis qu'elle dénote l'activité, le bonheur et la richesse. Quenouille brisée : chagrins, dissensions en famille.

QUERELLES. — Cruauté, chagrins en famille, jalousie. Avoir une querelle avec un ami : votre amitié se fera encore plus étroite; avec une autre personne de votre sexe : jalousie; avec une persone de l'autre sexe : amours malheureuses; avec un grand nombre de personnes : on vous jalouse et on vous calomniera.

QUEUE. — La queue de cheval représente les partisans et

les prosélytes qui seront plus ou moins nombreux, d'après l'épaisseur de la queue et sa longueur. Voyez au nom de l'animal de la queue duquel vous aurez rêvé.

Autres interprétations. La queue, pour quelques auteurs, indique l'étourderie, la nonchalance, la folie ; pour quelques autres : elle est signe de mépris et de déshonneur. Queue de quadrupède : mariage avec une personne inconstante ; et si la queue est longue : la bonne intelligence sera de courte durée entre les deux époux. Queue rouge ou rougeâtre, coupée ou brûlée : malechance, peu de fortune.

QUEUX. — *Pierre à aiguiser.* Femme ; quelquefois elle est l'image d'un homme qui met la zizanie entre époux et amis.

Une certaine catégorie d'auteurs assure que la queux annonce de nouvelles amitiés ou relations avec une personne de l'autre sexe ; ou bien réconciliation et intimité renouvelée avec quelqu'un que l'on aimait beaucoup.

QUININE. — Voir du quinine : circonstances, événements qui vous sont contraires, pertes, revers plus ou moins graves. En prendre : voyez *Médicament.*

QUINQUET. — Voyez *Lampe.*

R

RAAS. — Voyez *Marchand de têtes d'agneaux.*

RABII. — Voyez *Pâturage.*

RACCOMMODAGE. — On cessera de médire lorsque le raccommodage est bien fait ; dans le cas contraire, on ne trouvera que de fausses excuses. Raccommoder ses propres habits : inimitié entre parents et amitié avec des méchants. Raccommoder les vêtements de sa femme : on fera tous ses caprices, bien que l'on cherche à s'en défendre.

RACCOMMODEUR. — Homme calomniateur, médisant, menteur, sans foi ni parole, qui se plaît à susciter des inimitiés.

RACINE. — Toute espèce de racine mangée par les quadrupèdes : est signe d'abondante providence.

RADIS. — Providence honnête; quelquefois pèlerinage. En avoir ou en manger : œuvres méritoires, mais dont on se repentira. En général, tout herbage mangé par les quadrupèdes : est signe de grande providence.

Pour une certaine catégorie d'interprètes : les radis sont signe de disputes entre parents, d'espoir mal fondé, mais de guérison pour les malades; quelques autres sont d'avis qu'ils dénotent : la misère et la tristesse. Manger des radis : mauvais placement ou emploi de son argent.

RAI EL BAHATI. — Voyez *Pasteur de Chameaux.*

RAIFORT. — Même sens que *Radis.*

RAIHANI. — Voyez *Parfumeur.*

RAILLERIE. — Même sens que *Plaisanterie.*

RAISIN. — Il se réfère à la femme, quelquefois encore à un homme utile et généreux.

D'aucuns disent que le raisin est signe : de jouissances et de volupté; d'autres que le raisin vert annonce des obstacles, empêchements en amour et en affaires, ou des reproches mérités de la part d'un supérieur ; et que le raisin mûr : présage les plaisirs, la joie, le profit ; mais pour les hommes surtout : des caresses ou des compliments de femmes.

Une grappe de raisin est évaluée à mille monnaies d'argent; elle indique encore que l'on obtiendra de sa femme des biens amassés. Cueillir, prendre du raisin : mariage pour qui n'est pas marié, ou aide et protection d'une personne généreuse, selon la saison. Si c'est à l'époque où le raisin est en augmentation : guérison pour le malade; réussite dans ce que l'on entreprend; richesses, bénéfices pour qui est dans les affaires; accroissement de travail pour l'ouvrier; si on fait le rêve lorsque le raisin est en diminution ou sur le point de finir : interprétation contraire.

Raisin blanc pendant la saison : grande prospérité et abondance; comme si le songeur eût exprimé le monde et en eût fait tomber tout le bien dans ses mains ; hors de saison : bien qui vous arrivera avant l'époque à laquelle vous l'attendiez; en hiver le raisin blanc est quelquefois signe de pluie.

Raisin noir hors de saison : douleurs et deuils; de plus il n'est pas improbable que la personne qui rêve d'en avoir reçoive une bastonnade proportionnée à la quantité qu'elle en avait en songe, c'est-à-dire, un coup par grain. En hiver le raisin noir est quelquefois signe de froid; le rêver pendant la saison : craintes, maladies. Le raisin noir indique encore des biens de peu de durée et dont on jouit à peine. Cueillir du raisin noir sur un dattier : l'épouse du songeur accouchera d'un fils noir.

Selon d'autres écrivains, cueillir du raisin, de quelque couleur qu'il soit : est signe de grande fortune, de gros bénéfices ; en manger : de joie et profits ; en jeter : d'inquiétude et amertume.

Presser du raisin : amélioration de position, guérison pour un malade, liberté pour un prisonnier, recouvrement de ses créances pour qui en a, vente facile de ses marchandises pour le négociant, accroissement de savoir et de doctrine pour le savant, mariage pour qui n'est pas marié. Un grand nombre de personnes qui pressent du raisin : grande prospérité en ce lieu.

Presser du raisin avec les pieds : abondance, fécondité.

RAISIN SEC. — En quelque saison et de quelque couleur qu'il soit : biens et abondance.

RAJEUNISSEMENT. — Pour un homme d'âge mûr ce songe signifie qu'il commettra par ignorance une action d'ignorant. Rêver qu'un homme d'âge mûr rajeunit : amour des plaisirs mondains et diminution de piété.

RAKOUK. — Voyez *Outre.*

RAMES. — Science et richesses, mais quelquefois ingratitude.

RANCUNE. — Voyez *Dépit.*

RAOUIÉ. — Voyez *Outre.*

RASER. — Se raser la barbe ou se la faire tomber avec

du dépilatoire : perte de biens, de dignité, d'honneur, de force, de santé. Si c'est un autre qui vous le fait : perte de biens pour les riches, et richesses pour les pauvres.

Autres interprétations. Se raser la barbe, soulagement de soucis et de peines, selon quelques écrivains; entreprise malheureuse selon d'autres.

Se raser les poils qui sont derrière les épaules : restitution d'un dépôt ou payement de dettes; lorsque les poils sont gros : on aura la force de faire son devoir.

Une certaine catégorie d'auteurs affirme que se raser ou se faire raser pronostique en général la perte de ses biens, des chagrins, la misère et souvent même la mort.

RASOIR. — Mauvais songe, à moins que l'on ne se coupe, ou qu'on s'en serve pour frapper un animal, dans lequel cas le rasoir représente la langue du songeur, qui sera satirique, piquante, mordante à la charge d'autrui. Quelquefois le rasoir est un avertissement afin que le songeur prépare quelque chose dont il aura besoin.

D'autres disent que le rasoir est un avertissement à ne pas dévier de la ligne droite, si l'on veut réussir; d'aucuns sont d'avis qu'il est signe de persécution.

RASSEMBLEMENT. — Rassemblement de soldats : ruine des méchants, triomphe des bons.

Rassemblement quelconque : élévation.

RAT. — Le rat se réfère à un voleur, ou à un enfant. Rat qui sort de chez vous : mort d'un enfant ou perte de prospérité.

Rats : ennemis occultes et dangereux, appauvrissement, affaires embrouillées par de faux amis. Un grand nombre de rats : domesticité nombreuse, richesses.

Rat de Pharaon. — Voyez *Ichneumon.*

Rat blanc. — Parjure, personne qui fait de faux serments.
D'autres : ruine d'un ennemi.

RATE. — L'avoir saine, en bon état : belle position; enflée : avarice, pauvreté. L'avoir malade : perte, dilapidation d'une grande fortune, qui formait la subsistance du songeur et des siens, et on approchera beaucoup de la ruine. L'avoir malade au point d'en être à l'agonie : perte de piété.

RATEK EL DJÉRAHAT. — Voyez *Médecin qui soigne les plaies.*

RATEK EL HAYAT. — Voyez *Médecin qui soigne les morsures.*

RAOUDEH. — Voyez *Jardinet.*

RAVE. — Douleurs et deuil : pour qui rêve d'en avoir ou d'en manger.

Quelques interprètes disent que la rave est signe de vain et faux espoir ; tandis que d'autres opinent qu'elle présage la fécondité. Ces derniers sont en très-petit nombre.

REBOURS. — Voyez *Envers.*

RÉCOLTE. — La faire hors de saison : guerre ou mortalité dans la localité. Recueillir hors de saison des blés jaunes : mortalité pour les vieillards ; s'ils sont verts, pour la jeunesse ; voyez encore *Épi, Blé,* etc. Récolter de l'orge : richesse future. Recueillir des semailles, si on le fait dans un lieu de guerre : mortalité. S'il n'y a pas de guerre et que la récolte se fasse par les chemins ou dans un temple : disette et épidémie ; dans un marché : gros bénéfices et nombreuses affaires. Si on la fait dans les campagnes et que les semailles soient mûres : moisson abondante pour l'année ; si elles ne sont pas mûres : disette. Marcher au milieu des champs après que la moisson y a été fauchée avant qu'elle soit enlevée : veut dire que l'on marchera au milieu des files de soldats.

RÉCONCILIATION. — Apparition du bien-être et de la prospérité ; triomphe et tranquillité de celui qui, entre les deux, a prêté l'oreille aux paroles du réconciliateur. Celui qui empêche ou contrarie une réconciliation est un pervers.

Chercher de réconcilier des individus veut dire qu'on mettra ces personnes en discorde entre elles et qu'on sera cause de chagrins dont une partie retombera sur vous.

REFUGE. — Voyez *Abri.*

REIN. — *Viscère double, etc., qui secrète l'urine.* Il est le siége de la richesse, de la piété, et du péché. Rêver qu'on l'a enveloppé de graisse : est signe de richesse et charité ; sans graisse : pauvreté, obstacles continuels contre la satisfaction de vos désirs et la réussite de vos entreprises.

REINS. — *Lombes, le bas de l'épine du dos.* Les avoir forts : grand développement des facultés mentales, naissance d'un fils plein de force et de talent. Avoir mal aux reins, y ressentir des douleurs : mort d'un frère ou de la personne sur laquelle le songeur compte le plus pour l'aider. Les avoir pliés par la douleur : appauvrissement, mais longévité.

REINE. — Voyez *Souveraine*.

RELIEUR. — Mauvais prêteur, insuccès.

RELIGION. — Rêver que l'on est d'un religion qui se rapproche le plus de la vôtre, telle que l'hébraïque pour les chrétiens, et la chrétienne pour les juifs, veut dire que l'on se soucie fort peu de Dieu, même après en avoir été grandement assisté, et que l'on attribuera à Dieu ce qui ne lui revient pas. Mais si la religion à laquelle on rêve d'appartenir s'en éloigne plus, comme l'islamisme pour les chrétiens, ou le judaïsme pour les musulmans : cela présage que l'on ne suivra pas les commandements de Dieu et qu'on sera humilié et puni avant la mort. Si l'on vous appelle avec le nom de cette religion, comme « musulman ! » à un chrétien ; « juif ! » à un mahométan : signe de gêne et d'attente des secours de la divine providence. Rêver que l'on a des doutes en religion ou qu'on n'en a aucune : les portes de la piété et de la prospérité sont fermées. Se rêver corrompu en religion est signe d'arrogance envers son prochain que l'on persécute.

On dit que changer, ou avoir changé de religion annonce un héritage provenant d'un parent.

Il est bon en ce lieu de faire remarquer au lecteur que, pour un catholique, rêver d'être protestant ou grec orthodoxe, etc., ou pour un musulman d'appartenir à une des nombreuses sectes, la persane par exemple, dans lesquelles l'islamisme est pour ainsi dire faussé, ne veut point dire pour cela que l'on ait changé de religion, mais seulement que l'on est tombé dans l'*hérésie*; c'est pourquoi l'interprétation devra se chercher au mot *hérésie*.

REMÈDE. — Voyez *Médicament*.

RÉMOULEUR. — Personne qui se prête et intercède pour son prochain. L'être soi-même : élévation, grandeurs, accroissement de forces et de puissance.

RENARD. — Personnage ambitieux, jaloux, envieux, qui arrive à ses fins. Le renard peut encore représenter la personne qui vous saigne. Le cri du renard : rancune, pique d'un menteur. Le voir de loin : perte de biens ou d'un membre. Demander un renard : maladie ; être appelé par un renard : surexcitation, colère. Toucher un renard : rage aveugle, infernale, causée par un mauvais génie. Jouer, badiner avec un renard : mariage très-heureux. Prendre un renard qui vient au devant de vous : mariage sans amour. Combattre avec un renard : contrarier un parent. En manger les chairs : maladie dont on guérira bientôt. Voir le monde plein de renards d'un pôle à l'autre, et en être le gardien : accroissement d'ensorcellement et de ruses.

Selon d'autres interprètes le renard est l'image d'une personne fourbe, voleuse et dont on sera victime. En apprivoiser un : amour pour une personne méchante et trompeuse qui sera cause de votre ruine, abus de confiance, insuccès. Combat contre un renard : méfiance. Renard qui fuit : ennemi fourbe et irréconciliable. Renard tué par le songeur : victoire sur ses ennemis.

REPAS FUNÈBRE. — Bonne action qui vous causera une grande satisfaction.

REPENTIR. — Propriétés, honneurs et prospérités pour ceux qui ne s'occupent que des choses d'ici-bas; pour la gent pieuse : maux, ou profession de foi qui lui ouvre les portes de la paix dans l'autre monde.

Pour quelques auteurs le repentir annonce au songeur qu'il mangera des figues.

REPROCHE. — En faire à quelqu'un : veut dire qu'on en mérite; quelquefois cela indique que l'on fera une chose dont on aura à se repentir. S'en faire à soi-même : on sera mêlé à des intrigues qui vous attireront le blâme.

REPTILE. — Tout reptile nuisible se réfère en général à un ennemi.

RÉSERVOIR. — Personnage grand, élevé, utile. En voir un plein : opulence qui vous est faite par un homme généreux. S'y laver : douleurs évitées.

D'autres considèrent un réservoir comme le pronostic de calomnies, médisance, surtout lorsqu'on rêve de tomber dedans.

RESPIRER. — Rêver que l'on respire est signe de maladie.

RÉSURRECTION. — Rêver que l'on ressuscite après avoir été mort : grand péché dont on se repentira. Rêver que l'on a fait ressusciter un mort : on convertira un infidèle, ou vous rendrez dévote une personne irréligieuse. Souverain ressuscité : sera reconnu dans sa puissance.

HOMME QUI A LE POUVOIR DE FAIRE RESSUSCITER. — Homme qui délivre les peuples des mains des tyrans, libérateur.

RÉTENTION D'URINE. — Rêver de l'avoir : bouderie ou rancune de votre épouse.

RÉUNION. — Être réuni à ce que l'on aime : perte de cette chose ou personne.

RÊVE. — Voyez *Songe*.

RÉVEIL. — Rêver que l'on dort et que l'on se réveille : on agira sérieusement et on réussira. Ce rêve peut encore être signe de propriétés, de parents, d'enfants.

REVENDEUR. — Rêver le souverain revendeur : accroissement de sa puissance, qui ne rencontrera aucune opposition.

RHINOCÉROS. — Grand souverain qui n'est ni jaloux, ni

avide des biens d'autrui. En manger les chairs : biens que l'on obtiendra d'un souverain par des moyens illicites. En monter un : on deviendra souverain ou gouverneur.

RHUME. — Voyez *Toux*.

RHUME DE CERVEAU. — Voyez *Enchifrènement*.

RICHESSE. — Se rêver riche : pauvreté ; la richesse est quelquefois : signe d'affaires embarrassées ou en désordre. Rêver d'être plus riche qu'on ne l'est en réalité : bon présage ; cela veut dire que l'on supporte son sort avec patience. Rêver riche une personne déjà morte et qui, de son vivant, était pauvre : signe de salut pour son âme.

RIDEAU. — Présage de douleur. Plus grand est le rideau et plus forte sera la douleur. Le rideau est signe de craintes et de douleurs suivies de calme et tranquillité pour ceux qui le rêvent pendant qu'ils ont des motifs de craintes ou de douleurs.

On considère encore le rideau comme un pronostic de grandes et prochaines querelles, ou d'obstacles et embarras dans ce que l'on entreprend.

Rideaux qu'on ne connaît pas, c'est-à-dire qu'on n'a jamais vus avant le songe, ou qu'en rêve on ne reconnaît pas, et qu'on voit dans un endroit pareillement inconnu : douleurs causées par une femme, s'ils sont à la porte d'un appartement ; ennui de la vie, s'ils se trouvent à la porte d'un magasin ou boutique ; douleurs causées par des motifs religieux, s'ils sont à la porte d'un temple ; douleurs pour des motifs mondains si on les voit à la porte d'une maison. Rideaux qui ne se trouvent pas à des endroits où l'on rentre et d'où l'on sort : douleurs plus légères. Rideaux blancs ou verts : bon présage ; noirs : douleur causée par le gouverneur ; neufs : douleur qui durera longtemps ; vieux, déchirés : douleurs de courte durée. Rideau déchiré dans sa longueur : prospérités immédiates ; dans sa largeur : déshonneur, infamie du propriétaire. Pour les rideaux que l'on connaît, l'explication sera selon qu'on les aura vus en songe, et sans suites fâcheuses. Rideau déchiré, qui tombe ou qu'on a fait tomber : cessation de douleurs pour son propriétaire. Déchirer des rideaux que l'on connaît, à une porte connue : diffamation, calomnies à la charge du propriétaire; mais si le rideau que l'on déchire est inconnu : craintes dissipées.

RIRE. — Grandes douleurs, souffrances atroces, naissance d'un fils.

Les opinions des écrivains secondaires sont assez variées sur ce sujet. Il en est d'abord qui veulent que rire en songe annonce que l'on pleurera dans la vie réelle; et que voir rire quelqu'un veut dire qu'on lui causera de la peine, des chagrins, sans qu'il l'ait mérité. Quelques autres affirment que le rire est signe de tranquillité troublée; que rire aux éclats annonce : des revers, des ennuis ou des contrariétés. Enfin rêver de rire entre amis et parents est signe d'amitié, selon les uns; de rupture selon les autres.

RIVAGE. — Recueillir des cailloux sur le rivage de la mer ou d'un fleuve : présent donné par le souverain, lorsque le songeur est à son service; bénéfices de commerce par eau, lorsqu'on est négociant; ou acquisition de savoir, si cela est dans les désirs du songeur; ou bien, présent de la part d'un époux ou épouse. Se décharger sur le rivage : prospérité, cessation de douleurs.

RIVAL. — Voyez *Ennemi*.

RIVIÈRE. — Voyez *Fleuve*.

RIZ. — Biens acquis avec peine et douleurs, quelquefois abondance.

D'autres veulent qu'il soit signe de soulagements dans la peine; en manger du cuit : imprudence; pour d'autres, chagrins et douleurs.

ROBE. — Voyez *Vêtement*.

ROBE DE CHAMBRE. — Force et grandeur; si elle est doublée de fourrures : infidélité de votre épouse avec un criminel.

ROI. — Voyez *Souverain*.

ROMAINE. — Voyez *Peson*.

21.

ROMARIN. — Cette plante est présage de deuils, de larmes et de douleurs.

D'autres disent que ce songe est d'un bon augure et qu'il pronostique une grande renommée.

RONCES. — Mauvais voisin. En être piqué : danger pour vos richesses; ou bien : on est la dupe de ses domestiques. Être changé en ronces : menace d'un grand malheur.

ROSE. — Fils ou biens honnêtes, arrivée d'un absent, réception d'une lettre ou d'un écrit. La rose se réfère aussi à une femme volage, à un fils mourant, à un commerce qui ne peut pas durer, à une joie de courte durée.

Autres interprétations. Ce rêve est toujours d'un bon présage excepté pour les malades, les prisonniers et les plaideurs, pour lesquels il est signe de mort; d'autres ajoutent que si le rêve est fait hors de saison, il arrivera tout le contraire de ce qui précède. Une autre catégorie d'écrivains affirme que les roses présagent : les larmes, la douleur et le deuil, ainsi que toutes les autres fleurs odoriférantes.

Jeune homme qui vous donne une rose : ennemi qui ne maintiendra pas sa promesse.

D'autres disent : Jeune homme qui donne une rose à une jeune fille, *et vice versa* : propositions de mariage; et lorsque la rose est rouge, ces propositions auront de bons résultats; si la rose est jaune : insuccès; si elle est blanche : retard à ce mariage.

Avoir sur la tête une couronne de roses : mariage avec une personne qu'on abandonnera bientôt. Cueillir des roses : joie, contentement; si elles ne sont pas encore épanouies : fausses couches. Choisir des roses blanches : baisers affectueux à la plus gentille de ses femmes ou amantes; si elles sont rouges : à la plus amusante, malicieuse et rusée; si elles sont jaunes, à la plus maladive. Si c'est une rose aux grandes feuilles : baisers nombreux à sa femme, et qui feront parler le monde.

Roses blanches : innocence; rouges : satisfaction; jaunes : infamie, très-mauvais présage. La rose trop épanouie représente un veuf ou une veuve; si elle est flétrie : un vieux ou une vieille, ou bien elle est signe de succès douteux.

Bouton de rose fermé : réussite, mais ordinairement avec une certaine peine; en cueillir : avortement.

Bouton de rose ouvert : célibataire.

ROSEAU. — Homme irréligieux, abject, qui n'a pas de parole; calomnie, médisance, raisonnements, discours funestes. Avoir à la main un roseau et s'y appuyer : indigence, mort prochaine ou dans l'indigence. Il en est de même pour toute autre chose qui est vide intérieurement.

ROSSIGNOL. — Personne riche ou petit enfant.
Autres interprétations. Le voir : bonnes et agréables nouvelles; l'entendre chanter ou l'attraper : réussite dans vos amours, mariage avec une belle personne; pour une personne mariée, il est signe : de bonnes affaires et de bon mariage pour ses enfants. Rossignol qui fait son nid dans la maison du songeur : grande prospérité.

ROTI. — Voyez *Viande*, *Chairs*.

ROTISSEUR. — Homme bien élevé. Lui acheter de la viande rôtie : on prendra à forfait les services d'un homme éloquent ou magnanime.

ROUCOULEMENT. — Le roucoulement d'un pigeon : indique le commandement d'une femme honorée et qui appartient à la vraie religion. Lorsqu'une femme rêve qu'un homme roucoule comme un pigeon : fiançailles, ou arrivée d'un homme qui peut-être la demandera en mariage.

ROUET. — Comme *Quenouille*.

ROUGE. — Crimes, fautes, péchés, pour les hommes; pour les femmes, providence.
Quelques écrivains prétendent que ce songe annonce des biens rapides et inattendus, selon les désirs ou les aspirations du songeur; tandis que d'autres sont d'avis que cette couleur indique une déception ou des affections mal placées.

ROUGEOLE. — Innocence, gain, bénéfices de la part du souverain, mais avec tant de peines, souffrances, ennuis, etc., que la pauvreté serait presque préférable.

ROULEAU DE MONNAIES. — Voyez *Sac*.

ROUTE. — Voyez *Rue*.

RUBIS. — Jeux, amusements, plaisirs, amitié. Il se réfère aussi à une femme. Rubis opaque : colère, dispute et gêne; ou bien aliénation mentale. Rubis d'un rouge vif : naissance d'une belle fille. Un grand nombre de rubis, est présage de savoir, d'érudition pour un savant; de gouvernement, pour un homme d'Etat; de commerce pour un négociant; quelquefois, biens qui sont en opposition avec les principes de la religion du songeur. Porter des rubis : piété et renommée. Avoir une bague avec un rubis d'un rouge vif : peut indiquer que l'on sera aimé par une femme au cœur dur. Si on vous fait présent d'un rubis : mariage avec une belle femme. En prendre un : naissance d'une fille; pour un célibataire : mariage avec une belle femme. Pêcher une grande quantité de rubis dans la mer ou dans un fleuve : grandes richesses provenant du souverain.

RUCHE D'ABEILLES. — Abondance, profits, richesse.

RUE. — *Rue, Chemin, Route.* Elle se réfère au chemin de la vie. Marcher par une belle et bonne rue : signe de droiture dans les agissements du songeur. Marcher dans une rue, un chemin que l'on ne connaît pas : incertitudes en fait de religion et sur sa propre position. S'y reconnaître et marcher sûrement : retour à la piété et redressement de ses affaires. Chemin impraticable : actions prohibées. Rue obscure : voie de la perdition, de la fausseté, de l'injustice, de la tyrannie.

Une certaine catégorie d'auteurs est d'avis qu'un chemin impraticable, plein de ronces, à zig-zag, si on le parcourt facilement indique le succès et l'aplanissement des difficultés; si on le poursuit difficilement : peines, difficultés dans la vie. Chemin droit et sans encombre : succès; si on tombe et qu'on se relève en chemin : petites difficultés.

RUE. — *Sorte de plante.* Chaque paquet de rue est évalué à mille pièces d'or ou d'argent, selon la position du songeur.

RUINE. — Voyez *Indigence*.

RUINES. — Se trouver au milieu des ruines : signe de cécité. Rêver qu'une localité, une ville, etc., est en partie ou en totalité ruinée, tandis que dans la réalité cela n'est pas : malheurs qui frapperont les habitants de la ville ou de la localité. Ruines d'une ville : grands maux qui accableront la famille du songeur; d'une maison : pertes.

RUISSEAU. — Ruisseau courant dans un jardin : providence ; s'il est fermé, bouché de façon que l'eau ne coure pas : grossesse d'une femme en famille, contrariété de la part de l'épouse qui tient rigueur à son mari, ou chagrins, ou cessation de prospérité, quelquefois restriction de l'urètre ; il se réfère encore au serviteur de la maison. Lorsque le ruisseau d'un jardin ou autre lieu privé, sort et court par les rues : il est signe de prostitution ou sortie des biens du songeur.

Le ruisseau est différemment interprété par la minorité des écrivains. Les uns opinent tout simplement qu'il est signe de mariage à l'étranger. Les autres font des distinctions dans lesquelles ils ne se trouvent même pas d'accord. Ainsi un ruisseau aux eaux claires et limpides est, selon un certain nombre, signe d'une amitié durable ; les autres disent : lorsqu'il est près de la maison : élévation pour le songeur et bienfaisance. Quand l'eau du ruisseau est trouble ou agitée, les premiers veulent qu'il pronostique des querelles en famille ; tandis que les seconds prétendent que cela dénote un incendie ou des préjudices causés par des ennemis.

Ruisseau tari : très-mauvais présage, perte de ce à quoi il se réfère ; si les eaux reviennent : retour de ces choses.

RUSE. — Rêver que l'on emploie la ruse au préjudice de quelqu'un : on en supportera les conséquences, tandis que la personne contre laquelle on l'a employée se réjouira.

S

SABLE. — En général le sable a la même interprétation que la *poussière*, excepté dans les quelques cas que nous allons citer.

D'autres pourtant considèrent le sable comme signe de doutes, d'incertitudes, d'affaires infondées, et quelques-uns prétendent qu'il indique l'embarras et l'inquiétude.

Marcher dans le sable veut dire qu'on a des engagements, peines, douleurs, inimitiés, deuils, proportionnés à la profondeur à laquelle on a enfoncé le pied ; ou bien cela se réfère encore à des fatigues ou des travaux très-oiseux.

Marcher pieds nus sur le sable et le sentir qui brûle : douleurs, chagrins, deuil pour la mort d'un parent chéri.

Avoir les mains dans le sable : il vous arrivera une des choses qui ne se voient que dans ce monde. En porter, en recueillir, en flairer : acquisition, accumulation de biens, prospérité.

Compter des grains de sable : vaines espérances. Gratter le sable, en remplir un sac : accumulation de richesses ; mais si on soulève le sac : grandes peines que l'on éprouvera à accumuler ces biens.

SABLIER, *horloge à sable*. — Le sablier est l'image de la vie du songeur ; il se réfère à ses biens, à ses richesses, quelquefois à sa femme. Ce qu'on y verra devra s'interpréter en ce sens. Rêver que le sablier est arrêté, c'est à dire que le sable passé complètement dans la fiole inférieure : perte d'un membre de la famille ou appauvrissement subit, ruine. Sablier cassé : mort.

SABOT. — Voyez *Chaussure*.

Sabot d'âne, mulet, cheval, etc. Rêver qu'on a le sabot d'un quadrupède : est signe de force.

SABRE. — Voyez *Epée*.

SAC. — Le sac se réfère à l'homme ; il peut encore annoncer un changement de fortune. Le rêver vide : mort du supérieur. L'épousseter, en faire tomber la poussière : mort ou cessation de réputation, de souvenir dans le monde. Avoir un sac sur soi ou sur la taille : on s'appuiera à un savant.

Sac de monnaies. — Déposer, fermer un rouleau ou sac plein de monnaies d'or et d'argent de bon aloi : confidence d'un secret de choses bonnes et utiles ; si les monnaies sont mauvaises : le secret concerne de mauvaises choses. Si on ouvre le sac : divulgation du secret.

SAC A DÉPÊCHES, SACOCHE. — Secrets qui seront gardés ; en voir le contenu : découverte de secrets ; y souffler dedans : naissance d'un fils. Le sac à dépêches est encore signe : de marchandises ou autres choses que l'on mettra dans un magasin.

SAFRAN. — Le safran est signe de biens et de discours charitables, ou de joies suivies de deuil ; quelquefois ce songe est un avertissement au songeur afin qu'il prépare une chose dont il aura besoin. Se teindre le corps de safran : est signe de chagrins et de douleurs. En uriner : naissance d'un enfant qui sera toujours chétif et maladif.

SAGE-FEMME. — Voyez *Accoucheuse*.

SAIGNÉE. — En général la saignée du côté droit dénote : accroissement de biens ; du côté gauche, augmentation d'amis ; et si l'on est marié on engraissera tout en accroissant ses richesses. Lorsque la personne qui fait la saignée est une personne d'un âge mûr, et s'il n'en sort pas du sang : le monde parlera favorablement de la personne saignée, qui recevra de sages conseils de la part d'un ami, et le saigneur se convertira ; s'il en sort du sang : bien résultant de ce que l'on a écouté ces conseils. Quand la saignée est opérée dans la longueur de la veine : ces bons conseils seront encore plus nombreux ; si elle est faite dans sa largeur : délaissement d'un ami. — Lorsque c'est un jeune homme qui fait la saignée et qu'elle est opérée dans le sens longitudinal de la veine : on entendra de méchants propos contre soi, tenus par un ennemi, ce qui ne vous empêchera pas d'augmenter vos biens ; et s'il en sort du sang : controverses, litiges avec le souverain, qui vous enlèvera autant de vos biens qu'il est sorti de sang. Quand le jeune homme fait la saignée dans la largeur de la veine : mort de parents ; s'il en sort du sang : on n'aura rien à craindre de la part du souverain. — Lorsque la personne qui pratique la saignée est un savant et que le sang sort avec abondance et est recueilli dans un vase quelconque : signe de maladie et de dépenses que l'on aura à faire pour le médecin et pour ses propres enfants ; si la sortie du sang vous a dérangé : soucis, dommages, pertes à subir. S'il vous semble que la saignée vous soulage, vous fait du bien, et qu'il en sort du sang : méchants propos à votre charge tenus par des parents. La saignée dans la veine de la tête est signe de changement de chef ou de supérieur. Rêver que l'on veut faire une saignée : désir que l'on a de s'amender. Rêver que l'on fait une saignée à quelqu'un : amendement de cette personne. Faire une saignée à une femme dans la longueur de la veine : elle accouchera d'une fille ; si la saignée est opérée au travers de la veine : on mettra la discorde entre cette personne et ses parents.

La saignée est, dit-on, d'un autre côté signe de bonne fortune, d'autant plus lorsqu'on rêve que c'est à soi-même qu'elle est faite. Quelqu'un autre dit que la saignée pratiquée au bras annonce une maladie dangereuse.

SAIGNEUR, *celui qui pratique les saignées.* — S'il la pratique en long : beau, aimable parleur et qui cherche à pacifier le monde. S'il la fait au travers de la veine : il met la zizanie dans le monde.

SAINT. — Rêver un saint : bon présage. Se prosterner devant lui : tranquillité, prospérité dans cette vie et dans l'autre. Rêver qu'il vous donne un objet d'argent : votre place est assurée au paradis ; si c'est une bague : vous deviendrez un grand savant en théologie et acquerrez une grande renommée ; s'il vous donne toute autre chose : grande prospérité, fortune, bonheur. Rêver un saint triste et affligé : mauvais présage, revers. Le voir souriant, content : puissance, grandeur, guérison pour un malade, liberté d'un prisonnier, gros bénéfices. Jouer avec un saint : est d'un mauvais augure pour les malades. Saint qui vous fait la moue : vous êtes sur le mauvais chemin ; s'il vous fait des reproches : grands malheurs. Rêver que l'on est devenu un saint quelconque : on aura à subir tous les maux soufferts par lui, mais ensuite les portes de la providence et de la prospérité s'ouvriront à deux battants devant vous et vos descendants.

SAIS. — Voyez *Palefrenier*.

SAKIA. — Voyez *Noria*.

SAKKA. — Voyez *Porteur d'eau*.

SALADE. — Salade d'une herbe qui n'est ni amère, ni aigrelette : bon signe, joie et félicité conjugale. Si elle l'est : douleurs, deuils, ou bien mal acquis.

SALAISON. — *Viande salée*. Fortune inattendue. Viande salée de mouton qui entre dans une maison : prospérités venues à la suite de malheurs, pour les habitants de cette maison.

Poissons salés. Douleur. Si les poissons salés sont gras, ils peuvent aussi présager des biens. Poissons salés rôtis : voyage pénible pour médecine ou doctrine et savoir. En enfariner et en faire frire : délibération sur des biens qui vous seront utiles.

SALAMANDRE. — Ennemi faible, perfide et qui vous tend des pièges.

SALLAKH. — Voyez *Ecorcheur de bêtes*.

SALE, SALETÉ. — Ce songe est signe de chagrins et de douleurs.

SALIÈRE. — Femme, domestique, esclave excellente.
Pour d'autres, sagesse.

SALOMON. — Rêver ce roi : est signe de puissance et de savoir. Le rêver mort, étendu sur un lit ou tout autre meuble élevé de terre : indique que l'on mourra souverain, gouverneur, chef, directeur, général, selon que le songeur pourra aspirer à l'une ou à l'autre de ces dignités, mais que sa mort restera cachée pour un certain temps. Le voir vivant, et rêver qu'il ne vous est pas indifférent : signifie que l'on aura sous ses ordres de braves gens, qu'on voyagera beaucoup, que vos ennemis vous seront soumis.

SALON. — *Mandara* (1). Homme bien vu, estimé. En voir un de loin : triomphe sur vos ennemis. En bâtir un : guérison de malades, s'il y en a dans la maison ; mais lorsque dans l'endroit où on le bâtit sont ensevelis des morts : cela veut dire que l'on prépare la tombe de ses malades ; s'il n'est rien de tout cela : mariage du songeur s'il est célibataire, ou d'une fille logeant dans la maison et qui continuera d'y vivre avec son mari.

SALTIMBANQUE. — Comme *Danseur*.

SALUER, SALUTATION. — Saluer un jeune homme inconnu : est signe que l'on sera délivré d'un ennemi. Saluer un vieillard inconnu : bon rêve, qui dénote des chagrins évités ; si on le connaît, bon mariage en tous sens et qui produira de beaux fruits. Saluer un ennemi : réconciliation ; si c'est lui qui vous salue : il cherchera à se réconcilier avec vous. Si un homme rêve de saluer le père d'une jeune fille qu'il désire demander en mariage, et que celui-ci réponde à son salut : la demande sera agréée ; mais s'il ne répond pas : on essuiera un refus. Deux négociants ayant des affaires entre eux qui se saluent : signe de bonnes affaires et de commerce heureux ; mais si l'un d'eux ne répond pas au salut : mauvaises affaires entre eux.

SANG. — En voir une grande quantité : grands maux qui frapperont les gens de la localité.

D'autres disent que ce rêve est signe de prospérité et de richesses. Mais il est des interprètes qui prétendent qu'il est au contraire signe de maladie dont la gravité est proportionnée à la quantité de sang que l'on a vue. Une dernière catégorie opine enfin que voir du sang rouge et vif pronostique une immédiate prospérité, une bienveillance ou amitié inattendue; tandis que voir du sang gâté est signe de querelles, de controverses; et lorsque le sang que l'on voit provient d'un autre il présage des disputes ou querelles que l'on aura avec cette personne.

Tomber dans une mare, un réservoir, un bassin, une rivière,

---

(1) Le *mandara* est ce salon dans lequel les orientaux reçoivent les étrangers et qui se trouve ordinairement au rez-de-chaussée.

un puits, etc. de sang : on sera accusé d'un délit de sang, lorsqu'il est en grande quantité ; mais s'il est en petite quantité, de façon qu'on s'y salisse seulement : biens mal acquis. Se rêver mort, et se démener dans son sang : dilapidation de richesses mal acquises ; ou bien : on commettra un grand crime ou péché. Avoir une goutte de sang sur la paume de la main, qui reparaît toujours lorsqu'on la lave : fils que l'on ne reconnaîtra pas. Avoir du sang sur sa chemise sans savoir pourquoi ni comment: mensonges à votre préjudice. Frapper quelqu'un avec une cravache jusqu'à ce qui lui sorte du sang : mauvais conseils qu'on lui donne ; et lorsque ce sang rejaillit sur vous; vous obtiendrez de la personne que vous frappez des biens acquis d'une façon malhonnête. Boire du sang : perte de biens à cause ou au milieu d'une émeute ; le boire sans qu'il vous fasse de mal : récolte de produits. Rêver qu'il vous sort de la bouche du sang mêlé avec de la salive : on enseignera une fausse doctrine, on sera un savant mensonger. Cracher du sang mêlé au crachat : biens acquis par des moyens illicites.

Cracher du sang, disent quelques écrivains : ruine, catastrophe, découverte d'une chose que l'on tient à cacher. En cracher beaucoup, et qu'il soit rouge : grande prospérité, richesses, nombreux enfants.

Vomir du sang, s'il est beau : bon signe, surtout pour les pauvres ; s'il est gâté : signe de maladie. Vomir du sang en quantité : naissance d'un enfant; lorsque le sang tombe dans un vase quelconque : le nouveau-né vivra; s'il tombe par terre : il mourra. Ce rêve pour un pauvre est signe de grands biens et de grandes propriétés.

Perdre son sang en général est considéré par quelqu'un comme le pronostic d'une maladie ou d'une rupture.

Sang qui vous sort de la tête : santé. Ce rêve est pour un voyageur signe d'heureux retour. Rêver qu'il vous sort quelques gouttes de sang du nez : profits. S'il en sort une bonne quantité, mais qu'il soit léger : on obtiendra des biens que l'on conservera toujours ; lorsque le sang est gros, épais : le songe est signe de fausses couches pour votre épouse.

Si on rêve que le sang qui vous sort du nez vous fait du bien : bienfaits d'un supérieur ; mais si on sent que cela vous fait du mal : ces bienfaits vous porteront préjudice. Lorsqu'on rêve qu'il vous sort du nez une énorme quantité de sang et que cela vous fait du bien : on sortira du mauvais sentier pour se mettre sur le droit chemin de la piété ; mais si cette saignée vous fait du mal : l'interprétation se fera au rebours. Si, après que ce sang est sorti on se sent faible : pauvreté ; si l'on se sent fort : richesse. Lorsque quelques gouttes du sang qui vous sort du nez tombent par terre : on donnera aux pauvres sur les bénéfices que l'on fera ; mais lorsqu'on salit les habits : on aura des biens de honteuse provenance et l'on vivra en pécheur.

Quelqu'un prétend pourtant que le sang qui sort du nez est signe de honte.

Uriner du sang : avortement de votre épouse si elle est enceinte : si ce sang vous brûle : vous partagerez à votre insu la couche de la femme d'un autre. Uriner du sang dans un ruisseau, y tomber et s'en éclabousser : faveurs d'une femme ou chagrins.

SANGLE. — D'une selle de femme : véracité, droiture, bonté et beauté de la position, des choses ou de la personne.

SANGLIER. — Ennemi mortel qui cherche à vous nuire. Combat avec un sanglier, dans lequel on est vaincu : grand mal qui vous sera fait par votre ennemi ; si vous en sortez vainqueur : impuissance de votre ennemi à vous nuire.

SANGSUES. — Elles représentent des enfants.

Selon d'autres elles indiquent : des usuriers et des avares, quelquefois une protection valide. Se les mettre veut dire : qu'on est tourmenté par la passion de l'avarice et des gains sordides.

SAPIN. — Cet arbre représente une chose qui vous arrivera dans un avenir plus ou moins prochain.

SARRAF. — Voyez *Trésorier*.

SAS. — Voyez *Tamis*.

SATAN. — Rêver que l'on a tué ou que l'on tue Satan en usant d'astuce et de machinations diaboliques : on se laissera entraîner au mal. Pour le reste : voyez *Diable*.

SATIÉTÉ. — Ennui causé par une trop grande abondance de biens. Se rassasier après avoir eu faim : recouvrement de biens, et vie facile.

D'autres disent : rêver que l'on mange et que l'on boit à satiété : on deviendra riche par son travail et sa constance.

SATIN. — Satin en pièce que l'on trouve taché, moisi, fané, veut dire, pour les Orientaux : qu'ils achèteront une esclave ; et pour les autres : qu'ils aimeront et quelquefois épouseront une femme qui ne sent pas bon.

SATURNE. — Cette planète se réfère à l'argousin du souverain.

SAUCISSE, SAUCISSON. — En manger : dépense de son capital.

SAULE. — Personne pieuse, modeste, bienfaisante, ou grand poète qui fait toujours des vers tristes et mélancoliques; ou bien grand personnage étranger qui protège les honnêtes gens, aimé des petits, craint et estimé des grands.

SAUMON. — Voyez *Poisson*.

SAUT. — Voyez *Élan*, *Sautiller*.

SAUTERELLES. — Invasion militaire dans la localité. Si elles viennent sur les toits et les terrasses : pluies. En voir un grand nombre dans l'air : maux publics ; si le monde en mange sans qu'elles lui fassent mal : bon signe, récolte abondante pour ceux qui en ont mangé. En tout lieu où l'on voit apparaître des sauterelles sans qu'elles causent des dégâts : prospérité, joie, contentement. S'il pleut du ciel des sauterelles dorées : providence. La sauterelle indique aussi que, dans cette localité, les boulangers trompent le public.

SAUTILLER. — Sautiller sur un pied à cause d'un empêchement quelconque : malheur qui vous emportera la moitié de vos biens, et le reste ne vous suffira qu'à grand'peine. Sautiller sur une seule jambe, en appuyant l'autre contre celle-ci : on travaille avec la moitié de son argent, en tenant l'autre cachée.

SAVANT, SAVOIR. — Rêver d'être savant, docte, éloquent, etc. : mariage avec une femme haut placée, prospérité, richesses, élévation, science, érudition, grande réputation, gouvernement, commandement, souveraineté; mais pour ceux qui ne peuvent obtenir aucune de ces choses : position difficile. Voyez encore *Science*.

Être en relation avec un savant : veut dire qu'un de vos amis cherche à vous tromper; voir simplement des savants ou leur parler : imposture, tromperie.

SAVETIER. — Tuteur, distributeur d'héritages, honnête et équitable.

Faire le savetier : nombreuse famille, travail long, difficile et mal payé.

SAVON. — Le savon avertit que l'on ait à préparer une chose dont on aura besoin.

Autres explications : affaires qui seront débrouillées avec l'aide de vos amis, jalousie, perfidie, perte de considération.

SCARABÉE DORÉ. — Comme *Hanneton*.

SCEAU. — *Cachet, Sceau.* Direction et prudence. Le sceau est l'image d'un grand monarque : la pierre en est la noblesse; le contour en est le règne. L'action de sceller, d'apposer un sceau : est signe de pouvoir et d'autorité souveraine, de commandement, de richesse; l'impression : c'est la volonté. Rêver qu'un souverain s'est servi de votre sceau ou cachet : souveraineté immédiate. Porter le sceau du souverain : grand commandement ou gouvernement, lorsqu'on peut y aspirer; sinon : changements dans votre existence; ou : mort de votre père, s'il est en vie. Apposer le sceau sur une terre labourée : grandeurs et fortune pour celui auquel elle appartient. Sceller, cacheter avec une bague d'agate : providence, acquisition d'une chose heureuse.

SCHAER. — Voyez *Violon*.

SCIE. — La scie : est l'image d'un commandement ou juge méchant, brutal, coléreux, emporté ; elle représente encore : celui qui distribue ou partage les choses entre les gens ; ou bien : un imposteur, un mouchard. Quelquefois encore : elle se réfère à une personne qui prend et donne aux gens et leur pardonne.

SCIENCE. — Voyez *Savant*. Rêver qu'un mort vous enseigne une science quelconque : conversion religieuse.

SCILLE. — *Plante*. Homme immoral, soutient de tout ce qui est mauvais, méchant, arrogant, pervers. Ses branches : sont signe de biens avec des maladies.

SCORPION. — Calomniateur, meurtrier de ses parents ; le scorpion représente encore : des biens.

Autres interprétations : maux, chagrins, malheurs causés par des ennemis secrets ; ou pièges tendus par eux, secret découvert.

Le dard du scorpion : est la langue du calomniateur. Voir un scorpion sur le lit, sur le matelas, les draps, canapé, etc. : trahison de votre épouse, soit par infidélité conjugale, soit en donnant vos biens aux autres. Voir un scorpion qui se brûle : mort d'un ennemi. Être mordu par un scorpion : biens qui ne durent pas. En tuer un : biens perdus ou à perdre, mais qui vous reviendront avec le temps. Manger crue la chair du scorpion : acquisition de biens mal acquis provenant d'un ennemi calomniateur. Avaler un scorpion : confidence de ses propres secrets à un ennemi ; et si on le sent dans son ventre : cela veut dire que cet ennemi se découvrira parmi les parents du songeur.

SCULPTEUR. — Même sens que *Graveur*.

SEAU. — Homme qui tire des biens de ses semblables, moyennant la ruse et la tromperie. Tirer avec un seau de l'eau dont on remplit un vase quelconque de la maison : amassement de biens par la ruse, l'intrigue et quelquefois la tromperie ; si on n'en verse pas l'eau dans un vase : courte jouissance de ces biens. En arroser le jardin : possession d'une femme qui vous donnera des biens; et s'il pousse quelque plante là où il aura été arrosé : on aura un fils de cette femme. Tirer avec un seau l'eau d'un vieux puits et en abreuver le bétail d'autrui : actions louables et honnêtes; abreuver un seul animal : piété, ou faire du bien afin que le monde le sache. Remplir le seau pour soi-même seulement : biens qu'on amasse selon le plus ou moins de rapidité que l'on met à tirer le seau, et la quantité d'eau qui y est contenue. Le seau est encore signe de réussite dans ce que l'on désire. Pour qui veut se marier, descendre le seau dans un puits : est signe de mariage prochain, cela annonce des enfants à qui en désire; à une femme enceinte, qu'elle accouchera d'un garçon; ce rêve est en outre signe du profit que l'on tirera d'un voyage. Pour le savant qui désire étendre le nombre de ses connaissances, de son érudition, le seau est le moyen, c'est-à-dire le conducteur de la science qui sera proportionnée à la quantité d'eau qui y sera contenue, le puits étant le possesseur de ce savoir, de cette science. Voyez encore *Puits*.

SEIN. — Voyez *Mamelles*.

SEL. — Sel blanc : prospérité, bonheur, monnaies d'argent. Sel ordinaire : propriétés. Sel obscur : monnaies de cuivre. Sel noir : chagrins, maladies. Sel parfumé : richesses, biens honnêtement acquis, érudition, science ou santé.

Le sel est pour quelques auteurs : signe de sagesse; pour d'autres : gains, succès incessant; voir du sel, disent enfin quelques interprètes : est un symptôme de bon sens et de prudence.

Voir du sel sortant d'une façon extraordinaire d'un lieu impossible, et sans qu'il ait son brillant habituel : grands maux dans la localité. Trouver du sel : gêne, soucis, angoisses, maladie. Sel tombant du ciel ou que l'on reçoit en cadeau, ou dont on tire profit : guérison pour le malade; acquisitions de biens, pour les personnes mondaines, si elles en désirent ou en demandent; grands résultats pour le voyageur ou le pêcheur; gros bénéfices pour le tanneur ou le marchand de peaux.

Manger du sel : amertume; en piler : inquiétudes, angoisses.

SELLE. — La selle représente une femme belle, riche et contente de sa position, ou est signe d'acquisition de biens, de commandement, de gouvernement, d'une monture. La monter : triomphe. Selle de femme : femme inconnue ou de basse origine, pleine de dévotion pour son mari et qui le sert plus qu'une domestique; la monter : amendement pour un homme. Selle sur une monture, pour servir à une femme : peut se référer à son union avec l'homme et tout ce qui la regarde. Selle sans ornements : indique qu'on n'a pas d'orgueil et qu'on a des sentiments meilleurs qu'on ne le laisse paraître. Selle qui n'est pas sur une monture, se réfère à une femme, à un conseil : réunion en un lieu fameux. Se rêver sellé : on cessera de mal faire.

SELLIER. — Marchand de chair humaine, d'esclaves.

SEMAILLES. — *La chose semée.* Les semailles représentent une femme; l'épi en est le fils et les biens; elle se réfère aussi aux marchés, et les épis aux choses qui s'y vendent et aux marchands. Les semailles se réfèrent encore à la guerre, et les épis aux épées; au monde, et les épis en représentent les gens, ou les années, les mois, les jours; aux biens de ce monde, et les épis se réfèrent aux magasins, aux boutiques. Les semailles se réfèrent enfin à tous ceux qui s'occupent de religion en vue de l'autre monde, aux temples et aux lieux où l'on fait de bonnes œuvres. Connaître ses semailles et leur qualité se rapporte à la piété du songeur qui sera telle que les semailles seront poussées; ce songe se réfère aux choses de ce monde. Marcher sur des semailles : œuvres agréables à Dieu. En recueillir : on fera des œuvres de charité. Voyez *Récolte.*

SEMER. — Semer et arroser : on obtiendra les faveurs d'une femme; ou : grossesse de votre épouse.

Ce rêve est encore signe : de prospérité, d'abondance, de bonheur, de richesse pour les pauvres; de santé pour les malades; de nombreux enfants pour une femme.

Semer au temps des semailles : bonnes œuvres, grandeur pour le gouverneur, bénéfices pour les mondains, les négociants; redoublement de piété pour la gent pieuse et insouciante des choses d'ici-bas. Semer des graines s'interprète dans le fils; si les graines germent : élévation et honneurs pour lui; sinon : douleurs pour votre fils. Semer du blé : agir en religion selon la volonté de Dieu; en ordonner et en diriger l'ensemencement : guerre.

Autres interprétations. Semer du blé : est encore signe d'abondance, de bénéfices, de richesse, de bonheur, de santé; semer de l'orge : petits profits.

Semer du blé et voir pousser de l'orge : apparences meilleures que la réalité; semer de l'orge et voir germer du blé : *vice versâ*. Semer du blé et voir qu'il sort du sang est signe d'usure.

Semer des légumes : misère, peines, fatigue.

SENSITIVE. — Femme belle, jeune, riche, modeste et qui aime la vie retirée; ou : homme jeune, plein de talent et généreux, mais qui donne le mauvais œil et le sait, et préfère pour cela vivre retiré du monde auquel il fait involontairement du mal.

SENTINELLE. — Voyez *Garde* ou *Factionnaire*.

SÉPARATION. — Se séparer de ce que l'on aime : on se réunira à cette chose ou à cette personne.

SEP-HA. — Voyez *Chapelet*.

SERAG. — Voyez *Lampe*.

SERAFI. — Voyez *Changeur*.

SERMENT. — Faux serment : ruse, pertes. Faux serment sur la vérité : triomphe et vérité ; sur le faux : humiliation, pauvreté, mauvaises actions.

SERPENT. — Le serpent représente un ennemi ouvert ou

caché, un souverain, ou un souverain qui cache ses inimitiés, une femme, l'épouse ou le fils. Un petit serpent est encore : un enfant quelconque.

Serpent : ennemi occulte et dangereux, parent insidieux et ingrat, séducteur, tromperies et piéges de femme, ingratitude, amitié trompée.

Dans la forme, la couleur, les dents du serpent se trouvent représentées la qualité et la force d'un ennemi. La chair ou la graisse du serpent sont des biens honnêtement acquis d'un ennemi; la manger : joie, bonheur, biens provenant d'un ennemi, ou biens qui vous viennent du souverain. Les œufs du serpent représentent le plus puissant des ennemis. Le sifflement : éloignement d'un ennemi qui cache son inimitié, suivi de triomphe sur lui. Serpent à plusieurs têtes : ennemi qui possède de nombreux moyens de vous nuire : pour un malade ce songe pronostique la mort.

Le serpent à plusieurs têtes : est signe de chicane pour les uns, de séduction pour les autres, d'abjection profonde pour une dernière catégorie.

Le serpent noir : est le plus fort des ennemis ; s'emparer d'un grand nombre de serpents : veut dire qu'on atteindra à un grade très-élevé dans l'armée et que l'on aura de grandes prospérités ou un grand royaume, selon la position sociale du songeur. Rêver que l'on a peur d'un serpent, sans pourtant le voir : on échappera au mal que veut vous faire un ennemi ; mais si on le voit : on aura tout à craindre.

Serpent qui se replie ou s'entortille sur lui-même ou sur quelque chose : maladie, danger, inimitié, emprisonnement.

Serpent qui descend d'un lieu élevé : mort d'un grand personnage, d'un grand homme, d'un gouverneur, d'une personne qui occupe une haute position dans la localité. En voir surgir un de terre : souffrance et tyrannie en ce lieu. En voir un grand nombre dans un jardin : les plantes de ce jardin auront une végétation extraordinaire. Serpents qui se battent entre eux : guerre dans le lieu où on les a vus. Avoir dans la poche un serpent blanc qui ne vous inspire aucune crainte : occupation, empressement pour les affaires de ce monde.

Rêver que l'on a un serpent entortillé autour du cou : veut dire que l'on ne fait jamais l'aumône ; si on l'enlève : divorce, séparation conjugale. Serpent qui vous suit : astuce d'un ennemi ; s'il tourne autour de vous ou d'un côté : ennemis qui vous secondent pour mieux vous tromper ou vous perdre, mais sans aucun résultat. Rêver qu'un serpent vous parle affectueusement, miellleusement et avec de belles phrases : acquisition de biens qui surprendront tout le monde. Attraper un serpent : biens qu'on obtiendra d'un ennemi. Serpent qui entre et sort d'une maison, lorsque c'est celle du songeur : ennuis, dissensions chez lui ou entre ses parents ; lorsque la maison ne lui appartient pas : ennemi étranger, mais qu'il connaîtra. Porter un serpent dans sa maison : on sera victime de l'astuce et de la fourberie d'un ennemi.

Voir un serpent chez soi : trahison d'une personne à laquelle on a donné l'hospitalité.

Rêver qu'on a la maison pleine de serpents dont on n'a pourtant aucune crainte : signifie que l'on cachera chez soi des ennemis des vrais croyants. Etre mordu par un serpent : chagrins, affronts faits par un ennemi.

On dit encore : serpent qui vous mord, ennemi qui vous nuira bientôt.

Combat contre un serpent : combat contre un ennemi ; le tuer : triomphe sur celui-ci. Combat avec plusieurs serpents dont on tue un des plus gros : on acquerra la souveraineté d'un bourg, d'une ville, d'un état, selon la position sociale que l'on occupe ; mais si ce serpent n'est pas un des gros, on tuera une personne appartenant à la suite du souverain. Tuer un serpent dans son propre lit, sur un canapé, des matelas, etc. : mort de votre femme.

Tuer un serpent : on abattra des ennemis envieux, on jettera la division parmi ses ennemis, on se tirera sain et sauf de leurs piéges.

Voir un serpent mort : maux dont on est préservé ; le voir mort dans un endroit élevé : tranquillité et bonheur. Serpent transformé en cordon de coulisse : inimitié avec votre beau-frère. Rêver que l'on se métamorphose en serpent, ou qu'on l'est déjà : changement de position, et on deviendra ennemi des vrais croyants, longévité, acquisition de grandeur et de puissance, on mettra à découvert la haine que l'on avait contre quelqu'un et qu'on avait tenue cachée jusqu'à ce jour.

Femme qui rêve d'accoucher d'un serpent ; fera beaucoup de mal à soi-même et aux autres.

SERRES. — Avoir des serres comme un oiseau de proie : est d'un très-mauvais présage.

SERRURE. — La serrure est une garantie solidaire.

D'autres disent : qu'elle est signe de vol, de portes ; quelques-uns : de sûreté.

Ouvrir une serrure : signifie que l'on s'affranchira d'une garantie faite ou promise. Mais plus généralement, ouvrir une serrure dénote le triomphe sur ses ennemis, le mariage pour un célibataire, la liberté pour un prisonnier, des bénéfices pour un pauvre, la sortie d'embarras à propos d'affaires embarrassées pour un gouverneur, assaut et brèche ouverte dans les murailles d'une ville pour qui est à la guerre.

On dit d'autre part qu'ouvrir une serrure : signifie que l'on connaîtra les secrets de son ami.

Fermer avec une serrure la porte de sa boutique ou magasin : on aura affaire à un revendeur d'objets d'usage journalier, ou bien on le sera soi-même. Si c'est la porte de la maison que l'on ferme ; ou on aura affaire à un faiseur de mariages ou on le sera soi-même. Chaque tour de clef pour fermer une serrure présage encore une douleur ; chaque tour de clef pour l'ouvrir : une joie. Voyez aussi *Clef.*

Briser une serrure : on commettra un crime.

Serrure de bois ouverte : fourberie, astuce, hypocrisie ; en fermer la porte de sa maison : sauvegarde de ses biens ; lorsqu'on trouve la serrure plus dure qu'à l'ordinaire et si elle ne se brise pas : abandon d'une chose pour laquelle on ne réussit pas.

SERRURIER. — Ce songe annonce : que l'on aura affaire à un revendeur.

D'autres disent : qu'il signifie qu'un méchant médite de vous nuire.

SERVANTE, SERVITEUR. — Voyez *Domestique*.

SÉSAME. — Biens en augmentation. Le sésame sec est d'un présage encore meilleur que le frais.

SEUIL. — Le seuil d'une porte se réfère à une femme, ordinairement à celle de la maison. Lorsque le seuil est solide, à sa place : fidélité, dévotion et attention de l'épouse aux soins domestiques. Seuil soulevé, sorti de place : grandes craintes d'infidélité inspirées par votre femme. Pour le célibataire, le seuil est une femme qu'il épousera ; lorsque le seuil est beau, l'épouse sera belle ; s'il est usé, la femme sera vieille ; s'il est brisé, triste mariage. Une femme qui rêve de tomber sur le seuil de la porte : retour immédiat du mari.

SIÉGE. — *Meuble*. Élévation de la part du souverain. Siége en bois : force en hypocrisie ; en fer : force en tout.

D'autres disent : honneurs éphémères. Siége cassé : on deviendra religieuse tout en perdant la virginité.

S'asseoir sur un siége : grandeur, élévation, haute charge, gouvernement, commandement, etc., tutelle ; pour un voyageur, prompt retour en famille ; pour un malade, mauvais présage ; pour un célibataire, mariage avec une personne dont la jeunesse, la richesse et les qualités physiques seront analogues à celles du siége.

Quelqu'un estime qu'être assis sur un siége : est signe d'empire sur une personne dont les qualités sont analogues à celles du siége.

Rêver qu'on est dans un siége : mauvais présage, particulièrement pour qui a été malade ou en prison, car ce rêve leur annonce qu'ils retomberont malades ou seront de nouveau emprisonnés ; pour une femme enceinte : danger. Voir un mort assis sur un siége : signifie qu'il est au paradis.

Être assis près d'un siége : calme et tranquillité.

SIGNES. — Chagrins. Rêver qu'un coquin fait des signes à un honnête homme : il est prêt de s'amender. Lorsque c'est l'honnête homme qui les fait au coquin : explication inverse.

Deux faibles qui se font des signes: ils arriveront à leur but. Deux coquins se faisant des signes : ils trouveront le contre-poison parmi leurs poisons, c'est-à-dire qu'au milieu de leurs crimes et méfaits, ils auront l'art de se sauver toujours.

SINGE. — Paria, personne pauvre, délaissée, abandonnée, rusée.

Ennemi malicieux, astucieux, perfide, mais impuissant à vous nuire ; tromperie.

Morsure de singe : inimitié contre quelqu'un.

Rêver qu'un singe vous lèche ; votre femme, votre amante ou votre ami vous tend des piéges.

Combat contre un singe dont on sort vainqueur : maladie dont on guérira ; sinon, on ne guérira pas. Singe dompté : victoire sur un ennemi. Manger la chair d'un singe : grands chagrins, ou on vous fera présent d'un habit neuf. Chasser aux singes : profits provenant d'enchantements ou d'ensorcellement. Singe qui se met dans les matelas, les draps de quelqu'un ; un juif, si le songeur est chrétien ou mahométan ; un chrétien s'il est juif, le trompera avec sa femme. Singe qui mange à table avec vous : un domestique vous trompera avec votre épouse.

Petit singe. — Personne de peu de cervelle et qui court à grands pas vers la ruine causée par le commerce ou autre entreprise qu'il fait.

SIRIUS. — Voyez *Constellations*.

SŒUR. — Rêver en vie sa sœur déjà morte : retour prochain d'un absent, joie et bonheur.

SOIE. — Même sens que *Satin*.

SOIF. — Avoir soif : chagrins, inquiétudes, malheurs. Ce songe est encore signe de droiture et d'honnêteté religieuse, surtout lorsqu'on rêve de n'avoir pas soif d'eau. Rêver d'être altéré, voir l'eau d'une source et ne pas en boire : indique cessation de deuils et de douleurs, ou non-réussite dans ce que l'on désire. Se désaltérer avec de l'eau fraîche : biens honnêtement acquis, richesses ou joie ; avec de l'eau chaude, corrompue ou puante : chagrins, maladies. En général, se désaltérer est d'un meilleur augure que de ne pas le faire.

Si une personne de l'autre sexe vous donne à boire : succès en amour ; pour qui n'est pas marié : ce rêve est signe de mariage, probablement avec la personne qui vous a donné à boire ; mais si on ne s'est pas désaltéré : insuccès complet.

SOIGNER, SOINS. — Soigner un blessé : bien que l'on fera à quelqu'un.

SOIR. — Fin de ce que l'on entreprend ou que l'on a déjà entrepris.

SOLDATS. — Voir des soldats qui entrent dans une localité quelconque : pluies en ce lieu. Rassemblement de soldats : ruine des méchants, triomphe des bons. Un petit nombre de soldats : triomphe, victoire. Soldats armés de bâtons ou de flèches : belle existence. Lorsque les soldats que l'on voit sont si nombreux qu'ils soulèvent la poussière autour d'eux : prochain départ pour le songeur qui réalisera une fortune immédiate, ou bien il fera un riche butin ; lorsqu'en même temps que la poussière on voit des éclairs et on entend gronder le tonnerre ; signe de gêne et de disette. Rêver que des soldats entrent honnêtement dans un pays vaincu : signe de victoire pour le pays dans lequel ils sont entrés ; mais si les soldats tuent, volent, massacrent, pillent, l'explication se fera au rebours.

Rêver que des soldats s'élancent sur votre maison pour vous nuire : offenses de vos ennemis.

Rêver que l'on est soldat : chagrins, pertes ; pour un malade, mort ; pour un domestique et pour un esclave : prospérité et accueil plein d'empressement et de respect.

SOLEIL. — Le soleil est l'image du roi des rois ; il représente un grand souverain, un souverain ami du songeur, une souveraine, une femme haut placée. Il se réfère aussi à votre supérieur ou à sa fille, à votre aïeul, à votre père ou à votre épouse. Tout ce qu'on y voit de beau ou de laid peut se référer à une des personnes susdites, et s'interprétera selon le cours des choses du songeur. Rêver que les rayons du soleil inondent de lumière du levant au couchant : souveraineté, grandeur, savoir, érudition, science, selon la position de la personne qui fait le songe, accompagnée d'une réputation qui se répandra partout où on ira. Levée du soleil splendide, accroissement de puissance pour un souverain, dominateur ou gouverneur; en abondance de biens de la part de ces personnages, ou biens acquis honnêtement; pour la femme mariée, ce songe indique qu'elle obtiendra de son mari tout ce qu'elle désire.

Autres interprétations. Soleil qui se lève : succès, profits, réussite, prospérité ; pour une femme mariée : elle accouchera d'un garçon; pour une jeune fille : beau et riche mari.

Voir lever le soleil clair, lumineux, au milieu du tonnerre et des éclairs : événement joyeux de la part du souverain ; s'il pleut : calamités publiques telles que disette, mortalité, invasion de sauterelles, froid d'une extrême rigidité; ou bien émeutes, révolutions, guerre lorsque votre pays n'est pas en trop bons terme avec un de ses voisins. Voir le soleil se lever dans sa maison : bénéfices pour le négociant; mariage avec une belle femme pour un célibataire, mariage pour une femme non mariée, et pour celle qui l'est, richesses pour son mari.

Soleil qui, en se levant, illumine plus particulièrement une localité, une maison, etc.: grande prospérité pour les gens de ce lieu, de cette maison. Rêver que le soleil se lève du couchant, ou revient après être disparu de l'horizon : épidémie prochaine. Le retour du soleil est signe de nouvel emprisonnement pour celui qui avait été mis en liberté; de retour aux méfaits pour qui s'était amendé ou à la tyrannie et à l'injustice ; mais il est signe de secret maintenu pour celui qui fait secrètement aussi bien le mal que le bien; il peut encore indiquer qu'on reprendra une épouse dont on s'était séparé ou qu'on avait chassée.

Soleil qui se lève du couchant et se dirige vers l'orient, en se voilant peu à peu ; malheurs pour la patrie. Soleil clair et resplendissant : abondance, fécondité, bonne solution d'affaires, réussite, découverte d'un secret ou d'une vérité, recouvrement d'une chose perdue, guérison pour les malades, délivrance de prisonniers.

Rêver que du soleil il sort du feu qui brûle tout ce qui est autour de lui : meurtre ou ruine de quelqu'un des vôtres, par ordre du souverain. Rêver que le soleil se partage en deux parties dont une seule reste à sa place : révolte et guerre contre le souverain ; si la moitié restée va se réunir à l'autre, et qu'elles forment un seul soleil : les rebelles s'empareront de l'État ; mais si c'est la moitié détachée qui retourne se joindre à l'autre : victoire du souverain sur les rebelles, il retournera en possession de tout l'État ; mais si les deux parties ont formé chacune un soleil : division du pays en deux États. Suivre le soleil pendant qu'il se couche : on ira en captivité avec son souverain. Lorsqu'au coucher du soleil, la chaleur en est si forte qu'il faut se réfugier à l'ombre : on échappera à un deuil ; et si en se tenant à l'ombre on a senti tellement froid qu'il a fallu aller se réchauffer au soleil : cessation de pauvreté. Se tenir au soleil et se soigner, se panser des blessures, etc. : largesses du souverain. Rêver que le soleil vous bat sur la tête ; abondance de biens.

S'il vous fait une auréole autour de la tête : honneurs et gloire.

S'il vous bat seulement sur les talons : biens et abondance honnêtement acquis par l'agriculture ; s'il vous bat sur le ventre ou sur les vêtements de façon que personne ne le voit : on aura la lèpre ou autre maladie de ce genre ; s'il bat sur votre lit : maladie.

Lorsque le soleil bat sur votre maison : incendie.

Soleil privé de sa clarté ordinaire : on sera trompé dans ses propriétés ; mais si on a un malade, il mourra, ou fausses couches pour une femme enceinte, s'il y en a dans la maison. Rêver qu'il manque quelque chose aux rayons du soleil : diminution d'honneurs et de respect pour le souverain. Soleil qui s'obscurcit : tyrannie, triomphe des ennemis sur le sourain; s'il devient rouge : dégénération ou ruine du souverain ; s'il se fait jaune : maladie du souverain.

Soleil obscurci, rouge, trouble, voilé : danger de vie, embarras d'affaires, maladie d'yeux, mauvaises nouvelles, dommages causés par de faux amis, perte de leur position, disgrâce, décadence, maladie de cœur, pour ceux qui sont dans les affaires ; mais, pour les affligés, les criminels et ceux qui se cachent : ce rêve est bon.

Eclipse du soleil, ou le voir couvert de nuages, ou caché dans le brouillard, la fumée, de façon que la clarté en soit moindre, ou le voir courant par le ciel : mort pour les malades, ou triste événement pour la personne qu'il représente. Soleil couvert par un nuage : maladie du souverain ; s'il reste toujours caché derrière : mort du souverain. Soleil, lune et étoiles rayonnantes et dont on rêve d'être le possesseur : très-haute position; mais si ces astres n'ont pas de rayons : mauvais présage. Soleil, lune et étoiles noircis, obscurcis : changement de providence dans le monde. Soleil et lune resplendissants : dénotent encore la bienveillance de vos parents ; s'ils sont sans lumière : tout le contraire. Rêver que l'on a le soleil et la lune sur les flancs, devant ou derrière : douleurs, craintes, maladies, deuils. Rêver que la lune et les étoiles tournent autour du soleil pendant qu'il fait nuit : injustice d'un ministre ou intrigues d'un souverain.

Soleil et lune qui se battent : guerre entre les vrais croyants et les infidèles ; lorsque le soleil est vainqueur : victoire des vrais croyants ; si c'est la lune : triomphe des infidèles.

Voir le soleil suspendu à une chaîne : acquisition d'un commandement, de gouvernement et droiture dans l'exercice de cette charge. Soleil qui tombe : malheur pour le souverain ou le songeur. Le voir tomber dans la mer ou sur la terre, le voir avaler par un oiseau, le voir qui se brûle au feu ou qui se cache : tous ces rêves divers présagent la mort, si elle est malade, à une des personnes auxquelles nous avons dit que le soleil se réfère.

Toucher le soleil sans qu'il vous brûle : gloire et honneurs.

Prendre le soleil dans sa main ou dans son giron : prospérité et ascendant sur le souverain; si le maître de la maison est absent : heureux retour; lorsque la femme du songeur est enceinte : elle accouchera d'un fils, ou d'une fille si elle rêve d'avoir couvert le soleil avec un voile. Avoir pris le soleil et l'avoir trouvé tout noir : cela indique que le souverain aura besoin de vous. Avaler le soleil : vie douloureuse, mort pour un souverain. Rêver que l'on est devenu maître et possesseur du soleil : votre parole sera agréable au plus grand des grands. Soleil qui parle au songeur : élévation provenant de lui. Discuter ou disputer avec le soleil : révolte contre le souverain. Recevoir ou donner quelque chose au soleil : est d'un mauvais augure. Etre changé en soleil : acquisition de grandes richesses, prospérité ou souveraineté selon la position du songeur. Soleil qui se métamorphose en un homme d'âge mûr : souverain qui ranimera ses peuples ou les enrichira et leur donnera le bien-être; s'il s'est changé en jeune homme : tyrannie du souverain et appauvrissement par lui de ses sujets.

SOLITUDE. — Pauvreté, misère, humiliation; pour un souverain ou gouverneur : destitution, déposition.

Ce songe est encore signe d'angoisses, inquiétudes, chagrins, ennuis.

SOMMEIL. — Ignorance dans les choses de la religion et mondaines.

SON. — Gêne. Préparer quelque chose dont on aura besoin. Manger du son : appauvrissement.

SONGE. — Rêver qu'on fait un songe ou rêve : avertissement de la Providence à rentrer en soi-même et changer de conduite.

SORT, SORTILÉGE. — Voyez *Divination*.

SOUFFARA. — Voyez *Fifre*.

SOUFFLET. — Souffleter quelqu'un veut dire que l'on avertit et prévient quelqu'un d'une erreur.

D'aucuns sont d'avis que le soufflet pronostique le succès en amour; d'autres croient que le donner est bon signe; tandis que le recevoir est d'un mauvais augure.

Soufflet donné à quelqu'un sur le derrière du cou et par plaisanterie ; réputation et honneur que le battant fera acquérir au battu.

SOUFFLET. *Ustensile.* — Il représente le premier ministre d'un souverain ; et l'interprétation devra se faire selon l'usage qu'on en a fait, son état plus ou moins bon, etc.

Quelques auteurs disent que le soufflet est signe de mauvais conseils, de faussetés ; d'autres prétendent qu'il présage des succès en amour. Souffler avec un soufflet : mauvais tour qui vous sera joué par une femme perfide ; souffler le feu : médisance, calomnie, infamie.

SOUFFRANCE. — Voyez *Douleur.*

SOUFRE. — Sincérité et pureté de cœur de la personne avec laquelle on a les relations les plus intimes, mais dont on profitera et abusera profondément.

SOULIERS. — Voyez *Chaussure.*

SOUPE. *Fatta* (1). — Soupe avec du bouillon de viande : autorité, commandement sans importance, ou petit commerce ; et lorsqu'on la mange tout entière : on mourra pauvre. Si elle est faite de bouillon de dinde, de poule, de pigeon, etc. : association avec des gens injustes et sans droiture, pour exercer un commerce illicite. Lorsqu'elle est faite avec du bouillon de gibier ou de sauvagine : autorité et commandement malgré vous sur des gens sans équité ni justice. Soupe de pain au beurre, si elle est trop grasse : commandement utile et bien-être ; si elle n'est pas grasse : commandement inutile. Manger de cette soupe : on aura vécu une partie de sa vie proportionnée à ce qu'on aura rêvé de manger. Ne pas pouvoir en manger parce qu'elle est trop grasse : amasser une fortune qu'un autre dépensera ; si elle n'est pas grasse et n'a pas bon goût, et si on la mange malgré soi et très-vite pour l'avoir plus tôt finie : on désire la mort à cause de la gêne

---

(1) La *fatta* arabe est une soupe faite de pain coupé par tranches dans du riz, du beurre, de l'eau, du bouillon, du vinaigre, etc.

dans laquelle on se trouve. Avoir de la soupe et n'en pas manger dans la crainte qu'elle finisse : on craint la mort à cause des grandes richesses que l'on possède. Si dans la soupe il y a beaucoup de vinaigre sans beurre ni graisse: métier ou profession honorable.

SOUPENTE. — Soupente fermée : trésor que l'on découvrira dans un endroit où l'on ne s'imagine pas le trouver. La voir ouverte : secret découvert.

SOUPER. — Rêver qu'on vous invite à souper, que vous acceptez et que vous vous mettez à souper : tromperie.

SOURCILS. — Les sourcils se réfèrent à la conservation de tout ce qui est représenté par l'œil droit ; et tout ce qu'on y verra en bien ou en mal sera signe du plus ou moins de conservation de la chose représentée par l'œil droit.

Il est des écrivains qui interprètent différemment et prétendent que les sourcils noirs pronostiquent la dureté ; les blonds, la sensibilité. Sourcils plus beaux et épais qu'en réalité sont signe ; de succès en amour ou de fortune qui fera perdre au songeur sa réputation et l'estime publique ; sourcils rasés : présage de deuil, chagrins, ennuis ; s'ils sont tout à fait tombés : honte, mépris, ruine, trahison dont on sera victime.

SOURIRE. — Bon rêve, louanges.

SOURIS. — La souris représente une femme rusée et méchante qui cherche à vous nuire. Voyez encore *Rat*.

SOUTERRAIN. — Entrer dans un souterrain : tromperie dont on sera victime ; s'y avancer jusqu'à ce qu'on ne voie plus le ciel : vol dont on sera victime chez soi, obstacles, empêchements pour un voyageur. Se rêver dans un souterrain sans avoir pratiqué d'ouverture pour y entrer : longue absence, ou mort à la recherche de la fortune ; rêver qu'on le croit très-profond et craindre d'y périr : on ira au-devant de grands dangers dans un but d'utilité mondaine. Se rêver dans un souterrain sans issue : trahison, tromperie. Voyez encore *Trou*.

SOUVERAIN. — *Toute personne qui a l'autorité suprême dans un État.* Il représente Dieu. Le voir bienveillant : bienveillance divine ; s'il fait la moue : actions qui vous pousseront à l'irréligion ; s'il est en colère, irrité : colère divine. Souverain vêtu de noir : accroissement de puissance ; de blanc : honneurs, et il évite les crimes; de coton, ennemis peu nombreux ; de laine, accroissement de prospérité dans le royaume ; de soie, il imitera les Pharaons (les rois tyrans) par ses procédés despotiques. Rêver que le souverain se regarde dans un miroir : veut dire qu'il perdra son trône ; si pourtant il n'a pas d'enfants et en désire un, il l'aura bientôt. Voir un souverain d'un bel aspect et bien vêtu : bonheur pour ses sujets ; le voir sous l'aspect d'un revendeur : accroissement de sa puissance, sans opposition aucune. Le voir avec un visage horrible, ou avec la tête tournée, le devant derrière, ou le voir boiteux, ou avec les mains et les pieds coupés : ruine prochaine et mort du souverain. Rêver que le souverain a la tête d'un mouton : diminution de pouvoir; mais s'il a aussi le corps de cet animal : il montrera sa droiture et son équité dans les ordres qu'il donnera ; s'il en a la queue et qu'il se la lèche : il aura un fils heureux. Rêver qu'un souverain a la tête d'un chien : veut dire qu'il sera très-orgueilleux ; s'il a les cuisses de cuivre : les membres de sa famille commettent de grandes perversités. S'il a les doigts plus longs : redoublement d'injustice ; s'il a les joues plus grandes : accroissement de puissance ; si sa poitrine devient en pierre : dureté de son cœur. S'il est gras et fort : grande piété. S'il a le corps d'un serpent : il découvrira des ennemis occultes. S'il a un os sur la tête : accroissement de puissance ; s'il l'a dans l'œil : il néglige ou ne voit pas la marche des choses d'une des provinces de l'État; s'il a deux cornes sur la tête : conquêtes qui s'étendront du Levant au Couchant. Accroissement ou diminution dans le physique du souverain ; accroissement ou diminution dans ses biens, ou bon ou mauvais signe pour son fils. Souverain assis par terre ou sous une voûte : affermissement de son autorité. Souverain qui marche par les rues, les places, les marchés etc., avec d'autres personnes : accroissement de puissance, sans opposition aucune. Rêver que pendant qu'il se promène il rencontre quelqu'un qui lui parle à l'oreille : mort prochaine. Souverain armé, à cheval : agrandissement de ses Etats ; s'il monte un aigle : grande puissance et conquêtes. Souverain qui s'élève dans les airs : accroissement de puissance. Souverain qui prie dans un lieu impropre à la prière : biens en nouveaux territoires qu'il acquerra sans versement de sang. Souverain qui seconde sa femme en tout ce qu'elle veut : longues guerres ou perte du trône ; s'il la contrarie : victoires et agrandissement de l'Etat ; s'il la répudie ; destitution. Souverain qui jette ses sujets dans le feu : indique qu'il les poussera au mal. Rêver qu'il leur coupe la tête : il les avertit pour leur bien, ou il pardonne aux délinquants; pour qui est en prison : liberté. Lorsque c'est à vous que le souverain coupe la tête : signe que Dieu vous épargnera des douleurs et des souffrances nouvelles et qu'il vous donnera des biens et des honneurs. Souverain acclamé par ses sujets qui en font des éloges : il vaincra tous ses ennemis ; s'ils lui jettent du sucre ou des monnaies d'argent : il entendra de bonnes paroles; si ce sont des monnaies d'or : on lui dira des choses détestables. S'ils lui lancent des pierres ; il entendra des duretés ; des flèches : malédictions ; lorsqu'une flèche le touche, il sera frappé d'un grand malheur. Souverain qui s'empare des moutons de ses sujets dénote qu'il leur prendra l'honneur. Souverain qui met à ses sujets des bracelets *Asaouer* (voyez *Bracelet*) : est signe de son équité et de prospérité pour le pays. Le voir tenant une chandelle éteinte à la main : chute ou destitution. Souverain qui met la table et l'embellit : provinces qui se révoltent. S'il mange sans que l'on voie ce qu'il mange : souveraineté incontestée et longévité. Souverain équitable qui entre dans un endroit quelconque : clémence envers les habitants de ce lieu ; si c'est un tyran : souffrance pour ces habitants, excepté si c'est un lieu dans lequel il a l'habitude d'aller, car alors il ne s'ensuivra rien de mal. Souverain à l'agonie, ou dans l'embarras, ou dont le trône est brisé ou dont il est tombé, ou qui a la tête cassée, ou auquel son épée a été volée, ou dont on a démoli le palais, ou qui trébuche et tombe, ou qui est blessé par un taureau ou foulé par une monture : tous ces divers rêves sont signe de destitution. Rêver qu'un souverain est malade veut dire qu'il est injuste, mais qu'il jouira d'une bonne santé pour tout le courant de l'année. Le rêver mort : bouleversement dans le royaume. Obsèques du souverain au milieu de la tristesse et d'une douleur véritable, sincère : signe de bienveillance et de bienfaits du souverain envers son peuple; et si on en fait les louanges ; signe de bon gouvernement. Mais s'il y a les cris, les actes de désespoir, de douleur apparente, de convention : il gouvernera tyranniquement ses peuples.

Porter le souverain mort : accroissement de puissance, mais diminution de piété dans le souverain et ses sujets. Résurrection du souverain : redoublement d'autorité et de puissance. Rêver vivant un souverain déjà mort : sa mémoire est revivifiée. Entrer dans le *harem* d'un souverain et séduire ses femmes : honneurs. Entrer avec le souverain dans un endroit ou village dans lequel il n'est pas probable qu'il puisse se rendre, et rêver qu'il fait la conversation avec vous : de grands malheurs arriveront en ce lieu. Être secondé par le souverain, traité affablement par lui : retour en grâce pour qui est disgracié. Souverain qui vous parle : annonce une haute position; à un négociant : des bénéfices; à ceux qui ont des litiges ou des procès : triomphe sur leurs adversaires; pour un prisonnier : liberté. Rêver qu'il existe une grande amitié entre le souverain et vous : vos biens passeront dans ses mains. Discuter avec le souverain et le combattre avec des raisonnements sains, justes et savants : on en obtiendra ce que l'on désire. Recevoir un présent du souverain : honneurs, élévation proportionnée à la valeur du présent; lorsqu'on en reçoit un objet en satin : mariage avec une personne qui appartient à la maison du souverain. Recevoir une bague du souverain : souveraineté pour vous et vos descendants ; s'il vous donne une ceinture ou un ceinturon : prospérité. Embrasser un souverain : signifie que vous serez écouté et que vos conseils seront suivis. Marcher avec le souverain : veut dire qu'on le secondera dans ses volontés ; et se quereller avec lui : indique qu'on le contrariera. Être monté sur la même monture que lui : on lui succédera de son vivant ou après sa mort. Se prosterner devant le souverain : obéissance. Manger avec lui : honneurs, prospérité, piété, en proportion de ce que l'on a mangé ; ce rêve est encore signe de guerre. Porter à manger au souverain : deuils suivis de prospérités inattendues. Rêver que le souverain cherche à se faire de la place dans un lit pour y faire mettre son fils : il lui cédera le trône soit en abdiquant, soit en mourant, soit en étant déposé ; bon présage ou autre, pour la personne à laquelle appartient le lit ; et si dans le lit se trouve un de ses enfants : grandeur pour la famille de cette personne. Dormir avec le souverain : tous vos biens viendront dans ses mains ; si le souverain se lève le premier : colère contre le songeur ; mais s'il y a de l'amitié entre eux : les biens du songeur passeront au souverain. Dormir avant le souverain : on échappera à sa colère. Dormir en même temps que lui, si on connaît les objets dont se compose le lit : on en recevra une femme ou une somme équivalente à la valeur de celle-ci ; mais si les parties du lit vous sont inconnues, vous en obtiendrez un gouvernement. Être envoyé par le souverain au gouvernement de provinces lointaines : opulence, honneurs, réputation et grandeur. Rêver que l'on est fait souverain : opulence et honneurs ; mais rêver de l'être : humiliation, malheurs pour qui ne peut aspirer à cette dignité ; élévation pour celui qui est en position d'y parvenir. Se rêver changé en souverain : prospérités mondaines et irréligion ; pour un malade ou un membre de la famille du souverain : mort prochaine ; pour un esclave ou un prisonnier : liberté.

SOUVERAINE. — *Épouse du souverain.* Dormir avec elle : médisance et calomnie à son égard. Lorsque c'est la souveraine qui tient en main les rênes de l'État : l'explication sera la même que pour le souverain.

SPARTE. — Marcher sur du sparte : action agréable. S'en voir croître sur les genoux : bénéfices et prospérité provenant d'une association. Le sparte s'interprète pour le reste comme *Herbe*; mais il n'annonce pas la réussite d'une entreprise.

STYLET. — Comme *Canif*.

SUBSTITUTION. — Rêver qu'il a été substitué par un homme d'âge mûr est signe d'accroissement de puissance pour un souverain; mais lorsqu'il l'a été par un jeune homme : maux, calamités qui frapperont le pays, causés par des ennemis. Interprétation analogue pour les autres, selon la position qu'ils occupent et les conditions dans lesquelles ils se trouvent.

SUCER. — Acquisition de biens. Se sucer les mamelles : on prendra des biens de sa femme. Pour le reste voir à la chose sucée.

SUCRE. — Un seul morceau de sucre : baisers d'un ami ou d'un fils. Une grande quantité de sucre, bavardages, discours inutiles. Sucre cuit : discours charitables, pleins de piété et de compassion, de la part d'un ami, d'un fils, de votre époux ou épouse. Mêler du sucre avec du miel pour faire des douceurs : biens que l'on amassera avec peine; mais avoir ce mélange sans qu'on l'ait fait soi-même : on aura des biens amassés avec les fatigues des autres. Vendre du sucre et recevoir de l'argent en payement : on dira des choses agréables.

SUEUR, SUER. — Dommages, revers, maux pour la personne qui sue; mais lorsque la sueur est assez abondante pour couler : définition d'affaires.

Rêver que l'on sue : convalescence pour les malades; voir quelqu'un suer : bon signe pour cette personne et espoir mal fondé pour le songeur. Suer froid : fièvre.

SUICIDE. — Se suicider : acquisition de biens, grand repentir et amendement.

D'autres interprètent : malheur qui vous arrivera et dont vous serez cause. Voir quelqu'un se suicider : un malheur auquel on ne sera pas étranger arrivera à cette personne.

SULTAN, SULTANE. — Voyez *Souverain, Souveraine*.

SURDITÉ. — Corruption religieuse, impiété.

Quelques auteurs veulent qu'être sourd soit signe d'indiscrétion dont les autres auront à souffrir. Voir un sourd : secret confié à un fripon.

SUREAU. — Biens heureux, prospères.

SUSPENSION. — Rêver que l'on est suspendu à une corde qui pend du plafond : honnêteté. Si la corde vient du ciel : souveraineté ou grandeur proportionnée à la distance qui passe entre vous et la terre ; si la corde se casse on perdra cette souveraineté ou cette grandeur après l'avoir obtenue.

SYMPATHIE. — Rêver qu'on a de la sympathie pour un jeune homme inconnu : ennemi qui sera sympathique à tout le monde ; s'il est imberbe : fortune proportionnée à la sympathie ressentie et au plaisir qu'on a éprouvé à le voir.

SYNAGOGUE. — Voyez *Temple*.

T

TABAC. — Ami de l'homme.

TABLE. — La table annonce un grand voyage suivi d'aisance et de fortune, ou un voyage auprès d'un grand souverain. Elle représente encore un grand personnage charitable et généreux.

Un certain nombre d'écrivains ajoutent que la table est signe de joie, de recouvrement de santé, de prospérité. Mettre la table ou on voir une mise : abondance.

Rêver que le souverain met la table et qu'il l'embellit : rébellion de provinces. Rêver qu'il y a sur la table une ou deux espèces de mets : prospérité pour vous et vos enfants. Manger tout seul à table indique que l'on n'aura pas de procès. S'asseoir à table : amitié; y manger : profits que l'on tire de ceux avec lesquels on a mangé, ou délibération, consultation nécessaire entre compatriotes. Manger à table et rêver que sous la table se trouve un chien qui mange en même temps que vous : infidélité conjugale de votre épouse. Voir mettre du pain sur une table mise : découverte d'ennemis; y manger après que le pain y a été déposé : inimitié découverte entre vous et votre ennemi, ou longévité proportionnée à ce que l'on a mangé. Rêver qu'on ôte la table ou qu'elle disparaît à vos yeux à peine a-t-on mangé signifie qu'on n'a plus rien à faire dans le pays où l'on se trouve, ni en commerce ni autrement. Table qui se soulève : vie courte. Si un domestique rêve que la table lui échappe et qu'elle va se briser contre un mur, etc. : mort de sa maîtresse.

Table renversée : joie; brisée : insuccès; la briser : indigence, pauvreté.

TABLE. — Voyez *Grosse-caisse.*

TABLEAU. — Comme *Portrait.*

TABLEAU NOIR.— Grandeur, science, érudition, droiture. S'il est propre : étudiant bien vu, estimé; s'il est sale, tout le contraire. S'il est en pierre : dureté de cœur; en cuivre : hypocrisie; en plomb : mollesse.

TABLE EL HARB. — Voyez *Timbale.*

TABLE EL NÉSA. — Voyez *Tambour de Basque.*

TABOUT. — Voyez *Coffre.*

TAFLE. — Voyez *Argile.*

TAGUIN. — Voyez *Plat.*

TAIE D'OREILLER. — Voyez *Lit.*

TAILLANDIER. — Voyez *Forgeron.*

TAILLE. — Se rêver d'une taille moyenne : bon présage. Rêver qu'on est d'une plus grande taille qu'en réalité : accroissement de doctrine, de savoir, d'érudition, de biens en proportion de la grandeur qu'on a rêvé d'atteindre ; pour un souverain : puissance et bonne renommée ; pour un négociant : bénéfices ; pour une femme mariée : elle aura la tutelle de ses enfants ; pour un malade : guérison. Avoir la taille plus grande ou plus petite qu'en réalité peut encore être signe de vie courte. Se voir de plus petite taille et avoir en même temps le visage noirci est pour un fiancé signe de richesses, mais en même temps de vie courte.

TAILLEUR. — Pacificateur, conciliateur qui réussit aussi bien avec les riches qu'avec les pauvres.

Quelques autres disent que ce songe dénote la mauvaise foi, l'infidélité, la tromperie, le mensonge.

TAILLEUR DE PIERRES. — Homme pieux, religieux qui approche les plus grands personnages.

TAMARIS. — Homme dangereux et faux avec les riches, mais utile aux pauvres.

TAMBOUR. — *Instrument.* Fausses nouvelles.

Mais un certain nombre d'auteurs dit que le tambour se réfère à de faux amis dont on aura du mal à se défaire ; tandis que d'autres disent qu'entendre battre du tambour est signe de dommages insignifiants ou de courage douteux.

TAMBOUR. — *La personne qui joue de cet instrument.* Menteur, personnage qui dit des choses fausses, inexactes.

TAMBOUR DE BASQUE. — Commerce, entreprise avec peu de crédit et point de profits.

TAMBOUR DE SAUVAGE. — Chef des intrigants vivant aux dépens des pauvres ; ou coureur de femmes. Si un souverain entend jouer de cet instrument : il entendra et prêtera l'oreille aux discours d'un intrigant.

TAMIS. — Homme qui manie un grand nombre de biens de provenance honnête; femme stérile et qui ne sait pas garder un secret. Ce songe est encore un avis de préparer quelque chose dont on aura besoin.

TAM-TAM. — Tam-tam qui joue tout seul : fausses nouvelles publiques.

TANTE. — Rêver en vie sa tante déjà morte : on recouvrera une chose qui vous était échappée des mains. Lui donner quoi que ce soit, toujours lorsqu'elle est morte et qu'on la rêve vivante : est signe de pertes, de dépenses inutiles.

TAPE. — Tape donnée sur le derrière du cou et par plaisanterie : honneurs et réputation que le battant fait au battu.

TAPIS. — Il représente la vie, l'existence du songeur, et signifie quelquefois qu'on assistera au conseil des gouvernants. La longueur du tapis est la mesure de la prospérité; son épaisseur et sa solidité : la longueur de la vie. Tapis court et épais : abondance; large et mince : grande prospérité, mais vie courte; large, épais et beau : grande prospérité et longévité; petit et léger : peu de vitalité et vie courte; petit et usé : mauvais présage. Tapis plié : courte durée de la vie et de la prospérité. Rêver que votre tapis est plié : gêne, empêchements dans vos voyages, votre gouvernement, etc. Trouver un de ses tapis plié sans savoir par qui : grande gêne; si on l'étend : les portes de la prospérité et de la providence s'ouvrent de nouveau pour le songeur. Avoir un tapis plié sur ses épaules : déménagement d'un lieu à l'autre; lorsqu'on va avec ce tapis dans un lieu inconnu : fin prochaine; si on y trouve un mort : certitude encore plus grande de mourir. Voir son tapis plus petit qu'il n'est en réalité : gêne; le trouver plus mince ou léger : approches de la mort ou affaiblissement physique. Rêver qu'on vous a volé ou brûlé votre tapis : mort ou empêchements en voyage. Tapis étendu : monde ouvert devant vous. Étendre un tapis neuf et solide :

(grande prospérité et longévité ; l'étendre chez soi, dans sa ville, son pays, au milieu de son peuple, dans les endroits où l'on se réunit, où on tient conseil : prospérité pour soi, pour sa ville, son pays, etc., et on finira ses jours dans les lieux où on a étendu son tapis ; l'étendre dans un endroit inconnu : ce qui a été dit vous arrivera à l'étranger. Tapis étendu au milieu de personnes que l'on connaît et dans un endroit connu : le songeur associera son sort à celui de ces personnes. En voir un étendu dans un lieu inconnu et par des personnes que l'on ne connaît pas : acquisition de biens, de richesses, bonheur, etc., en voyage. Être assis sur un tapis : paix lorsqu'on est en guerre ; acquisition d'une propriété si on ne l'est plus ou pas. Se rêver mort et déposé sur un tapis : contentement et élévation.

TAPISSIER. — Homme qui fait le commerce d'objets féminins.

TAPIS DE SELLE. — Perfectionnement d'une chose quelconque.

TARBOUCHE (1). — Voyage lointain, mariage, acquisition d'une esclave. S'il est troué : chagrins pour votre supérieur. L'avoir sale ou avec des saletés : crime. Se mettre un tarbouche sur la tête : grandeur, direction, commandement, biens de la part d'un souverain. Le mettre à l'envers : changement du supérieur à votre égard. Pour une femme, avoir un tarbouche sur la tête : est signe de mariage, si elle n'est pas mariée ; si elle est enceinte : elle accouchera d'un fils.

Quelques auteurs affirment que le tarbouche annonce à une jeune fille des obstacles à ses amours, et aux autres la réussite, mais non sans peine.

---

(1) Les Turcs appellent *fez*, les Arabes *tarbouche* une espèce de bonnet rouge du centre duquel pend un gros flot de fils de soie noire ou bleu obscur, qui sert à ces peuples de couvre-chef.

L'ancienne forme du *tarbouche* est à peu près celle d'une calotte, mais un peu plus grande, autour de laquelle on enveloppait le turban ; la fashion orientale l'a modifiée aujourd'hui en une espèce de cône tronqué, gommé, cartonné, doublé de soie, avec de petits orifices pour l'air, etc.

Oter son tarbouche de sur sa tête : séparation d'avec son supérieur. Si un jeune homme inconnu vous l'ôte : séparation d'avec son supérieur ou mort de celui-ci. Distribuer des tarbouches est, pour un souverain, signe qu'il élevera des dignitaires au grade de gouverneur des provinces.

TARBOUCHIER. — Chef, directeur, personne qui commande aux autres.

TARENTULE. — Homme irréligieux qui pousse au mal et éloigne du bien.

TARRAS. — Voyez *Muletier* ou *Anier*.

TASSE. — Cadeau ; y boire : grossesse de votre femme.

TATOUAGE. — Sur la main : il vous arrivera une chose humiliante qui sera suivie de fraude, astuce et tromperie. Pour une femme : ce songe est signe d'astuce et de fourberie.

TAUPE. — Femme perverse ou voleuse, ou qui tend à dégénérer.

Autres interprétations. Taupe : aveuglement moral, quelquefois même ridicule, insensibilité, torpeur.

TAUREAU. — Voyez *Constellation*.

TAUREAU. — Même sens qu'à *Bœuf*, excepté dans ce qui suit. Le mugissement du taureau annonce qu'on tombera dans des intrigues à cause de faussetés. Taureau qui parle : mort.

Selon d'autres écrivains le taureau est l'image d'un grand personnage qui vous nuira. Taureau furieux : danger ou menace de la part d'un supérieur. Taureau blessé : perte de dignité.

Recevoir des coups de corne d'un taureau est pour un serviteur ou un esclave le présage d'une maladie dont la longueur sera proportionnée au nombre de coups de corne reçus.

TAHAN. — Voyez *Terrassier*.

TEBNE. — Voyez *Paille*.

TECHTE. — Voyez *Vase*.

TEIGNE. — *Insecte :* voyez *Gerce.* Teigne, *maladie :* voyez *Éruption cutanée.*

TEINTURE. — Se teindre les mains et les pieds : embellissements mondains pour ses parents. Se teindre une autre partie du corps : crainte de douleurs auxquelles pourtant on échappera.

Teindre des vêtements, des étoffes : joie, gaieté, mais sans argent ; quelquefois incertitudes et soucis pour manque d'argent.

TEINTURIER. — Personnage qui contraint les autres à accepter ce qu'il veut : tromperie et arrogance. Un teinturier chez vous qui vous teint quelque chose est l'image de la mort.

On dit encore que le teinturier pronostique une longue maladie, des affaires embarrassées.

TEINTURIER DE PEAUX. — Personnage qui délivre les gens des griffes du dominateur.

TÉMOIGNAGE, TÉMOIN. — Vrai, sincère témoin : homme qui hait ses ennemis ; faux témoin, parjure : mauvais signe.

TEMPLE. — *Mosquée, église, synagogue, temple quelconque, pourvu qu'il appartienne à la religion du songeur.* Le temple se réfère au jour du jugement ; il est l'image d'un lieu saint ou d'où provient le bien-être et l'utilité ; il représente encore un marché, le palais du souverain, un savant. Les nattes ou les tapis d'un temple se réfèrent aux gens pieux ; les lampes, les lumières, aux savants, guerriers, ou gardiens de la ville ; le chœur, l'orgue, etc., au maître de chapelle ; la chaire au souverain ou au prédicateur ; les portes, aux prêtres et à ceux qui sont chargés de protéger les intérêts des gens ; le clocher, au premier magistrat de la ville ; et tout ce qu'on y verra en songe de beau ou de laid, de bien ou de mal, de bon ou de mauvais devra s'interpréter en conséquence.

Temple paré : héritage accompagné d'un long procès.

Rêver qu'on entre dans un temple : prochain mariage. Aller tard au temple pour prier, si l'heure est passée ou s'il n'y a plus de place : insuccès, empêchements dans ses affairos. Prier dans un temple sans s'être purifié ou avoir pris de l'eau bénite, etc., on travaille sans capitaux; signe d'embarras ou de révolte dans son gouvernement ou son État pour un souverain ou gouverneur; pour un ouvrier ou un professionniste, il n'aura plus le moyen de faire du bien avec le produit de son travail. Mais lorsqu'on s'est purifié, etc. : prospérités et cessation de chagrins. Rêver que l'on prie au milieu du Temple de Jérusalem : signe certain d'un immense héritage; lorsqu'on est d'un côté : pèlerinage; et quand on y allume une chandelle : mort d'un fils. Femme qui rêve de prier dans l'enceinte dans laquelle se tient le prêtre : grossesse; et si elle est enceinte elle accouchera d'un fils. Rêver qu'on prie indécemment dans un temple : graves pertes dans les travaux que l'on entreprend.

Prier hors du temple : consolation, bonne réussite en affaires. Rêver qu'on parle, qu'on est distrait dans un temple : obstacles, empêchements en affaires, jalousie, ennuis, chagrins. Disputer à haute voix dans un temple : querelles en famille; y être assis et endormi : on commettra un crime.

Prendre licitement quelque chose dans un temple : cadeau du souverain : y voler quelque chose : punition prochaine. Rêver que du ciel il y tombe une grosse pierre : arrivée dans la localité d'un collecteur, d'un receveur d'impôts, d'un homme dur, d'un gouverneur tyrannique; quelquefois homicides, malheurs pour les habitants; lorsque la pierre se brise en tombant : malheur partout où il en est volé un éclat. Arbre dans un temple; voir ce mot, et en général au nom de la chose qu'on y a vue. Se rêver au milieu d'un temple : pèlerinage, si c'en est l'époque; amendement pour un pécheur. Voir un mort dans un temple : il sortira des peines dans lesquelles il se trouve. Rêver un temple en ruine : mort en ce lieu d'un grand homme. Mur d'un temple qui s'écroule : mort du souverain. Bâtir un temple : droiture, honnêteté dans tout ce que l'on fait; on deviendra grand juge si l'on y peut prétendre; composition d'un livre d'utilité publique pour un écrivain, savant; mariage pour un célibataire : accroissement de richesses, pour un richard ; construction d'édifices dont il tirera de gros profits, pour un mondain.

Voir bâtir un temple : bénédiction divine sur le songeur qui fera de grandes aumônes. Temple nouvellement bâti et encore tout nu, sans ornements, tableaux, etc : mort d'un parent ou ami, existence agitée, douleurs, chagrins.

Démolir un temple ; on en bâtira un. Temple changé en théâtre ; le songeur se pervertira. Faire d'un temple une boutique ; on néglige l'autre monde pour celui-ci ; en faire un bain ; complète dégénération religieuse causée par des femmes.

TEMPLE *d'une autre religion que celle du songeur.* — Il représente un tombeau, une prison, l'enfer, un lieu de séparation.

D'autres auteurs disent qu'il est signe ; d'hypocrisie, d'avarice, d'incrédulité, qu'il annonce la perte de son emploi, de son temps ou de son argent.

Rêver qu'on s'y trouve à prier : on ira visiter ses morts, ou on priera pour eux. Rêver qu'on y prie comme ceux de la religion à laquelle appartient le temple ; on choisira ses amis parmi des hérétiques, des pervers, des coureurs de femmes, des ivrognes, si le songeur est un homme ; si c'est une femme, elle courra les fêtes, les bals, etc., et se perdra, ou bien elle ira dans un lieu où l'on pleure un mort. Chanter les prières du matin dans ce temple : victoire pour les guerriers, on convertira des infidèles. Y pleurer et crier en se désespérant : on sera mis en prison. Y voir un mort : il est à l'enfer ; s'il y en a plusieurs ; mauvaise administration de la chose publique, de la dette publique.

TEMPS. — Rêver qu'il fait beau temps : vaines illusions, mauvais temps, affliction et gêne pour les riches ; repos et sûreté pour les pauvres ; temps très-obscur : injustice, tyrannie ; lorsqu'en même temps il y a du tonnerre et des éclairs, tyrannie encore plus grande.

TENAILLES. — Force et richesse.

TÉNÈBRES. — Voyez *Obscurité*.

TENTE. — Grande tente : grandeur, souveraineté, puissance, pouvoir, propriété ; petite tente : tout ce qui précède, mais avec moins de force. Pour un négociant la tente est quelquefois signe de voyage.

D'aucuns disent que la tente indique : querelles et embarras ; d'autres qu'elle est signe de sûreté.

Être dans une tente : triomphe sur ses ennemis. En voir sortir le souverain : affaiblissement de sa puissance. Si, après qu'il est sorti, la tente est renversée ou pliée, perte de sa souveraineté. La tente pliée est en général et pour tous signe de décadence. Monter, planter une tente : prospérité et honneurs. Tente de couleur verte ou blanche, on mourra en accomplissant les devoirs de sa religion, ou on ira en pèlerinage.

TERRAIN. Pour celui qui rêve d'en posséder, il est l'image d'une félicité analogue à la quantité, à l'étendue, à la qualité du terrain. Le terrain que l'on connaît, se réfère à la localité dans laquelle se trouve le songeur, et à sa population : il est encore signe de départ lorsqu'on y voit un chemin ; si on en connaît les limites, il se réfère à la femme du songeur, selon ce qu'on y aura vu en bien, mal, beau ou laid.

On dit d'un autre côté que le terrain est l'image de l'épouse du songeur, ou de ses enfants ; et qu'il pronostique : l'abondance, la richesse, la fécondité.

Rêver qu'on est propriétaire d'un terrain inconnu : grandes richesses pour qui est dans le besoin ; mariage pour le célibataire ; empire, commandement, puissance pour qui est en état d'en avoir. Vendre ou céder un terrain, mort pour le malade, d'autant plus si ce terrain n'est pas connu du songeur ; appauvrissement pour le riche, si le terrain cédé est fécond et fertile.

Recevoir en don un terrain : en général, héritage inattendu ; pour le célibataire, épouse dont les qualités seront analogues à celles du terrain ; pour les hommes mariés : succès.

Sortir d'un terrain stérile pour entrer dans un autre qui est fertile, sortir du mauvais sentier pour se mettre sur le droit chemin. Rêver que le terrain s'ouvre, se fend : triste avenir pour cet endroit; s'il en sort un jeune homme : inimitiés parmi vos concitoyens; un homme d'âge mûr : secours providentiel et prospérité. S'il en sort un lion : souverain tyrannique; un serpent, une vipère : tourments continuels en cette localité. Lorsqu'en s'ouvrant la terre germe : fertilité, prospérité. Terrain qui s'affaisse : mauvais augure. Terrain qui s'abîme : bouleversement déplorable dans les affaires du songeur, manque de providence. Se trouver sur un terrain et s'abîmer avec lui : ruine totale et changement de la joie en douleur, des amis en ennemis. Terrain verdoyant dont on croit être le propriétaire : désirs satisfaits; terrain dont l'herbe est sèche : il vous arrivera du mal. Rêver un terrain incultivable : pauvreté.

Se rêver sur un terrain, une terre obscure : chagrins, mélancolie; sur un terrain plat et égal : joie et succès; sur un terrain raboteux et sur lequel on marche avec peine : misère; sur un terrain stérile : épouse mauvaise et infidèle.

Petit terrain : existence modeste. Terrain qui se présente vaste et qui a une grande étendue : longévité et prospérité. Terrain qui vous parle en bien : vie belle et pieuse; si on ne le comprend pas : biens qu'on obtiendra par des procès; s'il vous parle impertinemment : biens acquis par des moyens illicites. Pour qui a des malades, creuser un terrain : veut dire qu'il prépare leurs tombes; pour un voyageur, la terre extraite représente ses bénéfices; pour un époux : le trou est l'épouse; la terre la consommation du mariage. Creuser dans la terre dure : richesses, en proportion de ce que l'on a creusé; dans la terre molle : tromper quelqu'un dans le but d'en obtenir des biens, et peines proportionnées à la mollesse du terrain creusé. Creuser pour les fondements d'une maison, etc. : biens qu'on obtiendra de sa femme, à force d'intrigues, de caresses, de cajoleries, etc. Creuser un terrain et en manger la terre : biens acquis par la ruse. Rêver qu'on a plié un terrain en deux : acquisition d'une propriété.

Baiser la terre : humiliation, souvent mort.

TERRASSE. — La terrasse est signe de triomphe sur

ses ennemis ; quelquefois elle indique l'élévation, le commandement. Terrasse couverte de sauterelles : pluies abondantes. Monter sur la terrasse : réussite dans ce que l'on entreprend ; mauvais présage si l'on monte avec peine et difficulté. Se trouver sur une terrasse inconnue : élévation et appui d'un grand personnage ; y creuser une fosse : longévité. Tomber du haut d'une terrasse, est souvent signe de la colère divine, malheur plus ou moins grave selon sa hauteur. Tomber d'une terrasse par terre : il sera manqué à une promesse faite au songeur, perte de position causée par la calomnie et la médisance, séparation d'avec ses biens ou de ce que l'on aime le plus ; pour un souverain : perte du trône. Tomber d'une terrasse dans un lieu saint, sur des gens en prière ou dans un jardin : amendement ; tomber sur des immondices, des reptiles, des bêtes fauves : pervertissement ; tomber dans la boue : inexécution d'une chose que l'on devait faire.

TERRASSIER. — Homme fourbe et subtil.

Celui qui corroue les terres pour les constructions en moellons crus. Personnage qui met à couvert le déshonneur d'autrui.

TERRE. — Voyez d'abord *Terrain*. Accumuler de la terre : acquisition d'une propriété. Creuser un terrain et manger de la terre : biens acquis par la ruse. On dit encore que manger de la terre : peut être signe de longues maladies ou d'abandon. Manier de la terre : droiture. Uriner de la terre : péché contre la religion. Rêver qu'on est recouvert de terre ou par la terre : gêne et vie difficile ; rêver que la terre couvre toute une contrée : maux publics, mortalité dans cette localité. Voyez encore *Poussière*.

TESTAMENT. — Tout acte écrit ou recommandation orale faite à l'usage de ou par qui se prépare à la mort : recherches dans le but d'affermir, d'améliorer ses croyances religieuses.

Autres interprétations. Le testament : pronostique un héritage ; rédiger son testament ou celui d'un autre : très-bon signe pour vous, mais malheur inattendu pour cette personne ; faire son testament : obstacles, empêchements à ce que l'on fait ou veut faire; en lire un : embarras financiers et incertitudes ; mais, lorsqu'on y est constitué héritier ou qu'on y a un legs : bien immense ; en déchirer un : querelles, dissensions en famille.

TÊTE. — Avoir la tête plus grosse qu'elle ne l'est réellement : accroissement d'honneurs et de réputation ; l'avoir grossie à la place du cerveau : veut dire qu'on a de nombreux ennemis. L'avoir plus petite : diminution, amoindrissement d'honneurs. L'avoir sale : douleurs, deuils. Se la teindre avec de la teinture : on gardera les secrets de ses supérieurs. Avoir la tête ointe et parfumée : signifie que l'on compte sur sa beauté. L'avoir propre et bien lisse : honneurs et richesses; l'avoir en désordre : éparpillement des biens de son supérieur.

Autres interprétations. Avoir la tête enflée ou plus grosse qu'en réalité : honneurs, dignités, gloire, triomphe sur ses ennemis et gain de procès, abondante récolte pour les cultivateurs, soulagement de souffrances pour les malades ; ce songe est mauvais pour ceux qui sont dans les affaires ; tête longue et étroite : mépris, perte de réputation ; tête petite et difforme : servilité, piéges ; tête pleine de poux : gros bénéfices ; tête de nègre : continuation de succès, craintes et inquiétudes changées en joies ; selon quelques écrivains : longs voyages et affaires incertaines; selon d'autres : tête mal peignée : ennuis, douleurs, outrages ; chauve : longévité, colère : tête de mort : deuil, d'après quelques-uns ; précautions à prendre, d'après une autre catégorie.

Avoir la tête un peu inclinée : annonce au songeur qu'il lui viendra de grands biens et de grandes richesses de la part d'un parent. Rêver qu'on a la tête renversée : pertes, revers de commerce, empêchements à un voyage que l'on veut entreprendre, très-longue absence pour un voyageur. Se la rêver renversée et suspendue : vie longue, mais gênée, quoique l'on s'attire l'estime et le respect de tous. L'avoir renversée et inclinée : est signe de repentir d'une faute, d'un crime commis. Rêver que sa tête en a formé deux : longs et continuels voyages. Avoir deux têtes : victoire sur les ennemis, pour un guerrier ; richesses pour un pauvre; fils valeureux pour un riche; mariage pour un célibataire, lequel obtiendra tout ce qu'il désire.

Avoir plusieurs têtes : est signe de gloire, honneurs, commandement, direction, autorité.

Avoir la tête de chien, de cheval, d'âne ou d'un autre animal domestique : dévotion, piété et grande peines; l'avoir d'éléphant, de lion ou autre animal fauve : on entreprendra une chose estimée au-dessus de ses forces, et dont on tirera profit, puissance, commandement et triomphe sur ses ennemis.

Avoir une tête de bête fauve : est signe d'amour et de respect; si c'est celle d'un sanglier : contradiction, humiliation.

Rêver qu'on vous rase la tête : pèlerinage, si c'est en l'époque pour un chef quelconque d'ouvriers, d'un établissement, d'une usine, de troupes, d'une armée : appauvrissement, si ce n'est pas l'époque de pèlerinage ; mais s'il était destitué, il recouvrera sa place. Pour un riche : ce songe est signe d'amoindrissement de ses richesses; pour un pauvre : de fortune. Pour une femme, rêver que son mari lui rase la tête : il lui payera ses dettes. Se raser soi-même : payement de dettes. Rêver qu'on a la tête rasée : triomphe sur ses ennemis, prospérité, force, providence; pour une femme mariée : abandon de la part de son mari, mort. Rêver qu'on a la tête rasée et le visage noir : éloignement de parents. Ces derniers rêves sont nuls pour ceux qui n'ont pas l'habitude de se faire raser la tête. Perdre sa tête sans qu'on nous l'ait coupée : séparation d'avec son supérieur; la trouver et la transporter : on deviendra chef. Rêver que pendant qu'on la voit couper à quelqu'un, on vous coupe la tête et qu'elle tombe : guérison pour le malade; payement de dettes pour le débiteur; pèlerinage pour qui n'en a pas encore fait; joie pour les affligés; lorsqu'on connaît celui qui vous l'a coupée et que c'est un jeune homme : on mourra dans la position dans laquelle on se trouve; si c'est un souverain ou un grand personnage : signe que Dieu vous soustraira à vos peines et à vos souffrances en vous comblant de richesses et d'honneurs. Lorsque après que votre tête a été coupée, vous la reprenez, la remettez en place et rêvez qu'elle tient : mort en guerre. Souverain qui coupe la tête à ses sujets : il les pousse au bien et pardonne aux criminels; pour qui est en prison : délivrance. Rêver que le souverain coupe la tête à quelqu'un et qu'il met le mort sur vos épaules : persécution injuste contre quelqu'un pour une chose qu'il ne lui est pas possible de faire; ou bien : il vous sera demandé autant d'argent que pesait le mort. Couper la tête aux autres : obéissance aux ordres du songeur dans le lieu où il a coupé les têtes.

Quelques écrivains sont d'avis que rêver d'avoir la tête coupée ou en avoir une sans corps : est signe de richesses, de joie, de consolation pour les affligés, de guérison pour les malades, de liberté pour les prisonniers; tête à moitié coupée : incertitudes; rêver qu'un ami du songeur se coupe la tête : l'un et l'autre auront une position identique; si c'est un inconnu : il vous trompera; avoir la tête coupée par un enfant : maladie; pour une femme enceinte : elle accouchera d'un fils ou son mari tombera malade; couper la tête à quelqu'un : réussite, vengeance contre ses ennemis ou bien on échappera aux pièges qu'ils vous tendent; la couper à un homme armé : on occupera une grande charge auprès d'un haut personnage auquel on sera utile; la couper à un quadrupède : événements désagréables; à un volatile : plaisirs, fêtes, etc.

Rêver de têtes coupées : commandement; en voir dans un certain endroit : des chefs s'y réuniront. Une tête ensanglantée dans un plat, un vase quelconque : mensonges du chef. Rêver qu'il entre chez vous des gens portant des têtes coupées sur des plateaux : signe de puissance et de fortune en évaluant chaque tête à mille monnaies. Rêver sa tête plantée sur une pique, une lance, une perche : on deviendra un chef ou un directeur élevé ou distingué.

Avoir sa tête dans les mains : perte de sa femme ou d'un enfant; pour un célibataire : mariage inattendu; faire sauter sa tête : réussite; se la laver : dangers évités.

Acheter une grosse tête d'animal : on trouvera quelqu'un qui vous aide; si la tête sent mauvais : calomnie dont on sera victime; en avoir acheté une de mouton : on aura de mille à dix milles monnaies d'argent. Manger les yeux d'une tête cuite : on mangera les biens de supérieurs ou de négociants. Manger un cerveau : on mangera son bien et celui d'autrui. Manger une tête d'homme crue : accusations qu'on lancera contre un supérieur, et on aura des biens de ses supé-

fleurs; la manger cuite : on mangera la fortune de la personne dont on a mangé la tête, si on la connaît; si on ne la connaît pas : on mangera sa propre fortune.

TÉTER. — Voyez *Allaitement*.

THÉOLOGIE. — Rêver d'être savant en théologie et que le monde écoute vos enseignements : chagrins, affliction pour des malheurs qui vous frapperont et on fera des condoléances.

TIGRE. — Ennemi implacable. Le terrasser : succès, on échappera à un grand danger. Le tuer : triomphe complet sur vos ennemis.

D'autres affirment : qu'il représente un ennemi envieux, cruel, bas; quelqu'un prétend qu'il est signe de jalousie.

TIRANTS. — *Tirants de chaussures*. S'ils sont mauvais : mauvais voyage; casser ou enlever les tirants de ses chaussures : empêchements à un voyage. Les tirants peuvent encore, selon l'état dans lequel ils se trouvent, se référer aux qualités de l'épouse.

TIROIR. — Nouvelle qui vous arrivera sous peu de jours, surtout si le tiroir contient des bijoux.

TISON. — En avoir un en main : élargissement du souverain; toucher les autres avec ce tison : pertes, ou bien on sera cause d'inimitiés entre ces personnes. En trouver un à la porte de sa maison qui ne fait pas de fumée : pèlerinage. Le trouver au milieu de la maison : on plantera un arbre dans le jardin.

D'autres disent que le tison est signe de discorde entre frères ou amis intimes.

TISSER. — Rêver de tisser, lorsqu'on est en litige ou en procès : ils cesseront ou s'arrangeront; lorsqu'on est en prison : liberté. Couper immédiatement, après l'avoir faite, la chose que l'on vient de tisser ; insuccès, non-réussite dans ce que l'on désire. Cette interprétation, ainsi que pour d'autres lieux analogues, est générale, et n'est valable que lorsqu'il n'y a aucune traduction au nom de la chose tissée.

TISSERAND. — Personne qui amasse des biens avec peine : chagrins, maladie, voyage, inimitié.

TOC. — Voyez *Collier.*

TOMBEAU. — Voyez d'abord *Fosse.* Fin du monde, mort, habitation d'infidèles, ou d'hérétiques, de pervers. Voir un tombeau : annonce qu'il arrivera justement ce qu'on craignait qu'il n'arrive. Beau, riche tombeau dans un lieu vaste : grandeur, prospérité ; l'explication se fera au rebours lorsqu'on rêve le contraire. Rêver un tombeau dans un lieu inconnu : amitié avec un mauvais sujet. Rêver qu'il y a un tombeau dans une de vos propriétés, près d'une maison ou autre lieu dans une ville : vos fils bâtiront une maison dans cet endroit.

Quelques écrivains considèrent le tombeau : comme l'annonce d'un héritage.

Voir des morts qui sortent de leurs tombeaux : ce songe indique qu'en cette localité se trouve une mauvaise population, laquelle se trouvera dans les peines et les souffrances ; ou : délivrance de prisonniers, retour d'incrédules ou hérétiques à la vraie religion, abondante récolte d'un produit sur lequel on ne comptait plus. Un riche qui tourne autour des tombeaux et salue les siens : deviendra pauvre au point de demander l'aumône. Gratter une tombe avec ses ongles ou un instrument : recherche d'antiquités ; si c'est le tombeau d'un savant : recherche des œuvres de ce savant pour tirer son nom de l'oubli injuste dans lequel il était tombé ; si c'est le tombeau d'un pervers : chercher le mauvais chemin de la cécité, ou maniement de biens acquis d'une façon malhonnête. Se rêver debout sur un tombeau ou une fosse : on commettra un crime. Rêver de bâtir une chambre, etc. sur un tombeau ou d'entrer dedans : mort, pour un malade. Entrer dans un tombeau, triste, pleurant et affligé : amitié des honnêtes gens pour qui n'est pas malade ; mais y entrer content et souriant ou uriner dessus : amitié avec les pervers, les irréligieux. Entendre chanter pendant qu'on y entre : veut dire que vos conseils ne seront pas écoutés. Rêver d'être entré dans un tombeau : on achètera une vieille maison tombant en ruine. Être mis dans un tombeau : propriété d'une maison; si on jette de la terre sur vous : fortune proportionnée aux grains de terre qu'on vous a jetés. Mourir près d'un tombeau, sans avoir été mis dedans : cessation de maux et délivrance de captivité. En sortir après avoir été mis dedans : amendement.

Tombeau en ruine : inquiétudes, douleurs, maladie pour le songeur; bâtir un tombeau : mariage, naissance d'enfants, d'après quelques auteurs; perte d'amis et d'enfants, selon une autre catégorie; ces derniers disent que démolir un tombeau : est signe de joie et de mariage.

Porter quelqu'un jusqu'auprès du tombeau : on le persécutera jusqu'au point de le ruiner.

TONDEUR. — Personnage qui préfère l'amitié des honnêtes gens aux richesses.

TOIT. — Même sens que *Terrasse*.

TONNEAU. — Plein de vin : abondance; de vinaigre : très-bon présage, prospérité, fortune, succès en tous sens; plein d'eau : bon signe. Un tonneau vide n'est pas d'un bon augure. Un grand nombre de tonneaux vides : on n'a affaire qu'à des hypocrites.

TONNELIER. — Chef d'hypocrites, de gens qui unissent la ruse à la force.

TONNERRE. — Le tonnerre a de nombreuses interprétations. Il indique des persécutions souveraines, ou l'accomplissement de ses promesses; mais, le plus souvent, il dénote le payement de ses dettes, la guérison pour un malade, la délivrance pour un prisonnier. Tonnerre sans éclairs : fourberies, mensonges, faussetés. Tonnerres au ciel : nouveaux ordres du souverain; si le songeur est de ceux auxquels la pluie est utile : signe de pluie ; s'il est de ceux auxquels la pluie est nuisible : il pleuvra et elle lui causera de grands dommages. Lorsqu'avec le tonnerre on voit des éclairs : les ordres du souverain seront immédiatement exécutés, ou bien il pleuvra bientôt. Coups de tonnerre légers et pas très-suivis : utilité publique ; forts et incessants : tourments. Tonnerre, pluie et éclairs : craintes pour les voyageurs, pour ceux qui sont en route ; pour les autres : égoïsme. Tonnerre sans pluie : est encore signe de craintes. Voir lever le soleil lumineux avec éclairs et coups de tonnerre : événement joyeux de la part du souverain ; mais si c'est avec la pluie : calamités publiques, telles que disette, mortalités, épidémies, invasion de sauterelles, froids très-rigides ; ou bien émeutes, révoltes, insurrections ou guerres lorsqu'on n'est pas en bonne harmonie avec un peuple de ses voisins.

TOPAZE. — Frère ou fils obéissant, ou frère et ami religieux.

TORDAGE. — Tordage de fil et de ficelle : bouleversement dans votre position ; de cordes ou de quoi que ce soit : prochain voyage.

TORTUE. — Femme qui s'embellit et se parfume pour se présenter aux hommes ; grand juge, savant insouciant du monde. En prendre ou en voir entrer chez soi : triomphe sur une personne honorée ; ou sur un savant insouciant du monde, ou se rapprocher de lui. En manger les chairs : acquisition de savoir ou de biens. Rêver d'en voir une dans la rue ou au milieu des ordures, des immondices : perte, en ce lieu, d'un savant auquel personne ne fait attention ; ou perte, en cet endroit, de savoir et de piété. En voir dans un vase ou sur des vêtements : respect, en cette localité, pour la science, le savoir et la religion.

TOR. — Voyez *Plat.*

TOUR, TOURELLE. — Elle se réfère à un souverain, un

gouverneur, chef, directeur, savant, à la renommée, science, savoir et dévotion. L'interprétation devra être faite selon qu'on l'aura vue sur un des personnages ou choses susdites, en ayant égard aux conditions et à la position du songeur. Elle peut encore être signe de résistance. En voir une en l'air dans un cimetière, dans un désert, une campagne nue, désolée stérile : acceptation d'honneurs, ou on recevra de hauts personnages; la voir noire et pleine de pourceaux, elle est l'image du temple d'une religion à laquelle n'appartient pas le songeur.

GROSSE TOUR, *tour de forteresse*. — Mauvais présage. S'y voir dedans, ou dessus : signe de mort.

TOURNEUR. — Personnage qui combat les intrigants, les imposteurs et leur enlève leurs biens.

TOURTERELLE. — Femme religieuse ou fils providentiel.

D'autres disent : foi conjugale, mariage prochain.

TOUX. — Assignation devant les tribunaux d'un personnage reçu par le souverain; ou bien on accusera quelqu'un. Selon quelqu'un autre, ce songe est signe d'imprudence ou d'indiscrétion qui aura des suites fâcheuses.

TRADUCTEUR. — Traducteur des songes : commandement.

TRAHISON. — Commerce intime avec une personne de l'autre sexe, péché charnel.

TRAIRE. — Ruse, astuce, fourberie de celui qui trait; pour un négociant : prospérité et bénéfices honnêtes proportionnés à ce qu'il a trait. Traire une vache : récolte abondante, biens honnêtement acquis, fermeté en religion ; liberté pour qui en est privé, richesses pour un pauvre, et accroissement des siennes pour un riche. Vouloir traire une vache qui vous en empêche avec ses cornes : votre femme vous empêche ou vous défend de partager son lit; si la vache se laisse traire par un autre, celui-là séduira votre femme. Pour un domestique ou une esclave, traire la vache de son maître, veut dire qu'il en épousera la femme ; s'il en reçoit des coups de corne : il fera une maladie dont la longueur sera proportionnée au nombre des coups de corne reçus : lorsqu'elle s'élance sur lui : peine, souffrances, peut-être mort. Boire le lait après avoir trait, surtout si c'est celui d'une vache ; bon signe pour le célibataire, mariage avec une femme accomplie qui le rendra heureux et lui donnera un fils plein de vertus. Traire une brebis ou une chèvre : jouissance d'honnêtes bénéfices ; une chamelle : on deviendra fermier ou chef de vastes cultures. Traire et voir sortir du sang : actions mauvaises et injustes ; si c'est du poison : bénéfices illicites.

TRANQUILLITÉ. — Se rêver calme et tranquille veut dire qu'on aura des ennuis.

TRANSPORTER. — Transporter le souverain mort : accroissement de grandeur et puissance de l'État, mais diminution de piété dans le souverain et ses sujets.

TRAPPE. — Toute espèce de piége ou de trappe est signe de fourberie, d'intrigue, d'imposture et de tromperie.

Quelqu'un dit que préparer des trappes ou des piéges : indique que l'on tombera dans ceux qui vous sont tendus par un ennemi ; et qu'y être pris : est un pronostic de succès, réussite en affaires.

TRAVAIL. — Bonheur, succès, réussite. Rêver de travailler : mariage avec une vierge.

TRAVERSIN. — Voyez *Lit*.

TRAYEUR. — *Trayeur de brebis* : homme qui amasse des biens et se fait dans le monde une réputation de charité.

Trayeur de vaches : homme qui cherche une clientèle.

TRÉBUCHEMENT. — Rêver que l'on trébuche ou que l'on fait un faux pas : vous ferez des dettes.

Si en trébuchant il vous sort du sang : malheur. D'autres disent : bénéfices par des moyens déshonnêtes.

TREILLE. — En voir une couverte de raisins mûrs : aisance, bien-être, vie large. S'il en prend une grappe : gros bénéfices que l'on est près de réaliser ; la cueillir : profit réalisé, si le raisin est blanc ; s'il est noir, mauvais pronostic.

La treille est encore signe de fécondité.

TREMBLEMENT. Rêver que tout votre corps tremble : revers, douleurs, souffrances, adversité. Tremblement de la tête : gêne, souffrances, douleurs causées par un supérieur. Tremblement de la main droite : existence agitée, gênée, douloureuse. Tremblement d'une cuisse : les maux susdits vous seront causés par des parents ; du mollet : le songeur est cause lui-même de ces malheurs. Tremblement dans les pieds : gêne.

TREMBLEMENT DE TERRE. — Tyrannie du souverain sur ses sujets ; ou maladie du souverain, ou révoltes, émeutes, séditions. Le tremblement de terre est toujours d'un mauvais présage et quelquefois même est signe de mort.

Selon d'autres interprètes le tremblement de terre signifie : danger des biens ou de la vie, perte de procès, coup d'État ; ce songe, selon les mêmes auteurs, est bon pour les débiteurs, les prisonniers et ceux qui se trouvent hors de leur patrie.

S'il sort de la fumée de la terre pendant le tremblement, ou si l'on est blessé : pauvreté. Tremblement de terre qui engloutit une partie de l'endroit où l'on se trouve en songe, tandis que l'autre reste : arrivée du souverain en cet endroit pour y tyranniser les habitants, ou grave maladie. Lorsque le tremblement de terre a ébranlé une montagne : grand malheur qui frappera le souverain ou les grands du royaume.

Lorsque le tremblement de terre fait ébouler une partie du terrain, tomber un mur, des portes, le toit d'une maison : ruine, dommages, mort pour les membres principaux de la famille du songeur. Ville qui s'écroule et est engloutie par un tremblement de terre : guerre, épidémies, peste, disette ; lorsque la ville vous est inconnue : toute sorte de maux pour vos ennemis.

TRÉSOR. — Ce rêve est signe de grossesse pour votre

femme; de grandes richesses, de science, d'érudition, de prospérité pour le négociant; de commandement, domination, gouvernement pour qui peut y prétendre ; de grand mouvement d'affaires dans le pays.

TRÉSORIER. — *Trésorier public, d'une administration publique.* Personnage qui nuit à son prochain.

TROMPE. — Avoir une trompe au lieu de nez : signifie qu'on est de bonne race.

TROMPERIE. — Voyez *Ruse*.

TROU. — Trou dans la terre ou un mur : est l'image de la bouche, d'où il sortira des choses analogues à celles qui seront sorties du trou. Un trou dans la terre est encore signe d'astuce, de fourberie, de fraude, de tromperie. Rêver que l'on creuse ou fait creuser un trou : tromperie ; s'il en jaillit de l'eau : vie d'imposture, de ruse et de fourberie ; se laver à cette eau : vous recouvrerez ce qui vous avait été volé ou vous aurez des bénéfices qui vous en dédommageront; si on a des dettes : on les payera. Faire un trou dans la terre : pour qui a des malades, c'est leur préparer le tombeau; pour un voyageur : la terre extraite représente les bénéfices qu'il fera; pour un époux, le trou représente l'épouse; la terre enlevée, la consommation du mariage. Tomber dans un trou : même interprétation qu'à *Puits*. Trou de caverne ou de mine : fourberie, tromperie; y entrer : les conséquences de votre fourberie ou tromperie retomberont sur vous ; s'y avancer de façon à ne plus voir le ciel : on sera victime d'un vol commis chez soi ou en voyage.

TROUPE. — Voyez *Soldat* ou *Armée*.

TRUFFE. — Homme ou femme de basse origine, de peu de fortune : si on en voit une, deux ou trois. En voir un très-grand nombre : biens et prospérité.

TUER. — Tuer quelqu'un sans l'égorger : biens, prospérité pour le tué. Être tué : longévité; pour un esclave, l'être par son maître : liberté ; pour une personne dans une position servile, l'être par qui l'y tient : elle en sortira. Tuer son mari avec l'aide de quelqu'un est signe qu'on le pousse dans le mauvais chemin.

TURBAN. — Le turban est signe : d'empire, de commandement, de domination, de mariage pour un célibataire, d'un fils pour l'homme marié ; il se réfère encore au père ou à l'instituteur. Turban de coton ou de laine : autorité, direction religieuse ; de gaze : richesses. La couleur du turban n'est d'aucun poids dans l'explication. Turban d'une grandeur démesurée n'est pas de bon présage. Se mettre le turban : souveraineté, gouvernement, grand commandement pour ceux qui y peuvent aspirer ; ou bien, direction, supériorité, voyage avec opulence et grandeur. Lorsque le turban devient deux turbans : redoublement de toutes les choses susdites. L'action d'entortiller, en le tenant en main annonce un voyage, des expéditions de marchandises, un associé ou un parent.

TURQUOISE. — Avenir, triomphe, providence et longévité.

TYPOGRAPHE, TYPOGRAPHIE. — Voyez *Imprimeur, Imprimerie*.

TYRAN. — Rêver des tyrans : inimitiés ou contrariétés aux vrais croyants. Rêver le retour d'un ancien tyran tel qu'un Pharaon : apparition dans votre pays d'un souverain qui ressemblera en tyrannie au tyran qu'on a rêvé. Rêver que l'on est devenu tyran : acquisition de force, puissance et réputation, mais on mourra en commettant de mauvaises actions.

U

ULCÈRE. — Même sens que *Plaie*.

URINE, URINER. — Urine : biens mal acquis.

Boire de l'urine : recouvrement de santé, longévité.

Uriner dans une position qui sort de l'ordinaire : on dépensera mal ses biens. Uriner dans sa chemise : naissance d'un fils ; dans ses pantalons : grossesse de votre épouse ; contre un mur : définition rapide de vos affaires ; sur une place, au milieu du monde, ou dans un marché, une foire : entreprise que l'on doit exécuter ; dans un lieu inconnu : on épousera une personne de cette localité.

Autres et différentes interprétations. Uriner annonce encore la perte d'un emploi, de sa réputation ; pour d'autres ce rêve est signe d'arrangement d'affaires embarassées. Uriner contre un arbre : bonne solution de vos affaires ; dans son lit : lenteur dans l'exécution de ce que l'on doit faire. Uriner dans ses pantalons et se montrer dans cet état au public : honte pour une faute commise dans l'exercice de sa profession ou son métier ; si on couvre ses vêtements : la chose ne se saura pas.

Se laver avec l'urine d'un autre : cette personne aura un fils qui saura se créer des prosélytes. Uriner sur du pain : inceste ; dans la mer : on se maintiendra dans le chemin de la perversité. Uriner dans un fleuve : on donnera une partie de ses richesses au souverain ; dans un puits : dépense d'argent honnêtement gagné ; dans un bain ou établissement de bains : mariage pour le célibataire, ou cadeau, ou payement qu'on fera à une femme ; dans un vase quelconque, une outre, une assiette, un plat : mariage pour le célibataire ; grossesse de votre femme ; ou bien : vous lui accorderez ce qu'elle désire. Uriner dans un temple, une chapelle, dans l'enceinte où le prêtre accomplit ses fonctions : bon présage pour votre fils qui deviendra un grand savant. Quand une femme enceinte rêve de se trouver dans un temple et qu'il lui échappe des gouttes d'urine : cela indique qu'elle est très-féconde ; on dit que chaque goutte représente un enfant. Uriner en même temps qu'une autre personne et rêver que vos urines se mêlent : alliance entre vous. Uriner à moitié en retenant le reste : pour un riche, pertes, revers ; soulagement de ses douleurs pour l'affligé. Si une personne de votre connaissance urine sur vous : elle vous conseillera une chose dont vous tirerez profit. Voir une femme qui urine en grande abondance: est un signe certain que les hommes plaisent beaucoup à cette personne. Uriner du lait : irréligion. Uriner du sang lorsque votre femme est enceinte : avortement ; et si le sang vous brûle : vous partagerez à votre insu la couche de l'épouse d'un autre. Uriner du sang dans un ruisseau, tomber dedans et en être éclaboussé : faveurs d'une femme ou chagrins. Uriner du safran : naissance d'un fils qui sera toujours maladif et chétif. Uriner de la terre, de la poussière : péché contre votre religion ; du feu : naissance d'un fils voleur ; un poisson : naissance d'une fille ; un volatile : naissance d'un bon fils. Voir encore à ce que l'on a rêvé d'uriner.

V

VACHE. — La vache est l'image de l'année ; si elle est grasse ou pleine : abondante récolte, année fertile ; si elle est maigre : *vice versâ*. Elle est encore signe : de richesse et d'élévation ; vache grasse : femme riche ; vache maigre : femme pauvre. Vache avec du lait : femme riche et ses bienfaits. Traire une vache : voyez *Traire*. Vache à cornes : femme qui contrarie son mari. Vache qui a une tache blanche au front gêne au commencement de l'année ; sur un flanc : à moitié de l'année ; dans les jambes : à la fin de l'année ; au front aux flancs et aux jambes : gêne pour tout le courant de l'année. Vache entièrement écorchée : malheur pour les parents du songeur ; si elle l'est à moitié : malheur pour une fille ou une sœur ; si elle l'est aux trois quarts : malheur pour votre épouse. Manger de la vache cuite : acquisition de biens honnêtement gagnés. Acheter une vache grasse : puissance et domination. En monter ou en attacher une qui est entrée dans la maison : richesse, bonheur et chagrins épargnés. Vache qui vous donne des coups de cornes : pertes.

Vaches réunies en troupeau : troubles et dissensions parmi les grands de la localité. Lorsqu'on voit plusieurs vaches entrer dans une ville l'une après l'autre : autant de vaches il entre, autant d'années elles représentent, lesquelles seront fertiles ou non, selon que les vaches étaient grasses ou maigres ; les années de fertilité et de disette s'alterneront ou se suivront dans l'ordre des vaches grasses ou maigres que l'on a rêvées. Si les vaches entrent toutes en même temps et si la ville se trouve sur un fleuve ou sur la mer, si elles entrent dans la ville à l'époque ou tout verdoie ou au plus fort commerce de cette localité : il arrivera dans cette ville un nombre de cargaisons de marchandises égal à celui des vaches entrées. Mais lorsque la ville n'est pas sur la mer ni un fleuve et que ce n'est pas l'époque de son commerce : troubles, discordes ; si les vaches sont grasses : épidémie, grande mortalité si elles ne le sont pas. Et lorsque les vaches sont de couleurs différentes, qu'elles ont de grosses cornes, qu'il leur sort du feu et de la fumée des narines : cette ville sera assaillie par des soldats ou des ennemis qui la prendront.

VACHE SAUVAGE. — Femme. On donne généralement à la vache sauvage le même sens qu'à l'âne sauvage, auquel nous renvoyons le lecteur pour les interprétations.

VAISSELLE. — La vaisselle d'or n'est pas d'un bon augure; et si elle se brise : mort d'un domestique. La vaisselle d'argent représente des employés ou des serviteurs. Les vases et les tasses : règles de la vie; les casseroles : le chef de famille qui dépense largement, ou une femme étrangère. Donner ou recevoir de la vaisselle d'argent : dépôt que l'on recevra ou que l'on fera. Voyez *Vase, Plat,* etc.

En voir sans la posséder : colère, envie; en trouver par la rue : chagrins, peines, angoisses causés par une chose que l'on a perdue. En perdre : amélioration dans vos affaires; en vendre : difficultés surmontées, changement de position en mieux; en recevoir en dot : amour fidèle pour son époux ou épouse.

VALET. — Voyez *Domestique.*

VANNIER. — Marchand de chair humaine, d'esclaves.

VARIOLE. — Accroissement de biens et de fortune. Avoir des pustules qui jettent de l'humeur : bénéfices en accroissement.

Quelques interprètes disent d'autre part qu'avoir la variole est signe : de déshonneur, de richesses et de profits peu honorables et illicites.

Rêver que votre fils a la petite vérole ou variole : ou à lui ou à vous il arrivera quelque chose de bien. Rêver que c'est votre domestique qui l'a : mauvaise action qu'il commettra. Voir quelqu'un avec la petite vérole : diminution d'honneurs et de considération pour cette personne.

VASE. — Nous entendons ici par ce mot désigner toute espèce de vase quelles que soient sa forme et sa matière, pourvu qu'il n'en ait pas été fait une mention particulière en son lieu et place.

Vase en général. S'il contient de l'eau : biens amassés; le porter ainsi : richesses pour un pauvre, mariage pour le célibataire; grossesse pour une femme mariée, si c'est elle ou son mari qui l'a rempli. Vase de verre plein d'eau : femme enceinte; s'il se brise sans que l'eau s'en répande : mort de la mère en sauvant l'enfant; si l'eau se répand sans que le vase se brise, il arrivera le contraire. Si on vous donne un petit vase contenant de l'eau : naissance d'un fils. Vase à deux becs dans lequel on boit de l'eau douce d'un côté et de l'eau salée de l'autre : inceste avec sa belle-sœur. Lorsque le vase est en or ou en argent il sera toujours d'un meilleur présage que s'il eût été en terre ou en verre.

Autres et différentes interprétations. *Vase quelconque.* Plein : mariage, ou des démarches seront faites près de vous pour un mariage ; pour une personne mariée : naissance d'un fils et succès dans vos entreprises, mais obstacles opposés par les envieux. S'il est vide : fortune tardive, espoir mal fondé. Brisé : danger et menace pour un de vos parents. Vase en terre cuite : ennemis qui cherchent à vous nuire ; le voir auprès d'une fontaine : grandes peines ; le remplir de l'eau d'une fontaine ou d'un puits : facilité dans vos affaires.

Téchte (1). — Il se réfère à une femme, une esclave ou une domestique. Se servir d'un *téchte* en cuivre veut dire qu'on prendra une domestique ou une esclave ; s'il est d'argent, l'esclave sera grecque ou la domestique de bonne famille ; s'il est en or, il se réfère à une belle femme qui vous fera dépenser plus que vos moyens ne vous le permettent. Le *téchte* représente encore une femme dévouée à son mari, qui s'occupe de son ménage et de bonnes œuvres.

Djouné (2). — Magasinier.

Djam (3). — Ami de l'homme ; et s'il contient des douceurs : accroissement d'amitié dans le cœur de l'ami. S'il contient des légumes ou un mets aigre : inimitié entre vous et votre ami.

VAUTOUR. — Ennemi irréconciliable, personnage rapace, avide, insatiable. Le tuer : victoire sur ses ennemis.

VEAU. — Recevoir en don un veau ou une génisse : naissance d'un enfant. En monter un : grandeur, souveraineté, quelquefois souveraineté à l'étranger. En voir un mort :

---

(1) Vase de forme ronde, ordinairement en cuivre, qui sert aux laveuses ; et lorsqu'il est de petite dimension on l'emploie pour s'y laver, ce qui le ferait correspondre à la cuvette.

(2) Vase ou sac dont se servent les droguistes arabes.

(3) Vase de droguiste.

mort, malheur pour un grand ; si on s'en partage les chairs : ses biens seront partagés.

VEAU SAUVAGE. — Enfant. On attribue au veau sauvage la même interprétation qu'à l'âne sauvage.

VEILLEUSE. — Fils qui s'élèvera à une haute position, acquerra la renommée et les richesses, lorsqu'on l'allume aux heures requises.

Veilleuse allumée : amour ardent ; éteinte : oubli, ingratitude, événement désagréable et funeste.

VEINE. — Ce qu'on y voit se réfère à la famille du songeur ou à lui-même. Veine saignée de travers : mort du songeur ou d'un des siens. Voyez *Saignée*.

VENDANGES. — Voyez *Récolte*.

VENDEUR D'EAU. — Homme pieux et uniquement voué à Dieu, qui s'occupe du bien du prochain. Voyez *Porteur d'eau*.

VENT. — Le vent indique : la personne d'un souverain, les grands qui l'entourent, ses ordres, les peines infligées, les dispositions divines ; peut-être même est-il signe de fertilité, d'abondance, de providence, de bonnes nouvelles, de maladies, d'empêchement dans les organes, tels que le manque d'odorat, d'ouïe, etc. Vent impétueux qui déracine les arbres, abat les édifices, jette à terre les hommes et les animaux : graves calamités pour les gens de cette localité, telles qu'épidémies, massacres, tumultes, disette, guerre, etc. Vent calme, léger : cessation des maux susdits pour ceux qui en sont affligés, surtout lorsqu'ils sont assiégés par une armée. Vent qui s'abat sur une ville, une armée : victoire des ennemis. Vent simoun, vent du sud, ou qui jaunit l'air : maladies. Vent accompagnée de coups de tonnerre : souverain très-tyrannique. Grand vent : tyrannie d'un souverain ; s'il soulève de la poussière : guerre ; s'il souffle très-fort : tourments, souffrances. Vent doux et calme : profits. Vent agréable, très-léger, brise, zéphir : providence et fortune. Vent qui vous

transporte d'un lieu à un autre : grandeur et puissance, ou long voyage qui ne vous ramènera pas dans le lieu dont vous êtes parti. Se sentir transporté par le vent sans en être effrayé, et rêver qu'il fait clair ; domination, empire, direction, ou voyages par mer, suivant la position sociale du songeur ; richesses et prospérité pour un pauvre ; mais s'il ne fait pas clair et qu'on a peur : naufrage si l'on est dans un bateau ou une barque ; si on a des obstacles ou empêchements, ils s'accroîtront ; si on n'en a pas, on subira les conséquences d'intrigues ou de délations. Dominer le vent, en être le maître : grandeurs, puissance, souveraineté.

VENTE. — En général : perte d'argent, de prospérité. Vendre des objets mondains : on préfère les jouissances de l'autre monde à celles d'ici-bas. Vendre une chose à laquelle on tient : maladie ; voir encore au nom de la chose vendue. Etre vendu ; si c'est un homme qui vous achète : malheurs, douleurs ; si c'est une femme : grandeur, élévation, prospérité, honneurs, en proportion du prix auquel on a été acheté. Vendre un serviteur : bon présage pour le vendeur et mauvais pour l'acheteur ; un esclave, *vice versâ*.

VENTOUSE. — Se les appliquer ou les mettre à quelqu'un pour tirer du sang : on sera nommé gouverneur, commandant, directeur, ou on aura des biens en dépôt. Lorsque la personne qui vous les applique est d'un âge mûr et est connue : ce sera un ami ; lorsque c'est un jeune homme : ce sera un ennemi. Mettre des ventouses à un jeune homme : triomphe sur des ennemis. L'application des ventouses indique encore des maladies et la diminution de ses biens ; s'il n'en sort pas du sang : biens, valeurs, richesses cachées sans savoir où, ou délivrance à quelqu'un d'une chose qui ne vous sera pas rendue ; s'il n'en sort pas du sang : bonne santé pour tout le reste de l'année ; si au lieu de sang il en sort un petit caillou, votre épouse accouchera d'un bâtard. Lorsque la ventouse se casse ou brise : répudiation ou mort de votre épouse. Lorsque la personne qui les applique est un ventousier et qu'il en sort du sang : homicide de celui auquel la ventouse a été mise, s'il a commis quelque crime de sang ; s'il elle est appliquée à un malade : guérison avec l'aide d'un médecin ; si elle l'est à un débiteur ou dépositaire : payement ou restitution du dépôt par le moyen d'un avocat ; si elle est appliquée à quelqu'un qui est sur le point de se marier : mariage immédiat ; à une personne qui n'est ni fiancée ni dans l'intention de se marier : acquisition quelconque qu'elle fera ou recouvrement de dettes.

VENTOUSIER. — Personnage qui montre aux gens la personne qui doit leur commander.

VENTRE. — Tant au dehors qu'au dedans il se réfère aux biens de l'homme, aux fils et aux parents. Il représente encore la maison, le magasin, la boutique. Avoir le ventre petit : aisance modeste. L'avoir plat et rêver qu'on n'a pas d'appétit : diminution de biens, contrariétés causées par le fils ou les parents ; mais si on rêve d'avoir appétit : accroissement de biens et amélioration de la position du fils en proportion de l'appétit ressenti. Avoir un grand ventre : biens nombreux ; et si l'on a faim : amour pour le monde et prospérités. S'ouvrir le ventre pour voir ce qu'il y a dedans : événement désagréable qui mettra des secrets au grand jour ; n'y rien voir : mort du malade, ruine de votre famille. Se l'ouvrir sans que les intestins s'en ressentent : naissance d'enfants pour qui n'en a pas ; richesses pour un pauvre. Rêver que le souverain ouvre le ventre à ses sujets : signifie qu'il les dépouillera. Manger son propre ventre : force physique et utilité pour la famille. Etre couché, allongé sur le ventre : perte de biens, de force, et ignorance de certaines choses. Marcher à quatre pattes en s'appuyant sur le ventre : on ne pense qu'aux choses de ce monde et on est tout à fait indifférent pour l'autre. Ramper sur le ventre : difficultés, obstacles qui vous empêcheront d'agir, et dépenses considérables au point d'en devenir pauvre ; ne pas pouvoir ramper parce qu'on a le ventre écorché, et demander à être transporté : appauvrissement au point de demander l'aumône. Ventre d'une bête fauve : biens provenant d'une femme.

VENTS. — Discours désagréables. Rêver que quelqu'un en a fait et qu'on en sent l'odeur : petits chagrins à cause des autres. En faire : chagrins, calomnie, médisance à la charge du songeur de la part d'une personne de rien ; en faire au milieu du monde, dans une société : chagrins connus de tous ; ou bien : on dira une chose dont on sera humilié. En faire involontairement au milieu du monde : providence dans vos besoins ; les faire exprès et bruyamment : arrogance, impertinence : ou bien : agissements qui pousseront le monde à médire de vous. Mais lorsqu'on les fait sans trop de bruit, et que le monde semble avoir du regret pour vous de ce qu'il vous est arrivé : signe qu'on aura une grande providence dans ses besoins. Faire des efforts pour les chasser et n'y réussir qu'à grand'peine : réussite dans une chose très-difficile et que l'on croyait impossible ; mais lorsque les vents viennent sans trop d'efforts ni de peine : on réussira facilement dans cette chose. Faire des vents nauséabonds pendant que l'on prie : on n'obtiendra pas, ou avec de très-grandes difficultés, la chose pour laquelle on prie.

VÉNUS. — La planète Vénus représente l'épouse du souverain.

VER. — Les vers du corps se réfèrent aux parents ; en évacuer : malheur pour quelque parent. Vers qui vous marchent sur la tête : biens, enfants, domestiques ; les sentir qui vous mangent dans le ventre : fils qui mangent vos biens.

VERGES. — Verges d'or : très-mauvais signe.

VÉRITÉ. — Elle indique la foi. Pour un hérétique, rêver qu'il dit la vérité : signifie qu'il se rendra à la lumière de la vraie foi.

VERRE. — Le verre ou tout autre vase à boire est l'image d'une femme ou d'une esclave. Verre qui contient de l'eau: biens amassés; s'il est plein: femme enceinte; le porter plein: richesse pour un pauvre, mariage pour qui n'est pas marié; grossesse pour une femme, lorsque c'est elle ou son mari qui l'a rempli. Si le verre se brise sans que le liquide se perde: mort de la mère en sauvant l'enfant; si le liquide se répand sans que le verre se brise: ce sera le contraire. Boire dans un verre: grossesse de votre épouse. Boire un verre d'eau annonce un mariage.

Certains auteurs sont d'avis que l'offre d'un verre d'eau présage un bonheur inattendu, la naissance d'un fils, un présent de la part d'un riche, et pour le célibataire un mariage prochain et selon son inclination. Rêver que l'on cache sous terre un verre plein d'eau: pertes, ruines, mépris public.

VERRE. — *Cristal*. Douleurs passagères. En porter: aveuglement, ne penser qu'aux choses de ce monde pour les jouissances qu'il procure sans penser à la fin. Verre brisé: biens; entier: épouse ou domesticité. En avoir un grande quantité: réunion de femmes en ce lieu, pour des motifs de tristesse ou de joie.

D'autres disent que le verre est un obstacle que l'on parviendra peut-être à surmonter. En voir qui se brise: mauvais présage pour la maîtresse de la maison ou ses filles.

VER RONGEUR. — Calomniateur.

VERROU. — Voyez *Cadenas*.

VERT. — Couleur verte. Ce rêve est présage de biens et de prospérité, pour ceux qui ne s'occupent que des choses d'ici-bas; pour la gent pieuse et dévote: espérance dans l'autre monde, redoublement de ferveur religieuse; ou encore: de souffrances, afin de mériter les récompenses de l'autre monde.

VESTE. — En acheter une ou l'avoir cousue et doublée: richesse pour un pauvre; mariage pour un célibataire; si on rêve de se présenter au souverain avec une veste: grandeur,

VÊTEMENT. — *Vêtement quelconque d'homme ou de femme.* Vêtement blanc : innocence, candeur, piété et bonheur, félicité mondaine. Vêtement rouge ou avec des broderies, ornements rouges : bon rêve pour les femmes, mauvais pour les hommes ; pour un souverain : signe de mort s'il est malade, sinon ce songe signifie : qu'il ne pense qu'aux fêtes, aux jeux, aux amusements. Vêtement rouge un jour de fête : bon présage. Vêtement jaune : maladie, faiblesse ; s'il est en soie ou en gaze : bon présage pour un homme, correction, amendement en fait de religion. Vêtement vert : espérance pour un objet religieux, héritage. Voir un mort vêtu de vert : il est mort pieusement. Vêtement bleu ou bleu de ciel : chagrins ou tristesse. Vêtement de différentes couleurs : chagrins dont sera cause le souverain ; pour des ouvriers : prospérité ; pour un malade : redoublement de son mal. Vêtements noirs : opulence et grandeur pour qui a l'habitude de les porter de cette couleur ; mauvais présage : pour les autres ; signe de mort pour un malade. Vêtement de laine ou de coton : biens ; de poils de chèvre ou de lin : biens en petite quantité ; de gaze, soie et coton : grands biens ; tout en soie : opulence et grandeur, mariage avec une personne haut placée ; mais mauvais présage pour les prêtres. Être vêtu de soie et avoir une couronne de pierreries sur la tête : on s'élèvera au-dessus des autres en piété, et on s'acquerra une haute position. Vêtement de satin : mariage avec une jeune fille honnête et de grande famille. Vêtements rayés : pèlerinage ou voyages vers le Levant. Vêtements avec des broderies d'or ou d'argent : amélioration de position, du moral, de la piété et du physique ; si la dorure et l'argenture sont fausses : guérison pour un malade. Vêtement en fer : longévité. Vêtements aux manches étroites : cessation de chagrins. Un bon vêtement : est signe de richesse et de joie pour tous ceux qui font ce songe. Vêtement déchiré : perte de piété. Vêtement neuf déchiré, mais qui peut se raccommoder : ensorcellement ; s'il ne peut plus s'arranger : naissance d'un fils.

Avoir des morceaux de vêtements neufs : dépense, gaspillage de biens honnêtement acquis. La saleté dans les vêtements est signe de douleurs ; vêtement sale : faute ou crime ; en manger un : manger des biens mal acquis. Avoir les vêtements sales et la figure noire : veut dire qu'on est un menteur ; mais si on n'a le visage noirci qu'en partie : mort prochaine. Vêtements vieux : maux pour cette vie et pour l'autre, si le songeur est un hérétique. Vêtement léger porté sur d'autres habits : péché contre la religion ; le mettre dessus : franchise, loyauté, prospérité et abondance. Vêtement mis à l'envers : actions contre la morale et la religion. Se laver ou nettoyer les vêtements : amendement ; s'il y avait du sang : éloignement des crimes de sang ; des excréments : repentir des gains illicites que l'on a faits. Laver les habits d'un mort : veut dire qu'on sera utile, qu'on rendra des services à la famille du défunt. Vêtement qui se brûle ou que l'on brûle : inimitiés entre parents ; s'il était sale : cessation de chagrins. Vêtements mouillés : retard dans la conclusion d'une affaire ou dans un voyage ; s'ils se sèchent : conclusion d'une affaire en cours. Cadeau de vêtements : honneurs, direction, commandement ou direction pour la personne qui le reçoit. Vêtements de femme teints pour la seconde fois : accroissement d'ennemis. Si un chien vous déchire vos habits : médisance. Perdre ses vêtements : perte d'une chose dont on est possesseur. S'habiller et rêver qu'un autre vous déshabille et emporte vos vêtements : chute ou destitution du souverain. Prêter des vêtements à un mort qui les prend et se les met : maladie suivie de guérison ; si on les lui a donnés, qu'il se les mette et s'en aille : mort ; les lui confier pour qu'il les soigne et les étende : maladie et deuil. Manger ses propres vêtements : on mangera ses biens. Les coudre sans les revêtir en hiver : on mariera un de ses enfants ou on sera cause qu'il se marie ; en été : chagrins causés par un mariage ou des dettes, maladie, gêne ou emprisonnement à cause de votre époux ou épouse. Se mettre les vêtements d'une personne de l'autre sexe est pour un homme signe de deuils et de grands chagrins causés par le souverain; pour une femme : amélioration de sa position; mais si elle pousse l'imitation au *nec plus ultra* : craintes et chagrins.

VEXATIONS. — Mauvais songe. Commettre des vexations contre quelqu'un : signifie qu'on fera des choses qui vous feront vaincre par vos ennemis.

VIANDE. — Souffrances physiques. Viande crue : mauvais présage, quelquefois de mort; cuite : on dit que cela est toujours d'un bon augure; sans peau : prospérités après des malheurs. Vendre de la viande : malheur. Viande grasse : meilleur présage que la maigre; sèche : fortune inattendue. Manger de la viande : médisance; être sur le point d'en manger et ne pas le faire ; perte d'une chose que l'on possède; en manger avec un homme d'âge mûr : élévation. Manger de la viande maigre : amoindrissement de fortune; si elle n'est pas de mouton : biens qui ont perdu de leur valeur. Acheter de la viande chez le rôtisseur : on prendra à forfait les services d'un homme éloquent ou magnanime.

Autres interprétations. Viande cuite : joie, plaisirs; crue : médisance et calomnies. La faire cuire : facilités ; si quelqu'un en fait cuire pour vous : les facilités vous seront faites par cette personne. Viande noire ou coriace : chagrins, préjudices; bouillie : mélancolie.

Viande de mouton crue : chagrins et inimitiés ; rôtie chez soi : on donnera l'hospitalité à de nouvelles connaissances. Si le mouton rôti est entier et maigre : malheurs ; s'il est gras: biens provenant d'un mort. Viande de mouton salée qui entre dans une maison : prospérité pour ses habitants après des malheurs.

D'autres considèrent la viande de mouton comme un pronostic d'événements désagréables, de deuils pour la mort d'un parent ou d'un ami chéri. Pour ceux-ci la viande de bœuf est signe d'oisiveté et de manque de travail; et celle de porc présage un bien inattendu.

Viande de vache : peine; si elle est cuite : peu de prospérités ; rôtie : acquiescement de craintes; naissance d'un fils lorsqu'on a sa femme enceinte. Viande de veau gras : grande prospérité, bonne nouvelle que l'on recevra bientôt, acquiescement de craintes. Manger de la viande de bœuf ou de taureau : on sera traduit en justice ; d'âne : acquisition de biens; d'âne sauvage : on recevra un esclave d'un homme honoré. Viande de chameau : biens provenant d'un ennemi ; la manger cuite : dilapidation de la fortune de quelqu'un, tout en tombant malade, ou bienfaits du souverain ; rôtie : acquisition de grandes richesses, si elle est grasse ; petits bénéfices, si elle est maigre. Viande de porc : biens acquis par des moyens illicites.

VIEILLARD. — Providence. Saluer un vieillard inconnu : chagrins qui vous seront épargnés; si on le connaît : mariage prochain avec une personne excellente et dont on tirera de grands profits. Rêver un vieillard avec le dos voûté : perte de bien-être.

VIEILLE. — Voyez *Femme*.

VIEILLISSEMENT. — Se rêver très-vieilli : recouvrement d'une chose perdue, richesse pour le pauvre, guérison pour le malade, arrangement des affaires publiques et des vôtres, fertilité, cessation d'une guerre. Se rêver vieille est encore signe de piété pour une femme. Voir un jeune homme vieillir : acquisition de savoir et de sagesse.

VIERGE. — Embrasser une vierge : bonheur sans mélange. En connaître une : fortune immense; si on éprouve de la difficulté, on tente une entreprise difficile qui sera couronnée de succès, lorsqu'on réussit, sinon, il n'y aura rien à espérer. Voyez *Jeune fille*.

VIERGE MARIE. — Rêver la Vierge Marie : très-bon présage pour tous, même pour les incrédules, lesquels s'en ressentiront dans leurs croyances. Qui rêve de la voir très-distinctement : deviendra puissant, honoré et tout lui réussira. Lorsqu'une femme enceinte rêve la Vierge : elle accouchera d'un fils qui sera très-savant médecin-théologien. Si c'est une femme injustement accusée d'adultère qui la rêve : toute accusation tombera et elle recouvrera son honneur. Rêver qu'on se prosterne devant Marie : on approchera un souverain qui écoutera vos conseils et vous fera siéger parmi ses principaux conseillers.

VIGNE. — Abondance, prospérité ; la planter : honneurs.

VILLAGE. — Le village a différentes significations et le songeur choisira celle qui se trouve plus en harmonie avec sa position, ses pensées, ses désirs, son existence. Il représente le monde et ses jouissances; s'il est noir et laid: hérésie. Si l'on rêve d'un petit village ou d'une localité que l'on connaît, ce rêve se rapporte à ce village même et ses habitants. Le village est encore l'image d'un lieu d'injustice, de tyrannie et de dégénération; quelquefois il représente une fourmilière. Rêver un village plein de prospérité : il s'appauvrira ; le rêver entravé dans la marche de ses affaires, de son commerce, etc.: malheur pour ses habitants. Entrer dans un village : souveraineté, empire, domination ; en sortir : tranquillité, maux, chagrins évités. Démolir ou ruiner un village et en avoir fait fuir la population, ou le rêver ruiné, abattu, emporté par les eaux, ou brûlé : colère du souverain; quelquefois : invasion de sauterelles et autres calamités publiques, ou fourmis qui se multiplieront jusqu'à nuire grandement.

VILLE. — La ville représente ses habitants ; elle est signe de fausse gloire, d'ostentation, de sûreté, de réunions et se réfère aussi à l'autre monde. Une ville connue se réfère aux choses de ce monde; lorsqu'elle ne l'est pas : aux choses de l'autre monde et, si elle est belle, au Paradis. Ville sans souverain : cherté des vivres dans cette localité. Ville riche et où tout abonde : prospérité pour ses habitants. Ville où il règne la famine, ou qui a peu d'habitants : signe pour elle de peu de prospérité future. La ville natale : indique vos parents; si vous la rêvez en ruines : malheurs pour eux ou vos aïeux; voir tomber les créneaux de ses murailles ou les toits de ses maisons : tyrannie pour les grands de la ville; se voir dedans :

vie pieuse et renommée. Voir de loin une grande ville : annonce un savant et est aussi signe de piété; y entrer : pacification; en sortir : craintes. Les portes d'une grande ville capitale représentent les hauts fonctionnaires de l'État; et les maisons ses principaux habitants. Sortir d'une petite ville pour entrer dans une grande : amendement et repentir pour un coquin, un irréligieux ou un hérétique; richesses pour l'homme pieux qui jouit d'une bonne santé; mort, pour un malade; calme et tranquillité pour le craintif; mariage pour deux personnes qui vivent maritalement. Et si l'individu qui sort d'une petite ville pour entrer dans la grande est déjà mort, cela veut dire que son âme passe à un état meilleur, et en même temps que le songeur améliorera sa position. Sortir d'une grande ville pour entrer dans une petite : il arrivera tout le contraire de ce qui a été dit pour ceux qui sortent d'une petite et entrent dans une grande. Lorsque les deux villes sont à peu près égales, qu'on les connaît ainsi que leurs édifices, et qu'on en sait les noms : acquiescement de craintes et malheurs qui vous sont épargnés; si la ville dont on sort est plus fameuse que celle où l'on entre : malheurs. Ville en flammes : faim, guerre et désolation. Ville ruinée : grands maux qui accableront la famille du songeur. Ville en ruines, entourée de murailles nouvelles : arrivée ou naissance dans cette localité d'un savant qui sera utile aux sciences religieuses ou légales. Entrer dans une ville en ruines : mort de prêtres qui se trouvent en ce lieu.

Ville qui s'écroule, s'abîme dans un tremblement de terre : guerre, épidémies, disette, peste; mais si la ville lui est inconnue : ce songe présage toute sorte de maux au songeur.

VIN. — Avoir devant soi un verre de lait et un verre de vin également pleins : équité et justice. En boire : grande fortune, prospérité provenant d'un grand crime; pour un fiancé et pour qui a l'intention de se mettre dans les affaires : ce songe est d'un bon présage. Si quelqu'un vous empêche d'en boire : inimitiés. En boire en compagnie d'autres personnes : mauvais signe.

Autres interprétations. Vin rouge : versement de sang ; blanc : joies, plaisirs, gaieté, santé, parsemés d'obstacles. On dit que le vin doux ou le vin blanc pronostique : la fortune ou l'amitié d'un grand ; vin fort : insuccès ; vin aigre, piquant : trahison, querelles, infidélité conjugale ; vin trouble : maladie dont la gravité est proportionnée au trouble du vin ; boire du vin : fausse joie, bénéfices incertains ; s'il est mêlé avec de l'eau : petite maladie ; vin répandu : désastre, effusion de sang.

VINAIGRE. — Force, puissance, prospérité. Manger du pain trempé dans du vinaigre : est signe d'une fortune acquise honnêtement.

Pour une autre catégorie d'auteurs le vinaigre est signe : de fatigue, de retard, de jalousie d'une femme qui vous brouillera avec vos amis ; vinaigre blanc : offenses que l'on fera à quelqu'un, décadence et ruine prochaine ; rouge : insultes que l'on recevra ; vinaigre gâté : maladie ; boire du vinaigre : santé altérée, maladie ; s'enivrer avec du vinaigre : disputes et querelles en famille ; en donner à boire à quelqu'un : grande querelle avec cette personne.

VIOLETTE. — Amante, esclave, servante pieuse, modeste, aimante, dévouée. Cueillir une violette : baisers à cette femme.

D'autres disent que la violette est présage de succès ; hors de saison : amour naissant.

VIOLON. — En jouer : commandement, autorité, élévation ; quelquefois cela est signe de tristesse. L'entendre jouer : mensonges. En jouer seul, lorsqu'on n'est pas musicien : malheurs, funérailles d'un parent ; s'il s'en casse une corde : ces malheurs seront évités. En jouer en compagnie : consolations pour les affligés ; mariage pour les veufs et les veuves, convalescence pour les malades ; en général : succès, réussite.

VIPÈRE. — Même sens que *Serpent*.

VISAGE. Avoir le visage noir, pour une personne courageuse, est signe de dégénération prochaine et d'avilissement ; pour un homme, et s'il se voit en même temps de taille plus petite, richesses, mais vie courte. Avoir le visage noir et la tête rasée : élévation. Rêver qu'on a le visage noir pendant qu'on est vêtu de blanc : naissance d'une fille ; même interprétation lorsqu'on rêve d'avoir le visage laid et contrefait. Rêver qu'on a ses vêtements sales et le visage noir :

on est un menteur ; si la figure n'est qu'en partie noircie ; mort prochaine. Avoir la figure rouge : contentement, joie, plaisirs ; rouge et blanche : fortune, grande prospérité ; blanche : grande piété ; jaune : maladie. Visage fardé : déshonneur. Avoir mal au visage ou y avoir des défauts : vie courte.

D'aucuns opinent qu'avoir le visage beau : présage la longévité, la joie et les honneurs ; l'avoir laid, déformé ou noirci : méfiance, mauvaises affaires ; avoir la figure gaie, riante, blanche et rose : amitié, richesses, sûreté ; l'avoir pâle, triste, maigre, etc. : gêne, pauvreté, privation des choses nécessaires ; quelqu'un ajoute : succès, spoliation dont on sera victime.

VITRE. — Voyez *Verre*.

VITRIER. — Courtier de mariages, ou personne qui pousse au mal.

VIVRES. — Rêver qu'un mort en achète : accroissement de prix et cherté prochaine dans les vivres ; si, au contraire, il en vend : rabais prochain. Rêver un mort au milieu de vivres : ils brûleront ou se gâteront.

VIZIR. — Voyez *Ministre*.

VŒU. — En faire un : acquisition d'une bonne chose.

VOIRIE. — *Lieu où l'on jette toute espèce d'immondices.* Il représente le monde. Se voir dans une voirie sans issue : guérison pour le malade ; acquiescement de ses craintes, pour qui en a ; richesses pour un pauvre ; mort d'un parent riche, lorsqu'on en attend l'héritage ; mariage pour le célibataire ; ou bien, s'il n'est rien de tout cela, la voirie représente une boutique, un changeur, un boulanger, un juge, un collecteur, un souverain, selon la position sociale et les circonstances dans lesquelles se trouve le songeur. Pour un souverain : la voirie peut représenter le trésor public. Rêver qu'on lit sur un tas d'immondices : destitution pour le gouverneur ; mort pour le malade, appauvrissement pour un riche. Se décharger dans une voirie : cessation de douleurs et prospérité.

VOILE. — *Voile de femme.* L'interprétation se réfère : au mari pour celles qui en ont un, à son patrimoine; à sa supérieure, pour les jeunes filles. Voile vieux, avec du noir : importunence et pauvreté du mari. Le voile est en général : signe d'honneurs et de prospérité.

Hémar (1). — Si on vous l'emporte : divorce, séparation, ou mort de votre mari. Si vous en brûlez une partie : craintes et dommages pour votre mari; si on vous le vole : infidélité conjugale, ou quelqu'un trahira votre mari dans sa personne, ses biens ou ses parents.

VOITURE. — Élévation, grandeur. Y monter : élévation prochaine, et gloire. En descendre : décadence et perte totale de sa position; à moins qu'on ne descende pour remonter en quelqu'autre endroit que ce soit ou entrer dans un lieu dont le sens soit opposé à celui-ci. Y être assis : voyage, départ.

VOIX. — La voix en songe a le même office que l'épée dans la vie réelle, et le plus ou moins de force de la voix s'interprète ordinairement en ce sens. Voix forte : force physique et dans les biens du songeur; l'avoir plus forte que les autres : on deviendra un grand pêcheur. La voix belle est signe de domination prochaine. Petite voix intérieure : affaiblissement physique, perte de biens.

VOL. — *Larcin.* Être volé par un inconnu : celui-là est l'Ange de la Mort. Voir quelqu'un volé par une personne que l'on connaît : savoir ou richesses que l'on acquerra par le moyen du volé; ou bien il vous consolera, si vous êtes affligé. Si on vous vole un objet dont l'explication se réfère à votre épouse : mort de celle-ci, ou de la personne à laquelle l'objet volé se réfère. Voler un objet appartenant à un temple : punition prochaine; voler dans un jardin attenant à un temple, surtout lorsqu'on vole une grenade : inceste.

---

(1) Voile de mousseline ordinairement blanc, etc., avec lequel les femmes arabes, spécialement chez elles, s'entourent la figure.

VOLCAN. — Le volcan se réfère à l'enfer, à un lieu d'injustice, de tyrannie, de perversité. Volcan en éruption : maux publics, disette, épidémies, guerres, invasion de sauterelles ou autres insectes nuisibles.

VOLER. — *S'élever dans les airs.* Souveraineté pour ceux qui y peuvent prétendre ; et s'ils tombent sur quelque chose, ils s'en empareront. Pour ceux qui ne peuvent prétendre à la souveraineté : maladie qui cessera avec la mort, ou grave péché contre la religion. Voler dans les airs est encore signe de voyage et d'insuccès ; avec des ailes : voyage prompt et heureux, entouré de grandeurs et d'opulence. Lorsqu'on vole avec des ailes, plus est grande la force qu'on sent avoir et plus nombreux seront les bénéfices qu'on tirera de son voyage. Voler comme un pigeon : abondance. Voler d'un pays, d'une contrée à l'autre : élévation, honneurs, force. S'approcher du ciel et ne pas redescendre : signe de mort. Voler d'un endroit à un autre : changement de demeure ou de pays. Voler de sa maison à une maison inconnue : on sortira de sa maison pour aller au tombeau. Voler d'une terrasse, d'un toit à l'autre : on délaissera ou on répudiera son épouse pour une autre femme. Voler d'un temple dans un marché : peuple irréligieux ; d'un marché à un temple : ferveur religieuse qui empêche de s'occuper des choses de ce monde. Voler autour d'une montagne : acquisition de commandement, de domination, d'empire qui vous fera respecter sinon estimer par les souverains.

VOLEUR. — Homme qui achète et ne paye pas, homme dégénéré, corrompu avec les femmes. Voleur noir : hercule dans les combats amoureux ; blanc : homme catarrheux ; rouge, sanguinaire ; jaune : bilieux. Voleur inconnu : Ange de la Mort. Voleur qui s'introduit chez vous et en sort avec l'objet volé ; mortalité dans la famille ; s'il en sort sans rien prendre : guérison pour les malades de la maison ; et s'il ne

peut sortir ; maladie très-dangereuse qui vous portera
l'agonie, mais dont vous guérirez. Être assailli par un voleur
sur le grand chemin et dépouillé : malheur pour un ami
intime.

VOLONTAIRE. — Ange de la Miséricorde et de la Piété.

VOMISSEMENT. — Repentir, amendement ou restitution
de choses prises illicitement. Vomir son repas : dommage,
préjudice dont on sera cause. Rendre du lait : hérésie; du
lait et du miel que l'on a bus en songe ; amendement. Rendre
du miel après avoir mangé des perles : on apprendra et on
interprétera les Saints Livres. Rendre des liqueurs bues
en rêve et qui ne vous ont pas fait de mal : restitution de
biens mal acquis ; lorsque la liqueur vous a enivré avant de la
rendre : avarice tellement sordide qu'on ne pensera pas même
à pourvoir aux besoins de sa famille. Vomir une grande
quantité de sang : naissance d'un enfant ; si le sang tombe
dans un vase quelconque : le nouveau-né vivra ; s'il tombe
par terre : il mourra. Pour un pauvre, rêver qu'il rend du
sang : indique de grands biens et de grandes propriétés. Vomir du sang gâté : maladie. Rendre ses intestins : mort des
enfants du songeur. Vomir de l'humeur et la toucher : dettes
qu'on laisse impayées quoiqu'on ait les moyens de les
payer.

VOUTE. — *Construction, édifice à voûte quelconque.* En
briques non cuites : accroissement de biens ; si elle est en
briques cuites : femme hypocrite, richesses mal acquises.

VOYAGE. — Rêver qu'on voyage : déménagement d'un
lieu à un autre, ou changement de position, selon ce que dans
le rêve a été le voyage. Ce songe est encore signe : d'arpen-
tage, de mesurage de terres. Voyager en compagnie d'un
mort : incertitudes sur sa position. Voyager avec des chau-
sures qui ne vous vont pas : on ne terminera pas le voyage,
si on en fait un, et ainsi de suite pour le reste. Retour d'un
voyage : accomplissement de ses devoirs ou obligations et
payement de dettes ; ou bien : cessation de douleurs, amendement, repentir.

VOYAGEUR. — Un voyageur : représente généralement un arpenteur.

VRILLE. — Personnage persuasif, éminent par sa ruse et son action, ou puisatier, ou grand coureur de femmes.

VUE. — Savoir, érudition, doctrine et piété proportionnés à la bonté de la vue pour les personnes pieuses. Bonne vue : excellent pronostic pour tous. Mauvaise vue : on aura toujours besoin des autres, nombreuse famille. Si quelqu'un qui a une grande famille fait ce rêve : ses enfants tomberont malades. Avoir la vue faible, sans que personne s'en aperçoive : beaux dehors qui cachent un mauvais intérieur ; lorsqu'on l'a meilleur que le monde ne le suppose : on est meilleur que les autres ne pensent. Voir avec les oreilles et entendre avec les yeux : on poussera sa femme ou son fils dans la voie de la perdition. Être réellement aveugle et rêver que quelqu'un vous a soigné et rendu la vue : il vous initiera à quelque chose d'utile pour vous, ou vous remettra sur le chemin de la piété et du repentir ; ou bien ce songe est : signe d'insuccès dans un travail que l'on a entrepris, de tristesse et de deuil prolongé.

Z

ZACHARIE. — La personne qui rêve ce prophète : aura, dans un âge avancé, un fils bon et courageux.

ZAKAT. — Voyez *Aumône*.

ZÈBRE. — Aversion, inimitié entre le songeur et une personne qu'il ne connaît pas encore ; quelquefois : trahison. En voir un entrer chez soi : un ennemi de la vraie religion vous pervertira. En monter un : impiété ; grands péchés ou crimes que l'on commettra. Chasser au zèbre ; pour un homme, grande prospérité; pour une femme : cela signifie qu'elle a grande envie de se marier; si elle en blesse un : propositions de mariage; si le zèbre blessé parvient à s'échapper : le mariage sera rompu, mais après qu'elle se sera laissé séduire; lorsqu'elle le tue : elle se mariera.

ZÉC. — Voyez *Outre*.

ZÉLABIA OU LOKMET EL ADI. — Voyez *Pet-de-nonne*.

ZÉPHIR. — Voyez *Vent*.

ZINC. — Homme qui s'appuie sur les autres.

FIN.

Paris. — Imp. PAUL DUPONT, 41, rue Jean-Jacques-Rousseau. — 2395.8.70

ERRATA

Page	Ligne	AU LIEU DE :	LISEZ :
V	12	obligé	obligés.
VI	10	obligé	obligés.
»	»	Ben Serin	Ben Sirin (ainsi toujours
»	12	Abu-Bakr	Abou-Bekr.
»	26	Abdelgani-el-Nabulsi	Abdelgani-el-Naboulsi.
X	4	d'Entamid-Uars	d'Entamid-Ouars.
XI	10	Ab-dalla-ebn	Abdalla-ebn.
»	15	Said-ebn-Elmosaïb	Said-ebn-el-Mosaïb.
»	16	Elchoobi	El-Choobi.
»	19	Parmi le Fokaa	Parmi les Fokaa.
XIV	27	connaît, touche et fait	connaît, voit, touche et fait.
XV	9	probabilité	probabilité.
»	»	En-Rabi-Aouel	En Rabi-Aouel.
»	»	En-Rabi-Akhar	En Rabi-Akher.
»	33	En Chavual	En Chaoual.
XVIII	13	et quelques siècles,	et quelque siècles.
»	26	Ben Serim	Ben Sirin.
»	27	Ibrahim-ben-Abdalla, el Kermani	Ibrahim-ben-Abdalla-el-Kermani.
»	»	avec Abd-el-Gan, El-Naboulsi	avec Abdelgani-el-Naboulsi.
2	22	ses propres mouvements	ses propres parents.
12	29	Revers à un ami	Rêver à un ami.
26	9	L'associé est digne	L'associé est signe.
39	5	il échappera	elle échappera.
»	24	Rendre les rames	Prendre les rames.
40	27	-branlable, ou bien l'homme	-branlable; ou bien homme.
42	15	Et tomber	En tomber.
44	12	projets	profits.
»	24	animée	avinée.
56	27	Funeste présage lorsque	Funeste présage; lorsque.
65	22	par les autres	pour les autres.
73	15	CHASSÉE	CHAUSSÉE.
76	33	*CHERUOALE*	*CHEROUALE*.
77	30	Châtier des chevaux	Châtrer des chevaux.
79	1	sera indéterminé	sera indéterminée.
»	10	au rêveur pour ses biens	au rêveur, soit pour ses biens.
88	18	cœur se défère	cœur se réfère.
93	12	deux filles : deux rangées	deux files, deux rangées
»	30	En grec : Κολιβος	En grec : Κολλυβα.
96	11	ni les ennuis sont	ni les ennuis ne sont.
107	22	**CUIRE.** — Voyez *Buisson*	**CUIRE.** — Voyez *Cuisson*.
»	25	*Buisson*	*Cuisson*.
110	3	**DALLAL**	**DALLAL.**
»	15	pour des jeunes gens	pour des gens qui.
113	6	Demlig	**DEMLIG.**
120	1	**DJAM.** — Voyez *Valse*	**DJAM.** — Voyez *Vase*;
120	17	l'auriculaire de votre fille	l'auriculaire de votre mère.
123	31	sa femme	votre femme.
130	27	Rendre une écritoire	Prendre une écritoire.
135	5-6	du savoir et de l'érudition	du savoir et de l'éloquence.
140	5	mort d'un père	mort de votre père.
141	30	représente	représentent.
143	22-23	Il est signe de graduation : selon les degrés montés, arrêt dans etc.	Il est signe de graduation; selon les degrés montés; arrêt dans, etc.

Page	Ligne	AU LIEU DE :	LISEZ :
149	8	S'arrêter	Évacuer.
154	3	on le	on les.
156	24	Feu qu'on importe	Feu qu'on emporte.
160	17	pour les affligés, leur prospérité.	pour les affligés ; biens, prospérité.
165	22	soit déterré par les	soit déchiré par les.
174	5	ou s'écouler.	ou s'écrouler.
175	31	GEOLIER-FOSSOYEUR	GEOLIER. — Fossoyeur.
177	7	Une chandelle à la main.	Une chandelle éteinte à la main.
184	7	biens et consentement	biens et contentement.
186	16	Voici une hirondelle	Voir une hirondelle.
»	22	de vos parents	de parents.
205	3	KHASCAHB.	KHASCHAB.
»	4	KOL-KHAL	KHOLKHAL.
210	20	surtout des femmes ;	surtout pour les femmes ;
214	15	ce que l'on a perdu en argent ; confirmation.	ce que l'on a perdu ; en argent : confirmation.
216	26	absence et douleurs.	absence de douleurs.
218	2	*Morbidezza*.	moelleux.
221	13	interprétation que.	interprétation pour.
224	29	lorsque le soleil est vainqueur, victoire pour les infidèles.	lorsque le soleil est vainqueur : victoire pour les croyants ; si c'est la lune : victoire pour les infidèles.
233	4	*MANGOUSTE*.	MANGOUSTE.
237	6	*MARDJIAL*.	MARDGIAL.
238	35	pleine de miel, lait, huile, emmagasinage.	peine de miel, lait, huile ; emmagasinage.
240	15	*DJERAHAT*.	DGERAHAT.
262	24	**MOUTON, BÉLIER**	MOUTON. — *Bélier* châtré.
263	33	Crevasse, vente.	Crevasse, fente.
266	23	**NATÉÉ —**	NATÉÉ.
268	15	que vous serez entraîné.	que vous serez enchaîné.
277	20	d'une bête rôtie.	d'une tête rôtie ;
279	10	nouveau-né s'il s'envole	nouveau-né ; s'il s'envole.
286	27	pour la porter dans.	pour porter l'eau dans.
287	19	très-abondante et de délivrance, de tristesse et de	très-abondante, de délivrance de tristesse et de.
»	2-22	profits et bénéfices ; pour les pauvres ;	profits et bénéfices pour les pauvres.
290	2	Voyez encore *Babas*.	Voyez encore Cabas.
291	4	sceau ;	sceau !
296	1	succès et ennuis	soucis et ennuis.
305	3	garde, portier, voleur.	garde, portier voleur.
355	2	d'un commandement	commandant.
362	17-18	on deviendra religieuse.	on restera vieille fille.
384	1-14	un lieu de séparation	un lieu de dépravation.
422	7	ZELABIA OU LOKMET.	ZELABIA ou LOKMET.

www.ingramcontent.com/pod-product-compliance
Lightning Source LLC
Chambersburg PA
CBHW070216240426
43671CB00007B/665